Herbert Steffny
Das große Laufbuch
Alles, was man übers Laufen wissen muss

Inhalt

Laufen – für körperliche Fitness und seelisches Wohlbefinden.

	Vorwort	6
STEP 1	**Laufgeschichte**	**8**
	Laufen in Urzeiten	10
	Freizeitlaufen	11
	Das afrikanische Laufwunder	13
Essay	Zu den Wurzeln des kenianischen Laufwunders	14
STEP 2	**Motivation**	**18**
	Etwas für Fitness und Gesundheit tun	20
	Gesundheitssport ist Ausdauersport	21
	Laufen für Körper, Geist und Seele	23
	Risikofaktoren für Herz-Kreislauf-Erkrankungen	27
Test	Risiko für Herz-Kreislauf-Erkrankungen	28
	So wirkt moderates Laufen auf den Körper	29
	Für Laufen ist man nie zu alt	30
	Vor dem Loslaufen zum Gesundheitscheck	30
Interview	Joschka Fischer – dem Herzinfarkt davongelaufen	32
STEP 3	**Die Ausrüstung**	**36**
	Die Laufschuhe	38
	Funktionelle Laufbekleidung	43
	Weitere Accessoires	47
	Lauftagebuch – so führen Sie Bilanz	50
STEP 4	**Biologie des Laufens**	**52**
	Anpassungen von Blutkreislauf, Lunge, Herz	54
	Anpassungen der Muskulatur	56
	Die Energiebereitstellung	58
	Mehrgleisige Energiegewinnung	62
	Grundlagen der Anpassung	64
	Biologie der Regeneration	66
	Ableitungen für das Training	69

Ambitionierte Läufer kennen die physiologischen Grundlagen des Trainings.

Inhalt

Trainingssteuerung	72	STEP 5
Training als Maßnahmenbündel	74	
Trainieren der körperlichen Fähigkeiten	74	
Trainieren mit System	78	
Trainingssteuerung nach Körpergefühl	82	
Trainingssteuerung über die Herzfrequenz	84	
Trainingssteuerung über Leistungsdiagnostik	89	
Die Formen des Lauftrainings	92	
Normieren von Laufstrecken und Tempo	97	
Trainingsfehler-Checkliste	99	

Wettkampfläufer verfolgen ihre Leistungsentwicklung genau.

Jogging	100	STEP 6
Der Weg ist das Ziel	102	
Laufen lernen mit dem richtigen Einstieg	103	
Jogging und Walking, kein Gegensatz	105	
So läuft's richtig beim Einstieg	107	
Der 30-Minuten-Test für Einsteiger	108	Test
Trainingspläne für Laufeinsteiger	110	
Vom Jogger zum Fitnessläufer	113	
Der Coopertest – Fitness-Test für Freizeitsportler	117	Test
Trainingspläne Jogging	118	Trainingspläne

Auch auf dem Weg zur Spitzenleistung sind Trainingspläne das A und O.

Running	124	STEP 7
Wettkampf ist das Ziel	126	
Die optimale Leistung	127	
Vom Fitness- zum Volksläufer	132	
Trainingsplan für den ersten Volkslauf	133	Trainingspläne
Der Zehn-Kilometer-Wettkampf	136	
Trainingspläne 10-Kilometer-Wettkampf	140	Trainingspläne
Halbmarathon	148	
Trainingspläne für Halbmarathon	151	Trainingspläne

Marathon	158	STEP 8
Mythos Marathon	160	
Der Marathonboom	160	
Marathontraining im Jahreslauf	163	

Inhalt

Zielführend:
Im Tumult des
Marathonrennens
Ruhe bewahren.

	Wintertraining für Marathonläufer	164
	Vorbereitung auf den Herbstmarathon	168
	Countdown auf den Marathon	169
	Der große Lauf	174
	Mentale Power für Marathon	176
	Mit Trainingsplänen zum Erfolg	181
	Der richtige Plan	182
	Die Elemente der Trainingspläne	185
	Erläuterungen zu den Trainingsplänen	187
	Gleichmäßiges Tempo ist Trumpf	193
Trainingspläne	Trainingspläne für Marathon	194
Essay	Mit Geduld zum Profi	218

STEP 9 Cross-, Berg- und Ultralauf 220

	Crosslauf – Kampf mit den Elementen	222
	Berglauf – Gipfel rufen	223
	Höhentraining – Top oder Flop	225
	Ultralauf – jenseits des Marathons	229
Trainingspläne	Trainingsplan für 100-Kilometer-Lauf	234

STEP 10 Kinder-, Frauen- und Seniorenlaufen 236

Dehnen nach
dem Training
pflegt Muskeln
und Sehnen.

	Kinder- und Jugendlaufen	238
Test	Coopertest für Kinder und Jugendliche	242
	Frauenlaufen	243
	Seniorenlaufen	250
Interview	Senioren-Weltmeister Walter Koch im Gespräch	258

STEP 11 Gymnastik und Laufstil 260

	Dysbalancen vermeiden	262
	Dehnen, Kräftigen, Lockern	264
	Dehnungsprogramm	266
	Kräftigungsprogramm	270
	Das Gymnastikprogramm erweitern	274
Test	Kraft- und Beweglichkeitstest	274
	Den Laufstil optimieren	280
	Laufschule und Koordination	290

Inhalt

Den Laufspaß behalten — 294 — STEP 12

Crosstraining	296
Laufbandtraining – die Alternative im Winter	300
So kommen Sie gut über den Winter	303
Laufen im Sommer	305
Zum Nachahmen wirklich zu heiß!	308 — Essay
Laufen und Hunde	310
Regenerieren und entspannen	311
Verletzungen vermeiden	314
Läufertypische Verletzungen	317
Läufertypische Beschwerden	321

Moderne Sporternährung – vielfältig, nährstoffreich und sehr genussvoll.

Ernährung für Läufer — 324 — STEP 13

Mangel im Überfluss	326
Essen für die Fitness	327
Kohlenhydrate – für Muskeln und Nerven	327
Fette – mehr als nur Energie	329
Eiweiße – Bausteine unseres Körpers	330
Vitamine – kleine Menge, große Wirkung	332
Mineralstoffe und Spurenelemente	333
Ganzheitliche Aspekte der Nahrung	334
Getränke – so stimmt die Wasserbilanz	335
Sekundäre Pflanzenstoffe – Naturmedizin	336
Powerfood für Läufer	336

Wettkampfernährung — 340 — STEP 14

Die Ernährung vor dem Wettkampf	342
Nüchternläufe – nur mit Vorsicht durchzuführen	344 — Essay
Essen und Trinken während des Laufs	348
Getränke und Essen nach dem Lauf	349
Nahrungsergänzungsmittel	349

Auslaufen — 356 — STEP 15

Porträt Herbert Steffny	358
Herbert Steffnys Laufseminare	359
Weiterführende Literatur	360
Register	361
Impressum	368

Vorwort

Gestern **Marotte,** heute fast ein **Muss**

Laufen boomt bei uns seit Mitte der 80er Jahre, und das Laufvirus ist für Sportmuffel gefährlich ansteckend: Läufer sind heute fast so etwas wie das herumlaufende schlechte Gewissen der »Noch-nicht-Läufer«.

Bis in die Achtziger war Laufen eher eine Lachnummer. Nur vereinzelt trauten sich Pioniere, sich den alltäglichen Verunglimpfungen beim Training auszusetzen. In den Jahren des Wirtschaftswunders arbeitete man hart dafür, das Statussymbol Auto zu besitzen und nicht mehr laufen zu müssen.

Laufende Fitnessbotschafter

Krankenkassen fördern Walking- und Laufprogramme. Journalisten überbieten sich heute in ihrem Enthusiasmus, über Laufen und Marathon so viel Positives zu berichten, dass man fast schon wieder warnend eingreifen muss. Vom Spinner zum Gladiator! Marathon, das Matterhorn des kleinen Mannes, die Speerspitze der Laufbewegung! Zigtausende bevölkern heute beim Marathon die Herzen der Großstädte. Eine Abstimmung und Fitnessdemonstration mit den Füßen.

Laufen gehört zum guten Ton

Laufen war jahrhundertelang ein Sport der unteren Klasse. Heute laufen auch die Macher und Manager, Direktoren und Politiker. Firmen wie beispielsweise Prudential in den USA fanden bereits Anfang der 80er Jahre heraus, dass jeder in die Fitness der Belegschaft investierte Dollar sich durch weniger Fehlzeiten und höhere Produktivität doppelt bezahlt machte.

Die Liste der Promis, die sich mit Laufen fit halten oder sich der »Herausforderung Marathon« erfolgreich gestellt haben, geht von Popstars wie Mick Jagger und Nena bis zu den Marathonläufern Joey Kelly, Schriftsteller Günther Wallraff, Fußballer Olaf Thon oder Politiker Joschka Fischer quer durch alle Gesellschaftskreise.

Das Lauftier in mir

Lebenslauf. Ich bin immer gelaufen, in den Wald zum Spielen, zu Freunden und sechs Kilometer beim Schulweg. Ohne Fernsehen und Computer bewegten wir uns täglich auf der Straße und spielten Fangen, Fuß- und Völkerball. Als jüngster Spross einer laufbegeisterten Familie brauchte ich nicht lange zu suchen, um mein Talent zu finden. Wollte ich die Familienrekorde brechen, musste ich die älteren Brüder übertreffen. Das hieß im Klartext: Weltklasseläufer werden!
Die Trauben hingen ziemlich hoch, war mein Bruder Horst immerhin Westdeutscher Marathonmeister und der

älteste Bruder Manfred sogar zweifacher Olympiateilnehmer in dieser Disziplin. Es war eine Last, aber auch eine Herausforderung. Es reichte Anfang der Siebziger zunächst für deutsche Jugendspitzenklasse und einen deutschen Jugendrekord. Aber mit 19 Jahren war ich in der Männerklasse dem gestiegenen Erwartungsdruck nicht mehr gewachsen. Ich wurde Diplom-Biologe, aber faulenzte auf sportlicher Ebene.

Vom Gesundheits- zum Weltklasseläufer

Abgelaufen, Verfallsdatum erreicht? Trau keinem über 30! Das war damals eine Parole der Endsechziger. Nun war es bei mir bald so weit. War ich wirklich schon so alt geworden? Vom vielen Sitzen beim Studium hatte ich Rückenbeschwerden und Übergewicht bekommen. So konnte es nicht weitergehen! Mit 28 Jahren begann ich aus Fitnessgründen im Lauftreff erneut mit dem Joggen und brachte bald im Studentenwohnheim 25-Jährigen bei, dass man langsam eine halbe Stunde am Stück laufen kann. Was aus Gesundheitsgründen begann, endete in einer nicht mehr für möglich gehaltenen Karriere als Weltklasseläufer und vielen Deutschen Meistertiteln. Ich erfüllte mir sogar meinen Kindheitstraum, bei einer internationalen Meisterschaft im eigenen Land ein vollbesetztes Stadion zum Jubeln zu bringen und eine Medaille zu erringen.

Laufen baut auf

Wer rastet, der rostet! Mutter Natur hat uns mit zwei Beinen zur Fortbewegung geschaffen – wir sollten sie eigentlich benutzen. Laufen ist kein Allheilmittel, aber ein wichtiger Schritt in die richtige Richtung. Man begibt sich dabei auf eine ganzheitliche Reise zu sich selbst. Wer selbst im höheren Alter mit dem Laufen beginnt, hat mit sich noch etwas Positives vor.

Die Natur belohnt Läufer mit Glückshormonen wie Serotonin und Endorphinen, eine uralte Anpassung für das Durchhalten beim Jäger- und Sammlerdasein. Diese Hormonfreisetzung macht wirklich positiv süchtig. Doch auch hier macht die Dosis das Gift. Wir müssen daher lernen, mit dem Laufen, diesem Naturheilmittel, dieser natürlichsten aller Drogen, vernünftig umzugehen, beim Erweitern der Grenzen Verletzungen zu vermeiden und den Spaß zu behalten.

Auf diesem Weg soll Sie mein Buch auf Ihrer privaten Lauf-Bahn begleiten. Es soll Sie aus der Sicht eines Naturwissenschaftlers und Weltklasseläufers, aber auch aus meiner jahrzehntelangen Erfahrung als Trainer für Laufeinsteiger und Profis motivieren, informieren und beraten. Mein größtes Ziel aber ist, dass Sie dabei wieder ein gutes Gefühl für Ihren Körper entwickeln und zum Läufer mit Spaß und Genuss werden!

Herbert Steffny

Dieses Buch soll dem Einsteiger vom richtigen Auftakt über Jahre vielleicht sogar bis zum Marathon verhelfen, den Fortgeschrittenen zur Perfektion und zu neuen Bestzeiten leiten, den Gesundheitsbewussten durch Bewegung und gesunde Ernährung zu Normalgewicht und höherer Lebensqualität führen.

STEP 1

Lauf-
geschichte

Die ersten Läufer waren Afrikaner! Dieser Satz könnte die Schlagzeile am Tag nach dem Berlin Marathon sein, aber auch aus einem Buch über die Evolution des Menschen. Wer über Laufen schreibt, kommt so oder so an Afrika nicht vorbei.

STEP 1 Laufgeschichte

Die **Evolution** des Laufens

Jahrmillionenlang war Fitness eine Notwendigkeit zum Überleben. Und heute? Unsere Gene sind eigentlich die eines auf Bewegung programmierten »Lauftiers«. Sie haben sich nicht in ein paar Jahrzehnten Müßiggang geändert. Und bevor wir uns mit den gesundheitlichen Aspekten des Laufens beschäftigen, unternehmen wir eine Zeitreise in die Vergangenheit und beschäftigen uns mit der Historie, Biologie und Evolution des Laufens. Es begann in Ostafrika.

Laufen in Urzeiten

Der Urmensch war kein besonders schneller Läufer, sondern vielmehr ein ausdauernder Jäger und Sammler. Der tägliche Aktionsradius zum Nahrungserwerb betrug viele Kilometer. Wissenschaftler haben errechnet, dass die Urmenschen dabei um die 40 Kilometer pro Tag zurückgelegt haben sollen. Der Marathonlauf lässt grüßen.

Zuerst lief man in Afrika

Auf die Frage, warum die Afrikaner heute im Laufen so dominieren, könnte man spaßeshalber antworten: Ganz einfach, sie sind uns Millionen von Jahren voraus. Vor einigen Jahren entdeckte man in Äthiopien ein 4,4 Millionen Jahre altes männliches Skelett, das bisher älteste Fossil eines aufrecht gehenden menschlichen Urahnen. Vor über drei Millionen Jahren konnte sein weibliches Pendant »Lucy« in der äthiopischen Region Afar mit den beim aufrechten Gang frei gewordenen »Vorderpfoten« schon simple Werkzeuge wie Stöcke oder Knochen gebrauchen. Sie grub damit vermutlich in der Savanne Wurzeln und Knollen aus oder stocherte Termiten aus ihrem Bau. Der sensationelle Beweis des aufrechten Ganges gelang Mary D. Leakey bei Laetoli in Tansania. Ihre Forschergruppe fand die ältesten, rund dreieinhalb Millionen Jahre alten Fußspuren der Menschheit: Mutmaßlich stapfte ein Erwachsener der Art »Australopithecus afarensis« mit einem Kind durch den Ascheregen eines nahe gelegenen Vulkans.

»Homo erectus«, mit langen Gliedmaßen ausgestattet und größer als wir heute, war bereits ein echter Läufer. Mit scharfen Faustkeilen und verbesserten Waffen jagte er möglicherweise gemeinsam in der Horde Leoparden die Beute ab. Er entdeckte vor einer Million Jahren die Macht des Feuers.

Wir sind nicht die einzigen Zweibeiner und schon gar nicht die schnellsten. Im Tierreich finden wir schnellere Sprinter als Carl Lewis und Maurice Greene. Während unsere Sprintweltmeister nur auf 37 Kilometer pro Stunde beschleunigen, rast der Vogel Strauß, ebenfalls ein Afrikaner, mit bis zu 50 Kilometer pro Stunde durch die Savanne.

Freizeitlaufen

Der rasante technische Fortschritt der letzten 200 Jahre machte bei uns aus körperlich stark geforderten Hirtennomaden, Jägern, Bauern und Handwerkern wohlhabende, bequemliche und übergewichtige »couch potatoes«. Der neuzeitliche Bewegungsmuffel sitzt rückengeschädigt den ganzen Tag bei der Arbeit im Büro oder frisst hinter dem Lenkrad auf der Autobahn Kilometer.

Jogging-Boom in Amerika und Europa

Als Reaktion auf die Bewegungsarmut und die damit einhergehenden vielfältigen Gesundheitsprobleme lösten in den USA der seit 1968 millionenfach verkaufte Bestseller »Aerobics« von Dr. Kenneth Cooper und der Marathon-Olympiasieg von Frank Shorter 1972 in München die Joggingwelle aus. Sie schwappte dann nach Europa über, verstärkte die hier bereits aufkeimende Laufbewegung. Der Boom der seit den Achtzigern etablierten Citymarathons reicht inzwischen von Berlin bis Honolulu und mobilisiert die Massen mit bis zu 40.000 Teilnehmern beim 100. Jubiläumslauf in Boston 1996 und zwei Millionen Zuschauern in New York. Freizeitsport, Trimmtrab und Lauftreff sind gewissermaßen eine Ersatzhandlung für frühere bewegungsreichere Tage, eine Reminiszenz an unser biologisches Erbe.

Der deutsche Lauftreff

Die Laufbewegung wurde zu uns aber nicht aus Amerika importiert. Bereits 1899 – mehr als zwei Generationen vor dem amerikanischen Jogging-Boom – gab es alleine in Hannover nicht weniger als zwölf Laufvereine. Die Wurzeln der Lauftreffs in Deutschland gehen auf die von Carl Diem 1907 in Berlin ins Leben gerufene »Laufgemeinschaft« zurück, die bereits das Gedankengut des heutigen Lauftreffs umfasste.

Seit 1947 propagierte der Laufpionier Dr. Ernst van Aaken mit der von ihm begründeten »Waldnieler Dauerlaufmethode« kämpferisch den langsamen Dauerlauf als Alternativmedizin. Er setzte sich auch vehement für das Frauenlaufen ein. Inspiriert von Schweizer Waffenläufen veranstaltete

In der ehemaligen DDR entwickelte sich parallel die Kampagne »Eile mit Meile«. Dort startete 1967 schon die »Lauf-dich-gesund-Bewegung«.

Die ältesten Zeugnisse des aufrechten Gangs: 3,5 Millionen Jahre alte Fußspuren bei Laetoli in Tansania.

STEP 1 Laufgeschichte

Laufen ist ein tief in der griechischen Mythologie verankertes Motiv: Die Hand der Jägerin Atalanta konnte nur gewinnen, wer sie im Wettlauf besiegte; Achilles hatte den Beinamen »der Schnellfüßige«.

Otto Hosse mit Freunden 1963 den ersten Volkslauf in Bobingen. Neu dabei war, dass jedermann unabhängig von einer Vereinszugehörigkeit teilnehmen durfte.

Der Deutsche Sportbund startete 1970 den TrimmTrab mit dem Slogan »Lauf mal wieder«. Mitte der Siebziger begann das vierjährige Modell »Ein Schlauer trimmt die Ausdauer«, in das später Krankenkassen und Sportartikelfirmen einstiegen. Im März 1974 wurde in Dortmund der erste Lauftreff mit Leistungsgruppen vom Einsteiger bis zum Wettkampfläufer eröffnet, und es erschien das erste deutsche Laufmagazin »Spiridon«.

Beim TrimmTrab-Auftakt 1976 im hessischen Bad Arolsen gab Olympiasieger und Lauflegende Emil Zatopek die denkwürdig einfachste und viel zitierte Begründung für Laufen: »Fisch schwimmt, Vogel fliegt, Mensch läuft!«

Die modernen Genussläufer

In den Siebzigern galten Läufer eher noch als kuriose Außenseiter und waren sehr leistungsorientiert. Heute dagegen trainieren Millionen von Spaß- und Genussläufern in den Stadtwäldern, Parks und Sportanlagen von Flensburg bis Basel. Die Zahl der in Deutschland regelmäßig Laufenden dürfte realistisch um die fünf Millionen betragen. Der Anteil der Frauen nimmt laufend zu. 2004 waren beim Deutschen Leichtathletikverband rund 3.000 Lauftreffs registriert.

Die Laufbewegung hat aber nicht die jungen Talente mobilisiert. Sie wird bei uns überwiegend von fröhlichen 30- bis 50-jährigen Gesundheitssportlern und Volksläufern geprägt. Sie laufen vorwiegend für ihre Figur, Gesundheit, für Entspannung und Lebensqualität. Nicht wenige suchen dabei in der Freizeit die im Berufsleben fehlende Herausforderung.

Doch auch bei einem Marathon interessiert den Breitensportler heute nicht mehr so sehr wie früher, ob man Bestzeit gelaufen ist oder wer der Sieger war. Wichtig ist, dass man selbst mit seinen Freunden das Ziel gut erreicht hat und das nächste Mal in geselliger Runde beim Wein-Marathon im Medoc oder beim Honolulu-Marathon auf Hawaii starten möchte.

Das afrikanische Laufwunder

In der Dritten Welt ist körperliche Arbeit noch an der Tagesordnung. Dicke Menschen sieht man selten, vielleicht als Häuptling, Funktionär oder Politiker. Die Wunderläufer aus Kenia und Äthiopien, die die Weltbestenlisten auf den Mittel- und Langstrecken anführen, sind meist einfache Bauernkinder, die in frühester Kindheit bereits mit der Viehherde unterwegs waren oder kilometerlange Schulwege zurücklegen mussten. Dort, wo sie herkommen, ist Fitness noch eine Notwendigkeit. In Ostafrika wird man als Läufer geboren, ob man will oder nicht, und bleibt es zeitlebens. Die Talentiertesten unter ihnen kommen bei unseren Citymarathons oder in den Stadien bei internationalen Sportfesten in Zürich oder Berlin zu materiellem Ruhm und Ehren.

Manager und Moneten

Natürlich wollen auch weiße Manager, Trainer und Sportfirmen ein Stück vom Kuchen abbekommen. Sie fördern mittlerweile die schwarzen Talente in Kenia und auch in Trainingszentren in Europa. Der Deutsche Volker Wagner betreut und vermittelt in Detmold eine Gruppe von Kenianern. Ohne diese Verbindungen kämen viele einfache Bauernkinder nie an die Preisgelder und Verträge. Ein Agent kassiert einen Teil der Prämien. Er hält dem Athleten aber den Rücken zum Training frei und kümmert sich um alle Formalitäten. Der umstrittene, von einer Sportartikelfirma gesponserte Laufstall um Dr. Gabriele Rosa produziert Marathonsieger wie Paul Tergat, der in Berlin 2003 mit Weltrekord in 2:04:55 siegte, schon fast am Fließband. Er veranstaltet eigens Sichtungsrennen bei Eldoret, um die größten Talente herauszufiltern. Das Management Global Sports um den früheren Stundenlauf-Weltmeister Jos Hermens aus Holland hat seine Zelte in Kenia bei Kaptagat in 2.400 Meter Höhe aufgeschlagen.

Auch europäische Spitzenläufer wie Dieter Baumann oder die Schweizer Laufasse Viktor Röthlin und Christian Belz möchten sich bei Höhentrainingsaufenthalten bei den afrikanischen Wunderläufern inspirieren lassen. Sie kehren als »weiße Kenianer« zurück. Über meine eigenen Erfahrungen in den Nandi Hills im Westen Kenias lesen Sie auf den folgenden Seiten.

> Geschichten am Rande ...
>
> ### Durch Laufen zum Multimillionär
>
> 1992 gewann der Äthiopier Addis Abebe für die Unterbietung der 10-Kilometer-Straßenlauf-Weltbestzeit in Indonesien 500.000 Dollar. Eine prächtige Summe, die man bei uns auch vom Tennis, Golf oder Fußball kennt. In Äthiopien bedeutete das aber damals eine Kaufkraft von 45 Millionen Mark! Addis Abebe war auf einen Schlag einer der reichsten Männer seines Landes und motivierte viele Talente, es ihm heute gleichzutun.

Das spielerische Training in der Kindheit und die Aussicht auf einen ungeheuren sozialen Aufstieg sind Hauptursachen für die Dominanz der Afrikaner im Laufsport.

STEP 1 Laufgeschichte

Essay

Zu den **Wurzeln** des kenianischen **Laufwunders**

Mike Boit, Bronzemedaillengewinner im 800-m-Lauf in München 1972, einer der ersten kenianischen »Wunderläufer«, hatte mich in das 2.350 Meter hoch gelegene Iten in den Nandi Hills im Westen Kenias gefahren. Hier mitten im Busch weit abseits vom Touristenstrom steht die Missionsschule St. Patricks High School, eine von irischen Lehrern geleitete Kaderschmiede, aus der die meisten Wunderläufer Kenias kommen. Mike Boit lernte und lief hier. Ich wollte zur Vorbereitung auf die Olympischen Spiele 1988 ein Höhentraining hier, an den Wurzeln des kenianischen Laufwunders, durchführen. Es reizte mich ungemein. Gab es im ostafrikanischen Hochland Geheimnisse? Es sollte dort viele Wege geben, die man gut laufen kann, aber alles bergig, und es sollte sogar ein Stadion geben.

Willkommen in Afrika

Und nun stand ich hier im Busch mit zwei Sporttaschen auf dem Gelände der St. Patricks High School in Iten. Ich hatte meine Zweifel, und die wurden durch einige Umstände nicht gerade gemildert. Ich hatte immerhin den Vorzug, in einem Steinhaus der Missionsschule leben zu können, denn in der Umgebung hausen die Menschen meist in Lehmhütten mit Strohdach. So gab es wenigstens eine Wasserversorgung aus der Regenrinne – aber nur wenn es regnete, und es war gerade Trockenzeit.

Und hier sollte ich also bleiben? Der verwöhnte mitteleuropäische Hightech-Runner Herbert Steffny bei den Juniorenweltmeistern aus der Lehmhütte von nebenan? Hier Hochleistungstraining, Olympiavorbereitung? Wo ist der Swimmingpool, der nächste Sportarzt, der Masseur, das Kino, ein Restaurant, die Kunststoffbahn, die Sauna, kurz, alles, was man als Spitzensportler zu brauchen glaubt?

Stattdessen gab es in 2.350 Meter Höhe dünne, aber saubere Luft, starken Wind, nichts als bergiges Gelände, Hitze und kaum Verkehr auf ungeteerten Staubstraßen. Weiterhin hatte ich ein Dach über dem Kopf, einen Herd, um zu kochen, sowie eine Schaumgummimatratze mit einer Decke als Schlafstätte.

Abgehängt von Barfußläufern

Beim ersten mittäglichen Erkundungslauf hatte ich zur Kontrolle einen Pulsmesser umgeschnallt, denn bei dünner Höhenluft, unter äquatorialer Hitze und Sonnenstrahlung überzieht man schnell. Mein Pulsmessgerät schlug bald Alarm, ich war auf 180! Es war klar: Ich musste morgens früher raus zum Laufen und abends vor der Dämmerung zum zweiten Mal trainieren, wenn ich nicht so fertig wie ein Hähnchen vom Grill zurückkommen wollte wie an jenem ersten Tag. Ansonsten half nur viel trinken, langsamer laufen und Sonnencreme Lichtschutzfaktor 20. Das hügelige Trainingsgelände war phantastisch, der Boden war fest, aber federnd. Ich bekam zu Beginn einen anständigen Muskelkater. »Das gibt Power!«, sagte ich mir. Der Sauerstoffanteil der Luft ist dort oben um 25 Prozent niedriger als zu Hause, und ich japste im sicheren Gefühl, fleißig rote Blutkörperchen zu produzieren.

Die Bahn im selbst gebauten Stadion war eine Buckelpiste mit Grasstoppeln, die man bei uns wegen Verletzungsgefahr schließen würde. Hier hängte mich manch einheimischer Läufer hoffnungslos ab. Wenn die alle rauskämen! Die Burschen zogen hier harte Programme durch, barfuß, mit Schuhen oder in Badesandalen. Ich sah nach dem Training manchmal blutige Füße. Einige der Barfußläufer haben sogar ein Paar Schuhe, aber die schonen sie für die Wettkämpfe. So einfach leben also Weltklasseathleten.

Fast nur Pauken und Sport

Zum Erfolg gehört Disziplin. Die Jungs waren sehr fleißig, nicht nur im Training, sondern auch in der Schule. Sie büffelten bis 23 Uhr nachts hinter ihren Büchern im Klassenraum. Bei uns unvorstellbar. Danach geht's ins Bett. Wer Alkohol trinkt, fliegt von der Schule. Rauchen ist verboten. Zerstreuung und Ablenkung gibt es nicht viel. Keinen Computer, keinen Fernseher, keine Spielothek, keine Diskothek, kein Kino. Der Schulleiter Brother Colm O'Connel sagte uns einmal, dass es für seine Zöglinge zwei Möglichkeiten gäbe, raus aus dem Dreck zu kommen: »Entweder die haben was im Hirn, oder sie haben es in den Beinen.« Er liebt seine Schüler und fördert beide Wege. Als guter Läufer bekommt man entweder ein Stipendium in Amerika oder eine Stelle bei der Armee, Polizei oder Post.

Kenianische Nachwuchsläufer der St. Patrick School in Iten beim Training.

Essay

Barfuß zum Doppelweltmeister

Die irischen Brüder, die sich um die 15- bis 19-Jährigen verdient machen, sind mächtig stolz auf deren sportlichen Erfolge. Gerne zeigen sie Videobänder, wo ihre Schüler der Weltklasse das Fürchten lehrten, oder geben Anekdoten von ihren Jungs zum Besten. Nehmen wir Peter Chumba: Als er 1986 bei der Junioren-Weltmeisterschaft vor dem Start das lästige Kontrollprozedere mit der Überprüfung der Trikotwerbung und den Schuhfirmen als Neuling mitmachte, trug er in dem Fragebogen naiv unter Schuhmarke einfach »barefoot« ein. Während die Funktionäre rätselten, was für eine neue Schuhfirma das vielleicht sei, gewann Peter barfuß in Athen die 5.000 und 10.000 Meter vor der besohlten weißen Konkurrenz.

Die Träume der Läufer in Kenia

Ich fragte die Jungs nach ihrer Motivation. Fast alle sagten mir, dass sie berühmt werden wollten, aber fast im selben Atemzug auch, dass sie für die Familie Geld verdienen wollten, Geld, um Land oder Vieh kaufen zu können. Matthew, einer der schnellsten Läufer, träumte von ganz großen Erfolgen, dem Olympiasieg wie sein Vorbild Kipchoge Keino. Dieser weltberühmte Vorläufer Kenias war 1968 Olympiasieger über 1.500 Meter sowie 1972 über 3.000 Meter Hindernis und brachte es zu Ansehen und Reichtum. Er hat neben Teefarmen z. B. einen Sportladen in Eldoret.
Der 17-jährige Stanley Bor kann von seinem Nachbarn Ibrahim Hussein berichten. Nach dessen Sieg beim New York Marathon kehrte dort der Reichtum ein. Hussein fuhr mit dem zusätzlich gewonnenen Nobelauto in den Busch. Das war vielleicht ein Aufstand! Anschließend besaßen die Husseins etwa elfmal so viel Land und dazu ein schönes Steinhaus. Damals beschloss Stanley wie alle anderen Kinder, Läufer zu werden. Was kann aus dem siebten Kind eines Bauern hier schon werden? Der Acker ist nicht mehr teilbar, es gibt nichts zu erben, man wird keine reiche Frau heiraten, und es gibt keine soziale Hängematte. Da greift man nach dem Strohhalm, der vielleicht einzigen Chance im Leben, aus dem Busch herauszukommen, Karriere zu machen: Laufen.

Die Wurzeln des Erfolgs

Eines Abends kam Brother Colm O'Connel vorbei. Wir unterhielten uns über die Gründe, warum die Schüler hier so erfolgreiche Läufer werden, und wir kamen auf Folgendes:
▶ körperlichen Anforderungen (z. B. Schulwege), die die Schüler bereits im Kindesalter trainieren
▶ einfache, gesunde, vollwertige Bauernkost
▶ von Natur aus schlanker Körperbau
▶ kaum vorhandenen Möglichkeiten für andere Freizeitgestaltung bzw. Ablenkung
▶ wenigen Alternativen, außerhalb des Sports Karriere zu machen
▶ Aussicht auf einen großen sozialen Aufstieg
▶ soziale Verpflichtung gegenüber der Familie
▶ Inspiration durch erfolgreiche Vorbilder, die zum »Nachmachen« animieren
▶ Training in der Gruppe statt Einzelkämpfertum
▶ Unterstützung durch die Schulleitung

- die Abhärtung durch die Höhenlage und das anstrengende Trainingsgelände
- das durch das Klima ermöglichte ganzjährige Training
- die Weitergabe von Know-how durch frühe Laufstars
- Mut und Unbedarftheit im Rennen gegenüber weißen »Weltstars«.

Dem stehen aber auch Nachteile gegenüber:
- die schlechte Ausrüstung
- die Gefahr von schweren Krankheiten wie Malaria, Typhus, Hepatitis
- die weitgehend fehlende sportmedizinische Versorgung
- die knallharte Selektion, bei der viele Talente auf der Strecke bleiben
- die geringen finanziellen Möglichkeiten, die z. B. verhindern, auf eigene Faust zu Wettkämpfen auszureisen.

Frauen haben hier in den Nandi Hills genauso viel Talent, sie kommen nur kaum ins Ausland. Ihr Schicksal ist auch gleichzeitig ein gesellschaftliches Problem, denn ihre eigentliche Aufgabe ist Kindergebären und Familie. Die ersten international erfolgreichen Kenianerinnen gelten als Vorbilder für ein Leben jenseits der traditionellen weiblichen Rolle.

Aus wenig viel machen

Nach fünf Wochen Trainingslager und ungefähr 1.000 Kilometern ließ ich meine abgenutzten Schuhe und Trainingskleidung zurück und verteilte sie unter den Jungs. Der Aufenthalt in Kenia war für mich eine Grenzwanderung, eine Herausforderung und brachte mich zum Grübeln. Ich habe eben das Glück gehabt, in Deutschland geboren zu sein, und dessen sollte man sich nur öfter bewusst sein. Sauberes Trinkwasser ist wichtiger als Fernsehen. Wir leben wie die Maden im Speck, und die einfachen Nandis machen aus so wenig so viel.

Ganz simple Wege führen auch zum Erfolg, wenn nur der eiserne Wille da ist. Hightechtraining kann zur Verwirrung und zur Unselbstständigkeit des Athleten führen. Entrümpelung ist angesagt. Wer Besonderes erreichen will, muss von sich auch Besonderes fordern. Herbert, du musst härter werden! Kämpfe mit ihren Waffen, trainiere fleißig! Einfach, aber wahr. Das war mir eigentlich nicht neu, aber mein Keniaaufenthalt half mir wieder, das Wesentliche zu sehen.

Träume werden wahr

Vier Wochen später qualifizierte ich mich beim London Marathon in 2:11:54 Stunden für die Olympischen Spiele in Seoul. Immer wenn ich mich später motivieren musste, dachte ich an meine Kenianer zurück. Eine Weile hatte ich noch Briefkontakt und schickte gebrauchte Laufschuhe in die Nandi Hills. Einen traf ich Jahre später wieder: »Bist Du es, Matthew? Der Matthew aus Iten?« Und er erkannte mich und lächelte: »Du bist doch der Muzungu, der damals mit uns trainierte?« Matthew Birir, der damals in Iten von Olympia träumte, wurde 1992 in Barcelona über 3.000 Meter Hindernis Olympiasieger – wie sein Vorbild Kip Keino …

STEP 2

Motivation

Ihre Gesundheit können Sie nicht delegieren. Sie sind Ihr Chef! Wer außer Ihnen selbst soll sich sonst darum kümmern? In die Krankenkasse einzuzahlen alleine reicht nicht. »Gesundheit ist gewiss nicht alles, aber ohne Gesundheit ist alles nichts!« So brachte es der Philosoph Arthur Schopenhauer auf den Punkt.

STEP 2 Motivation

Warum Sie laufen sollten

Viele beginnen mit dem Laufen erst, wenn sie die Endlichkeit ihrer Fitness erlebt haben: Herzrasen und Übergewicht gepaart mit Lebenskrisen und beruflicher Neuorientierung. Sollte das schon alles gewesen sein? Dabei waren wir doch früher so sportlich.

Etwas für Fitness und Gesundheit tun

Wer rastet, der rostet! Biologische Systeme erfordern im Gegensatz zu technischen zu ihrer Erhaltung oder Verbesserung einen entsprechenden Trainingsreiz.

Fitness – Gesundheit. Was bedeuten diese Begriffe eigentlich?
Fitness kommt aus dem Englischen und bedeutet Tauglichkeit, Eignung, Fähigkeit. Es hat im allgemeinen Sprachgebrauch irgendwie mit Gesundheit und Lebensstil zu tun: mit guter Ernährung, körperlicher und geistiger Mobilität, mit »in Form sein«, Wohlbefinden, gutem Aussehen und mit Schlankheit. Im engeren Sinne hängt aber Ihre Fitness von Ihrer sportlichen Leistungsfähigkeit und dem Zustand Ihres Herz-Kreislauf-Systems ab. Für die Gesundheit ist neben Kraft, Beweglichkeit und Koordination insbesondere die Ausdauerfitness aussagekräftig. Fitnesstests würden ein Defizit Ihrer körperlichen Verfassung schnell aufdecken.

Gesundheit ist viel mehr als nur die Abwesenheit von Krankheit. »Anima sana in corpore sano«, »Ein gesunder Geist ruht in einem gesunden Körper«, diesen ganzheitlichen Ansatz verfolgte schon der römische Satiriker Juvenal vor fast 2.000 Jahren. Der Moralphilosoph Jean-Jacques Rousseau formulierte es im 18. Jahrhundert ähnlich: »Vor allem wegen der Seele ist es notwendig, den Körper zu üben.« Und auch die World Health Organisation (WHO) benutzt heute eine umfassende Definition: »Gesundheit ist der Zustand des vollkommenen körperlichen, geistigen und sozialen Wohlbefindens.« Gesundheit sollte, neben wahrer Liebe, Freundschaft, Freiheit und Sicherheit, in der persönlichen Prioritätenskala eigentlich ganz oben stehen. Was tun wir dafür?

Info

Allgemein verbinden wir Fitness mit
- Gesundheit
- Wohlbefinden
- geistiger Mobilität
- »guter« Ernährung
- körperlicher Aktivität
- gutem Aussehen, »Schlankheit«

Im engeren Sinne hat Fitness zu tun mit
- sportlicher Leistungsfähigkeit
- Herz-Kreislauf-Fitness

Ausdauersport für die Gesundheit

Gesundheitssport ist Ausdauersport

Sport und Sport ist nicht dasselbe. Bei Schnellkraftsportarten wie Sprint, Kugelstoßen, Gewichtheben oder Hochsprung werden explosiv für einige Sekunden Kräfte freigesetzt. Diese Sportarten trainieren den Körper ganz anders (siehe Randspalte) als Ausdauersportarten wie Laufen, Walking, Radfahren, Rudern, Schwimmen oder Skilanglauf. Wenn Sie etwas für Ihre Gesundheit tun möchten, wählen Sie eine Ausdauersportart.

Stärkt Herz und Lungen

Beim Ausdauersport müssen Sie Ihr Körpergewicht nicht maximal, sondern in einer viel sanfteren Intensität, aber dafür über einen längeren Zeitraum als bei Schnellkraftsportarten bewegen. Ausdauertraining optimiert

Beim Schnellkrafttraining stehen der Muskelquerschnitt und eine saubere Technik im Vordergrund. Die Fettverbrennung spielt für die Kraftentfaltung keine Rolle. Auch der Sauerstofftransport ist in der kurzen Zeit nicht wichtig: Ist das sauerstoffreiche Blut während eines Sprints von den Lungen über das Herz überhaupt bis in den Fuß gekommen? Wohl kaum.

Das Beispiel Joschka Fischer

Joschka Fischer wurde durch seine Metamorphose vom fülligen Lebemann zum Marathonfinisher zum Vor-Läufer der Nation. Mit 112 Kilogramm Leibesfülle und Angst vor einem Herzinfarkt änderte er mit 48 Jahren sein Leben radikal. Der damalige Fraktionssprecher der Grünen stellte im Herbst 1996 seine Ernährung auf mediterran geprägte Vollwertkost um und begann zu joggen. Er hatte zunächst Vorbehalte gegenüber Laufen, das er für »sterbenslangweilig, nervtötend und ätzend« hielt. Er wusste aber, dass man pro Zeiteinheit mit Laufen Kalorien am schnellsten abbauen kann und dabei sein Herz stärkt. Er begann in Bonn mit einem 400-Meter-Lauf, nachts, im Dunklen, damit ihn keiner sah. Eine traumatische Premiere! Aber er hat weitergemacht!
Als ich im Sommer 1997 sein Marathontraining übernahm, war er längst ein Lustläufer. Laufen bedeutete für ihn Stressbewältigung, Meditation und die »naturgemäßeste Droge«. Mit 50 Jahren und nur noch 74 Kilogramm Gewicht beendete er 1998 eineinhalb Jahre nach seinem Einstieg den Hamburg Marathon in 3:41 Stunden. Das ist noch im ersten Drittel des Teilnehmerfeldes. Danach finishte er auch noch als Außenminister mit drei- bis fünfmal Training in der Woche die Marathons in New York City und Berlin jeweils unter vier Stunden. Viele nahmen sich ihn als Vorbild. Die Terroranschläge von New York 2001 veränderten sein Leben drastisch und verhinderten eine geplante Teilnahme am Frankfurt Marathon. Als ununterbrochen reisender Außenminister musste er sein Laufpensum erheblich zurückschrauben und nahm entsprechend deutlich zu. Fischer verfiel wieder in sein altes Kompensationsverhalten.

STEP 2 Motivation

Eine einfache, aber recht präzise Formel besagt, dass man beim ruhigen Laufen oder flotten Walking pro Kilometer ungefähr so viele Kilokalorien verbrennt, wie man in Kilogramm schwer ist.

dabei viele verschiedene Systeme im Körper, beispielsweise die Fettverbrennung, das Atmungs- und das Herz-Kreislauf-System zum Verteilen der Nährstoffe und des Sauerstoffs während des Sports. Und damit sind wir mitten im Gesundheitstraining, denn nur durch Ausdauersportarten optimieren sich Herz, Lunge, Gefäße und Blutwerte. Zum Muskel- und Knochenaufbau ist Kraftsport dagegen besser geeignet. Daher sollten Läufer neben Dehnungs- auch Kräftigungsübungen durchführen (siehe Step 11, Seite 260ff.).

Schont das Herz

Sie wollen Ihr Herz schonen? Dann sollten Sie nicht ruhen, sondern laufen! Das Herz des Ausdauersportlers schlägt ökonomischer und vergrößert sich durch natürliche Anpassung im Training. Früher hatte man das fälschlich mit einem krankhaft vergrößerten Herzen verglichen. Beim trainierten, leistungsfähigeren Herz sinkt der Ruhepuls ab, aber auch bei Alltagsverrichtungen wie Sitzen, Stehen und Gehen ist der Puls deutlich niedriger. Das Läuferherz schont sich eigentlich, es

Energieverbrauch bei Walking und Jogging im Vergleich

Näherungswerte in Kilokalorien pro Stunde in Abhängigkeit von Körpergewicht und Tempo (Zusammenstellung nach verschiedenen Autoren)

Tätigkeit	Tempo (km/h)	50 kg	60 kg	70 kg	80 kg	90 kg	100 kg
Liegen	–	66	81	90	102	117	132
Sitzen	–	84	102	120	132	150	168
Wandern mit Rucksack	5	300	360	420	474	540	600
Bergsteigen	–	450	519	612	690	777	870
Gehen							
Spazierengehen	3	138	171	198	222	255	279
Walking	6	222	270	318	360	408	456
Nordic Walking*	6	350	425	501	565	641	716
Power Nordic Walking*	9	791	961	1.121	1.272	1.432	1.601
Powerwalking	9	504	612	714	810	912	1.020
Racewalking	12	770	880	990	1.100	1.210	1.320
Laufen							
Jogging	9	438	531	624	702	795	888
Dauerlauf	12	642	771	906	1.024	1.155	1.290
Tempodauerlauf	16	798	963	1.128	1.278	1.437	1.602
Wettkampftempo	20	960	1.158	1.356	1.536	1.731	1.932

* Bei kräftigem Einsatz der Arme

muss im Tagesverlauf trotz Lauftrainings weniger schlagen als das des Normalbürgers. Machen wir ein realistisches Rechenbeispiel über einen Tag. Bei einem Training von einer Stunde schlägt das Herz des Läufers vielleicht 50 Schläge pro Minute höher als das des Untrainierten. Das sind 50 mal 60 Minuten, also 3.000 Schläge mehr. Aber in den restlichen 23 Stunden, sowohl über Nacht als auch bei den anderen normalen Tätigkeiten im Tagesverlauf, schlägt das Herz des Läufers durchschnittlich 25 Schläge niedriger. Das sind 25 mal 23 mal 60 Minuten, also 34.500 Schläge weniger! In der Summe muss also das Herz des Normalbürgers 31.500 Mal öfter am Tag schlagen und mehr Arbeit verrichten!

Bringt stabile Knochen

Durch Laufen formen Sie nicht nur schöne Beine, sondern aktivieren auch die Venenpumpe. Die arbeitenden Muskeln pumpen das venöse Blut aus den Beinen zum Herz zurück, was beim Rumsitzen sonst in den Beinen versacken würde. Mit Jogging beugen Sie beispielsweise Thrombosen oder Besenreiser vor und mildern Beschwerden bei Krampfadern. Ab dem 35. Lebensjahr baut nicht nur die Muskulatur, sondern auch die Knochen unmerklich ab. Nichtstun fördert Osteoporose und Arthrose. Frauen sind durch die nachlassende Hormonproduktion stärker gefährdet als Männer. Moderate Bewegung wie Walking und Jogging ist bei Verschleiß und Beschwerden am Bewegungsapparat in Absprache mit einem sporterfahrenen Arzt besonders zu empfehlen. Und auch eine Knochenerweichung kann bereits im frühen Stadium aufgehalten werden.

Laufen für Körper, Geist und Seele

Bestimmt hat Ihnen schon einmal irgendein Läufer erzählt, wie gut ihm Laufen tut und was sich dadurch alles in seinem Leben zum Positiven verändert hätte. Für einen Nichtläufer zunächst kaum zu glauben. Aber wenn Sie den richtigen Einstieg finden und kontinuierlich weiterlaufen, werden Sie bestimmt selbst bald zum Laufbotschafter werden!
Als Ausgleich zu den vielen in zentralbeheizten, vollklimatisierten Räumen verbrachten Stunden setzen Sie sich wieder regelmäßig den Elementen Wind, Regen, Schnee und Sonne aus. Sie kommen Ihrer eigenen Natur, dem Urmenschen und dem Lauftier in Ihnen wieder näher. Sie haben Spaß beim Sport in der freien Natur, bringen Körper, Geist und Seele in die Balance. Ihr Körper wird Ihr Freund. Sie werden ganzheitlich besser drauf sein, wieder in den Spiegel schauen können und mit der Waage Frieden schließen.
Die im Folgenden (Seite 24/25) aufgezählten positiven Auswirkungen des Laufens beziehen sich weitgehendst

Bei den beliebten Sportarten Aerobic, Squash, Tennis, Fußball, Golf oder alpines Skifahren werden immer wieder auftretende Belastungsspitzen durch Pausen unterbrochen. Das kontinuierliche Training auf mittlerer Intensität fehlt dabei meist, der Gesundheitseffekt und Kalienverbrauch ist oft erstaunlich gering. Für ein Training der Bewegungsgeschicklichkeit und Koordination hingegen sind diese alternativen Sportarten hervorragend geeignet und damit als Ergänzungstraining für Läufer zu empfehlen.

STEP 2 Motivation

Mein Profi-Tipp

Langsam, aber stetig zum Erfolg

Wieso wird man durch sanftes, aber regelmäßiges Laufen fitter? Man sagt, »Steter Tropfen höhlt den Stein«, und Laotse benutzte das Beispiel vom Wasser: »Es fließt nie über den Berg, immer um ihn herum, aber es wird ihn dennoch abtragen.« Eile mit Weile, aber kontinuierlich. Ein Weltklasse-Marathonläufer läuft rund 95 Prozent seines Trainings im ruhigen »grünen« Bereich der Grundlagenausdauer. Hier geschehen die meisten wichtigen Anpassungen. Einige Tempoeinheiten sind lediglich die Spitze der Pyramide. Solche harten Trainingsreize müssen immer wieder erst »verdaut« werden. Weniger kann also durchaus mehr sein!

auf den Bereich des sanften Fitnessjoggings. Was Sie dafür tun müssen, erfahren Sie in Step 6 »Jogging« (Seite 100ff.). Ein Marathontraining brauchen Sie für Ihre Gesundheit jedenfalls nicht aufzunehmen!

Reise zu sich selbst

Sie kennen das Märchen vom Tapferen Schneiderlein? Es erschlug »sieben auf einen Streich!« Beim Laufen erledigen Sie viel mehr auf einmal. Vielleicht wollten Sie am Anfang nur abnehmen oder das Herz und den Kreislauf in Schwung bringen. Doch schon nach einigen Wochen regelmäßigen Laufens merken Sie, dass sich im Kopf und Körper noch viel mehr, sozusagen »en passant«, also nebenbei, »im Vorbeilaufen« verändert. Auch Ihr Wohlbefinden und die Psyche werden dabei positiv beeinflusst. Sie begeben sich auf eine lebenslängliche, ganzheitliche Reise zu sich selbst:

▶ Sie verbessern Ihre Ausdauer, also die Widerstandsfähigkeit gegen Ermüdung. Sie halten damit im Alltag, in der Freizeit und beim Sport einfach länger durch.

▶ Ihr Gewicht sinkt durch den erhöhten Kalorienverbrauch beim Laufen (Arbeitsumsatz) sowie durch den dauerhaft erhöhten Grundumsatz. Sie erreichen und erhalten Ihr Normal-, Ideal- oder Wettkampfgewicht.

▶ Aktivierung des Fettstoffwechsels: Überschüssiges Fett wird beim Laufen abgebaut, es kommt zum Muskelzuwachs. Die aktive Körpermasse nimmt prozentual zu, was wiederum einen erhöhten Grundumsatz bedeutet.

▶ Laufen ist das optimale Training für Bauch, Beine und Po, denn gerade der aufrechte Gang des Menschen formt nicht nur straffere und knackige Beine, sondern insbesondere den prominenten Gesäßmuskel.

▶ Die Ernährung wird sich ganz natürlich umstellen. Läufer kennen sich in Ernährungsfragen überdurchschnittlich gut aus.

▶ Sie werden das Essen mehr genießen können, da Sie am nächsten Tag wieder Kalorien abtrainieren.

▶ Ihr Herz und Kreislaufsystem wird belastungsfähiger, und die Gefäße werden elastischer, die Blutwerte verbessern sich.

▶ Das Immunsystem wird gestärkt, Sie werden weniger sowie schwächere

Erkältungen und grippale Infekte haben, die zudem schneller ausheilen.
▶ Sehnen und Knochen werden stabiler, die Gelenke geschmiert.
▶ Sie bauen spielerisch, ohne sich zu verausgaben, Stresshormone ab, haben viel weniger den Drang, Stress mit Zigaretten, Naschen oder Alkohol zu kompensieren.
▶ Sie fühlen sich durch die Freisetzung des körpereigenen Glückshormons Serotonin sowie von Endorphinen wohl. Sie werden weniger anfällig für Depressionen.
▶ Sie können beim Laufen prima Kopfarbeit leisten, private und berufliche Probleme überdenken. Nicht selten sind die glasklaren Gedanken nach dem Laufen, ähnlich wie beim Traum, hinterher wieder verschwunden. Daher nehmen manche ein kleines Diktiergerät mit.
▶ Sie werden nach einem Lauf erst zunächst wieder wach und konzentriert sein, aber später besser schlafen.
▶ In der Gruppe finden Sie Geselligkeit und Kontakte unter Gleichgesinnten. Freuen Sie sich auf einen Laufplausch!
▶ Wenn Sie alleine joggen, haben Sie endlich eine ganz private Auszeit, können sich freilaufen, entspannen oder sogar meditieren.
▶ Nach den ersten Fortschritten und Erfolgserlebnissen wächst Ihr Selbstwertgefühl. Laufen wird zum Modell. Sie werden sich auch in anderen Lebensbereichen mehr zutrauen und Ihre Grenzen erweitern.

▶ Laufen ist seit Jahrmillionen ein natürliches Anti Aging. Sie werden langsamer altern, statistisch einige Jahre länger leben und – noch viel wichtiger – mit einer viel höheren Lebensqualität im fortgeschrittenen Alter. Sie werden biologisch gegenüber Normalpersonen Jahrzehnte jünger!

Laufen beugt Herz-Kreislauf-Erkrankungen vor

»Laufen ist eine Möglichkeit, sein gesundheitliches Vorstrafenregister zu löschen«, hat der Immunbiologe Professor Gerhard Uhlenbruck einmal sehr treffend formuliert. Mit einem Anteil von knapp 50 Prozent sind Herz-Kreislauf-Erkrankungen heute bei uns Todesursache Nummer eins (siehe Grafik)! Früher, wie in der Dritten Welt noch heute, standen Todesfälle durch

Sport hat von der Herkunft des Begriffs mit Spaß zu tun. Das Wort entstammt dem lateinischen deportare – sich vergnügen. Das findet sich auch in der altenglischen Redensart: »It was done in sport« – »Es wurde zum Spaß gemacht«.

Mortalität in den Industrienationen
In Deutschland 2002
- Herz/Kreislauf (47%)
- Krebs (25%)
- Sonstiges (13%)
- Atmungsorgane (6%)
- Verdauungssystem (5%)
- Unfälle, Suizid, Vergiftungen (4%)

STEP 2 Motivation

Infektionskrankeiten sowie Tod im frühen Kindesalter an erster Stelle. Als Ursachen für die Zunahme von Herz-Kreislauf-Erkrankungen gelten die Risikofaktoren:
- Rauchen
- Zuckerkrankheit (Diabetes Typ 1 & 2)
- zu hoher Blutdruck
- zu hohe Cholesterinwerte
- Bewegungsmangel
- Übergewicht
- Stress.

Herz-Kreislauf-Erkrankungen, Übergewicht, Diabetes und Bluthochdruck sind eine typische Zivilisationserscheinung. Meist sind Bequemlichkeit, mangelnde Informationen und Fehlverhalten hierfür verantwortlich.

Wer stark übergewichtig ist, muss damit rechnen, dass Laufen zunächst nicht seine Sportart ist. Vielleicht wäre man dann vorerst mit Schwimmen, Radfahren oder Walking besser beraten.

Auch die Werbung lullt uns mit trügerischen, verführerischen und gesundheitsschädlichen Botschaften ein. Kennen Sie noch das frühere Motto einer Zigarettenfirma: »Rauche eine HB – und alles geht von selbst!«? Ja, was denn? Ein Raucherbein kann nicht mehr gehen! Die Wahrscheinlichkeit, einen Herzinfarkt oder Schlaganfall zu bekommen, ist teilweise auch genetisch bestimmt. Aber durch eine gesunde Lebensweise können wir dieses Risiko vermindern oder sogar vollkommen ausschalten. Gerade deswegen ist es so wichtig, schon frühzeitig nicht irgendeinen Sport, sondern Ausdauersport zu erlernen und lebenslänglich zu betreiben.

Joggen gegen überhöhte Blutfettwerte

Laufen stellt zusammen mit gesunder Ernährung den Blutzuckerspiegel, den Blutdruck und die Cholesterinwerte besser ein. Was das Cholesterin betrifft, sinkt durch Laufsport nicht nur der Gesamtcholesterinspiegel im Blut, sondern es steigt auch der Anteil des schützenden HDL-Cholesterins! Auch hierfür muss man keineswegs intensiv, sondern eher sanft trainieren!

Eine Teilnehmerin eines meiner Seminare berichtete mir, dass sich, seit sie das von mir empfohlene langsamere Lauftraining praktizierte, nicht nur ihre Halbmarathon-Bestzeit verbessert hätte, sondern auch ihr Gesamtcholesterin binnen einiger Monate bei

Herz-Kreislauf-Erkrankungen

gestiegenem HDL-Wert von 242 auf 192 mg/dl vermindert hätte. Sie konnte die verschriebenen Medikamente mit möglichen Nebenwirkungen absetzen. So gesehen war sie zuvor acht Jahre bei konstant hohem Cholesterinwert für die Gesundheit und Bestzeit viel zu schnell gelaufen. Und diese Läuferin ist nur ein Beispiel für viele. Ihre behandelnde Kardiologin war so begeistert, dass sie selbst mit Ausdauertraining begann.

Risikofaktoren für Herz-Kreislauf-Erkrankungen

Bei den Risikofaktoren Rauchen, Bewegungsmangel, Übergewicht und Stress liegt es allein in Ihren Händen, etwas zu ändern. Erhöhte Cholesterin-, Zucker- oder Blutdruckwerte merken Sie allerdings meist gar nicht! Es wirken darüber hinaus oft mehrere Risikofaktoren zusammen, und sie verstärken sich gegenseitig. Übergewicht beispielsweise steigert das Diabetesrisiko extrem. Ein Raucher, der starkes Übergewicht und erhöhte Cholesterinwerte besitzt, hat nicht etwa ein dreifach erhöhtes Risiko, sondern die Faktoren multiplizieren sich. Die Wahrscheinlichkeit für Schlaganfall- oder Herzinfarkt steigt immens an.

Grundsätzlich haben Männer ein etwas höheres Herzinfarktrisiko als Frauen, jedoch verschwindet dieser Vorteil für Frauen mit dem Eintreten in die Wechseljahre. Lediglich Frauen, die in dieser Zeit Hormone (Östrogene) einnehmen, haben weiterhin ein geringeres Risiko für Herz-Kreislauf-Erkrankungen.

Weil die Arteriosklerose (Gefäßverkalkung) – die häufigste Herz-Kreislauf-Erkrankung – eine Krankheit ist, die sich im Verlauf von Jahren bis Jahrzehnten erst entwickelt, steigt das Risiko mit zunehmendem Alter.

Persönliches Risiko für Herz-Kreislauf-Erkrankungen

Die wenigsten kennen ihr persönliches Risiko für Herz-Kreislauf-Erkrankungen, das man am besten zusammen mit einem Arzt erstellt, denn Sie müssen einige Werte messen lassen. Der einfache Testbogen auf der folgenden Seite wurde von meinem Seminararzt, dem früheren mehrfachen Deutschen Meister und Nationalmannschaftsläufer Dr. med. Markus Keller, und mir zusammengestellt. Sie können damit Ihr persönliches Risikoprofil im Hinblick auf Herz-Kreislauf-Erkrankungen abschätzen. Dieser Test kann jedoch den Gang zum Arzt keinesfalls ersetzen.

Mit moderatem Ausdauersport können Sie die meisten Ihrer Risikofaktoren positiv beeinflussen. Je höher aber Ihre Risikopunktzahl, desto wichtiger ist es, sich von einem sporterfahrenen Arzt untersuchen und beraten zu lassen und Ihre Lebensweise auf mehr Bewegung und vollwertigere Ernährung umzustellen.

> **Für die Risikofaktoren Zuckerkrankheit, hoher Blutdruck, hohe Cholesterinwerte und Übergewicht kann es teilweise auch eine genetische Veranlagung geben – Sie können diese Faktoren durch Laufen aber zumindest positiv beeinflussen.**

STEP 2 Motivation

Risikotest Herz-Kreislauf-Erkrankungen

A) Beeinflussbare Risikofaktoren

I Blutdruckwerte

unter 140/85	0
unter 150/90	1
unter 160/95	2
unter 170/100	4
unter 180/105	6
höhere Werte	8

II Cholesterinwerte (Gesamtcholesterin)[1]

unter 190	0
190–209	1
210–219	2
220–239	4
240–259	6
260 und mehr	8

III Rauchen

Nichtraucher (seit mind. 8 Jahren)	0
Zigarren-/Pfeifenraucher	3
Nichtraucher seit mind. 3 Jahren (Zigaretten)	3
Zigarettenraucher weniger als 10 Zig./Tag	4
Zigarettenraucher zwischen 10 und 20 Zig./Tag	6
Zigarettenraucher mehr als 20 Zig./Tag	8

IV Übergewicht[2]

BMI unter 25 kg/m^2	0
BMI zwischen 25 und 30 kg/m^2	2
BMI zwischen 30 und 35 kg/m^2	4
BMI über 35 kg/m^2	6

V Sport

mind. 3 x pro Woche Ausdauersport	0
1–2 x pro Woche Ausdauersport	1
anderen Sport als Ausdauersportarten regelmäßig	3
selten Sport	4
nie Sport	5

VI Stress

wenig Stress	0
moderater Stress	2
ständig Stress	5

B) Nicht beeinflussbare Risikofaktoren

I Zahl der Fälle familiärer Vorbelastung
(Eltern, Geschwister) durch Herz-Kreislauf-Erkrankungen (Herzinfarkt bzw. koronare Herzerkrankung, Schlaganfall, periphere arterielle Verschlusskrankheit etc.)

keine	0
1 (nach dem 50. Lebensjahr)	1
2 (nach dem 50. Lebensjahr)	2
mehr als 2 (nach dem 50. Lebensjahr)	4
1 (vor dem 50. Lebensjahr)	2
2 (vor dem 50. Lebensjahr)	4
mehr als 2 (vor dem 50. Lebensjahr)	6

II Diabetes Typ 1 (angeboren) und 2

nicht erkrankt	0
sehr gut eingestellter Diabetes	4
nicht sehr gut eingestellter Diabetes	8

Summe der Risikopunkte _____

Auswertung

0–5 Punkte	äußerst geringes Risiko
6–10 Punkte	niedriges Risiko
11–15 Punkte	erhöhtes Risiko
16–20 Punkte	hohes Risiko
21–25 Punkte	starke Gefährdung
mehr als 25 Punkte	höchstes Risiko

[1] Sollte Ihr Gesamtcholesterinwert über 200 sein, sollten Sie auf jeden Fall ergänzend das Verhältnis von »gutem« HDL- zu »schlechtem« LDL-Cholesterin überprüfen lassen.

[2] Der Bodymass-Index (BMI) errechnet sich aus dem Körpergewicht in Kilogramm geteilt durch das Quadrat Ihrer Größe in Metern. Beispiel: 75 kg / (1,8 m x 1,8 m) = 23,1 kg/m^2.

So wirkt moderates Laufen auf den Körper

▶ **Herz** Volumenzunahme, Senkung von Ruhe- und Arbeitspuls

▶ **Blutgefäße/Kreislauf** bessere Durchblutung der Herzkranzgefäße, mehr feinste Haargefäße in den Geweben, dadurch bessere Sauerstoff- und Nährstoffzufuhr, bessere Temperaturregulation; höhere Elastizität der Gefäße, dadurch geringeres Thrombose- und Arterioskleroserisiko, Senkung des Blutdrucks, geringere Wetterfühligkeit

▶ **Blut** Senkung des schädlichen LDL-Cholesterins und der Triglyzeride, Erhöhung des schützenden HDL-Cholesterins, verbesserte Regulation des Blutzuckerspiegels, höhere Pufferkapazität, verbesserte Fließeigenschaften, Zunahme des Blutvolumens

▶ **Hormone** guter Abbau der Stresshormone Adrenalin, Noradrenalin und Kortisol, Freisetzung von natürlichen körpereigenen Opiaten (Endorphine) und des Glückshormons Serotonin

▶ **Immunsystem** verbesserte Infektabwehr, weniger Erkältungen, Abhärtung durch Wind und Wetter im Freien, bei Sonne Vitamin-D-Produktion

▶ **Darm** weniger Darmträgheit, Verstopfung und Darmblutungen

▶ **Lungen** vermehrte Kapillarisierung (Durchsetzung mit Haargefäßen), bessere Sauerstoffausnutzung, weniger starke Asthmaanfälle

▶ **Muskeln** Straffung, erhöhte Ausdauerleistungsfähigkeit, verbesserte muskuläre Balance, größere Energie- und Sauerstoffspeicher

▶ **Skelett** höhere Dichte und Festigkeit der Knochen, weniger Rückenbeschwerden

▶ **Gelenke** verbesserte Beweglichkeit, besser mit Gelenksflüssigkeit geschmiert, verlangsamte Degeneration

Keine Zeit zum Laufen? – Faule Ausrede! Der Zeitbedarf eines Joggingprogramms für die Gesundheit beträgt bei dreimal Laufen inklusive Gymnastik sowie Duschen und Umziehen nur rund fünf Stunden in der Woche. Das entspricht einem Abend in der Kneipe.

STEP 2 Motivation

Laufen bedeutet für den Körper Eustress – eine positive Herausforderung. Denn für Gesundheitstraining muss man gar nicht schnell laufen. Es sollte einfach Spaß machen!

Für Laufen ist man nie zu alt

Laufen und seine Schwesterdisziplin Walking sind hervorragend für junge und ältere Menschen geeignet. Bei welcher Sportart können Enkel und Oma schon gemeinsam trainieren? Für Laufen ist man nie zu alt! Oft glauben wir, dass im Alter alles bergab geht. Nicht so im Ausdauersport! Das Leistungsvermögen von Läufern, Radfahrern und Skilangläufern nimmt bei weitem nicht so rasch ab wie bei Sprintern oder Hochspringern. Mit den Jahren wird Schnellkraftsport und Spielsport zudem orthopädisch immer riskanter. Wer spät mit dem Laufen einsteigt, wird über einige Jahre sogar noch immer fitter werden! Vielleicht sogar so fit, wie man vor 10 bis 20 Jahren zuletzt war.

Steigen Sie ein, die Zukunft, auch einer Laufkarriere, beginnt immer heute. Erinnern Sie sich noch mal an Joschka Fischer. Mit 48 Jahren war er extrem übergewichtig und hatte Angst vorm Herzinfarkt, mit 50 Jahren machte er wieder eine gute Figur und wurde sogar noch zum Marathonläufer!

Vor dem Loslaufen zum Gesundheits-Check

Wenn Sie mit einem geregelten Gesundheitstraining anfangen, lassen Sie sich zunächst von Ihrem Hausarzt oder besser einem selbst sporttreibenden Arzt untersuchen. Dies ist umso wichtiger, je älter Sie sind und je länger Sie keinen regelmäßigen Sport mehr ausgeübt haben, vor allem aber, wenn Sie Laufen wohl dosiert zur Rehabilitation nach Herzleiden einsetzen möchten. Allgemein gilt das für Personen über 35 Jahre, insbesondere, wenn Sie bereits einige der auf Seite 26 und 28 genannten Risikofaktoren haben. Auch wenn Sie orthopädische Probleme haben oder stark übergewichtig sind, sollten Sie zunächst ärztlichen Rat einholen. Neben der allgemeinen Untersuchung sollte sinnvollerweise zusätzlich zur Analyse der Blutwerte sowie zum Belastungs-Elektrokardiogramm auch eine Herz- und Gefäß-Ultraschalluntersuchung vorgenommen werden.

Ein Laufbandtest mit Belastungs-EKG.

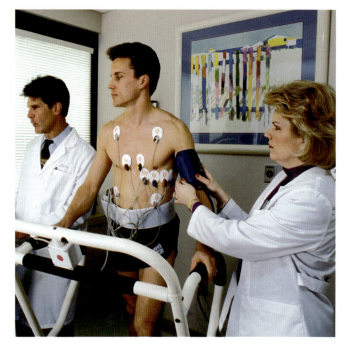

Laufen geht (fast) immer

12 faule Ausreden auf dem Prüfstand

Faule Ausrede	Meine Antwort
Ich laufe den ganzen Tag im Büro oder Haushalt herum.	Sie »laufen« nicht, sondern gehen mit Pausen im Haus. Aber nur wenigstens eine halbe Stunde Training am Stück bei mittlerer Belastung verbessert den Kreislauf und verbrennt ausreichend Kalorien.
Ich habe schon genug Stress.	Laufen ist kein Stress, wenn Sie es sanft betreiben, bauen Sie sogar Stress ab, es ist dann eine Oase der Entspannung.
Alleine macht mir Laufen keinen Spaß, es ist mir zu langweilig.	Sie können mit Freunden oder gesellig beim Lauftreff joggen. Aber warum gönnen Sie sich nicht eine Auszeit mit sich selbst. Kommen Sie mit sich alleine nicht klar?
Ich würde trainieren, wenn es ein Fitnesscenter gäbe.	Laufen können Sie auch ohne Fitnesscenter überall in der freien Natur zu Hause und auch am Urlaubsort.
Es regnet, stürmt, schneit draußen.	Mit einer guten Funktionsbekleidung gibt es kein schlechtes Wetter mehr. Bei Regen ist die Luft sogar am saubersten!
Ist laufen bei kalter Luft im Winter nicht zu gefährlich?	Die Frage haben Sie sich beim Skifahren bestimmt noch nie gestellt! Wer regelmäßig läuft, gewöhnt sich auch an Kälte.
Ich komme im Winter nicht dazu, es ist immer so früh dunkel.	Am Wochenende ist es hell, sonst joggt man mit Freunden im beleuchteten Park oder entlang der Allee, oder man kann ein Fahrradergometer oder Laufband im Fitnesscenter benutzen.
Ich habe Rücken-, Knieprobleme etc.	Wer Laufen richtig betreibt, wird seinen Bewegungsapparat sogar verstärken! Die meisten Menschen müssen zum Orthopäden, weil sie nichts tun.
Sport ist Mord, da verletzt man sich nur.	Fordern, aber nicht überfordern! Lassen Sie dem Körper Zeit für die notwendigen Anpassungen. Verletzungen treten bei Ungeduld, Übereifer und falschem Ehrgeiz auf.
Ich schone mich lieber, das hält mich gesund.	Biologische Strukturen und Funktionen, Knochen, Gelenke, Muskeln oder Ihr Herz brauchen einen Erhaltungsreiz. Vom Nichtstun werden sie abgebaut und verkümmern.
Habe keine Zeit – nein, danke!	Wer für Gesundheit keine Zeit hat, macht in seiner Lebensplanung etwas falsch! Laufen macht Sie ausgeglichener, Sie werden dadurch effizienter arbeiten, beim Laufen Kopfarbeit leisten, letztlich sogar Zeit gewinnen.
Nicht mehr in meinem Alter!	Jogging und Walking ist die naturgemäßeste Bewegungsform des Menschen, sie ist in jedem Alter möglich und sinnvoll.

STEP 2 Motivation

Interview

Joschka Fischer – dem Herzinfarkt **davongelaufen**

Ein Interview mit Joschka Fischer am 22.10.1997 im Gespräch mit seinem Marathontrainer Herbert Steffny für das Laufmagazin SPIRIDON (erschienen im Heft 12/1997). Er war damals noch Fraktionsvorsitzender der Grünen, lief bereits ein Jahr und bereitete seinen ersten Marathon vor. Die Aussagen Joschka Fischers, die auch ausführlich in seinem Buch »Der lange Lauf zu mir selbst« nachzulesen sind, motivieren bis heute noch viele Übergewichtige, den Weg aus der Krise mit Ernährungsumstellung und Laufen genauso zu beschreiben.

Die meisten machen Diäten oder gehen jedes Jahr zum Heilfasten und nehmen trotzdem zu. Sie haben über 30 Kilogramm in 10 Monaten abgenommen, wie geht denn das?
Ernährungsumstellung, sehr viel Sport, um nicht zu sagen fast an die Grenze zum Leistungssport, und beides zusammen lief auf eine ziemliche Lebensänderung raus. Das bedeutet keinen Alkohol mehr, viel Gemüse, Obst, Salat, Kohlenhydrate, keine tierischen Fette mehr, nur etwas Milch fürs Müsli morgens und Joghurt. Ich verzichtete auf das Mittagessen – stattdessen Banane, Obst und ein bisschen Joghurt, frühmorgens laufen, abends Sportstudio, so habe ich zwischen 800 und 1200 Gramm Gewicht in der Woche gemacht. Innerhalb eines Jahres bin ich erfolgreich auf stabile 78 Kilogramm gekommen.

Was lief denn eigentlich früher falsch?
Als ich 1985 Minister wurde, hörte ich mit dem Rauchen auf, und das in Verbindung mit dem Stress ... Da fing ich an, dicker zu werden.

Gaben Sie das Rauchen wegen des Umweltministeriums auf?
Drei Monate nach Beginn meiner Amtszeit hatte ich auch eine sehr schwere Grippe, offensichtlich ist mein ganzes Immunsystem zusammengebrochen. Gleichzeitig wusste ich, dass Rauchen für einen grünen Umweltminister ein ständiges Problem bleiben würde. Da habe ich den Tabaksbeutel hinter mich gebracht, und es war vorbei.

Und dann kamen die Kalorien ...
... und dann kamen die Kalorien in Verbindung mit einem unglaublichen, brutalen Stress. Ich stand in der Regierung, in der Öffentlichkeit und innerparteilich unter einem ungeheuren Druck. Dann der Fundi-Realo-Konflikt, die Parteimehr-

heit im Rücken wollte das Gegenteil. Ich hatte zunächst von der Verwaltung keine Ahnung und war schlecht ausgestattet. Tschernobyl kam dann, und ich hatte keine Zuständigkeiten. Das war wirklich die härteste Zeit, und dann habe ich gefressen, gefressen und gefressen. Um abends wieder runterzukommen, habe ich dann auch getrunken, und dann musste ich noch reden, also habe ich geredet, und dann kommst du nach Hause, und da war ich allein, da habe ich wieder zugeschlagen. Damals fraß ich mir einen Panzer an, und das hat auch geholfen. Aber dann war ich in der Mühle drin, und es ging weiter, weiter und weiter und immer wieder diese Kompensation. Hinzu kommt dann das kritische Alter so Mitte Dreißig, und ich bewegte mich auf die Vierzig zu. Sie können und wollen sich mehr gönnen und werden träger und sofaorientierter.

War es für Sie auch ein Anlass abzunehmen, weil Sie dem Bundeskanzler Helmut Kohl auch äußerlich immer ähnlicher wurden?
Nein, nein. Es ging mir körperlich und seelisch nicht sehr gut. Ich hatte Probleme mit meinem Herzen, ich hatte Herzstiche und wurde nachts davon wach. Es konnte so nicht weitergehen. Es gab einen äußeren Anlass. Als mich meine Frau verlassen hatte, musste ich grundsätzlich mit meinem Leben etwas radikal anders machen, sonst hätte ich ein wirklich ernstes, auch körperliches Problem bekommen. Mit diesem Lebensstil so weiterzumachen wie bisher hätte in einer solchen Lebenskrise den sicheren Weg in den Herzinfarkt bedeutet.

Wie sind Sie denn statt einer Diät ausgerechnet auf Laufen gekommen?
Eine Diät nützt nichts. Sie kann wie z. B. beim Heilfasten aus gesundheitlichen Gründen für eine bestimmte Zeit sinnvoll sein, aber nicht mit der Perspektive: Ich kann mich nicht mehr leiden, ich bin zu dick, ich möchte anders werden. Das führt dann nur in ein schlechtes Gewissen. Der Jojo-Effekt, das ist so ziemlich das Schlimmste, was man erleben kann, weil das immer wieder stattfindende Scheitern zu unheimlich negativen Rückkopplungen führt. Es eskaliert zur Fresssucht, eine Form der Selbstzerstörung. Ich habe mein Leben geändert, ein neues Programm geschrieben und das alte weggeworfen, das ist der entscheidende Punkt.

Warum Laufen?
Ich suchte eine Sportart, die Kalorien fordert. Ich reduzierte die Zufuhr und forderte dem Körper gleichzeitig von seinen Reserven ab. Gleichzeitig hoffte ich, dass der Körper durch den veränderten Bedarf sich selbst ein anderes Ernährungsprogramm gibt. Als ich im September 1996 anfing, war ich nach 400 Metern, einmal um den Bundestag, platt, ich konnte nicht mehr. Aber die Erfolge waren dann relativ schnell, morgendliches Joggen und Training auf dem Laufband im Studio. Mittlerweile laufe ich spätnachmittags oder abends längere Strecken. Zehn Kilometer und länger passen mir morgens nicht in den Biorhythmus. Aber nach Morgenläufen stellte sich eine geistige Frische ein. Aus 400 Metern wurden irgendwann nach neun Monaten 20 Kilometer.

STEP 2 Motivation

Interview

Ist Laufen für Sie mehr als Abnehmen?
Da gab es verschiedene Phasen. Am Anfang war das Laufen eine reine Über-Ich-Leistung, das heißt, ich habe mich dazu gezwungen. Dann gab es die Erfahrung, dass es mir eine andere körperliche Fitness verschafft und gleichzeitig einen anderen Tageseinstieg, dann kam die erste meditative Erfahrung hinzu, mit einer längeren Strecke ein gewisser »feel good«-Effekt. Je länger die Strecke wurde und je austrainierter ich wurde, desto mehr trat die Frage der körperlichen Erschöpfung in den Hintergrund. Es sind heute mehr auch Konkurrenzdinge, wie: welche Zeit, welche Strecke? Aber die meditative Seite tritt mehr und mehr in den Vordergrund. Ich finde eine innere Ruhe, die ich sonst nicht gefunden habe. Dieser meditative Aspekt gibt mir sehr viel für mein Berufsleben. Stress kommt nur schwer an mich ran. Und das, finde ich, ist eine völlig neue und sehr, sehr gute Erfahrung. Aber damit ich nicht missverstanden werde, das heißt nicht, dass mich die Dinge nicht berühren. Im Gegenteil, ich bin heute wesentlich belastungsfähiger als früher, ich bin auch im Kopf schneller und beweglicher als vorher.

Die meisten haben angeblich für ihre Fitness keine Zeit. Wie schafft es ein viel beschäftigter Politiker, sich das Laufen in seinen Terminplan einzubauen?
Es gibt Zeiten, wo man auch das Training einschränken muss. Aber wenn ich überlege, was ich früher in Kneipen verbracht habe, was ich für den Erfolg der Fraktion, Partei und meiner eigenen Person an völlig unnötigen Terminen an Zeit vergeudet habe. Heute habe ich immer meine Sportsachen und meine Turnschuhe dabei. Eine Stunde dazwischen finde ich immer, notfalls auch ganz früh oder spät, wenn es schon dunkel ist. Es gibt immer eine Lücke. Wenn ich mich nach langen Sitzungstagen so richtig kaputt fühle, dann habe ich das Laufen noch viel nötiger und bin hinterher erfrischt, und ich liebe dann beim Laufen auch die Einsamkeit. Aber ich will damit nicht missionieren.

Wie reagieren denn die anderen Politiker auf Ihre Abnehmrezeptur?
Na ja, die gucken halt etwas skeptisch. Man sagt mir, es würde jetzt reichen, sonst komme man zu Hause selbst zu sehr unter Druck. Ich habe erstaunlich viele Zuschriften bekommen, wie ich das gemacht hätte. Ich habe selbst über Jahre hinweg die Kraft nicht gehabt, es zu machen, und ich werde heute nicht die Nase über jemand rümpfen, der sie nicht hat. Ohne Anstoß von außen ist es nicht einfach, aus diesem Trott rauszukommen. Die Kraft steckt in jedem drin, aber die psychische Barriere ist der entscheidende Punkt.

Kosten von 100 Milliarden sollen Ernährungs- und bewegungsabhängige Krankheiten verursachen. Würden Sie als Gesundheitsminister jedem ein Rennrad oder ein paar Laufschuhe verschreiben?
Nein, das wäre ja furchtbar! Wir sind alle erwachsene Menschen, und jeder ist seines Glückes

Dem Herzinfarkt davongelaufen

Schmied. Es kann keine Diktatur der Gesundheit geben, davor kann ich nur warnen. Es gibt ein Recht auf »no sports«, und es gibt viele dicke Menschen, die glücklich sind, die damit umgehen können und die alt werden. Ich glaube nicht an die Lebensverlängerung durch Sport oder Ähnliches. Das Übermaß führt in der einen wie in der anderen Richtung zu einer großen Gefährdung. Ich litt unter meinen Pfunden und bin froh, dass ich das jetzt so gelöst habe, aber ich will daraus keine Philosophie oder Verpflichtung machen. Es gibt verschiedene Lebensstile, die man glücklich und sehr bewusst leben kann.

Was fasziniert Sie nun ausgerechnet am Marathon, Laufen geht doch auch kürzer?
Sicher geht es kürzer, aber es läuft und läuft und läuft …, dann sind die 10 Kilometer überschritten, dann 15, 20, 25, und spätestens dann denkt man: »Warum nicht mal …?« Wenn der Gedanke erst mal gekommen ist und es weiter läuft und läuft, dann muss man's auch wohl irgendwie angehen. Wenn man genügend trainiert, hält man das durch. Das ist dann eine Herausforderung. Wenn man mal erst die 40 überschritten hat und dann neu einsteigt oder beginnt, dann stellt man mit Erstaunen fest, was ein Körper, dem man das nicht mehr zugetraut hat, noch zu leisten in der Lage ist. Im »Zustand des letzten Frühlings« bekommt die Königsstrecke des Ausdauersports natürlich einen besonderen Reiz. Noch einmal!

Freuen Sie sich als Freund der italienischen Küche schon auf die Nudelparty am Abend vor dem Marathon?
Das ist für mich völliges Neuland. Ich kann mir das noch nicht so recht vorstellen. Nun bin ich alles andere als ein geselliger Mensch. Zumindest beim ersten Mal lässt mich das Ereignis nicht gerade gleichgültig, und ob ich am Vorabend großen Bock auf Party und Nudeln im Kreise von Sportsfreunden und -freundinnen habe, das weiß ich nicht. Vielleicht sitze ich lieber zu Hause und esse alleine meine Pasta. Das lasse ich mal in Ruhe auf mich zukommen.

Joschka Fischer lief in Begleitung seines Marathontrainers Herbert Steffny 1998 in Hamburg seinen ersten Marathon in 3:41 Stunden.

STEP 3

Die Ausrüstung

Bevor Sie loslaufen, benötigen Sie erst Laufschuhe und eine geeignete Bekleidung. Zum Glück ist die Ausrüstung nicht sehr aufwändig. Laufen gehört zu den kostengünstigeren Sportarten. Aber eine gute Qualität mit fachlicher Beratung bekommt man nicht zum Schnäppchenpreis im Supermarkt. Mit einigen hundert Euro müssen Sie fürs Erste schon rechnen.

STEP 3 Die Ausrüstung

Vom **Schuh** bis zum **Baby Jogger**

Vom orthopädischen Konstruktionsaufwand der Laufschuhe könnten Hersteller von Straßenschuhen noch einiges lernen. Eine gute Funktionsbekleidung wird zu allen Jahreszeiten für angenehmen Tragekomfort und Schweißtransport sorgen und ein Auskühlen verhindern. Sie können sie teilweise auch bei anderen Sportarten wie Radfahren, Skilaufen und Wanderungen hervorragend einsetzen.

Der richtig gewählte Laufschuh hilft, Verletzungen zu vermeiden. Auch wenn man nicht viel Geld in den ohnehin relativ billigen neuen Sport investieren möchte, sollte man nicht am falschen Ende, also beim Laufschuh sparen.

Die Laufschuhe

Der Laufschuh ist mit Abstand das Wichtigste bei der Ausrüstung. Vorbei sind die 60er und 70er Jahre, wo es nur ein paar verschiedene Modelle gab, die man mit Watte oder Schere an seine Füße anpassen musste. Heute hat man eher die Qual der Wahl.

Beginnen Sie auf keinen Fall mit alten Turnschuhen. Und auch Aerobic- oder Tennisschuhe sind genauso ungeeignet wie irgendwelche Fitnessschuhe vom Wühltisch aus dem Supermarkt. Damit ruinieren Sie sich die Knochen!

Dämpfen, führen, korrigieren

Laufschuhe müssen Unglaubliches aushalten können und bei jedem Schritt je nach Tempo ein Mehrfaches Ihres Körpergewichts auffangen. Während eines Marathons kommen da gigantische 2.000 bis 3.000 Tonnen zusammen! Dabei muss der Schuh den Aufprall dämpfen, die Bewegung stabil und kontrolliert führen, das Abrollen gut ermöglichen und gegebenenfalls orthopädische Fehlstellungen korrigieren. Diesen Anforderungen werden nur spezielle Laufschuhe gerecht. Modische Aspekte, Farbe oder Marke sind dabei die unwichtigsten Auswahlkriterien.

Moderne Laufschuhe bestehen heute aus Kunststoffmaterialien wie Ethylenvenylazetat (EVA) oder Polyurethan (PU). Als Dämpfungselemente haben verschiedene Firmen unterschiedliche Systeme entwickelt, beispielsweise Dämpfungskissen, die mit Luft oder Gel gefüllt sind. Diese können sich je nach Läufertyp im Rückfuß-, bei Ballenläufern auch im Vorfußbereich befinden. Die meisten Läufer landen auf der Ferse und benötigen daher insbesondere hinten entsprechend mehr Dämpfung. Das Obermaterial sollte atmungsaktiv sein. Achten Sie auch darauf, dass Ihre Schuhe Reflektoren besitzen, was Ihre Sicherheit in der Dunkelheit im Straßenverkehr erhöht.

Die Laufschuhe

Beratung im Fachgeschäft

Entscheidend ist es, aus der großen Angebotspalette das für Sie persönlich am besten geeignete Modell herauszufinden. Der Topschuh Ihres Laufkollegen oder die Werbeaussagen irgendeines Laufstars können aber kein Kriterium sein. Die Schuhe mögen für diese optimal sein, aber Ihre Füße sind vielleicht anders. Ein Eliteläufer wiegt wahrscheinlich auch weniger als Sie und kann daher viel dynamischere und leichtere Schuhe tragen. Ein Schuh, mit dem 80 Prozent aller Läufer gut klarkommen, kann für diese sehr gut, aber für Sie selbst mangelhaft sein. Testberichte in Verbraucher- oder Laufmagazinen können für Sie also nur einen Anhaltspunkt oder eine Produktübersicht bieten. Gute Tipps zum Schuhkauf können Sie auch beim Walk- und Lauftreff oder von versierten Sportkameraden bekommen.

Die richtige Schuhauswahl ist aber angesichts der Produktvielfalt gar nicht so einfach. Am besten lässt man sich vom geschulten Personal im Fachgeschäft weiterhelfen. Die Verkäufer sind fast immer selbst Läufer und beraten auch gerne Einsteiger. Sie können aus Ihren alten Sportschuhen eine Menge über Ihr Laufverhalten ablesen. Der Sohlenabrieb kann asymmetrisch sein, der Schuh schief stehen. Hieraus kann der Berater auf Fehlstellungen oder sogar Verletzungen schließen.

Damit Sie aber nicht ganz hilflos auf die Suche gehen, möchte ich Ihnen allgemein gültige Empfehlungen geben. Das wichtigste Kriterium für die Kaufentscheidung sind Sie selbst, Ihr Fuß, Ihr Körpergewicht und das Gelände, in dem Sie trainieren werden.

Das Schuhgewicht

Nicht selten kommen Läufer mit einer Waage in den Sportladen. Der Schuh soll so leicht wie möglich sein. Die Rechnung ist folgende: Angenommen, man spart an einem Schuh 50 Gramm ein, so ergibt sich bei 30.000 Schritten im Marathon eine atemberaubende Gewichtsersparnis von 1,5 Tonnen!

Das kann aber eine Milchmädchenrechnung sein. Wer nämlich übergewichtig oder von großer, kräftiger Statur ist, benötigt ein viel stabileres

Trauen Sie sich gerade als Einsteiger ins Fachgeschäft zu gehen. Sie erhalten dort auch Adressen von Lauftreffs, Volksläufen oder sporterfahrenen Orthopäden.

Das unter Belastung nach innen knickende Fußgelenk ist eine häufige Fehlstellung (»Überpronation«), für die es spezielles Schuhwerk gibt.

STEP 3 Die Ausrüstung

Kaufen Sie am besten nachmittags ein. Ihr Fußgewölbe sinkt im Laufe des Tages etwas ab, der Fuß wird dadurch länger. Auch während des Laufens und bei Wärme schwillt der Fuß etwas an. Sie riskieren blaue Zehnägel oder Blasen, wenn Sie Ihre Schuhe morgens einkaufen.

Schuhmodell als ein Spitzenläufer. Weltklasseläufer wiegen nur 55 bis 60 Kilogramm, ihre zierlichen Kolleginnen zwischen 45 und 50 Kilogramm. Natürlich brauchen diese Fliegengewichte nicht so stabile Schuhe wie ein normal- oder übergewichtiger Freizeitläufer. Sollten Sie zu den Leichtgewichten gehören, so kämen diese Schuhe für kürzere Rennen und Tempoläufe auch für Sie infrage. Nebenbei bemerkt: Olympiasieger Emil Zatopek hat sich Armeestiefel angezogen, um sein Training zu erschweren!

Die Gewichtsersparnis beim Laufschuh kommt durch Verzicht auf schwerere Stabilisations- und Dämpfungselemente zustande. Die Schläge bei einem Cityrennen oder beim Training auf Asphalt gehen dem schweren Normalläufer dann aber voll in die Knochen.

Also Finger weg von den zu leichten »dynamischen Schläppchen«, besonders, wenn Sie noch zusätzlich eine Fußfehlstellung (siehe unten) haben! Es fehlen dann nämlich auch die härteren und schwereren Konstruktionselemente, die diesen Fehlbewegungen entgegenwirken. Diese Verdrehung belastet nicht nur die Gelenke, sondern durch die mangelnde Führung des Schuhs verpufft ein Teil der Energie. Die besten Schuhe sind eher etwas fester und härter. Beim Auto ist die superweiche Dämpfung auch nicht die beste, und eine weiche Matratze oder ein weiches Sofa ist auch nicht optimal für Ihren Rücken.

Achtung bei Fehlstellungen

Ob Sie O- oder X-Beine haben, wissen Sie vielleicht schon, aber wie sieht es mit einer Fußfehlstellung beim Abrollen aus? Niemand sieht sich selbst beim Laufen. Hier hilft am besten eine Videoanalyse im Freien weiter. Manche Geschäfte haben auch ein Laufband mit Videokamera, auf dem man das Bewegungsverhalten in verschiedenen Schuhen testen und anschließend am Monitor studieren kann. Allerdings laufen Einsteiger meist sehr unnatürlich auf dem ungewohnten Laufband, so dass ihr Laufverhalten nicht immer der Wirklichkeit entspricht. Doch ein guter Verkäufer sieht auch ohne Laufband Ihr Bewegungsverhalten, wenn Sie im Laden auf und ab Probe laufen.

Mein Profi-Tipp

So passt's

Sie sollten die Schuhe mit geeigneten Laufsocken anziehen. Ob man einen schmalen oder breiten Fuß hat, merkt man spätestens bei der Anprobe im Geschäft. Es gibt von einigen Firmen auch Schuhe mit verschiedenen Weiten. Manche Modelle werden in einer Herren- und einer Damenversion angeboten. Sollten Sie als Herr einen schmalen Fuß haben, probieren Sie einmal die »Ladies-Version«. Das Umgekehrte gilt für Damen.

Der Vorfußbereich muss den Zehen genügend Spielraum für die freie Bewegung bieten. Einen Fingerbreit sollte vor der großen Zehe Platz sein. Im Schaftbereich sollte der Schuh eher fest sitzen.

Die Laufschuhe

Beim Bodenkontakt des Fußes unterscheidet man drei Phasen: die Landephase, eine kurze Standphase während des Abrollens und die Abdruckphase. Wenn Sie während dieser Standphase mit dem Fuß nach innen einknicken (siehe Foto Seite 39), im Fachjargon spricht man von einer Überpronation, brauchen Sie einen anderen Schuh, als wenn Sie gerade laufen. Beides kommt recht häufig vor, daher gibt es für Knick- und Normalfüßer ein großes Schuhsortiment. Ein Läufer ohne Fehlstellung kann so genannte Neutralschuhe auswählen. Ich selbst bin starker Überpronierer und habe es dennoch bis zur Weltspitze gebracht. Man muss nur die richtigen Schuhe für sich finden.

Es kommt seltener vor, dass über die Außenkante des Fußes gelaufen wird. Man bezeichnet das als eine Supination. Das kann mit O-Beinen kombiniert sein. Ein Supinierer benötigt eine stabile Fersenkappe und entsprechend in der Mittelsohle eher außen eine Verstärkung, die die Belastung der Außenkante vermindert und dadurch Verletzungen vorbeugt.

Der Laufschuh ist ein Verbrauchsgegenstand

Kein Schuh hält ewig! Manche können sich von ihrem »ach so bequem eingetretenen Schuh« einfach nicht trennen. Vielleicht ist er sogar beim New York Marathon dabei gewesen und Ihnen ans Herz und an den Fuß gewachsen.

Anti-Überpronationsschuhe wie dieser Wettkampfschuh haben auf der Innenseite eine Verstärkung, eine stabile Fersenkappe und einen eher geraden Leisten.

Nicht selten ist die Mittelsohle dann völlig weich geworden und stützt nicht mehr. Die Dämpfung ist futsch. Meist merkt der Besitzer das nicht einmal, denn das Obermaterial des heiß geliebten Stücks sieht noch gut aus. Überprüfen Sie die Zwischensohle Ihres Treters durch Druck mit dem Daumen, und vergleichen Sie es mit einem neuen Modell. Lassen Sie Ihre Fußbewegung von einem hinter Ihnen laufenden erfahrenen Sportkameraden begutachten. Stützt der Schuh noch genügend? Kippen Sie seitlich? Zögern Sie nicht, einen alten »Latschen« auszurangieren. Achillessehnen und Gelenke werden es Ihnen danken!

Ein guter Laufschuh sollte mindestens 500, besser 1.000 Kilometer aushalten. Übergewichtige und Läufer mit Fehlstellungen werden allerdings ihre Schuhe früher verschleißen. Das wird

STEP 3 Die Ausrüstung

Sowohl bei Überpronation als auch bei Supination ist das Fußgelenk unphysiologisch, »verdreht« belastet. Damit werden auch Achillessehne, Unterschenkel, Knie und Hüfte schief belastet.

auch bei schnellen Läufern der Fall sein, da diese mit größeren Schritten härter aufprallen.

Zur Verminderung des orthopädischen Risikos sollte man im Idealfall abwechselnd mehrere Paar Schuhe von verschiedenen Marken nebeneinander benutzen. Das ist zunächst zwar teurer, bietet aber eine Menge Vorteile. Mehrere Schuhe nebeneinander gelaufen halten natürlich auch länger. Jeder Schuh hat seine eigene Charakteristik und wirkt auf den Bewegungsapparat unterschiedlich ein. Man belastet dadurch Gelenke, Sehnen und Bandscheiben nicht immer gleich. Wechseln Sie einfach mal während eines längeren Laufs die Schuhe. Sie werden danach im neuen Schuh wieder viel lockerer und entspannter laufen. Außerdem haben Sie die Möglichkeit, sich Schuhe für unterschiedliches Gelände zuzulegen. Einen mit starkem griffigem Profil für Waldboden, Matsch und Schnee, den anderen breiter und besser gedämpft für Asphalt. Einen dritten etwas leichteren Schuh gegebenenfalls für Tempoläufe und Wettkampf. Marathon sollten Sie nie in einem leichten Wettkampfschuh laufen. Ich selbst habe mit leichten Trainingsschuhen mit etwas mehr Stütze beste Erfahrungen gemacht und Citymarathons gewonnen.

Spikes für Crosslauf und Laufen auf Eis

Nur wenige Spezialisten werden Spikes oder Nagelschuhe benötigen. Das sind Wettkampfschuhe mit bis zu 18 Millimeter langen auswechselbaren Metalldornen für Griff im matschigen Untergrund bei Crosslauf-Wettkämpfen. Für Tempotraining oder Rennen auf Kunststoffbahnen im Stadion sind sie nur einige Millimeter lang. Laufen mit Spikes ist sehr gewöhnungsbedürftig, und die Achillessehnen sind in diesen Schuhen sehr verletzungsgefährdet. Einen 10.000-Meter-Lauf im Stadion kann man auch mit härteren, leichten Straßenlaufschuhen rennen. Das geht weniger in die Waden.

Auf weichem Untergrund und Matsch wird man dagegen ohne Spikes im Wettkampf hoffnungslos hinterher-

Info

Individuell angepasste Einlagen

Bei extremen Fehlstellungen, Plattfüßen oder Beinlängendifferenzen kommen zusätzlich zu einem stabilen Schuh Einlagen in Betracht. Sie unterstützen den Schuh beim Stützen und Führen der Abrollbewegung. Versuchen Sie aber beispielsweise eine Überpronation zunächst immer über eine gute Schuhauswahl zu korrigieren. Erst wenn das nicht genügt, brauchen Sie Einlagen. Wer einen Knick-Senk-Fuß oder eine Beinlängendifferenz von einigen Zentimetern hat, wird sie allerdings in jedem Fall benötigen. So genannte Pelotten, kleine eingearbeitete Erhöhungen, verteilen die Druckverhältnisse im Fußquergewölbe bei Plattfüßen. Individuell nach Ihrem Fußbett angefertigte Einlagen aus leichtem Kunststoff bekommen Sie beim Orthopädie-Schuhmacher. Sie kosten um die 100 Euro und halten ein bis zwei Jahre.

rutschen. Für das Laufen auf eisigem Untergrund im Winter gibt es neuerdings auch Trainingsschuhe mit kurzen Dornen. Mit einem solchen »Icebug Laufschuh« kann man auch im Winter mit geringerem Risiko ohne auszurutschen weitertrainieren.

Unten ohne – Barfußlaufen

Die Füße von Naturvölkern, beispielsweise die der Kenianer, sind im Vergleich zu unseren wahre Pranken. Schon als Kleinkind wurde unentwegt barfuß trainiert. Ihre Füße haben noch dicke, schützende Hornhäute, gut entwickelte Bindegewebspolster, ein stabiles Fußgewölbe und eine prächtig entwickelte Muskulatur.

Aber auch wir können gelegentlich unseren in Schuhen eingepferchten Füßen einen Gefallen tun. Kürzere Barfußläufe auf gepflegtem Fußballrasen oder am Strand, aber auch zu Hause auf Teppichboden gehen und mit den Zehen greifen ist eine wahre Wohltat, eine natürliche Kräftigung und Reflexzonenmassage.

Funktionelle Laufbekleidung

»Es gibt kein schlechtes Wetter, sondern nur schlechte Bekleidung.« Diese bekannte Redensart trifft auch auf die Funktionsbekleidung für Läufer zu. Sicher können Sie zunächst mit einem Trainingsanzug und einem T-Shirt aus Baumwolle beginnen, aber bei Sporttextilien hat sich in den letzten Jahren erheblich mehr getan als bei Schuhen. Gute Funktionsbekleidung ermöglicht inzwischen nicht nur ganzjähriges Training, sondern erhöht auch die Sicherheit, den Spaß sowie den Komfort und verringert die Verletzungsanfälligkeit.

Mein Profi-Tipp

So kaufen Sie den richtigen Laufschuh

▸ Laufen Sie nur in Laufschuhen – nicht in irgendwelchen Fitnessschuhen!
▸ Gehen Sie zum Laufsportgeschäft mit Fachverkäufern.
▸ Bringen Sie zur Beratung Ihre alten Sport- oder Laufschuhe mit.
▸ Kaufen Sie Ihre Schuhe am Nachmittag ein.
▸ Tragen Sie zur Anprobe Ihre Laufsocken.
▸ Achten Sie auf eine optimale Passform nicht nur bei der Schuhgröße, sondern auch bei der -weite.
▸ Berücksichtigen Sie eine eventuelle Fußfehlstellung (spezifische Verstärkungen, gerader oder gebogener Leisten)
▸ Brauchen Sie einen Schuh für Rückfuß- oder für Ballenlauf? (Art und Ort der Dämpfung unterscheiden sich)
▸ Wählen Sie Profil und Dämpfung nach dem Untergrund, auf dem Sie laufen.
▸ Wenn Sie nicht besonders leicht sind: Die Stabilität des Schuhs geht vor sein Gewicht.
▸ Trainingsschuhe müssen stabiler und dürfen schwerer sein als Wettkampfschuhe.
▸ Kaufen Sie am besten mehrere verschiedene Schuhe, und tragen Sie sie im Wechsel, das schont die Knochen.
▸ Achten Sie wegen einer optimalen Belüftung des Fußes auf atmungsaktives Obermaterial.
▸ Wählen Sie nach Möglichkeit Schuhe mit Reflektoren für mehr Sicherheit im Dunkeln.

STEP 3 Die Ausrüstung

Der richtige Schnitt

Wählen Sie für Hosen, Westen und Jacken keinen zu weiten Schnitt. Nicht wenige laufen in weiten Parkas oder modischen, aber unfunktionellen Pluderhosen. Nicht wenige möchten zu Beginn noch ihre Polster verbergen. Aber einerseits behindern flatternde Jacken und Hosen den Bewegungsablauf – Sie können die Arme nicht eng am Körper vorbeiführen, und die Hosenbeine schlabbern gegeneinander – und zum anderen werden Sie ohnehin bald abnehmen. Wer sich traut, wählt gleich etwas enger anliegende Tights, elastische Hosen, die einen sauberen Bewegungsablauf der Beine gewährleisten. Kleiden Sie sich auch nicht zu warm, denn spätestens nach zehn Minuten werden Sie eine höhere Betriebstemperatur erreichen. Wer eine Schicht zu viel anhat, wird seine Jacke nun ausziehen und um die Hüften binden, und das behindert wiederum die Armarbeit. Sie kleiden sich für das Lauftraining, nicht für das Herumstehen vorher. Auch bei Wettkämpfen wie Marathons ziehen sich viele Läufer zu warm an.

Bei Hitze tragen schnelle Läufer kurze ärmellose Trikots und Netzhemden. Shirts und Trikots sollten unter den Armen nicht zu knapp geschnitten sein, man scheuert sich sonst die Haut auf. Das Gleiche kann auch zwischen den Oberschenkeln, vor allem bei heißem Wetter, wenn man viel schwitzt, passieren. Die Salzkristalle scheuern beim Training auf der Haut, man läuft sich einen Wolf. Hier verhindert Vaseline das Schlimmste. Um solch unliebsame Überraschungen zu verhindern, sollte neue Kleidung vor einem Wettkampf immer gut eingelaufen sein.

Die richtige Faser

Geeignete Kleidung kann Sportler vor Wind und Wetter schützen und gleichzeitig den Schweiß nach außen ableiten. Vor allem unter intensiven Ausdauerbelastungen stellt Schwitzen den wichtigsten Mechanismus zur Regulation der Körpertemperatur dar:

Mit moderner Funktionskleidung gibt es auch bei schlechtem Wetter fürs Training keine Ausrede mehr.

Funktionelle Laufbekleidung

Auf der Haut bildet sich ein Schweißfilm, der verdampft und so zur Abkühlung des Körpers führt. Funktionelle Sportkleidung unterstützt diese Temperaturregulation, nicht funktionelle behindert sie. Zur nicht funktionellen Laufbekleidung zählt solche aus Baumwolle. Die Baumwollfaser wird trocken zwar als sehr angenehm empfunden, sie kann aber bis zu 40 Prozent des Eigengewichts an Wasser aufnehmen. Konsequenz: ein Baumwollshirt wird während des Laufens immer schwerer und klebt unangenehm auf der Haut. Die aufgequollenen Fasern behindern die Ventilation der Haut und die Schweißverdampfung. Der Kühlungseffekt auf der Haut ist nicht mehr vorhanden, aber hinterher steht man nass herum, kann sich erkälten und die Muskulatur verkühlen.

Die Anforderungen an moderne Funktionsbekleidung sind, dass das Kleidungsstück selbst möglichst wenig Feuchtigkeit aufnimmt, damit lässt sich ein Nässefilm auf der Haut vermeiden. Um eine Schweißverdampfung zu ermöglichen, ist ein schneller Feuchtigkeitstransport von der Haut nach außen unerlässlich. Es gibt Materialien, die diese Voraussetzungen erfüllen können. Meist sind dies leichte Polyestergewebe wie Tactel, Coolmax oder Biomesh, die nur wenige Prozent ihres Eigengewichts an Wasser aufnehmen. Sie haben dennoch einen angenehm textilen Tragekomfort. Materialien wie Softsensor, ein superweiches und leichtes Funktionsfleece, eignen sich für alle Outdooraktivitäten, besonders in der Übergangszeit.

Als deutlich überlegen im Feuchtigkeitstransport haben sich doppelflächige Maschenwaren wie beispielsweise Textilien aus Dry II erwiesen. Dabei werden zwei verschiedene Fasern so miteinander verwoben, dass ein Gewebe mit zwei unterschiedlichen Schichten entsteht. Die Innenseite zur Haut hin besteht aus einer hydrophoben, also die Feuchtigkeit wegleitenden Faser, die Außenseite ist hydrophil, feuchtigkeitsanziehend wie ein Löschblatt. Dadurch wird der Schweiß von innen in die äußere Schicht verlagert und dort großflächig verteilt, so dass die Feuchtigkeit besser verdampfen kann. Innen bleibt ähnlich wie bei Daunenfedern der Gänse ein warmer Luftfilm auf der Haut.

> ### Info
> **Laufen bei Regen**
>
> Doppellagige Funktionstextilien funktionieren auch bei Regen. Zwar kommt der einzelne Regentropfen kurzzeitig zur Stoffinnenseite durch, wird aber sofort wieder hinausgesaugt, da die Faser auf der Innenseite keine Feuchtigkeit aufnehmen kann. Eine Tight oder ein Oberteil hält so auch nach einem längeren Training im Regen noch warm. Shirts und Tights aus Funktionsmaterialien machen aber natürlich nur dann Sinn, wenn sie direkt auf der Haut getragen oder mit Funktionsunterwäsche kombiniert werden. Diese wärmt bei Kälte und kühlt bei Wärme. Zum Unterziehen angeboten werden lang- oder kurzärmelige T-Shirts und Beinbekleidung.

Bei Kälte und Schneefall leisten auch Handschuhe, Mützen und Stirnbänder aus Funktionsmaterialien gute Dienste. Über Kopf und Nacken kann man immerhin 40 Prozent der Körperwärme verlieren!

STEP 3 Die Ausrüstung

Fußgerechte Laufsocken und Sport-BH

Jacken sollten eine verschließbare Tasche für Schlüssel, Handy und Geld oder Kreditkarte haben.

Socken puffern die Reibung im Schuh und wärmen natürlich in der kalten Jahreszeit den Fuß. Man kann gegen Blasen die Füße zusätzlich dünn mit Vaseline einreiben. Im Winter dürfen die Socken länger und dicker sein. So bleiben beispielsweise die Achillessehnen besser geschützt. Socken sollten ebenfalls nicht aus Baumwolle, sondern aus elastischen Synthetikfasern wie Polyester sein. Diese Stoffe speichern kaum Wasser. Laufsocken sollten unbedingt einen guten Sitz haben. Es gibt fußanatomisch optimal angepasste Modelle mit speziellem Zuschnitt für den linken und rechten Fuß, die keine Falten werfen und so Blasen verhindern.

Frauen sollten spezielle Sport-BHs aus Mikrofaser im Fachgeschäft ausprobieren. Längst gibt es für Läuferinnen gut stützende und bequeme Modelle mit breiten, stufenlos verstellbaren und am Rücken gekreuzten Trägern. Die Körbchen sollten vorgeformt und aus unelastischem Material sein. Der BH sollte einen breiten Bund aufweisen. Das stützt besser, der Brustgurt Ihres Pulsmessers hält gut darunter und verrutscht nicht.

Jacken und Westen bei Schmuddelwetter

Zum Wind- und Wetterschutz wird in der kühleren Jahreszeit noch eine Jacke oder Weste benötigt. Für die Übergangszeit sind Mikrofaserjacken oder -westen ideal. Diese sind zwar nicht vollkommen wasserdicht, aber atmungsaktiv. Durch die Faserstruktur wird mehr Feuchtigkeit von innen nach außen gelassen, als durch einen starken Regen von außen nach innen kommt. Die besten Jacken aus Mikrofaser sind leicht, extrem geschmeidig und geräuscharm.

Bei richtigem Schmuddelwetter, sinkenden Temperaturen, Dauerregen und kaltem Wind ist aber mehr Schutz gefordert. Für diese unangenehmen Außenbedingungen wurde spezielle Kleidung wie Sympatex-Jacken mit einer zwischen dem Ober- und Unterstoff eingearbeiteten Membran entwickelt. Diese sind winddicht, schützen vor Wärmeverlust, aber bei optimaler Wasserdampfdurchlässig-

---

Mein Profi-Tipp

Die richtige Kombination macht's!

Die optimale Sportbekleidung richtet sich grundsätzlich nach den äußeren Bedingungen, also dem Wetter, und dem persönlichen Empfinden. Während im Sommer ein T-Shirt mit kurzer Hose reicht, können im Winter schon mal bis zu drei Schichten zusammenkommen:
▶ die innerste Schicht direkt auf der Haut für Mikroklima, Tragekomfort und Schweißtransport
▶ die mittlere Schicht für Temperaturkontrolle, Wärmeisolation und Schweißtransport
▶ die äußere Schicht für Wind- und Wetterschutz, Jacken und Westen mit optimaler Wasserdampfdurchlässigkeit.

Weitere Accessoires

keit. Die mikrofeinen Wasserdampfmoleküle, die beim Schwitzen entstehen, werden von innen durchgelassen, aber Regentropfen von außen nicht. Verschweißte Nähte sorgen für weitere Wind- und Wasserdichtigkeit. Gute nahezu wasserdichte Jacken aus Sympatex-Windmaster oder Goretex haben zusätzlich einige Lüftungsklappen. Eine Feinregulierung der Luftzirkulation können Sie über den Reißverschluss vornehmen.

Wählen Sie bei Jacken und Westen bunte oder helle Kleidung mit Reflektoren. Im gelegentlich zu durchquerenden Straßenverkehr und bei Dunkelheit werden Sie als ein ungewohnt schneller Fußgänger besser gesehen. Für Laufen bei Dunkelheit gibt es auch spezielle Reflektorwesten oder Leuchtbänder mit Lampen und Blinklichtern, die man über den Arm streifen kann.

Pflege von Schuhen und Textilien

Ein wichtiger Punkt für eine längere Lebensdauer hochwertiger Funktionstextilien ist die richtige Pflege. Funktionsfasern werden mit Feinwaschmittel bei 30 oder 40 Grad ohne Weichspüler in der Waschmaschine gewaschen. Beachten Sie auch die Pflegehinweise auf den Etiketten. Im Urlaub können Sie die pflegeleichte Synthetikwäsche auch handwarm im Waschbecken mit etwas Seife durchspülen. Am nächsten Morgen sind Sie im Gegensatz zur Baumwolle bereits trocken und wieder einsatzbereit. Laufschuhe reinigt man am besten und schonendsten mit einer Bürste.

> **Mein Profi-Tipp**
>
> Ausnahmsweise kann man moderne Laufschuhe auch in der Waschmaschine bei 30 Grad mit Feinwaschmittel und im Schonwaschgang ohne Schleudern säubern. Hinterher stopfen Sie Ihre Treter mit Zeitungspapier zum Trocknen aus.

Weitere Accessoires

Neben Laufschuhen und Funktionsbekleidung gibt es noch allerlei praktisches Zubehör – vom Herzfrequenzmesser bis zum Laufkinderwagen.

Herzfrequenzmesser und Stoppuhr

Mit den modernen Herzfrequenz-Computern nach EKG-Methode kann man während des Trainings genauer und bequemer die Herzfrequenz messen als dadurch, dass man im Stehen mit der Hand den Puls bzw. Herzschlag am Handgelenk oder Herzen ertastet. Die besten Modelle bestehen aus einem elastischen und in der Weite verstellbaren Brustgurt mit Sender und einem Empfänger, der wie eine Uhr am Handgelenk getragen wird.

Ein wasserdichtes Regencape würde beim Laufen von innen wie ein Badezimmerfenster beschlagen, und Sie wären im Nu völlig durchnässt.

STEP 3 Die Ausrüstung

Ein Herzfrequenzmesser gehört zu den sinnvollen Anschaffungen für Läufer.

Die Elektroden auf der Innenseite des Gurts werden auf der Haut unter der Brust getragen. Der Sender im Gurt funkt Ihre Herzfrequenz an den Empfänger, auf dessen Anzeige Sie dann während des Trainings Ihren Puls in Schlägen pro Minute ablesen und kontrollieren können.

Die einfachsten Geräte kosten heute unter 40 Euro und sind eine sinnvolle Anschaffung. Man kann eine Pulsober- und -untergrenze einstellen, vor deren Über- bzw. Unterschreitung ein Piepston warnt. Angaben, wie lange Sie in verschiedenen Bereichen trainiert haben, Durchschnittspuls, Trainingsdauer oder höchster Puls beim Training sind praktisch. Eine Displaybeleuchtung und eingebaute Uhr mit Stoppfunktion ist sinnvoll.

Manche Geräte berechnen aus dem eingegebenen Maximalpuls sogar Ihre Trainingszonen in Prozent oder ermitteln mit speziellen Tests Ihre Tagesform und den Fitnesszustand.

Profimodelle für Technikfreaks können darüber hinaus Daten speichern, die man zur Auswertung und zum Vergleich mit entsprechender Software direkt in den Computer einlesen kann. Bei allen eingebauten Funktionen vergessen Sie aber nicht, dass das Ablesen der Pulsfrequenz das Wichtigste ist. Viele Freizeitsportler besitzen Herzfrequenzmesser, die mit Funktionen dermaßen überfrachtet sind, dass wichtige Grundfunktionen wie Pulsanzeige oder Abschalten des Signaltons nicht mehr gefunden werden. Das führt dazu, dass die Geräte in der Schublade landen und die eigentlich sinnvolle Herzfrequenzmessung nicht mehr benutzt wird. Wie man sein Training mit Pulskontrolle steuert, werden wir im Step »Trainingssteuerung« besprechen (Seite 84ff.).

Die meisten Läufer besitzen eine Armbanduhr mit Stoppuhr. Letztere kann sinnvollerweise auch im Pulsmesser integriert sein. Man kann die Stoppuhr zum Messen der Trainingsdauer, zur Pulskontrolle oder zum Stoppen eines Kilometers auf einer vermessenen Strecke benutzen. So lässt sich überprüfen, welches Tempo man gerade läuft. Wettkampfläufer brauchen unbedingt eine Stoppuhr, mit der sie auch Zwischenzeiten aufzeichnen können. Das Display sollte auch in der Dämmerung und bei Dunkelheit gut ablesbar sein.

Es gibt noch allerlei weiteres Zubehör, das praktisch sein kann, angefangen von leichten Handgewichten oder Manschetten zur Steigerung der Armarbeit, über Stirnlampe, Täschchen für Autoschlüssel, Kreditkarte und Kleingeld bis zum Ultraschallgerät, um Hunde zu verschrecken.

Laufen mit GPS

Neuerdings gibt es auch für Läufer die Möglichkeit, die zurückgelegte Laufstrecke mit Hilfe von Satelliten zu ermitteln. Timex Garmin bietet ein System mit einem allerdings etwas klobigen Empfänger am Arm, der das Satellitensignal zur Ortsbestimmung empfängt und auf eine Stoppuhr am Handgelenk weiterfunkt. Vorteil: Auch im unbekannten Gelände kann man ermitteln, wie lang die Laufstrecken sind, und unter optimalen Bedingungen lassen sich damit sogar Strecken vermessen. Nachteil des Hightechgeräts ist neben den einstweilen noch hohen Anschaffungskosten von einigen hundert Euro der hohe Strom- bzw. Batterieverbrauch und dass man freie Sicht zum Himmel haben muss. In geschlossenen Wäldern oder engen Schluchten funktioniert das Gerät nicht. Laufen Sie eine sehr kurvenreiche Strecke im Wald, weichen die Messungen schon mal zehn Prozent ab. Auf offener Fläche mit langen Geraden sind sie hingegen sehr genau. Nach dem Training kann man aus der Uhr Daten zur gelaufenen Distanz und Geschwindigkeit abrufen. Eine erweiterte Version beinhaltet zusätzlich einen Herzfrequenzmesser.

Flaschengurte

Trinkgurte stören etwas beim Laufen, können aber für lange Wettkämpfe oder Trainingsläufe bei Hitze praktisch sein. Es gibt verschiedene Varianten: solche mit einer großen 0,5-Liter-Radfahrerflasche und Modelle, die ähnlich wie ein Patronengurt aussehen, mit mehreren kleinen Fläschchen von jeweils 100 bis 200 Milliliter. Ich tendiere eher zu den Minitrinkflaschen, denn eine große Flasche wackelt stärker am Gürtel, die kleinen weniger. Weiterer Vorteil der kleinen Flaschen: Sie können sich, beispielsweise für einen Marathon, unterschiedliche Mischungen für die Anfangs- und Endphase des Rennens abfüllen oder Konzentrate mitnehmen, die Sie unterwegs mit Wasser verdünnen können.

Kinderwagen für Jogger

Sie haben Nachwuchs und wollen trotzdem (weiter) laufen? Dann sind geländegängige Baby Jogger, Lauf- und Wanderkinderwagen, für Sie ideal. Meine Kinder sind darin aufgewachsen. Es war eine meiner sinnvollsten Anschaffungen fürs Laufen.

Trinkrucksäcke, in die man größere Mengen Flüssigkeit abfüllen kann, haben vor allem einen großen Nachteil: Sie sind recht schwierig zu reinigen. Beim Sahara Marathon wären sie überlebensnotwendig, bei uns kämen sie höchstens für extreme Rennen im Gebirge oder im Sommer bei langen Geländeläufen infrage.

Mein Profi-Tipp

Aquajogger – Laufen im Wasser

Der Aquajogger ist eine Auftriebshilfe, die entweder in einer teureren Version als Weste angezogen wird oder – günstiger – als Gurt um die Hüfte geschnürt wird. Er besteht aus geschäumtem Kunststoff. Bei Verletzungen oder als zusätzliches Training läuft man damit frei hängend im Wasser gegen den Wasserwiderstand. Das ist orthopädisch schonend und ein prima Training der Kraftausdauer.

STEP 3 Die Ausrüstung

Sportlich aktive Eltern können sich mit einem Baby Jogger Zeit für ihr Fitnessprogramm nehmen, weil der Sprössling beaufsichtigt dabei sein kann. Baby Jogger sind zusammenklappbare Kinderwagen mit leichtem Alurahmen und extra großen, leicht laufenden Rädern für Waldwege und Gelände. Es gibt sie auch als Zweisitzer. Darin sind Babys ab etwa fünf Monaten und Kleinkinder bis zu vier Jahren – angeschnallt mit einem Sicherheitsgurt – beim Jogging immer mit dabei. Durch die Liegesitzposition hat man ein Bett inklusive, was längere Trainingseinheiten oder auch ausgedehnte Wanderungen erleichtert. Allerdings behindert das Schieben des Wagens den Laufstil ein wenig.

Auch Väter haben ihre helle Freude beim Sportvergnügen mit dem Nachwuchs.

Lauftagebuch – so führen Sie Bilanz

Ein Lauftagebuch ist ein nützlicher und ständiger Begleiter Ihres Trainings. Es ist für den Leistungsläufer eine sinnvolle Hilfe, die Ausführung eines Trainingsplans systematisch und übersichtlich zu erfassen, und für den Einsteiger eine prima Methode, die Regelmäßigkeit und Fortschritte beim neuen Hobby zu kontrollieren.

Machen Sie Ihr Lauftagebuch zu einem Dialogpartner, und nutzen Sie die Eintragungen zur exakten und selbstkritischen Protokollierung Ihres Trainings. Hightechläufer speichern und werten ihr Training natürlich mit spezieller Computersoftware aus. Mit ein bisschen Computerkenntnis geht das auch mit einem Programm für Tabellenkalkulation.

Hinweise zum Eintragen

Rechts sehen Sie die Beispielseite eines Lauftagebuchs abgebildet. In den Rubriken der Probeseite sollten Sie den morgendlichen Ruhepuls sowie Ihr Morgengewicht vor dem Frühstück notieren. In der Spalte »Training« können neben dem Programm der Belastungspuls und auch subjektive Kommentare vermerkt werden wie: »lief heute total locker« oder »fühlte mich ziemlich schlapp«. Auch Wetter und Kleidung sollten protokolliert werden. Erfinden Sie Platz sparende sinnvolle Abkürzungen: z. B. Tempodauer-

Das Lauftagebuch

lauf = TDL. Unterstreichen Sie Wettkämpfe zur besseren Übersicht rot.
Notieren Sie die gelaufene Nettozeit, ohne Pausen, und die Kilometer. Errechnen oder schätzen Sie mittels Ihnen bekannten Streckenabschnitten Ihr Lauftempo in Zeit pro Kilometer. Die Wochensummen für die Dauer und Kilometer sollen Ihnen einen schnellen Überblick über den Umfang Ihres Laufpensums verschaffen. Der Wochenkommentar dient einer nachträglichen Betrachtung. Haben Sie Ihr Wochenziel geschafft? Gab es Probleme mit der Gesundheit, oder hinderte beruflicher Stress? Waren Sie nachlässig oder überfleißig? Formulieren Sie ein Ziel für die nächste Woche.

Natürlich können Sie auch andere Sportarten wie Schwimmen, Radfahren, Aerobic oder Skilaufen in diesem Tagebuch protokollieren. So erhalten Sie einen Überblick über die Gesamtbelastung.

Das Lauftagebuch ist eine Motivationshilfe und wertvolle Datenquelle, um eigene erfolgreiche Trainingskonzepte zu studieren, zu wiederholen oder aus Fehlern zu lernen. Je sorgfältiger und ehrlicher protokolliert wird, desto besser.

Beispiel für ein Trainingstagebuch

Tag Datum	Puls Gewicht	Trainingsinhalt/Wettkampf Ort/Befinden/Physiotherapie	Kleidung Wetter	Tempo	Dauer	km
Mo						
Di						
Mi						
Do						
Fr						
Sa						
So						
Wochenkommentar				Wochensumme		

Aus Steffny, Pramann: Perfektes Lauftraining, Südwest Verlag 2004.

STEP 4

Biologie des Laufens

Wir wissen vom Motor des Autos meist mehr als über unseren eigenen Körper. Beschäftigen wir uns also ein wenig mit Biologie, Physiologie und Biochemie. Denn zum Training benutzen wir zwar unseren Körper, es wird aber wesentlich effizienter, wenn wir das mit Köpfchen tun! Wer wild drauflostrainiert, wird bald an seine biologischen Grenzen stoßen. Wer dagegen gut informiert ist und im Trainingsprozess mitdenken kann, wird sein Fitnessprogramm besser verstehen und steuern können.

STEP 4 Biologie des Laufens

Physiologische Grundlagen

Im Step »Motivation« (Seite 18ff.) haben wir bereits zahlreiche Anpassungen kennen gelernt, wie Lauftraining Gesundheit und Wohlbefinden verbessert. Dieser Step soll zu einem besseren Verständnis der Trainings- und Regenerationsprozesse beitragen, aber auch die grundlegenden Kenntnisse für die Ableitung von Ernährungsempfehlungen schaffen.

Während das Gehirn immer mit Sauerstoff versorgt sein muss, kann die Muskulatur kurzzeitig auch ohne Sauerstoff, also anaerob, arbeiten. Länger anhaltende Belastungen hängen aber von der Sauerstoffversorgung ab.

Anpassungen von Blutkreislauf, Lunge, Herz

Im Laufe eines Ausdauertrainings kommt es zu zahlreichen Anpassungen im Bereich der Sauerstoff aufnehmenden und transportierenden Organe Lunge und Herz-Kreislauf-System. Durch weitere Optimierungen im Zellstoffwechsel der Muskulatur, wie vermehrte Enzyme für den Sauerstoff verbrauchenden, aeroben Energiestoffwechsel, verbessert sich die Ausdauerleistungsfähigkeit, die man durch die Ermittlung der maximalen Sauerstoffaufnahme messen kann.

Höhere Sauerstoffaufnahme

Die maximale Sauerstoffaufnahme, abgekürzt VO_2max, ist das Maß für die maximale aerobe Leistungsfähigkeit. Sie gibt an, wie viel Milliliter Sauerstoff pro Kilogramm Körpergewicht in der Minute aufgenommen werden können. Die maximale Sauerstoffaufnahme ist zu einem großen Teil genetisch bedingt, aber auch trainings- und gewichtsabhängig (mit Gewichtszunahme verschlechtert sich VO_2 max).

Spitzenläufer, aber auch Radrennfahrer und andere Ausdauersportler auf Weltklasseniveau erreichen in Topform Werte von über 80 Milliliter Sauerstoff pro Kilogramm Körpergewicht, Normalbürger dagegen nur Werte von 30 bis 40. Gute Freizeitläufer liegen

Aerobe Leistungsfähigkeit

Zusammenhang von Trainingszustand und maximaler Sauerstoffaufnahme

10-km-Wettkampfzeit (min:sek)	VO_2max (ml O_2/kg Körpergewicht)
60:00	46
55:00	49
50:00	53
45:00	57
40:00	62
35:00	68
30:00	77
27:30	82

Blutkreislauf, Lunge, Herz

um 50 bis 60. Bei Frauen ist die maximale Sauerstoffaufnahme infolge der geringeren aktiven Körpermasse rund zehn Prozent niedriger. Bei gleicher Wettkampfleistung entspricht sie aber den Werten der Männer. Die Tabelle links gibt die ungefähre maximale Sauerstoffaufnahme in Relation zur Zehn-Kilometer-Laufleistung an.

Um die maximale Sauerstoffaufnahme auf der Basis einer guten Grundlagenausdauer weiter zu verbessern, sind kurzzeitige intensive Belastungen wie beim Intervalltraining notwendig, die aber zehn Prozent des Gesamttrainings nicht überschreiten sollten. Wer also ausschließlich langsam joggt, hat zwar eine gute Ausdauer, wird aber nicht sein volles Potenzial erreichen.

Ausdauertraining optimiert die Sauerstoffversorgung auch über die Atemorgane: Die Atemtiefe verbessert sich, die Atemfrequenz wird niedriger, die Lungengefäße erweitern sich, und die Atemmuskulatur wird kräftiger. Das bei intensiver Ein- und Ausatmung beförderte Luftvolumen, die so genannte Vitalkapazität, kann bei Läufern sechs, im Extremfall bis neun Liter betragen.

Leistungsfähigeres Herz

Sah man früher ein vergrößertes Herz als krankhaft an, so weiß man seit den 60er Jahren durch radiologische Untersuchungen von Professor Reindell, dass es sich beim hypertrophierten Sportherzen um ein gesundes, besonders leistungsfähiges Organ handelt.

> **Info**
>
> ### Dünnes Sportlerblut
>
> Im Blut von Ausdauersportlern misst man eine relative Blutarmut (Anämie): Die Zahl der roten Blutkörperchen ist pro Volumeneinheit geringer als bei untrainierten Vergleichspersonen. Das liegt jedoch lediglich daran, dass das Blutvolumen, also der flüssige Teil des Bluts (das Plasma), um einiges größer ist. Die absolute Zahl der roten Blutkörperchen ist höher als bei nicht trainierten Personen. Man nennt dies daher Scheinanämie.

Ein solches Herz hat ein erheblich größeres Volumen, je nach Körpergröße bis zu 1400 Milliliter (bei Frauen rund 10 bis 15 Prozent niedriger), sowie ein erhöhtes Schlagvolumen. Man bezieht sinnvollerweise das Herzvolumen auf das Körpergewicht. Normalbürger haben nur eine Größe von rund 10, Elitesportler erreichen dagegen 17 bis 20 Milliliter Volumen pro Kilogramm Körpergewicht.

Mehr Kapillaren, dünnflüssigeres Blut

Laufen verbessert den Blutkreislauf. Die Zahl der feinen Haargefäße, der Kapillaren, steigt, was die Durchblutung und damit die Nähr- und Sauerstoffversorgung aller beteiligter

Die höhere Leistungsfähigkeit des ausdauertrainierten Herzens ist nicht nur durch die Volumenzunahme, sondern auch durch eine ökonomischere Arbeitsweise bedingt.

STEP 4 Biologie des Laufens

Organe verbessert. Das betrifft nicht nur die Muskeln und die Lunge, sondern auch andere Organe, etwa die bei der Regulierung des Wärmehaushalts durch Schwitzen beteiligte Haut. Auch das Blut selbst, genauer, seine Zusammensetzung, wird durch Ausdauersport positiv beeinflusst: Beim Läufer wird das Blut dünnflüssiger. Das bedeutet einen schnelleren Durchfluss in den engen Kapillaren, was wiederum eine bessere Sauerstoffversorgung gewährleistet.

Nicht zuletzt haben Ausdauersportler mit rund sechs Litern ein erhöhtes Blutvolumen, und das Blut selbst besitzt eine bessere Pufferfähigkeit, kann also Säuren schneller neutralisieren.

Die Muskulatur muss benutzt und trainiert werden, sonst baut sie ab: Bereits nach rund zehn Tagen Trainingspause bilden sich Anpassungen der Muskeln deutlich zurück.

Info

Das Blut flüssig halten

Der Anteil der festen Blutbestandteile zum Plasma wird mit dem Hämatokritwert gemessen. Normale Werte sind 47 Prozent bei Männern und 42 Prozent bei Frauen. Bei hohen Schweißverlusten dickt das Blut ein, es wird zähflüssiger. Der Hämatokritwert kann auf über 50 Prozent ansteigen, bei Werten über 55 Prozent besteht sogar Thrombosegefahr. Es ist daher nicht nur für die Sauerstoffversorgung, sondern auch aus gesundheitlichen Gründen sehr wichtig, beim Sport ausreichend zu trinken.

Anpassungen der Muskulatur

Die rund 700 Muskeln sind in ihrer Gesamtheit das größte Organ in unserem Körper. Eine Frau mit 1,70 Meter und 66 Kilogramm hat rund 20 Kilogramm Muskulatur, ein Mann mit 1,80 Meter und 78 Kilogramm etwa sechs Kilogramm mehr. Je nach Art des Trainings passt sich die Muskulatur unterschiedlich an, wie im Folgenden detaillierter beschrieben wird.

Muskelfasertypen – Sprinter oder Marathonläufer?

Bei der Zusammensetzung der Muskulatur unterscheidet man verschiedene Muskelfasertypen. Es gibt zum einen die schnell kontrahierenden FT-Muskelfasern, nach dem englischen Begriff *fast twitch fibers*, zum anderen die langsamer zusammenzuckenden ST-Fasern, so genannte *slow twitch fibers*. Bei ruhigem Lauftempo werden zunächst die ST-Fasern aktiviert und erst bei intensivem Training die schnellen FT-Fasern dazugeschaltet.

Das Verteilungsmuster von FT- und ST-Muskelfasern ist bei jedem Menschen angeboren. Es lässt sich durch Training kaum ändern. Während Normalpersonen von beiden Typen etwa gleich viel besitzen, haben Weltklassemarathon- oder -skilangläufer 80 und mehr Prozent ST-Fasern, deren Stoffwechsel und Eigenschaften für aerobe Ausdauerleistungen wie geschaffen sind.

Muskulatur

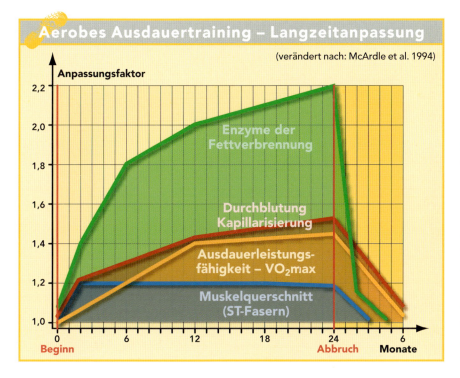

Biologische Systeme brauchen Monate bis Jahre zur Anpassung. Nach Trainingsabbruch erfolgt ein dramatischer Rückgang. Konseqenzen: Jahrelanges kontinuierliches Training zahlt sich aus. Wer im Winter pausiert wird im Frühling fast wieder bei Null anfangen.

Mittelstreckler weisen immerhin noch 70 Prozent ST-Fasern und entsprechend 30 Prozent FT-Fasern auf. Weltklassesprinter haben dagegen 60 bis 70 Prozent FT-Fasern.

Verbesserte Durchblutung

Die für Ausdauerleistungen bereits günstige Ausstattung der ST-Fasern kann durch Training noch verbessert werden: Ausdauertrainierte weisen eine etwa 40 Prozent höhere Kapillarisierung, also Durchsetzung mit feinsten Blutgefäßen, auf als Untrainierte. Das bedeutet eine erheblich bessere Durchblutung und damit bessere Sauerstoff- und Nährstoffversorgung.

Sprinttraining fördert diese feine Durchblutung nicht, der einzelne Trainingsreiz ist dafür zu kurz. Es dauert jedoch beim Ausdauerläufer mindestens zwei Jahre kontinuierlichen Trainings, ehe die Kapillarisierung maximal ausgeprägt ist. Für eine Bestzeit muss man sich daher etwas gedulden.

Mehr Mitochondrien, größere Energiespeicher

Im Laufe des Ausdauertrainings können die Muskelfasern ihren Enzymbestand für Kohlenhydrat- und Fettverbrennung mit Sauerstoff mehr als verdoppeln. Dieser Energiestoffwechsel läuft in den Kraftwerken der Zellen,

STEP 4 Biologie des Laufens

Muskelfasertypen und ihre Eigenschaften

	ST-Faser Ausdauertypus	FT-Faser Sprintertypus
Kontraktion	langsam (110 msec)	schnell (50 msec)
Ermüdung	spät	früh
Kapillarisierung	4,8 Kap./Faser	2,9 Kap./Faser
Mitochondrien	bis zu 3-mal mehr, größer	kleiner
Myoglobin	sehr viel	mittel
Durchmesser	dünner	dicker
Energiestoffwechsel	vor allem aerob	vor allem anaerob
Energiespeicher	Fett, Glykogen	Glykogen, Kreatinphosphat
Glykogen (g/100 g Muskel)	2,2	1,4
Kreatin (mmol/kg Muskel)	25	31

Auch der muskeleigene Sauerstoffspeicher, das Myoglobin, kann sich durch Ausdauertraining nahezu verdoppeln.

den Mitochondrien, ab. Sie werden größer, und ihre Zahl kann sich verdreifachen. Die in den Muskeln in Form von Glykogen eingelagerten Kohlenhydratvorräte können sich je nach Muskelmasse von rund 300 auf fast 600 Gramm vergrößern.

Die Energiebereitstellung

Zum Laufen, aber auch für den Aufbau von Körpersubstanz und zur Aufrechterhaltung der Körpertemperatur brauchen wir Energie. Grundlegende Kenntnisse zum Energiestoffwechsel helfen beim Verständnis der Trainings- und Ernährungslehre. Wer abnehmen möchte, sollte wissen, wie sich der Fettstoffwechsel optimal aktivieren lässt. Wer als Marathonläufer die Fettverbrennung nicht richtig trainiert hat, auf den wartet jenseits der 30-Kilometer-Marke unweigerlich der »Mann mit dem Hammer« (siehe auch Seite 63).

Das Auto hat nur einen Spritank. Unser Körper ist da vielseitiger. Je nach Art der Beanspruchung kann er verschiedene Energiequellen einsetzen:

▶ Adenosintriphosphat (ATP) und seine Speicherform Kreatinphosphat
▶ Kohlenhydrate, die als Glykogen überwiegend in Leber und Muskulatur gespeichert sind
▶ Eiweiße, also funktionelle Körpersubstanz, und freie Aminosäuren
▶ das Fettdepot, ein riesiger Energiespeicher, der bei Normalgewicht für etwa 30 Marathons ausreichen würde.

Energiebereitstellung

ATP – die schnellste Energie

Adenosintriphosphat, abgekürzt ATP, ist das »schnelle Kleingeld« im Energiestoffwechsel. Durch Abspaltung eines Phosphatrests wird es zu Adenosindiphosphat (ADP) und liefert gleichzeitig die Energie für die Muskelkontraktion. Das geschieht solange, bis der ATP-Vorrat erschöpft ist, was nur für einige Sekunden maximale Arbeit, etwa für einen kurzen Sprint oder für einen Weitsprung reicht. Die ATP-Vorräte können für weitere rund 10 bis 20 Sekunden durch muskuläre Phosphatspeicher, Kreatinphosphat, regeneriert werden.

Für diese kurzfristige Energiegewinnung aus ATP und Kreatinphosphat ist kein Sauerstoff nötig. Bei längeren Belastungen muss ATP aber im Energiestoffwechsel durch Fett- und Kohlenhydratabbau unter Verbrauch von Sauerstoff neu synthetisiert werden.

Kohlenhydrate – Superkraftstoff für Läufer

Kohlenhydrate werden in Form von Glykogen in der Muskulatur und in der Leber gespeichert. Glykogen besteht aus Glukoseeinheiten, die zu einem langkettigen Molekül verknüpft sind. Daneben ist eine kleine Menge Kohlenhydrate als freier Blutzucker verfügbar. Der Leberglykogenvorrat reguliert den Blutzuckerspiegel, das Muskelglykogen steht für Bewegung und Sport zur Verfügung. Durch Training mit langen Läufen, die die Speicher entleeren, und anschließender kohlenhydratreicher Ernährung kann das Muskelglykogen über Monate hinweg von durchschnittlich rund 300 auf 500 Gramm vergrößert werden. Und auch das Leberglykogen optimiert sich dabei von 80 auf 120 Gramm.

Aus Kohlenhydraten wird hauptsächlich mit Sauerstoff (aerob) Energie gewonnen. Dabei entstehen als Abbauprodukte Kohlendioxid und Wasser. Die Energie wird entweder als ATP gespeichert (siehe oben) und steht dann u. a. für Bewegung wie Sport zur Verfügung, oder sie wird als Körperwärme frei.

Anaerobe Kohlenhydratverbrennung

Es ist auch möglich, ohne Sauerstoff, also anaerob, aus Kohlenhydraten kurzfristig Energie – etwa für einen Endspurt – freizusetzen. Dieser Stoffwechselweg, die so genannte anaerobe Glykolyse, ist schneller als der aerobe Kohlenhydratabbau und erfolgt bevorzugt in den FT-Fasern (siehe oben). Dabei entsteht als Zwischenprodukt Milchsäure bzw. Laktat. Dies führt aber dann nach ein bis zwei Minuten zum Leistungsabbruch, wenn im Blut der pH-Wert, Maß für die Übersäuerung, vom Normalwert von 7,3 auf unter 6,4 abfällt.

Ein Marathonläufer versucht daher, während des Rennens gar nicht erst zu übersäuern, sein Blutlaktatwert

Die ATP-Umbaurate ist gewaltig: Pro Tag setzt ein Erwachsener nahezu unglaubliche 85 Kilogramm ATP um.

STEP 4 Biologie des Laufens

Beispiele für biologische Anpassungen beim Läufer		
	Normalperson untrainiert	Ausdauersportler bis Eliteläufer
Herzvolumen (ml)	750–850	950–1200
Herzvolumen (ml/kg)	9–12	15–20
Herzschlagvolumen (ml)	55–110	100–220
Ruhepuls (Schläge/min)	60–80	50–30
max. Sauerstoffaufnahme (ml/kg x min)	30–40	55–85
Blutvolumen Mann (l)	4,7–5,6	6,0–7,4
Gesamthämoglobin		20 % höher
Blutdruck in Ruhe (mmHg)	135/78	120/65
Lungenvitalkapazität (l)	5,8	6,2
Atemminutenvolumen (l/min)	120	240
Myoglobingehalt der Muskeln		75–80 % erhöht
Leberglykogen (g)	80–100	120
Muskelglykogen (g)	300	500–600
Anteil ST-Fasern (%)	50	60–85
Muskelkapillaren (Anzahl/mm^2)	200–300	300–500
Mitochondrienzahl		bis 3-mal so viel
aerobe Enzymkapazität		2–3fach erhöht
Körperfettanteil Männer (%)	15–25	6–13
Körperfettanteil Frauen (%)	25–33	12–23

Die anaerobe Glykolyse ist zwar schneller als der aerobe Abbau der Kohlenhydrate, sie geht aber mit den Glykogenvorräten sehr verschwenderisch um.

bleibt deutlich unterhalb vier Millimol pro Liter Blut. 400-Meter-Läufer erreichen dagegen kurzfristig bis zu 25 Millimol Laktat pro Liter Blut. Dabei gehen sie eine extrem hohe Sauerstoffschuld ein.

Mit Sauerstoffschuld wird die Menge an Sauerstoff bezeichnet, die nach einer körperlichen Anstrengung nachgeatmet werden muss, um die Laktatwerte wieder zu normalisieren. Das kann eine halbe Stunde dauern. Ein 400-Meter-Läufer ist nach zehn Minuten noch außer Atem, der Marathonläufer gibt im Ziel gleich ein Interview. Geringe Laktatmengen (0,7 bis 2 Millimol/Liter) entstehen auch beim Jogging oder ruhigen Dauerlauf. Diese niedrigeren Milchsäuremengen werden aber überwiegend in der Leber, auch in Nieren, Herz und nicht beanspruchter Muskulatur ständig wieder abgebaut. Erst bei höherer Geschwindigkeit wie beim Intervalltraining oder bei einem kurzen Wettkampf kommt es zu einer Laktatanhäufung im Blut.

Energiebereitstellung

Eiweiß – teuerster Brennstoff

Die Eiweiße, fachsprachlich Proteine, im Körper sind überwiegend in der Körpersubstanz »verbaut«, sie sind aber auch Hauptbestandteil vieler funktioneller Strukturen wie Blutkörperchen, Hormone, Enzyme.

Auf einem Stoffwechsel-Nebenweg, der Glukoseneubildung, kann, wenn die Kohlenhydrate als Energiequelle zur Neige gehen, auch aus Proteinen und ihren Einzelbausteinen, den Aminosäuren, Glukose erzeugt werden. Dies geht aber mit einem Abbau von Körperstrukturen wie Muskulatur sowie von funktionellen Körperbestandteilen wie Blutproteinen oder Antikörpern einher.

Fett – der Dauerbrenner

Die Fettreserven sind mehr oder weniger sichtbar im Unterhautfettgewebe und innen im Bauchraum gespeichert. Vor allem bei Marathon und Ultraläufern stehen zusätzlich Lipidtröpfchen (Fetttröpfchen) als schnell verfügbare funktionelle Fette im Inneren der Muskelzellen bereit. Der Abbau der Fette (Lipolyse) erfolgt durch Abspaltung der Fettsäuren, die in den Mitochondrien (siehe Seite 57f.) mit Sauerstoff unter Freisetzung von Energie oxidiert werden.

Bei mehrstündigen Belastungen kann der Energiebedarf zu bis zu 90 Prozent aus dem Fettabbau gedeckt werden. Bei einem Marathonlauf sind es bei gut trainierten Athleten immerhin fast 70 Prozent.

Doch müssen für eine reibungslose Energiegewinnung aus Fetten immer auch Kohlenhydrate bzw. Glukose vorhanden sein. Glukose ist im zentralen Stoffwechselweg der Energiegewinnung, im Citratzyklus, unverzichtbar (siehe Grafik Seite 62). Man sagt auch: »Fette verbrennen im Feuer der Kohlenhydrate«. Sind die Kohlenhydratspeicher in der Endphase eines Marathons oder auch beim Hungern leer, so bleibt dem Körper nichts anderes übrig, als wertvolle Proteine abzubauen, um aus deren Bausteinen, den Aminosäuren, Glukose neu zu erzeugen.

Info

Superkraftstoff und Diesel

Energie aus Glykogen dient dem Läufer fürs Gasgeben bei mittleren bis hohen Intensitäten. Ein optimal trainierter Marathonläufer könnte mit Kohlenhydraten alleine aber nur maximal 90 Minuten laufen. Fette liefern rund fünf Prozent weniger Energie pro eingesetztem Sauerstoff und werden daher wie Diesel als Dauerbrennstoff bei geringen bis mittleren Intensitäten eingesetzt. Marathonläufer müssen also neben hohen Glykogenvorräten auch über einen gut trainierten Fettstoffwechsel verfügen.

Nur wenn wir im Training auch das richtige Energiesystem ansprechen, bereiten wir uns optimal auf den Wettkampf vor. Der Erfolg beim Marathon hängt im Wesentlichen von zwei Energiesystemen ab, dem Kohlenhydrat- und dem Fettstoffwechsel, die bei verschiedenen Geschwindigkeiten trainiert werden müssen.

STEP 4 Biologie des Laufens

Mehrgleisige Energiegewinnung

Die verschiedenen Wege der Energiegewinnung laufen im Stoffwechsel parallel nebeneinander. Doch der Anteil von Kohlenhydraten und Fetten an der Energiebereitstellung ist weitgehend von der Intensität der körperlichen Belastung abhängig und trainierbar. Die oft aufgestellte Behauptung, der Fettstoffwechsel würde erst nach einer halben Stunde aktiviert, ist falsch. Laufen Sie langsam, verbrennen Sie von Beginn an Fette.

Ein Marathonläufer muss große Prozentsätze seiner Laufkilometer im ruhigen Dauerlauftempo, d. h., ohne dass er eine Sauerstoffschuld eingeht, mit Energie aus der Fettverbrennung (aerob) sowie aus dem aeroben Kohlenhydratabbau durchführen. Dadurch verbessert er diese aeroben Energiesysteme. Der Körper »lernt« darüber hinaus im Verlauf des Trainings, auch bei immer höheren Geschwindigkeiten prozentual mehr Fette zur Energiegewinnung einzusetzen.

Hinzu kommt, dass im Trainingsalltag, insbesondere beim umfangreicheren Marathontraining, die Glykogenspeicher nie richtig voll sind. Verminderte Kohlenhydratdepots zwingen den Körper aber, mehr Fett einzusetzen, was zur Optimierung des Fettstoffwechsels führt. Und ein gut trainierter

Körpereigenes Karnitin fördert die Einschleusung der langkettigen Fettsäuren in die Mitochondrien.

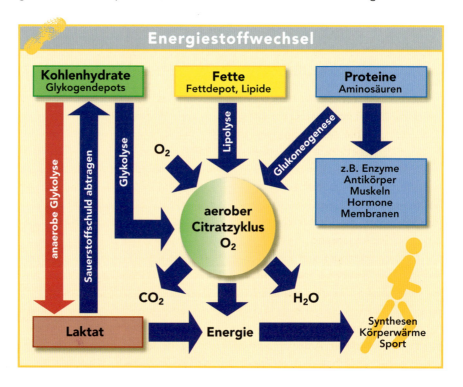

Mehrgleisige Energiegewinnung

Fettstoffwechsel schont im Wettkampf die energiereicheren und für die Verstoffwechslung von Fetten unverzichtbaren Kohlenhydratvorräte – aber nicht nur das …

Grenzfall – der Mann mit dem Hammer

Schlecht vorbereitete oder zu schnell beginnende Marathonläufer haben vorzeitig ihr Glykogendepot verbraucht. Der Fettstoffwechsel wurde infolge von zu wenigen Gesamtkilometern, mangels langer Läufe oder wegen eines zu schnellen Trainingstempos nur unzureichend trainiert. Mangels Glykogen sinkt auch der Blutzuckerspiegel. Sinkt er zu weit nach unten, drosselt das Gehirn die motorischen Antriebsimpulse – das geschieht spätestens um Kilometer 30.

Man spricht wegen des abrupten Leistungseinbruchs vom »Mann mit dem Hammer«. Das Tempo wird schlagartig langsamer und die Atmung schneller, da die nun einsetzende Fettverbrennung mehr Sauerstoff benötigt als der vorherige Kohlenhydratabbau.

Gleichzeitig muss Eiweiß zur Neubildung von (für die Fettverbrennung und als Gehirnnahrung benötigter) Glukose herangezogen werden. In der Endphase werden daher bei Kohlenhydratmangel ca. fünf Prozent der Energie aus Körpereiweiß gewonnen. Ein trainierter Fettstoffwechsel schützt also auch Muskulatur, Antikörper und Blutproteine vor Abbau.

Energiebilanz beim Marathon

Ein einigermaßen trainierter, normalgewichtiger Freizeitläufer mit 76 Kilogramm benötigt rund 3.200 Kilokalorien für einen Marathon. Das Muskelglykogendepot alleine liefert aber nur rund 1.600 Kilokalorien, also die Hälfte. Der Rest wird über Fett- und zu geringem Anteil auch über Eiweißverbrennung geliefert.

Ein leichter Weltklasseläufer mit 66 Kilogramm verbraucht beim Marathon nur rund 2.800 Kilokalorien. Er kann zwar pro Kilogramm Muskelgewicht relativ mehr Glykogen einlagern, aber sein absoluter Glykogenspeicher ist wegen seiner geringeren Muskelmasse auch etwas kleiner. Er schafft es immerhin, zu rund zwei Dritteln auf Glykogen zu laufen. – Auch ein Elitemarathonläufer könnte mit Glykogen alleine keinen Marathon beenden! Der Gesamtbedarf muss also auch bei ihm über die Verbrennung von Fetten gewährleistet werden.

Ein untrainierter und übergewichtiger Zeitgenosse schließlich hat es doppelt schwer: Seine Muskelglykogenspeicher sind im Verhältnis zu seinem Gewicht nicht groß, und der Fettstoffwechsel ist auch nicht gut trainiert. Das Resultat beim Lauf: frühzeitiger Verbrauch der Kohlenhydratreserven, Unterzuckerung und vorzeitiger Leistungsabbruch. Rein theoretisch hätte er in seinem Fettdepot allerdings Reserven für viele, viele Marathons.

Liebevoll nennt man in der Laufszene Marathonläufer mit Übergewicht auch »Maratonnis«.

Eine Möglichkeit, die Kohlenhydratspeicher zu verlängern, sind Energy-Drinks beim Wettkampf (siehe Seite 348f.).

STEP 4 Biologie des Laufens

Energiespeicher und Energieverbrauch beim Marathonlauf

	Eliteläufer idealgewichtig	Freizeitläufer normalgewichtig	Untrainierter übergewichtig
Gewicht (kg)	66	76	90
BMI (kg/m²)	20,8	24	28,4
Energiebedarf für 1 Marathon (kcal)	2.800	3.200	3.800
Energiereserven in Form von Kohlenhydraten			
Leberglykogenvorrat (in g/kcal)	120/480	100/400	80/320
Muskelglykogenvorrat (in g/kcal)	30–40/1.900	20–30/1.600	10–20/1.200
Das reicht für so viele Marathons	0,68	0,50	0,32
Energiereserven in Form von Fett			
Fett in % des Körpergewichts	7	17	27
Fettreserven (in kg/kcal)	4,6/37.000	12,9/103.000	24,3/195.000
Das reicht für so viele Marathons	13	32	51

Grundlagen der Anpassung

Wer etwas in seinem Leben oder an sich ändern möchte, muss sich auch selbst verändern. Das bezieht sich nicht nur auf das Verlassen der bequemen Komfortzone, die viele Menschen mit Bewegungsmangel und Übergewicht und den damit verbundenen Risikofaktoren in eine gesundheitliche Sackgasse gebracht hat. Nur mit Veränderung funktionieren auch die elementaren Prozesse beim Training.

Training durch Reize

Ein grundlegendes Kennzeichen des Lebens ist, dass der Organismus auf Außenreize mit Anpassungen reagiert. Biologische Systeme benötigen zu ihrer Erhaltung oder Verbesserung im Gegensatz zu technischen Systemen einen entsprechenden Stimulus oder Trainingsreiz. Ein Gelenk wird nur durch Bewegung ständig geschmiert und dadurch nicht steif. Ein Muskel muss bewegt werden, im Gipsverband baut er schnell ab, das haben Sie vielleicht schon selbst erlebt.

Training besteht aus ständiger Be- und Entlastung biologischer Systeme, die auf einen entsprechenden Trainingsreiz mit einer Erhaltung, Anpassung und Verbesserung von Funktionen und Strukturen auf zellulärer Ebene reagieren. Jede Belastung muss aber in einen ausreichenden Erholungsprozess eingebettet sein, denn die Anpassungen und Veränderungen brauchen

Wer Fett abbauen möchte, sollte lieber langsam und länger trainieren! Bei einer starken muskulären Belastung, d. h. wenn die Blutlaktatwerte über sieben Millimol/Liter ansteigen, wird der Fettabbau gehemmt. Der Körper zieht die Energie aus den Glykogenvorräten, die hinterher schnell wieder aufgefüllt werden.

Grundlagen der Anpassung

Zeit. Die Effizienz und somit die Qualität des Trainings hängt also nicht nur von der Intensität, Dauer und Häufigkeit eines Trainingsreizes ab, sondern auch von der Art und dem zeitlichen Umfang der Regeneration vorher und nachher. Hierin liegt die eigentliche Kunst, gute und individuelle Trainingspläne zu schreiben, denn jeder Körper reagiert aufgrund unterschiedlicher genetischer Ausstattung auch etwas anders.

Adaptation oder Superkompensation

Das Modell der biologischen Adaptation oder Superkompensation beschreibt die zeitliche Abfolge der Reizantwort des Körpers auf den Stressfaktor Trainingsreiz. Ein Trainingsreiz muss überschwellig sein, also beim betreffenden System eine Alarmreaktion auslösen. Das kann eine Erschöpfung von Energiereserven, Verbrauch von Enzymen oder Zerstörung von Strukturen wie Muskelfasern und Zellmembranen sein. Locker formuliert könnte der Körper dem Kopf nach einem ungewohnt langen Lauf mit Muskelkater sagen: »Nanu? So etwas hast du noch nie von mir verlangt. Also gut, ich werde das verbessern, aber bitte, lieber Kopf, lass mir dafür ein wenig Zeit!« Er wird sich anschließend aus den in den Chromosomen enthaltenen Erbinformationen die Programme zur Reparatur und Verbesserung der Muskulatur, Lunge und Kreislauf hervorholen.

Ermüdung, Erholung und Leistungszuwachs

Der gewünschte Effekt eines Trainings ist die Verbesserung des Ausgangsniveaus auf einen höheren Leistungsstand. Der Anpassungsprozess selbst läuft folgendermaßen ab: Schon während des Trainings beginnt die erste Phase der Ermüdung. Nach dem Lauf startet in der Kompensations- oder Erholungsphase die Wiederherstellung und der Reparaturbetrieb in der Muskulatur. Die lädierten Systeme werden aber über das ursprüngliche, vor dem Trainingsreiz vorhandene Leistungsvermögen verbessert. Man nennt diese Anpassung auf erhöhtem Niveau Superkompensation. Sollte der Trainingsreiz also nochmals auftreten, so wäre der Körper für den Fall der Fälle besser gewappnet. Das kann

Ein Beispiel für die so genannte Superkompensation der Energiespeicher ist die Saltindiät im Step »Ernährung« (Seite 343).

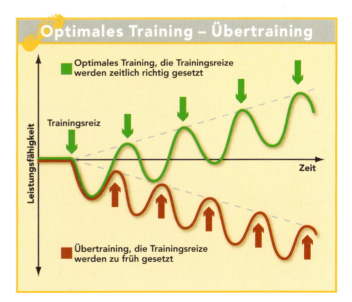

STEP 4 Biologie des Laufens

Ein Computer läuft auch noch nach zehn Jahren Pause genauso wie vorher! Bei uns ist das nicht so einfach. Eine moderate Belastung, ein leicht stimulierender Stress ist für uns überlebensnotwendig.

eine Vergrößerung der Energiespeicher, eine effizientere oder vermehrte Enzymausstattung oder Umstrukturierungen in den Muskelfasern bedeuten. Je nachdem, wie hart oder ungewohnt ein Reiz war, dauert diese Anpassung länger oder kürzer. Ein starker Muskelkater ist ein Zeichen einer totalen Überforderung. Leichte Spannung in den Muskeln ist dagegen Zeichen eines richtig dosierten Trainings.

Unter- und Überforderung

Je besser der Trainingszustand, die so genannte Grundlagenausdauer eines Athleten, desto schneller wird er auch intensive Reize wegstecken können.

Anstrengende Läufe in zu dichtem Abstand hintereinander lassen dem Körper keine Zeit zur Anpassung.

War der Reiz aber unterschwellig, also zu schwach, sagt sich der Körper: »Kalter Kaffee, das kann ich doch schon!«
Erfolgt innerhalb eines bestimmten Zeitraums kein überschwelliger Reiz mehr, geht die verbesserte Anpassung wieder verloren. Die Systeme schwingen auf das Ausgangsniveau zurück. Der Körper sagt sich dabei: »War wohl doch nur falscher Alarm!« Das ist beispielsweise dann der Fall, wenn Sie zwei Wochen trainieren, anschließend aber wieder zwei Wochen pausieren.
Treffen ähnlich gelagerte harte Reize in einem optimalen Abstand, d. h. weder zu früh noch zu spät, auf einen ausgeruhten Körper, ist der Leistungszuwachs optimal. Werden dieselben Reize zu dicht gesetzt, so kommt der Körper mit der Reparatur und Anpassung nicht hinterher. Man ist übertrainiert, und die Leistungsfähigkeit nimmt ab. Die Reise geht wie bei vielen »Trainingsweltmeistern« in den Keller.

Biologie der Regeneration

Das Geheimnis einer optimalen Trainingsgestaltung hängt entscheidend von verschiedenen Faktoren ab. Die Qualität des Trainings wird bestimmt durch:
▸ Reizstärke
▸ Reizdichte
▸ Reizdauer
▸ Regeneration.

Biologie der Regeneration

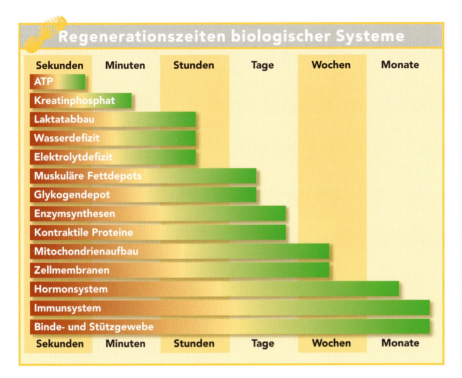

Die beim harten Training oder Wettkampf durch Erschöpfung oder Überbeanspruchung geforderten Systeme brauchen unterschiedlich lange Erholungszeiten.

Mit Reizstärke ist die Intensität, also die Geschwindigkeit oder der Anstrengungsgrad gemeint. Unter Reizdichte versteht man die Zahl der Trainingseinheiten pro Zeiteinheit, beispielsweise pro Woche, unter Reizdauer, wie lange das Training anhält, d. h. ob es ein langer oder kurzer Lauf war. Der Art und Dauer der Regeneration aber sowie dem Verhältnis von Belastung und Regeneration kommt im Trainingsprozess eine wichtige Bedeutung zu.

Trainingsfortschritt durch Erholung

Es kann nicht deutlich genug gesagt werden, dass der eigentliche Trainingsfortschritt nicht etwa beim Trainingslauf, sondern erst in der Erholungsphase hinterher geschieht. Wer sich über eine gelungene Tempoeinheit freut, muss sich bewusst sein, dass der Trainingseffekt nun entscheidend davon abhängt, wie er die Regeneration danach gestaltet.

Wie lange es dauert, bis ein Reiz verdaut ist, hängt von folgenden Faktoren ab:
▸ der genetischen Konstitution
▸ dem jeweils geforderten biologischen System
▸ dem Trainingszustand
▸ der Reizstärke und -dauer
▸ den Regenerationsmaßnahmen.
Ein Intervalltraining beansprucht z. B.

Das Geheimnis eines guten Trainingsplans liegt zu einem guten Teil im richtigen Verhältnis zwischen Belastung und Entlastung. Dabei spielen langsame Regenerationsläufe eine wichtige Rolle.

STEP 4 Biologie des Laufens

Unterschwellige Trainingsreize können in der letzten Woche vor einem Wettkampf als Erhaltungstraining sinnvoll sein.

den anaeroben Kohlenhydratstoffwechsel, ein langer ruhiger Dauerlauf dagegen den Fettstoffwechsel. Das Glykogendepot braucht bis zu drei Tage zur Auffüllung, der Wasserhaushalt ist bereits nach einigen Stunden ausgeglichen.

Die meiste Zeit für seine Regeneration benötigt aber der passive Bewegungsapparat – Sehnen, Knorpel, Gelenke und Knochen. Die gut durchbluteten Muskeln dagegen passen sich viel schneller an. Das Training nur über Muskelparameter wie Laktat- oder Herzfrequenzmessung zu steuern, wäre daher ein Fehler. Zieht ein schon zu starker Muskel an einer noch zu schwachen Sehne, so können sich die Ansatzstellen am Knochen entzünden. Man muss also im Trainingsprozess unbedingt immer auf das langsamste Glied in der Kette warten. Das ist auch der Sinn sehr ruhiger Joggingeinheiten beim Leistungsläufer. Es ist daher genauso sinnvoll, nach zwei bis drei Wochen Trainingssteigerung eine ruhigere Zwischenwoche einzuschieben.

Regeneration nach Wettkämpfen

Eine einfache Körperregel für die Regenerationsdauer bis zur nächsten Tempoeinheit besagt: Solange die Beine noch schmerzen, kein Tempo laufen, sondern nur joggen! Der neuseeländische Marathonläufer Jack Foster gewann 1974 sensationell im Alter von immerhin schon 41 Jahren in 2:11:19 Stunden bei den Commonwealth Games die Silbermedaille. Er war kein Sportwissenschaftler, aber er stellte eine empirische Regel auf, wie lange man nach einem auf Anschlag gelaufenen Wettkampf auf Tempoeinheiten verzichten sollte: So viele Tage, wie ein Wettkampf in Meilen lang ist, sollte danach nur ruhig trainiert werden. (10 Kilometer entsprechen 6 Meilen, ein Marathonlauf 26 Meilen.)

Mein Profi-Tipp

One day hard – one day easy

Jedes Training ist nur so gut, wie es vor- und nachbereitet wird. Ein ausgeruhtes, superkompensiertes System (siehe Grafik Seite 65, grüne Linie) ist viel empfänglicher für einen neuen Trainingsreiz als eine angeschlagene Struktur oder Funktion. Stellen Sie sich vor, Sie hätten sich mit dem Hammer auf den Daumen geschlagen. Was wäre das Schlimmste, was Ihnen am nächsten Tag passieren könnte? Nochmals auf dieselbe Stelle hauen! Leider trainieren viele Läufer genau so. Sie halten die notwendigen Regenerationszeiten nicht ein, trainieren zu intensiv und gleichförmig. Eine der einfachsten Trainingsregeln lautet: »One day hard, one day easy«. Auf einen Belastungstag folgt ein Erholungstag ohne Sport oder mit langsamem bzw. vollkommen anders geartetem Training. Zwischentage mit sanftem Jogging bedeuten aktive Erholung, Luxusdurchblutung ohne Stress! Ein weit verbreiteter Fehler ist, gerade diese regenerativen Läufe zu schnell zu rennen. Der Athlet glaubt zwar, mehr Qualität in sein Training gebracht zu haben, in Wirklichkeit hat er die Erholung von den entscheidenden Wocheneinheiten verzögert. Ein weiterer Fehler ist es, zweimal hintereinander dieselbe harte Belastung durchzuführen. Sie erinnern sich an den Daumen?

Ich kann aus eigener Erfahrung diese Empfehlungen nur bestätigen, und Sie werden diese Foster-Regel in meinen Plänen in diesem Buch wiederfinden.
Die Reparatur der Muskelzellen und die Wiederherstellung der Fasern und Enzymsysteme dauert nach einem voll gelaufenen Zehn-Kilometer-Rennen fast eine Woche. Nach einem auf Bestzeit gelaufenen Marathon und dem aufwändigen Training zuvor benötigen die angeschlagenen Systeme des passiven Bewegungsapparats, Immun- und Hormonsystems einige Wochen bis Monate (siehe Grafik Seite 67). Nach einem Marathon wäre also die beste Gelegenheit für eine Saisonpause mit vermindertem Training.

Ableitungen für das Training

Sie können das System Belastung und Erholung auch dadurch optimieren, indem Sie möglichst vielfältige Trainingsreize setzen. Ein Gesundheitsläufer wird zunächst vielleicht gelernt haben, dreimal die Woche einen Dauerlauf zu schaffen. Der nächste Schritt, noch fitter zu werden, wäre – wie wir bei den Trainingsplänen sehen werden –, neue Trainingsformen einzuführen, das Training mehr zu variieren. Ein Lauf am Wochenende würde immer länger, dafür langsam gelaufen. Eine weitere Trainingseinheit in der Woche würde als schneller Lauf gestaltet. So können Sie aus drei Einheiten noch mehr rausholen. Während sich ein System gerade erholt, kommt überlappend ein anderes an die Reihe.

Komplexe Superkompensation

Gute Trainingspläne berücksichtigen diese Regeln und die verschiedenen Regenerationszeiten der Systeme. Ein Beispiel aus dem Zehn-Kilometer-Training eines fortgeschrittenen Wettkampfläufers soll das Ineinandergreifen von zwei unterschiedlichen Systemen veranschaulichen:
Freitags vor einem Zehn-Kilometer-Rennen am Sonntag der Woche darauf, das er in 37:30 Minuten zu laufen plant, würde der Läufer ein Intervalltraining über 10 mal 400 Meter im

Beim Training zu zweit muss der schnellere Läufer sein Tempo dem langsameren anpassen. Er macht dann ein Regenerationsläufchen.

STEP 4 Biologie des Laufens

Tempo der Unterdistanzstrecke, dem 5.000-Meter-Lauf, durchführen. Dabei werden der Kohlenhydratstoffwechsel, somit das Glykogendepot und die zugehörigen anaeroben Systeme sowie die Enzyme des Laktatstoffwechsels in Anspruch genommen. Samstag ist Ruhetag, alle Systeme erholen sich. Am Sonntag wird mit einem ruhigen 22 Kilometer langen Dauerlauf die aerobe Grundlagenausdauer, also wieder eine andere Stoffwechselsituation trainiert. Das beansprucht und vermindert erneut das Glykogendepot,

Die Feinabstimmung zwischen schnellen und langsamen Einheiten bestimmt die Qualität eines Trainingsplans.

Komplexe Superkompensation

10-km-Wettkampf in 37:30 min. (Trainingsbeispiel)

1. Woche

Tag	Training
Mo	DL 60 min (75 % maxHF)
Di ▶▶	Tempolauf 10 km (85 % maxHF)
Mi	—
Do	Jogging 45 min (65–70 % maxHF)
Fr ▶–▶	10 x 400 m in 85 sek (5.000-m-Tempo), Trabpause 200 m
Sa	—
So ▶	langer DL 22 km (70–75 % maxHF)

2. Woche

Tag	Training
Mo	Jogging 45 min (65–70 % maxHF)
Di ▶–▶	5 x 1.000 m in 3:45 min (10-km-Tempo), Trabpause 400 m
Mi	DL 60 min (70 % maxHF)
Do	—
Fr	Jogging 40 min (65–70 % maxHF)
Sa	—
So ▶▶	10-km-Wettkampf in 37:30

3. Woche

Tag	Training
Mo	—
Di	Jogging 45 min (65–70 % maxHF)
Mi	DL 70 min (70 % maxHF)
Do	—
Fr	DL 60 min (70 % maxHF)
Sa	Jogging 45 min (65–70 % maxHF)
So ▶	langer DL 22 km (70–75 % maxHF)

% maxHF = Prozent der maximalen Herzfrequenz ▶ = langer Dauerlauf (DL) ▶▶ = Tempolauf oder Wettkampf ▶–▶ = Intervalltraining.

während sich zwischenzeitlich aber die beim anaeroben Training freitags gereizten Muskelfasern und Enzyme weiter erholen können.

Nach einem Jogging am Montag erfolgt am Dienstag, fünf Tage vor dem Wettkampf, mit 5 mal 1.000 Meter exakt im geplanten Wettkampftempo der Feinschliff. Die anaeroben Systeme waren bis dahin superkompensiert, das Glykogendepot wurde durch kohlenhydratreiche Kost einigermaßen aufgefüllt. Das intensive Intervalltraining stresst beide Systeme erneut und schult gleichzeitig das Tempogefühl für den Wettkampf. In den letzten vier Tagen wird geruht oder lediglich noch locker gejoggt. Bis zum Wettkampftag sind dadurch alle Systeme auf höherem Niveau voll erholt und leistungsbereit. Das Rennen wird voll gelaufen. In der Woche danach wäre Tempotraining unsinnig, da das beim Wettkampf bereits sehr intensiv vorkam. Die Reparatur der beanspruchten Muskulatur dauert nach der Foster-Regel etwa eine Woche, in der nur lockere Kilometer gelaufen werden, die lediglich das Glykogendepot und den Fettstoffwechsel beanspruchen.

Übertraining vermeiden

Wer falsch trainiert, d. h. zu viel in sein Training hineingepackt hat, zu intensiv gelaufen ist und nicht die richtigen Regenerationsmaßnahmen beachtet, kommt leicht in einen Zustand des Übertrainings. Übertrainiert ist auch, wer zu viele Wettkämpfe läuft oder als schwächerer Läufer in einer Trainingsgruppe nur den überforderten Sparringspartner der Schnelleren darstellt. Typische Kennzeichen des Übertrainings sind Unlust und Schlappheit, Infekt- und Verletzungsanfälligkeit, stark verspannte Muskeln, schwere Beine und chronisch erhöhter morgendlicher Ruhepuls. Es kommt zum Proteinabbau, zentralnervösen und hormonellen Umstellungen, die den Körper ausbremsen und somit eigentlich schützen sollen. Übertrainingszustände und zu hohe Belastungen lassen sich auch durch Messung bestimmter Blutparameter wie Kreatinkinase (CK-Wert) oder Harnstoff nachweisen. Bei einem leichten Übertraining können einige Tage Entlastung Wunder wirken. Ist man aber in einen starken chronischen Zustand des Übertrainings geraten, braucht man manchmal Wochen oder sogar Monate Geduld.

> **Mein Profi-Tipp**
>
> Für Vermeidung von Übertraining oder Abhilfe sorgen:
> - Entlastung durch weniger und nur leichtes Lauftraining
> - lockeres Auslaufen
> - Dehnen nach dem Laufen
> - Crosstraining wie Radfahren oder Schwimmen
> - ausreichend Schlaf
> - optimale Ernährung
> - weniger beruflicher oder privater Stress
> - Entspannungsübungen
> - Physiotherapie wie warmes Wannenbad, Massage, Sauna.

Weniger kann mehr sein! Trainingsweltmeister hören nicht in ihren Körper.

STEP 5

Trainings-steuerung

Wer effizient trainieren will, sollte nicht einfach drauflosrennen. In diesem Kapitel werden die theoretischen Grundlagen einer sinnvollen Trainingsplanung abgehandelt. Außerdem werden wir unterschiedliche Trainingsmethoden und -werkzeuge sowie deren praktische Einsatzmöglichkeiten kennen lernen. Darüber hinaus beschäftigen wir uns mit den Methoden zur Erfassung und Normierung von Trainingsbelastung, mit Intensität und Umfang.

STEP 5 Lauftraining

Werden Sie Ihr eigener **Trainer**

Je mehr Sie von den Gesetzmäßigkeiten eines planmäßigen Trainings verstehen, desto besser werden Sie eigene Trainingskonzeptionen entwickeln können. Wer die Spielregeln kennt, weiß etwa nach einer Krankheitspause selbst besser, was nachzuholen ist und was weniger wichtig ist, denn es ist unmöglich, in einem Buch Pläne für alle möglichen Sonderfälle vorzustellen. Helfen Sie sich daher selbst, und werden Sie Ihr eigener Coach.

Die Leistungsreserven planvoll ausschöpfen

Durch gutes Training kann man die mobilisierbaren Leistungsreserven nah an die Grenze der absoluten Leistungsfähigkeit heben.

Alle kurz- oder langfristigen Maßnahmen eines Trainings zur Steigerung oder zum Erhalt der Leistungsfähigkeit lassen sich in einem Trainingsplan optimal abstimmen und steuern. Die Belastungsreize Umfang, Dauer, Häufigkeit und Intensität müssen gut dosiert und sinnvoll so aufeinander abgestimmt sein, dass sie eine Anpassung des Körpers durch Vergrößerung und Mobilisierung der Leistungsreserven bewirken. Dies geschieht auf physischer und psychischer Ebene. Während ein Stubenhocker willentlich maximal 70 Prozent seiner Leistungsreserven ausschöpft, kann ein jahrelang trainierter Topathlet viel weiter an seine Grenzen gehen und 90 bis 95 Prozent mobilisieren. Die restlichen 5 bis 10 Prozent sind so genannte autonom geschützte Reserven, auf die etwa bei Todesangst oder Doping zurückgegriffen wird. Durch physische, aber auch psychische Stimuli verbessern Sie Ihre Kondition. Unter Kondition versteht man die Summe aus

▶ körperlichen Fähigkeiten
▶ technischer Umsetzung
▶ Persönlichkeitseigenschaften wie Willensstärke und Motivation.

Trainieren der körperlichen Fähigkeiten

Bei den körperlichen Voraussetzungen unterscheidet man in der Trainingslehre je nach motorischer Beanspruchung fünf Fähigkeiten, die mehr oder weniger ineinander übergreifen und teils angeboren, teils trainierbar sind. Sie spielen für den Läufer eine unterschiedliche Rolle.

Ausdauer

Unter Ausdauer versteht man die »Widerstandsfähigkeit gegenüber Ermüdung«, also die Fähigkeit, eine op-

Trainieren körperlicher Fähigkeiten

timale Belastungsintensität über einen möglichst langen Zeitraum aufrechterhalten zu können. Das Ausdauertraining steht für den Fitness- oder Marathonläufer, aber auch für Radfahrer, Ruderer und Schwimmer natürlich im Vordergrund.

Neben psychischen Faktoren sind für die Ausdauer insbesondere die Anpassungen beim Energiestoffwechsel und bei den Sauerstoff transportierenden Systemen Lunge, Herz und Kreislauf entscheidend. Ausdauertraining hilft in allen Sportarten bei Belastungsspitzen schon während des Wettkampfs sowie hinterher schneller zu regenerieren. Dazu gehört der Abbau von Stoffwechselendprodukten ebenso wie das schnellere Auffüllen von Energiespeichern.

Man unterscheidet je nach Art der Energiebereitstellung, Anteil der eingesetzten Muskulatur, der Zeitdauer der Beanspruchung, der Arbeitsweise und der Spezifität verschiedene Formen der Ausdauer (siehe die Tabelle auf Seite 76).

Kraft

Für jede sportliche Leistung muss ein Muskel Kraftarbeit verrichten. Physikalisch ist Kraft das Produkt aus Masse und Beschleunigung, biologisch ist es die Fähigkeit des Muskels, Widerstände zu überwinden (konzentrische Arbeit), ihnen entgegenzuwirken (exzentrische Arbeit) oder sie zu halten (statische Arbeit). Dieser Widerstand kann das eigene Körpergewicht wie beim

Die Belastungsintensitäten beim Ausdauertraining werden in Prozent der maximalen Sauerstoffaufnahme oder – besser messbar im Trainingsalltag – in Prozent der maximalen Herzfrequenz gesteuert (siehe Seite 87ff.).

Durch körperliches und mentales Training kann das Leistungsvermögen im Rahmen der genetischen Voraussetzungen verbessert werden.

STEP 5 Lauftraining

Die verschiedenen Formen der Ausdauer

Art der Klassifizierung	Bezeichnung und Kurzbeschreibung
Art der überwiegenden Energiebereitstellung	**aerobe Ausdauer:** die Energiebereitstellung geschieht im Bereich des Sauerstoffüberschusses (Beispiel Jogging oder Dauerlauf) **anaerobe Ausdauer:** die Energiebereitstellung geschieht fast ohne Beteiligung von Sauerstoff (Beispiel 400-m-Wettkampf)
Anteil der beteiligten Körpermuskulatur	**allgemeine Ausdauer:** größere Anteile (über 1/6) der Muskulatur des Körpers werden eingesetzt (Beispiel Laufen, Schwimmen) **lokale Ausdauer:** kleinere Anteile (unter 1/6) der Körpermuskulatur werden eingesetzt (Beispiel Fingerhakeln)
Zeitdauer der maximalen Beanspruchung	**Kurzzeitausdauer:** die Wettkampfdauer liegt unter 2 Minuten (Beispiel: 400- bis 800-m-Lauf) **Mittelzeitausdauer:** die Wettkampfdauer liegt zwischen 2 und 10 Minuten (Beispiel: 1.500- bis 3.000-m-Lauf) **Langzeitausdauer:** die Wettkampfdauer liegt über 10 Minuten (Beispiel 10-km-Lauf, Marathon)
Arbeitsweise der Muskulatur	**statische Ausdauer:** die Muskeln leisten eine andauernde Haltearbeit unter Dauerspannung (Beispiel Tauziehen, Armdrücken) **dynamische Ausdauer:** die Muskeln leisten eine andauernde Bewegungsarbeit mit Wechsel von Anspannung und Entspannung (Beispiel Laufen)
Bedeutung für das sportartspezifische Leistungsvermögen	**allgemeine Grundlagenausdauer:** sportartunabhängiges Gesundheits- und Fitnesstraining im aeroben Bereich für Herz-Kreislauf-System, Lunge, Fettverbrennung (ist für Läufer z. B. auch mit Radfahren, Skilanglauf oder Schwimmen möglich) **spezifische Grundlagenausdauer:** sportartabhängiges Training der für die sportartspezifische Bewegungsform typischen Muskulatur im aerob-anaeroben Bereich (ein Läufer muss dafür laufen, ein Schwimmer schwimmen) **spezielle Ausdauer:** sportartspezifisches Training in der wettkampfspezifischen Belastungsintensität (beispielsweise 5 x 1.000 m im geplanten 10-km-Renntempo)

Laufen, die Kraft eines Gegners (z. B. Ringen), ein Gegenstand (z. B. Kugelstoßen), der Widerstand eines Mediums wie Wasser (z. B. Schwimmen) oder die elastischen Kräfte eines Gummibandes sein.

Maximalkraft ist für Langstreckenläufer nicht so wichtig wie die Kraftausdauer. Kraftausdauertraining geschieht mehr im aeroben Bereich und steht zwischen Kraft und Ausdauer. Sie spielt für Läufer beim Training der Rumpfmuskulatur und beim Berg-, Hindernis- oder Crosslauf eine wichtige Rolle. Läufer können die Kraftausdauer beispielsweise im Winter mit Skilanglauf und im Sommer auf dem Mountainbike oder bei längeren Bergläufen entwickeln.

Schnelligkeit

Physikalisch ist Schnelligkeit der zurückgelegte Weg pro Zeiteinheit. Sportwissenschaftler verstehen unter Schnelligkeit, maximale Reaktions- und Bewegungsgeschwindigkeiten mit höchster Willenskraft sowie dem neuromuskulären System zu erzielen. Die Schnelligkeit beruht im Wesentlichen auf Kraftzuwachs, Verbesserung der schnellen anaeroben Energiesysteme und der Koordination des Nerv-Muskel-Zusammenspiels. Dazu gehört auch eine optimale Technik und gute Beweglichkeit.

Schnelligkeit geht im Alter früher als die Ausdauer verloren und ist dann auch nicht mehr so gut trainierbar. Schnelligkeitstraining ist verletzungsanfällig, da mit hohen Intensitäten geübt werden muss. Schnelligkeitstraining wäre das falsche Mittel, um über zehn Kilometer oder im Marathon schneller zu werden, im kurzen Endspurt eines Zehn-Kilometer-Laufs ist allerdings die Schnelligkeit entscheidend für Sieg und Niederlage.

Beweglichkeit

Die Beweglichkeit ist eine motorische Fähigkeit und gekennzeichnet durch die Amplitude, die ein Gelenk mit eigener Kraft oder fremder Hilfe in der Endstellung erreichen kann. Sie ist Voraussetzung für eine gute Koordination, einen effizienten Laufstil und senkt die Verletzungsanfälligkeit. Die willkürliche Flexibilität und Beweglichkeit in einem Gelenk werden durch die Muskulatur, die Sehnen und den Bandapparat bestimmt. Sie ist beim Kind am größten. Der Abbau der Beweglichkeit mit zunehmendem Alter wird mit Abnahme der Zellzahl, der elastischen Fasern und einem Wasserverlust im Muskel begründet. Frauen sind meist beweglicher als Männer. Jeder ist aber am Morgen weniger beweglich als im Tagesverlauf. Intensive oder lang andauernde Belastungen im Training und Wettkampf führen zu einer Verspannung mit Steifheit und sogar Schmerzgefühlen. Warmlaufen, Dehnen, hohe äußere Temperaturen und Massage, ein Wannenbad oder mentales Training erhöhen die Beweglichkeit.

Schnelligkeit hat eine starke genetische Komponente. Man ist als Sprinter geboren. Schnelligkeit sollte zudem bereits früh in der Jugend weiterentwickelt werden.

STEP 5 Lauftraining

Training als komplexer Prozess: Die durch Bergläufe oder Radfahren erworbene Kraft setzt der Läufer mit Tempotraining in Bestzeiten um.

Koordination

Koordination ist Voraussetzung für ein optimales, ökonomisches Zusammenspiel zwischen dem Nervensystem und allen für den Bewegungsablauf notwendigen Muskelgruppen. Koordination wird schon in frühester Kindheit erlernt und in einem motorischen Gedächtnis gespeichert: Die durch häufiges Wiederholen einmal erlernten Bewegungsabläufe sind daher später automatisiert.

Zur Koordination gehört beispielsweise die Reaktionsfähigkeit, die Gewandtheit, das Gefühl für Gleichgewicht, Rhythmus und Orientierung im Raum. Koordination ist stark von der Beweglichkeit der Muskulatur abhängig (siehe oben).

Der Abnahme der Beweglichkeit kann durch Dehnungsübungen entgegengearbeitet werden.

Trainieren mit System

Unter Training versteht man die Gesamtheit aller Maßnahmen zur Steigerung oder Erhaltung einer sportlichen Leistungsfähigkeit. Die Qualität eines Trainings ist ein sehr komplexer Prozess und keineswegs mit einem erhöhten Anteil der Intensität gleichzusetzen, wie es bisweilen falsch verstanden wird. So kann selbstverständlich auch ein langsamer Regenerationslauf zum richtigen Zeitpunkt die Leistungsfähigkeit steigern.

Einer sinnvollen Trainingsplanung und -gestaltung liegen acht allgemein gültige und nachfolgend besprochene Trainingsprinzipien zugrunde, die überwiegend in biologischen Gesetzmäßigkeiten begründet sind, die aber

meist zuerst empirisch von Trainern und Athleten gefunden worden sind:
- das Prinzip des wirksamen Trainingsreizes
- das Prinzip der progressiven Belastungssteigerung
- das Prinzip der Variation der Trainingsbelastung
- das Prinzip der optimalen Gestaltung von Belastung und Erholung
- das Prinzip der Wiederholung und Dauerhaftigkeit
- das Prinzip der Periodisierung und Zyklisierung
- das Prinzip der Individualität und Altersgemäßheit
- das Prinzip der zunehmenden Spezialisierung.

Wirksamer Trainingsreiz

Trainingsreize müssen eine bestimmte Reizschwelle überschreiten, um eine Leistungsverbesserung hervorzurufen. Man muss also die Komfortzone verlassen und dem Körper eine ungewohnte neue Aufgabe stellen. Unterschwellige Reize bleiben wirkungslos, schwach überschwellige Reize erhalten das Leistungsniveau, stark überschwellige Reize führen zu einer physiologischen und strukturellen Anpassung an die erhöhte Anforderung. Zu starke Reize dagegen zerstören die Strukturen und Funktionen. Das Niveau der Reizschwelle hängt vom Trainingszustand des Sportlers ab, steigt mit dem Training und sinkt bei vermindertem Training wieder.

> **Mein Profi-Tipp**
>
> Tritt auf hohem Trainingsniveau nach einigen Jahren mit einer Belastungssteigerung in kleinen Schritten keine weitere Verbesserung mehr ein, so kann man das Training auch sprunghaft verändern und mit neuen Trainingsmitteln und Intensitäten experimentieren.
>
> Sinnvoll ist bei einer Steigerung der Trainingsreize beim Lauftraining folgende Reihenfolge:
> - erst die Erhöhung der Häufigkeit des Trainings
> - dann die Verlängerung der Dauer einzelner Einheiten
> - dann die Verkürzung der Pausen zwischen den Einheiten
> - zuletzt die Steigerung des Tempos der Trainingsläufe.
>
> Beispiele für diese progressive Belastungssteigerung über Wochen finden Sie in allen Trainingsplänen in diesem Buch. Diese fortschreitende Steigerung der Belastung bezieht sich dabei sowohl auf das gesamte Programm einer Trainingswoche als auch auf einzelne Trainingsformen über einen längeren Zeitraum.

Progressive Belastungssteigerung

Nach erfolgter Trainingsanpassung verschiebt sich die Reizschwelle nach oben. Dasselbe Training ist damit nach einiger Zeit nicht mehr optimal. Die Belastung muss daher – in Abhängigkeit vom Lebens-, aber auch Trainingsalter sowie erworbenem Fitnesszustand – allmählich gesteigert werden.

Variation der Belastung

Ständig gleichartige Stimulierung führt zur Monotonie, das sympathische vegetative Nervensystem stumpft ab,

STEP 5 Lauftraining

Bei variabler Trainingsgestaltung kann man aus drei Laufeinheiten in der Woche einen größeren Leistungszuwachs erreichen als bei dreimal derselben Runde im gleichen Tempo.

der Leistungszuwachs stagniert. Variable Trainingsreize sorgen für eine ständig neue Stimulationslage und eine effizientere Überlagerung der nun unterschiedlich gestalteten Belastungs- und Regenerationsprozesse. Sie können, wie in meinen Plänen vorgesehen, beispielsweise freitags einen flotteren Tempodauerlauf und sonntags einen deutlich längeren, aber langsamen Dauerlauf einführen. 14-täglich kann der flotte Dauerlauf mit einem Tempowechsellauf alternieren. Abwechslung bringen Sie neben unterschiedlichen Geschwindigkeiten und Dauer auch durch flache oder bergige Trainingsstrecken ins Training.

Optimale Gestaltung von Belastung und Erholung

Ohne Erholung ist Training nicht wirksam. Erfolgt der Reiz zu früh, so kann Übertraining, eine Abnahme des Leistungsniveaus und sogar eine Verletzung die Folge sein. Verschiedene biologische Systeme regenerieren unterschiedlich schnell: Der Durst ist in wenigen Stunden gestillt, zerstörte Zellmembranen regenerieren aber erst nach fünf bis zehn Tagen (siehe auch die Grafik auf Seite 67). In der Praxis ist es nicht immer leicht herauszufinden, wann die nächste ähnlich gelagerte Belastung gesetzt werden kann, da dies stark von individuellen Eigenschaften und dem Trainingszustand des Athleten abhängt. Auch andere Einflussfaktoren wie Ernährung, Schlaf-

Der nächste gleichartig gelagerte Reiz soll immer erst nach einer Wiederherstellung und Anpassung auf höherem Niveau erfolgen (siehe auch Seite 65ff.).

verhalten und Regenerationsmaßnahmen spielen eine Rolle. Genau genommen liegt hier das Geschick einer individuellen Zusammenarbeit zwischen Trainer und Athlet und die Kunst, gute Trainingspläne zu schreiben.

Wiederholung und Dauerhaftigkeit

Trainingsreize müssen mehrfach über einen längeren Zeitraum wiederholt werden, um eine stabile und optimale Anpassung zu erzielen. An neue Geschwindigkeiten oder Bewegungsabläufe müssen sich nicht nur die Muskeln, sondern auch das Enzym-, Hormon-, Nervensystem und der passive Bewegungsapparat gewöhnen. Enzymsysteme haben sich an ein neues Trainingsniveau nach rund 14 Tagen angepasst, Sehnen und Knorpel brauchen einige Wochen länger, die Steuerungs- und Regelzentrale der Bewegungen, das Zentrale Nervensystem, Monate. Die vollständige Kapillarisierung der Muskulatur braucht einige Jahre! Eine praktische Konsequenz daraus ist, dass für das Erreichen eines hohen Leistungsniveaus und einer persönlichen Bestzeit jahrelanges kontinuierliches Training nötig ist.

Periodisierung und Zyklisierung

Wettkämpfe sind immer Grenzgänge, deshalb können leistungsorientierte Läufer nicht das ganze Jahr über auf

Trainieren mit System

höchstem Niveau trainieren und Bestleistungen erbringen. Verletzungen und Übertraining wären schnell die Folge. Daher werden im Jahresverlauf Belastungswechsel eingeplant, die zwar regenerative Phasen mit vermindertem Leistungsvermögen vorsehen, aber letztlich sogar höhere Leistungsspitzen zum Saisonhöhepunkt erlauben. Idealerweise wird daher auf eine aufbauende Vorbereitungsphase eine stabilisierende Wettkampf- und danach eine Übergangsperiode mit vermindertem Training folgen.

Jede dieser monatelangen Phasen, die auch Makrozyklen genannt werden, ist wiederum in kürzere Abschnitte unterteilt, Mesozyklen von einigen Wochen und Mikrozyklen, die sieben bis zehn Tage dauern. So sind beispielsweise die in Step 8 vorgestellten 10-Wochen-Pläne für Marathon jeweils ein Makrozyklus. Innerhalb dieser Pläne finden Sie Mikrozyklen mit mehr Intensität, solche, die Regenerationsphasen vor Testrennen darstellen, sowie solche, in denen das Training mehr umfangorientiert ist. Dadurch kommt insgesamt ein optimaler Belastungswechsel zustande.

Individualität und Altersgemäßheit

Jedes Individuum reagiert anders auf Trainingsreize. Hierfür sind im Wesentlichen anlagebedingte Unterschiede verantwortlich. Und auch die maximale Anpassungsfähigkeit ist genetisch begrenzt. Jeder kann allerdings aus seinen Anlagen durch Training das Optimale herausholen.

Ein von der Zusammensetzung seiner Muskelfasern her geborener Sprintertyp wird für einen Zehn-Kilometer-Wettkampf viel weniger seine Stärke im Endspurt trainieren, sondern mehr an seiner Ausdauer arbeiten müssen, während der geborene Ausdauerathlet höchstwahrscheinlich mehr Aufwand beim Schnelligkeitstraining betreiben muss.

In bestimmten Altersphasen etwa kann man bestimmte Fähigkeiten besonders gut trainieren, z. B. die Koordination und Schnelligkeit in der Jugend. Das erfordert eine Berücksichtigung bei der Planung. Ein 16-jähriger Jugendlicher sollte seine Schnelligkeit in diesem günstigen Lebensabschnitt unbedingt üben, da dies später nur noch

Eine Trainingseinheit ist der kleinste Baustein im Trainingssystem. Je nach Leistungsvermögen, Zeitpunkt in der Saison oder Zielsetzung kann sie dreimal in der Woche oder dreimal am Tag eingeplant sein. Sie umfasst einen Aufwärm-, Haupt- und Auslaufteil.

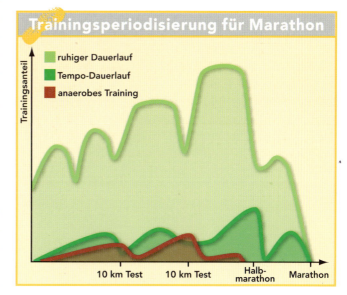

STEP 5 Lauftraining

Grundlagenausdauer kann man sich in allen Ausdauersportarten antrainieren. Daher kann ein Läufer diese in Vorbereitungs- oder Regenerationsphasen, aber auch bei Verletzungen als Basistraining einsetzen.

eingeschränkt möglich ist. Ein 50-jähriger Altersklassenläufer wird im Marathontraining mehr von Tempodauerläufen im grünen Bereich profitieren als vom Intervalltraining in der roten Zone.

Zunehmende Spezialisierung

Läufern, Radrennfahrern, Schwimmern und Skilangläufern ist allen ein gut trainiertes Herz-Kreislauf-System, eine hohe Sauerstoffaufnahme und eine gute Lungenfunktion, also eine gute Grundlagenausdauer gemeinsam.

Was die sportartspezifische Funktionsmuskulatur betrifft, unterscheiden sich diese Sportler aber deutlich: Ein Jan Ullrich kann mit seinen Beinen die Tour de France gewinnen, wird aber nicht ohne weiteres einen Marathon laufen können. Die spezielle wettkampfspezifische Ausdauer der eingesetzten Muskeln kann sich ein Läufer nur durch Laufen antrainieren. Die Anteile des wettkampfspezifischen Trainings und die Einübung einer sportartbezogenen Technik und Taktik nehmen daher nach dem Grundlagentraining im Aufbau- und Wettkampftraining entsprechend zu.

In das Wintertraining kann ein Läufer auch Skilanglaufen oder Hallentraining mit Spielsportarten integrieren. Je näher der Saisonhöhepunkt kommt, desto mehr wird er aber laufen, er wird die Zahl der schnellen Einheiten im Wettkampftempo erhöhen und Aufbaurennen bestreiten.

Trainingssteuerung nach Körpergefühl

Wie können Sie nun die richtige Belastung für Training und Wettkampf ermitteln und kontrollieren? Für die optimale Trainingsqualität ist auch die richtige Intensität von entscheidender Bedeutung. Leider ist vielen Läufern, vor allem den »Späteinsteigern«, das rechte natürliche Maß für »locker« und »anstrengend« verloren gegangen. Sie vergreifen sich oft im Trainingstempo und trainieren meist zu hart oder zu gleichförmig. Ihnen fehlt das Körpergefühl der kenianischen Läufer, die schon in frühester Kindheit regelmäßig auf den Beinen sind.

Bei Nordic Walking werden Kreislauf, Kraft und Koordination sehr effektiv trainiert.

Training nach Körpergefühl

Trainingssteuerung über die Atmungsintensität

Häufig habe ich in meinen Kursen heftig schnaufende Läufer begleitet, die mir erzählten, dass das von ihnen vorgelegte Tempo für sie »locker« sei. Gemeint haben sie vielleicht, dass sie noch schneller rennen könnten. Die anaerobe Schwelle ist auch weit überschritten, wo stilistisch locker flottes Laufen in verkrampftes Prügeln mit überschlagender hastiger Atmung und rotem Kopf übergeht.

Was »locker« im Lauftraining wirklich heißt, müssen viele scheinbar erst neu lernen. Es gibt aber einige ganz einfache Merksätze, die davor bewahren, im Training zu überziehen:
- Laufen ohne Schnaufen
- Reden ist Gold, Schweigen ist Silber
- Lächeln, statt Hecheln

Diese Regeln beziehen sich auf das Körpersignal Atmung und sollen ein Überziehen im Training vermeiden. Immer dann, wenn Sie außer Atem sind, ist das Laufen zu intensiv. Sie befinden sich im roten Bereich, wo die heftiger arbeitende Muskulatur nicht mehr genügend Sauerstoff nachgeliefert bekommt.

Trainingssteuerung über den Atemrhythmus

Man kann auch versuchen, sein Tempo nach dem Rhythmus, der sich zwischen Atmung und Laufschritt ergibt, zu steuern. Im flachen Gelände wird sich solch ein Rhythmus einstellen. Gut ist es, wenn Sie auf jeden vierten Schritt ein- bzw. ausatmen. Sie sind im grünen, aeroben Bereich. Wenn Sie schneller laufen und mehr Sauerstoff benötigen, werden Sie vielleicht auf jeden dritten Schritt ein- und ausatmen. Spätestens jetzt sind Sie im anaeroben Schwellenbereich. Wenn Sie auf jeden zweiten Schritt oder schneller atmen müssen, sind Sie bereits im tiefroten Bereich. Das kommt beim Wettkampf im Spurt vor.

Diese Trainingssteuerung nach Vierer-, Dreier- oder Zweier-Schrittrhythmus ist in der Ebene recht gut anwendbar. Aber sobald Sie im bergigen Gelände laufen, wird sich der Takt mit dem Geländeprofil laufend ändern. Bergan sollten Sie höchstens im Dreierrhythmus laufen.

Zum »Einjustieren« des richtigen Körpergefühls kann anfänglich auch die Messung der Herzfrequenz sowie des Laktatwerts (siehe Seite 90f.) beitragen.

Mein Profi-Tipp

Auch nicht untertreiben

Die bei der Trainingssteuerung über die Atmungsintensität genannten Merksätze geben nur einen Hinweis auf die obere Grenze eines Gesundheitstrainings. Das ist berechtigt, denn zu schnelles Laufen ist der häufigste Fehler. Natürlich kann man auch zu niedrig trainieren. Sie könnten sich auch bei einem Spaziergang ohne zu schnaufen prima unterhalten und lächeln. Das wäre wahrscheinlich zu wenig. Ein Weg, die richtige mittlere Belastung zu finden, wäre, Ihr Lauftempo langsam so zu steigern, bis die Atmung deutlich spürbar wird. Sie befinden sich nun im Bereich der anaeroben Schwelle. Die richtige Belastung im grünen Bereich wäre dann, etwas langsamer zu laufen.

STEP 5 Lauftraining

Trainingssteuerung über die Herzfrequenz

Am weitesten verbreitet ist die Steuerung der Trainingsbelastung nach der Herzfrequenz. Das Herz schlägt als Pumpe für die Sauerstoffverteilung im Körper mit ansteigender Belastung immer schneller. Herz und Kreislauf passen sich im Laufe eines Ausdauertrainings an und spiegeln durch die veränderten Herzfrequenzen Trainingsfortschritte, aber auch Rückgang der Fitness wieder.

> Ich selbst habe früher mit der Pulsmessung von Hand mein eigenes Training gesteuert und damit gute Erfahrungen gemacht.

Arten der Herzfrequenzmessung

Wenn Sie im Training oder nach einem Wettkampf stehen bleiben und sofort die Hand aufs Herz legen oder die Pulsadern am Handgelenk ertasten und für zehn Sekunden konzentriert die bereits etwas langsamer werdenden Schläge zählen und dann mit sechs multiplizieren, kommen Sie auf die Zahl der Schläge pro Minute. Der mit der Hand gemessene Puls ist zwar etwas zu niedrig, die Methode ist aber praktikabel, um die Größenordnung der Belastung einzustufen. Wenn Sie immer dasselbe Verfahren (Herzschlag bzw. Pulsschlag ertasten) verwenden, ist es auch zum Vergleichen von Trainingsläufen und Ihren individuellen Fortschritten gut geeignet. Nachteil der Methode ist, dass man den Lauf kurz unterbrechen muss und daher nur Stichproben vornehmen kann.

Genauer und bequemer funktioniert die Kontrolle der Pulsfrequenz heute mit den modernen Herzfrequenz-Computern mit Brustgurt, die nach EKG-Methode arbeiten (siehe auch Step 3, Seite 47f.). Der Brustgurt registriert die elektrischen Impulse, die Ihr Herz zum Kontrahieren bringen, und funkt sie auf den Empfänger am Handgelenk. Geräte ohne Brustgurt sind zu ungenau.

Die kontinuierliche Pulsanzeige gestattet es, das Training innerhalb bestimmter Grenzen zu gestalten und daher die Belastung viel genauer zu dosieren. Voraussetzung einer sinnvollen Trainingssteuerung nach Pulsfrequenzen ist ein einwandfrei funktionierendes Gerät und der richtige Umgang mit dem Messcomputer.

Ruhepuls und seine Bedeutung

Man misst den Ruhepuls standardisiert morgens im Bett vor dem Aufstehen. Zählen Sie für eine Minute die Herzschläge. Die Normalwerte von Untrainierten liegen zwischen 60 und 80. Gut trainierte Ausdauersportler zählen 50 bis 40 und darunter.

Ein plötzlich erhöhter Ruhepuls kann auf harte Belastungen am Vortag, eine mögliche aufkommende Erkrankung, zu wenig Schlaf oder/und zu viel Alkohol am Vorabend hinweisen. Ein anhaltend erhöhter oder langsam ansteigender Ruhepuls deutet auf chronisches Übertraining oder eine sich

Training nach Herzfrequenz

Herzfrequenzmesser richtig verwenden

Zunächst ist es wichtig, dass Sie sich ein zuverlässiges Markengerät besorgen. Jeder Supermarkt bietet heute billige Modelle an, die es mit der Genauigkeit aber nicht immer ganz so ernst nehmen. Kein Wunder, wenn Sie dann vollkommen irritiert das Ding nicht mehr anziehen. Sollte Ihr Puls, wenn Sie im Flachen laufen, ständig beispielsweise 10 bis 15 Schläge hin- und herspringen, dann taugt das Gerät nicht viel. Gründe für Störungen sind aber auch zu schwache Batterien und Bedienungsfehler.

Der Gurt muss auf der bloßen Haut mittig auf den Rippen unter der Brust getragen werden. Sitzt er zu tief, bekommen Sie keine Anzeige. Wer eine Trichterbrust hat, kann den Sender auch auf dem Rücken tragen. Die Elektroden des Brustgurts müssen selbstverständlich nach innen auf der Haut liegen. Manchmal braucht man auch ein wenig Geduld: Je nach Feuchte und Schwitzverhalten oder dem elektrischen Widerstand der Haut kann es einige Minuten dauern, bis die Anzeige startet. Das kann durch Anfeuchten der Elektroden vor dem Start beschleunigt werden.

Weitere Störungsquellen und Ursachen für unrealistische Werte sind elektrische Felder in der näheren Umgebung. Das kann ein Mitläufer sein, der ebenfalls einen Herzfrequenzmesser trägt. Wenn Sie sich nicht sicher sind, laufen Sie für 20 Sekunden in drei Meter Abstand von Ihrem Partner, dann sollte jeder seinen eigenen Puls ablesen können. Teurere Herzfrequenzmesser senden übrigens mit einer individuellen Kodierung und sind in dieser Hinsicht weniger störungsanfällig. Das ist natürlich besonders im Wettkampf für eine pulskontrollierte Steuerung sinnvoll. Aber auch Starkstromfelder wie Bahnoberleitungen treiben den Puls unrealistisch nach oben, elektrische Viehzäune beeinträchtigen den Empfang.

Nicht wenige kommen mit ihrem oft mit vielen Funktionen überfrachteten Pulsmesser nicht richtig klar oder benutzen dieses eigentlich sehr praktische Messinstrument falsch.

Seien Sie kritisch, wenn Ihr Gerät Ihnen nach dem Training einen vollkommen unrealistischen »Maximalpuls« aus dem Speicher abruft. Wenn dieser Wert durch eine elektrische Störquelle erzeugt wurde, taugt er zur Berechnung von Trainingszonen natürlich nicht (siehe Seite 87ff.).

STEP 5 Lauftraining

wieder verschlechternde Anpassung im Herz-Kreislauf-Bereich hin. Ist der Puls morgens um zehn Schläge erhöht und Sie finden zunächst keine Erklärung dafür, so sollten Sie an diesem Tag insbesondere beim intensiven Training vorsichtiger laufen. Vielleicht waren es ja die ersten Anzeichen einer Grippe. Meist merkt man einen Infekt auch an einem erhöhten Belastungspuls beim Training.

Ein im Lauftraining über Wochen und Monate abnehmender morgendlicher Ruhepuls ist ein Zeichen für ein größer gewordenes Herz. Es schlägt leistungsfähiger und ökonomischer.

Belastungspuls im Training

Die wichtigste Anwendung der Pulsmessung ist im Training. Eine optimale Belastung erhalten Sie nach der simplen Formel: Die Trainingspulsfrequenz ist 180 minus Lebensalter plus/minus zehn Schläge. Ein 40-jähriger sollte also zwischen 130 und 150 Schlägen pro Minute laufen. Diese Formel trifft auf die meisten Läufer gut zu.

Vergleicht man in regelmäßigen Abständen die Herzfrequenz bei ähnlicher Belastung, so kann man Trainingsfortschritte sehr gut dokumentieren. Versuchen Sie dazu auf einer flachen Standardstrecke, die Sie öfter laufen, möglichst gleichmäßig ohne Zwischenspurts zu laufen, so können Sie einen mittleren Herzfrequenzwert im Kopf abschätzen. Die Wetterverhältnisse sollten ebenfalls ähnlich sein. Bei Hitze geht der Puls natürlich bei gleichem Tempo weiter nach oben als bei kühlem Wetter. Am besten protokollieren Sie solche Werte in Ihrem Trainingstagebuch (siehe Seite 50f.), das damit zu einer Fundgrube für spätere Vergleiche wird. Auf Ihrer Standardrunde werden Sie feststellen, dass Sie bei Formverbesserung diese Strecke bei gleichem Puls im Verlauf von Monaten immer schneller laufen können bzw. dass Sie bei der gleichen Laufzeit einen immer niedrigeren Puls haben werden. Das gilt natürlich bei schlechter werdender Form auch umgekehrt.

Info

Erholungspuls nach Belastung

Nach einer standardisierten Belastung können Sie auch die Erholungswerte der Herzfrequenz in Minutenabständen protokollieren. Man notiert sich den Belastungspuls am Ende und die Werte nach einer, zwei oder ausführlicher zusätzlich nach drei und fünf Minuten. Manche Herzfrequenzmessgeräte haben eine Automatik, bei der man diese Werte nach dem Trainingsende abrufen kann. Je schneller die Herzfrequenz eine Minute nach der Belastung runtergeht, z.B. vom Trainingspuls 160 auf 124 statt 133 Schläge wie vor Wochen, desto besser ist Ihre Form. Achten Sie auch hier wieder darauf, Hitzeläufe nicht mit Läufen bei kühlen Außenbedingungen zu vergleichen.

Training nach Herzfrequenz

Ermittlung des Maximalpulses

Der Maximalpuls ist der höchstmögliche Puls, den Sie bei voller Belastung überhaupt erreichen können. Er sinkt mit dem Alter, durchschnittlich einen Schlag pro Lebensjahr, bei gut trainierten Läufern etwas langsamer. Seine absolute Höhe ist aber kein Kennzeichen der Leistungsfähigkeit. Der Maximalpuls ist durch Training nicht änderbar, und es ist auch kein Trainingsziel, ihn höher zu bekommen.

Die Höhe des Maximalpulses ist vor allem genetisch bedingt. Man sollte also nur wissen, wo der individuelle Maximalpuls liegt, denn er ist eine wichtige Bezugsgröße, um das Training nach Herzfrequenz zu steuern. Die verschiedenen Laufgeschwindigkeiten lassen sich dann genauer als nach der genannten Schätzformel (siehe Kasten), in Prozent vom Maximalpuls angeben. Wenn Sie vorhaben, den individuellen Maximalpuls zu ermitteln, ist es zunächst natürlich ganz wichtig zu wissen, ob Sie kerngesund sind, denn dieser Grenzgang birgt orthopädische Risiken und Risiken für das Herz-Kreislauf-System! Sie sollten keinen Infekt, Herzfehler, keine Herzrhythmusstörungen und auch keine Verletzung haben. Dann können Sie eines der im Folgenden vorgestellten Verfahren – unter Verwendung eines Herzfrequenzmessers – einfach selbst durchführen:

Sie ermitteln den Maximalpuls im Training mit einem zuverlässigen Pulsmesser, indem Sie nach sorgfältigem Warmlaufen von mindestens zehn Minuten das Tempo für fünf Minuten deutlich steigern, bis Sie stark außer Atem sind. Dann spurten Sie aus diesem anstrengenden Tempo für eine Minute nochmals voll durch, bis Sie das Gefühl haben, dass nicht mehr drin ist. Nun sollten Sie nahe dem Maximalpuls sein.

Alternativ können Sie nach dem mindestens zehnminütigen Warmlaufen auch bergan oder auf dem Laufband mit zehn Prozent Steigung für fünf Minuten laufen, bis Sie außer Atem sind, und dann nochmals eine Minute so schnell wie möglich laufen.

Eine dritte Möglichkeit wäre, diese Bestimmung in einem Intervalltraining im Stadion durchzuführen, beispielsweise indem man dreimal schnell 1.000 Meter läuft. Beim letzten Lauf

Man findet unter gleich guten Weltklasseläufern durchaus niedriger getaktete Herzen mit einem Maximalpuls von 160 genauso wie Hochpulser, die 200 Schläge pro Minute erreichen können.

Faustformel

Einfache Abschätzung des Maximalpulses

Sie können Ihren Maximalpuls nach einer einfachen Formel grob einschätzen: 220 minus Ihr Lebensalter ergibt den Maximalpuls.

Eine 40-jährige hätte also einen Maximalpuls von 220 minus 40 gleich 180. Diese Formel entspricht dem Mittelwert der untersuchten Gruppen und gibt einen ungefähren Anhaltspunkt. Allerdings weicht etwa ein Drittel aller Menschen davon 10 bis 30 Schläge nach oben oder unten ab. Bevor man aber gar nichts weiß, ist die Formel zunächst nicht schlecht, denn auf den Großteil aller Läufer trifft sie immerhin einigermaßen zu.

STEP 5 Lauftraining

würde man die letzte Runde wie im Endspurt bei einem Rennen nochmals so schnell wie möglich laufen.

Welche Methode Sie auch wählen, wichtig ist in jedem Fall, hinterher immer locker auszulaufen!

Sich im Training maximal, also willentlich bis an die Grenze zu belasten, fällt sicherlich vielen schwer. Einfacher lässt sich der maximale Puls im Wettkampf ermitteln. Sie messen den Puls einfach im Zieleinlauf eines schnellen Fünf- oder Zehn-Kilometer-Rennens, nachdem Sie hoch motiviert die letzten paar hundert Meter nochmals voll gespurtet haben. Im Marathonlauf wäre es allerdings nicht sinnvoll, den Maximalpuls auszutesten.

Oberhalb der anaeroben Schwelle, im roten Bereich, ist es nicht einfach, nach Puls zu steuern. Die Pulskurve flacht in dieser Zone mehr oder weniger ab, wodurch dieses Verfahren ungenau wird. Außerdem steigt die Herzfrequenz über Minuten nur langsam in diesen hohen Bereich an, so dass man keine sofortige Kontrolle im Wettkampf hat. Bei kürzeren schnellen Rennen ist eine Steuerung über Zwischenzeiten genauer.

Training nach Herzfrequenz

Wenn Sie Ihren Maximalpuls kennen und diesen Wert als 100 Prozent setzen, können Sie nun die Herzfrequenzbereiche für verschiedene Arten des Trainings oder für den Wettkampf einfach daraus errechnen: Die anaerobe Schwelle liegt bei fortgeschrittenen Läufern um 90 Prozent, bei Einsteigern eher bei 85 Prozent der maximalen Herzfrequenz.

Einen flotten Tempodauerlauf sollte man zwischen 80 Prozent und der Herzfrequenz der anaeroben Schwelle absolvieren. Die Belastung bei einem längeren Berglauf sowie das maximal mögliche Marathontempo, das beim

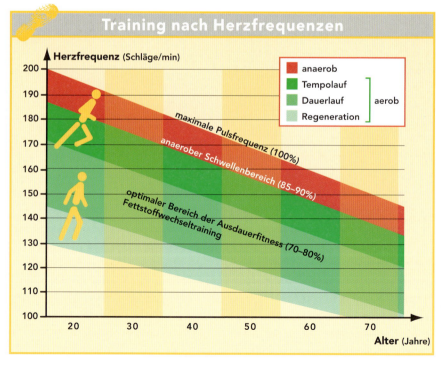

fortgeschrittenen Läufer bei etwa 85 bis 87 Prozent liegt, wäre ebenfalls langsamer als die anaerobe Schwelle. Der normale, ruhige Dauerlauf, in dem die meisten Trainingskilometer zurückgelegt werden sollten, liegt zwischen 70 und 80 Prozent. Regeneratives Laufen findet unter 70 Prozent der maximalen Herzfrequenz statt (siehe auch die Tabelle auf Seite 96).

Trainingssteuerung über Leistungsdiagnostik

Sie müssen aber, um Ihre Trainingszonen zu ermitteln, nicht unbedingt den Maximalpuls herausfinden. Es reicht eigentlich zu wissen, wo die anaerobe Schwelle, also der Übergang vom aeroben zum anaeroben Training ist. 90 bis 97 Prozent des Trainings eines Wettkampfläufers werden unter der anaeroben Schwelle gelaufen. Man kann diesen Grenzpuls oder die zugehörige Laufgeschwindigkeit mit verschiedenen Verfahren messen: mit dem Conconi-Test, über einen Stundenlauf oder über die Laktatmessung.

Conconi-Test

Der italienische Sportwissenschaftler Conconi entwickelte 1982 einen Test zur Ermittlung der Trainingsbereiche aus dem Phänomen, dass die Kurve der Herzfrequenz bei zunehmender Laufgeschwindigkeit zunächst linear ansteigt, dann aber meistens an einem

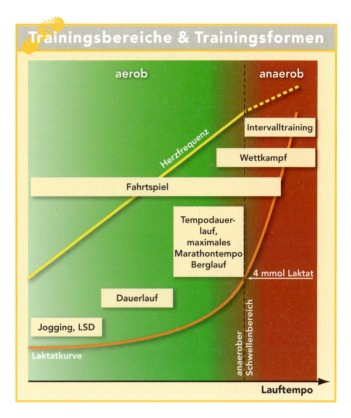

so genannten Deflektionspunkt abknickt und bei weiterer Steigerung der Geschwindigkeit zunehmend flacher wird. In einem Testverfahren, bei dem das Lauftempo in Stufen stetig erhöht wird, werden die zur jeweiligen Belastung gehörigen Herzfrequenzwerte ermittelt und grafisch aufgetragen. Die Herzfrequenz des Abknickpunkts setzte Conconi mit 100 Prozent gleich. Die daraus resultierenden Trainingsbereiche nach Puls oder Geschwindigkeit werden in Prozent dieser »Conconi-Schwelle« angegeben. Sie stimmt etwa mit der anaeroben Schwelle (um vier Millimol Laktat) überein.

Die Herzfrequenz steigt linear, Laktat dagegen exponentiell mit dem Lauftempo an. Im roten Bereich liegen die Laktatwerte über 4 mmol/Liter. Die meisten Trainingsformen im Ausdauersport liegen im grünen Bereich (siehe auch Tabelle Seite 96).

STEP 5 Lauftraining

Stundenlauf

Man nennt die anaerobe Schwelle auch die Dauerleistungsgrenze. Früher sprach man vom »maximalen Steady State«, einer Stoffwechselsituation, bei der sich Sauerstoffaufnahme und Sauerstoffverbrauch die Waage halten.

Früher waren zur Bestimmung der Dauerleistungsgrenze so genannte Stundenläufe im Stadion weit verbreitet. Man versucht dabei, innerhalb einer Stunde so weit wie möglich zu kommen. Wenn ein guter Läufer beispielsweise 17,6 Kilometer in einer Stunde zurücklegen kann, dann ist 17,6 Kilometer pro Stunde die Geschwindigkeit an der Dauerleistungsgrenze. Sie stimmt zumindest bei gut trainierten Läufern ungefähr mit der anaeroben Schwelle (um vier Millimol Laktat pro Liter, siehe das folgende Unterkapitel) überein.

Das Lauftempo an der Dauerleistungsgrenze kann man eine ganze Zeit lang durchhalten, weil man keine Sauerstoffschuld eingeht.

Mein Profi-Tipp

Fehlerfreie Laktatmessung

Für ein sinnvolles Ergebnis muss gewährleistet sein, dass die Glykogenspeicher, aus denen das Laktat gebildet wird, mindestens halb voll sind. Eine Messung macht bei geleerten Speichern wenig Sinn, weil dann trotz hoher Belastung nur wenig Laktat entstehen kann. Das gaukelt aber nur eine gute Form vor, da diese niedrigen Konzentrationen nur infolge von Kohlenhydratmangel vorliegen. Man sollte daher vor einem Laktattest einige Tage kohlenhydratreich essen, weniger trainieren und sich ausruhen.

Laktatmessung

Die anaerobe Schwelle können Sie auch in einem Sportmedizinischen Institut, bei einem versierten Trainer oder in guten Laufseminaren ermitteln lassen. Dort können Sie unter kontrollierten Bedingungen einen Stufentest auf einem Laufband oder einen Feldtest im Freien auf einer flachen Strecke, beispielsweise im Stadion, mit einer Laktatmessung durchführen.

Bei einem Laufbandtest wird die Geschwindigkeit des Laufbands stufenförmig, beispielsweise alle drei Minuten, gesteigert. Man beginnt mit einem sehr langsamen Tempo im aeroben Bereich, steigert die Geschwindigkeit über mehrere Stufen und bricht den Test bei einer hohen anaeroben Belastung, die etwas über der Geschwindigkeit des Zehn-Kilometer-Wettkampftempos liegen sollte, ab. Die in kurzen Pausen dazwischen durch Blutabnahme gemessenen Laktatwerte, die Laufgeschwindigkeit und Pulswerte werden notiert und ausgewertet. So kann man beispielsweise den zur anaeroben Schwelle bei vier Millimol pro Liter Laktat gehörigen Pulswert für die Trainingspraxis ermitteln.

Diese Art der Laktatmessung hat Vorteile, da man dabei gleichmäßigere und reproduzierbarere Bedingungen schaffen kann. Man ist beispielsweise unabhängiger vom Wetter und vom Untergrund, kann das Tempo der einzelnen Stufen mit dem Laufband genauer einhalten und gleichzeitig auch

Leistungsdiagnostik

ein Belastungs-EKG und andere medizinische Untersuchungen durchführen. Der Nachteil – insbesondere für Einsteiger – ist das stilistisch ungewohnte Laufen auf dem Laufband.

Eine Laktatmessung lässt sich auch als Feldtest im Stadion oder auf einer Straße durchführen. Der Vorteil ist hier, dass Untergrund und Laufstil sehr wettkampf- oder trainingsnah gehalten werden können. Allerdings muss der Läufer recht gleichmäßig nach Tempo oder Pulsfrequenz laufen können, und das Wetter muss mitspielen.

Man kann entweder die Belastung eines beispielsweise 20-minütigen Testlaufs mit einer konstanten Puls- oder Tempovorgabe mit Laktatmessung überprüfen oder alternativ einen Stufentest durchführen. Die erste Stufe kann hierbei im Joggingtempo, die zweite als normaler Dauerlauf, der dritte Lauf im vermuteten Schwellenbereich und der vierte in der momentan möglichen Zehn-Kilometer-Wettkampfgeschwindigkeit durchgeführt werden. Jede Stufe dauert fünf Minuten, in einer kurzen Pause wird jeweils der Laktatwert gemessen.

Während die Herzfrequenz mit der Laufgeschwindigkeit bis zur anaeroben Schwelle linear ansteigt, zeigt die Laktatleistungskurve einen exponenziellen Verlauf. Erst ab der Geschwindigkeit um die anaerobe Schwelle treten schlagartig höhere Milchsäurewerte im Blut auf. Die Laktatkonzentration an der anaeroben Schwelle wird von vielen Instituten mit vier Millimol pro Liter Blut festgelegt. Für die Praxis bedeutet der unterschiedliche Kurvenverlauf, dass man im aeroben Bereich sehr gut nach Herzfrequenz, im Schwellenbereich und darüber oder im Krafttraining genauer nach Laktatmessung dosieren kann. Am einfachsten für die Praxis ist es, den Maximalpuls oder den Puls an der anaeroben Schwelle über einen Laktattest ermitteln zu lassen und danach mit der Pulsmessung das Training weiter zu kontrollieren. Eine gelegentliche Laktatkontrolle kann auch Laufeinsteiger vor Überforderung schützen, denn Kontrolluntersuchungen zeigen immer wieder, dass sich viele Fitnessläufer keuchend, mit hochrotem Kopf und mit unnötig erhöhtem orthopädischen Stress zu hoch belasten.

Laktatmessungen sollten für Läufer im Laufen, nicht auf einem Fahrradergometer durchgeführt werden.

Vorteil des Conconi-Tests gegenüber einer Laktatmessung ist, dass kein Blut abgenommen werden muss, Nachteil, dass bei vielen Athleten der Abknickpunkt der Herzfrequenz nicht sicher zu bestimmen ist.

STEP 5 Lauftraining

Die Formen des Lauftrainings

Wenn Sie immer nur dieselbe Strecke im selben Tempo laufen, erreichen Sie einen geringeren Trainingseffekt, als wenn Sie Ihr Training variabel gestalten. Monotone Reize stumpfen den Körper ab, unterschiedliche Reize hingegen stimulieren ihn.

Das Geheimnis des Erfolgs liegt also in der richtigen Mischung der Trainingsformen. Je nach Trainingsziel, Leistungsklasse, Erfahrung und Trainingsgelände stehen unterschiedliche, sich teilweise überlappende Trainingsformen zur Verfügung.

Mein Profi-Tipp

Mehrgleisige Trainingssteuerung

Am besten kontrolliert man sein Training mit verschiedenen Methoden. Puls- und Laktatmessung, Trainingsresultate und Wettkämpfe, aber auch das Körpergefühl werden berücksichtigt. Bei Training nur nach Geschwindigkeit kann man im Höhentraining, im Winter auf Schnee oder im Sommer bei Hitze gewaltig danebengreifen. Mit diesen modernen Methoden kann ein mündiger Athlet selbstständig sein Training überwachen und steuern. Zusammen mit einer gelegentlichen Überprüfung der Laktatwerte kann die Herzfrequenzmessung auch dazu beitragen, das verloren gegangene Körpergefühl wiederzuerlangen. Letztlich ist vermehrt intuitiv nach innen zu horchen ein wichtiges Trainingsziel. Das Knie kann auch trotz niedriger Pulsfrequenz und geringem Laktatwert schmerzen, hier nutzen uns diese Hightechhilfsmittel nur wenig. Wer nach innen horchen kann, hört: »Mach eine regenerative Pause!«

Jogging, Warmlaufen, Regenerationslauf

Unter Jogging verstehe ich in diesem Buch einen ganz langsamen Dauerlauf. Joggen, tippeln, langsam laufen fällt vielen offenbar schwer. Sie glauben nicht an einen Trainingseffekt. Ganz zu Unrecht, denn diese ruhigste Form des Dauerlaufs unterhalb 70 Prozent des Maximalpulses ist ideal zur Regeneration nach hartem Training oder Wettkämpfen, aber auch vor Rennen und Tempoläufen zum Warmlaufen oder bei Trabpausen zwischen Intervalleinheiten. Die niedrige Belastung ermöglicht eine Luxusdurchblutung der Muskulatur ohne Stress, fördert die schnellere Erholung durch Sauerstoff und Nährstoffe sowie einen Abtransport von Milchsäure und anderen Stoffwechselendprodukten. Beim ganz ruhigen Joggen wird überwiegend Fett verbrannt.

Ein Warmlaufprogramm im Joggingtempo sollte je nach Außentemperatur mindestens 15 Minuten dauern, das Auslaufen wenigstens zehn Minuten. Regenerative Dauerläufe dauern mindestens 30 Minuten, können in der Form des »Super-Sauerstofflaufs« oder »LSD« (»long slow distance«) aber auch über zwei Stunden gehen.

Normaler, ruhiger Dauerlauf

Der normale oder ruhige Dauerlauf bei 70 bis 80 Prozent der maximalen Herzfrequenz bildet den Hauptbestandteil eines gesundheits-, fitness- und wettkampforientierten Trainings. Dabei sollte man sich noch prima unterhalten können. Die wichtigen Anpassungen der aeroben Grundlagenausdauer wie Kreislaufverbesserung und Kapillarisierung werden optimal gefördert. Auch Weltklasseläufer sammeln in dieser lockeren Intensität die meisten Kilometer. Hauptenergiequelle ist auch hier der Fettstoffwechsel.

Der Dauerlauf kann von 30 Minuten bis zu mehreren Stunden andauern, wobei man auch mental Geduld lernt. Beim langen Dauerlauf am Wochenende bringt man insbesondere im Marathontraining seine Energie- und Stoffwechselsysteme immer wieder an ihre Grenzen. Die Glykogenspeicher werden entleert und vergrößern sich, und der Fettstoffwechsel wird optimiert. Robuste Marathonprofis bestreiten in diesem Tempo Überdistanzläufe bis zu 50 Kilometer.

Tempodauerlauf und Wiederholungslauf

Aerobe Tempodauerläufe finden mit über 80 Prozent des Maximalpulses, aber noch unter der anaeroben Schwelle statt. Die Intensität sollte nicht quälerisch, sondern als »flott, aber locker und unverkrampft« empfunden werden. Die Läufe sollten in langsames Warmlaufen und Auslaufen eingebettet sein und sind je nach Form und Leistungsklasse meist zwischen 5 und 20 Kilometer lang. In diesem Bereich werden auch die typischen längeren Wiederholungsläufe im Marathontempo gelaufen, beispielsweise 3 mal 3.000 oder 5.000 Meter. Hierbei werden Fett- und Kohlenhydratstoffwechsel, aber noch ohne stärkere Laktatbildung, in einer optimalen Mischung bei nicht zu hohen orthopädischem Risiko intensiver trainiert.

Ein Tempodauerlauf im Bereich der anaeroben Schwelle, so genanntes Schwellentraining um vier Millimol Laktat pro Liter oder 85 bis 90 Prozent des Maximalpulses, beansprucht den Kohlenhydratstoffwechsel noch mehr. Er dient daher auch der Vergrößerung des Glykogendepots.

Steigerungsläufe

Steigerungsläufe sind wiederholte kurze submaximale Beschleunigungsläufe über etwa 100 Meter: Für etwa 30 Meter steigert man aus dem normalen Dauerlauftempo in ein lockeres, flottes Tempo, hält diese Geschwindigkeit für etwa 40 Meter und verlangsamt dann wieder über 30 Meter in das Dauerlauftempo zurück.

Man kann sie, wenn die Muskulatur in der zweiten Hälfte eines Dauerlaufs etwas steifer und müder wird, zur Auflockerung in das Training einbauen. Laufen Sie etwa drei bis sechs Wiederholungen. Nachdem man sich nach 100 bis 200 Metern Jogging ein wenig erholt hat, folgt der nächste Steigerungslauf. Die ersten Meter sind etwas langsamer, die letzten etwas

Eigentlich ist uns die unterschätzte Trainingsform des Joggens auf den Leib geschneidert. Der Urmensch war als Jäger und Sammler zum Nahrungserwerb sehr häufig stundenlang in dieser sanften Intensität unterwegs.

STEP 5 Lauftraining

Die Intensität des Intervalltrainings wird nicht nur durch die Geschwindigkeit, sondern auch durch die Wiederholungszahl, die Pausenlänge und Art der Pausengestaltung (Stehen, Gehen, Traben) variiert: Nach einem 1.000-Meter-Intervall in vier Minuten würde man anfangs eine 500-Meter-Trabpause etwa in 3:30 Minuten laufen, Wochen später in 2:45 Minuten.

flotter, aber auch sie werden wegen der Verletzungsgefahr bei maximalen Belastungen im Ermüdungszustand nicht voll gesprintet!

Einige Steigerungen kann man auch nach dem Warmlaufen vor einer Tempoeinheit oder vor einem Wettkampf nach dem Dehnen einplanen. In den letzten kürzeren Joggings vor Wettkämpfen sollten zum Auflockern ebenfalls einige Steigerungen vorkommen.

Intervalltraining

Intervalltraining ist eine typische Trainingsform für kürzere Straßen- oder Bahnläufe, die klassische Form des Tempotrainings. Der Körper gewöhnt

Emil Zatopek, der 1952 bei den Olympischen Spielen Gold über 5.000 Meter, 10.000 Meter und die Marathondistanz gewann, ist der prominente Vorreiter des Intervalltrainings.

sich damit häppchenweise an ein hartes Wettkampftempo: Das geplante Renntempo wird in einzelnen Teilabschnitten mit zwischengeschalteten langsamen Trabpausen zurückgelegt. Anaerobes Intervalltraining wie beispielsweise 10 mal 400 Meter oder 5 mal 1.000 Meter erfordert die Zuschaltung der schnell zuckenden FT-Muskelfasern, verbessert die maximale Sauerstoffaufnahme, die Laktattoleranz, den Laufrhythmus und die Tempohärte für eine kürzere Langstrecke wie 5.000 oder 10.000 Meter. Es wird meist auf der Bahn absolviert, kann aber auch auf abgemessenen Strecken auf Asphalt oder im Wald durchgeführt werden.

Von den Gesamtkilometern sollte dieses harte Tempotraining in der Marathonvorbereitung um drei Prozent, beim 10.000-Meter-Läufer bis zehn Prozent betragen. Vor dem Intervallprogramm ist es sehr wichtig, sich sorgfältig warm zu laufen, dann sollten einige Dehnungsübungen und vor dem eigentlichen Programm vier bis sechs lockere Steigerungsläufe durchgeführt werden. Hinterher muss man unbedingt langsam auslaufen und sollte nochmals dehnen.

Die Übersicht auf Seite 96 soll einen groben Eindruck über die Verteilung der Belastung bei verschiedenen Trainingszielen vermitteln. Fitness- bzw. Gesundheitstraining sowie Marathon- und Zehn-Kilometer-Wettkampf-Training unterscheiden sich im Wesentlichen im Anteil des anaeroben, also

Intervalltrainings. Das spezifische Training kann natürlich je nach Leistungsklasse auch erheblich im Umfang sowie in der Art und Dauer einzelner Läufe schwanken.

Ältere oder orthopädisch anfällige Läufer sollten Intervalltraining vorsichtiger oder gar nicht durchführen. Das Verletzungsrisiko steigt, und die Regenerationsdauer verlängert sich im Alter erheblich. Meist kommt man für die längeren Wettkampfdistanzen wie Halbmarathon und Marathon auch mit genügend Trainingskilometern, langen Läufen, Tempodauerläufen und einigen kurzen Wettkämpfen recht weit.

Fahrtspiel

Das ursprünglich aus Skandinavien stammende und vom schwedischen Wort »fartlek« abgeleitete Fahrtspiel ist eine sehr spielerische Trainingsform mit ständigem Wechsel von Belastung und Entlastung. Nach dem Einlaufen werden unterschiedlich lange Abschnitte abwechselnd nach Körpergefühl schneller oder langsamer gelaufen. Schon ein Dauerlauf im welligen Gelände kann daher Züge eines Fahrtspiels bekommen. An Anstiegen kann forciert werden, bergab wird wieder locker getrabt. Schnelle Passagen auf Asphalt können mit kräfteraubenden Abschnitten durch Sand, Matsch oder Schnee und Joggingpausen kombiniert werden. Slalomlaufen um Bäume, spontanes Überspringen von Hindernissen, Steigerungen oder Koordinationsläufe können eingebaut sein. Das mit der Stoppuhr kontrollierte Training weicht hier dem lustbetonten Spiel mit dem Gelände und den Elementen.

Die akademischere Form dieses Fahrtspiels entbehrt allerdings dieser Freiheiten. Reproduzierbar für das Trainingsbuch werden dabei Minutenläufe in Pyramidenform absolviert: eine Minute schnell, eine Minute langsam, zwei Minuten schnell, eine Minute langsam, vier Minuten schnell, zwei Minuten langsam, bis beispielsweise sieben Minuten schnell und wieder in kürzeren Teilabschnitten zurück (Beispiele siehe Seite 115 und 166).

Crescendo-Lauf

Das Crescendo ist in einer fortgeschrittenen Trainingsphase ein längerer Lauf, bei dem im Jogging oder normalen Dauerlauftempo begonnen wird. Stufenweise wird über Tempodauerlauf bis hin zur Wettkampfgeschwindigkeit gesteigert. Im fortgeschrittenen Marathontraining kann beispielsweise der lange Lauf über 30 Kilometer als Crescendo durchgeführt werden, indem man alle fünf bis zehn Kilometer stufenweise schneller wird. Danach sollte wenigstens zehn Minuten ausgelaufen werden.

Hügelläufe

Viele Einsteiger mögen Anstiege nicht – es fehlt ihnen an Kraft. Doch Laufen im hügeligen und bergigen Gelände

Bevor man lange Läufe als Crescendo durchführt, sollte man erst einmal die Distanz sicher beherrschen und in einem langsameren gleichmäßigen Tempo mehrfach gelaufen sein.

STEP 5 Lauftraining

Vor dem Gewinn der Bronzemedaille bei den Europameisterschaften 1986 bin ich einige Alpenpässe wie den Gotthard- und den Galibier hochgelaufen. Danach bin ich mit 8:05 Minuten über die kurze 3.000-Meter-Distanz sogar Bestzeit gelaufen!

kombiniert Kraft und Ausdauer. Wichtig ist es allerdings insbesondere bei längeren Anstiegen, sofort zurückzuschalten und unterhalb der anaeroben Schwelle zu trainieren.

Ein Mittelstreckler läuft beispielsweise, bevor er mit dem Bahntraining beginnt, Serien kürzerer intervallartiger Bergsprints. Ein Langstreckler absolviert im welligen Gelände einen Dauerlauf mit natürlichem Schritt- und Rhythmuswechsel, wobei Be- und Entlastung automatisch alternieren.

Forciert man das Tempo bergan, so kann ein harter Tempolauf mit fahrtspielartigen Zügen entstehen. Die Kenianer trainieren in den heimischen Nandi Hills auf solchen Strecken. Wer im Flachland wohnt, kann z. B. wiederholt Brücken, Dämme oder Treppen hochlaufen. Wenn möglich, sollte man wenigstens einmal in der Woche einen Dauerlauf auf einer hügeligen Strecke einplanen.

Berglauf

Der echte Berglauf, bei dem einige hundert bis tausend Höhenmeter zurückgelegt werden, steht ähnlich wie Radfahren im Verruf, langsam zu machen. Das stimmt nicht, der Berglauf wird falsch eingeschätzt. Ich halte Berglauf sogar für ein sehr geeignetes Trainingsmittel in der Marathonvorbereitung und habe damit die besten Erfahrungen gemacht. In Kombination mit Intervalltraining kann die gewonnene Kraft durchaus in Schnelligkeit umgesetzt werden.

Trainingsformen und Trainingsziele

Trainingsformen	Energiequelle überwiegend (siehe auch Seite 58ff.)	Puls % maxHF	Laktat mmol/l	Anteil am Training in %		
				Fitness-training	Marathon-training	10-km-Training
Regenerativer Dauerlauf, Jogging	aerober Fettstoffwechsel	< 70	< 1,5	20	20	20
normaler, ruhiger Dauerlauf	aerober Fett- und Kohlenhydratstoffwechsel	70–80	1,5–2,5	50–60	50–60	50–60
aerober Tempodauerlauf	aerober Kohlenhydrat- und Fettstoffwechsel	80–90	2,5–4	20–30	20–30	10–20
Intervalltraining	anaerober Kohlenhydratstoffwechsel	> 90	> 4	0	0–5	10

% maxHF = maximale Herzfrequenz

Der Berglauf ist ein intensives organisches Training der Kraftausdauer bei höherer Herz- und Atemfrequenz, aber im Vergleich zum flachen Tempodauerlauf mit viel geringerer orthopädischer Belastung, sofern man anschließend nicht schnell bergab läuft. Eine Alternative wäre, im Fitnessstudio auf einem Laufband mit Steigung zu trainieren.

Wettkampfmethode, Testrennen

Selbstverständlich können für fortgeschrittene Läufer zum planmäßigen Training auch Kontrollwettkämpfe auf einen Saisonhöhepunkt gehören. Diese Aufbaurennen sind jedoch dem Hauptwettkampf, z.B. einem Marathon, untergeordnet. Sie sind vielmehr eine spielerische Methode, harte Tempoläufe in das Training zu integrieren. Man sollte sich davor hüten, zu viele Rennen im Vorfeld zu laufen. Für das Toprennen der Saison fehlen sonst die Reserven.

Als Aufbaurennen und Test vor einem Marathon dienen in den letzten zehn Wochen beispielsweise ein bis zwei Rennen über zehn Kilometer und ein Halbmarathon, der – nicht nur physisch, sondern auch psychisch – einer Generalprobe gleichkommt.

Wettkampfresultate geben einen realistischen Hinweis auf den momentanen Leistungsstand und können auf das geplante Hauptrennen wie den Marathon hochgerechnet werden.

Normieren von Laufstrecken und Tempo

Um sein Training sinnvoll kontrollieren zu können, kommt ein fortgeschrittener Läufer nicht um eine möglichst objektive Datenerfassung herum. Wir haben die Herzfrequenzmessung als eine mögliche Methode kennen gelernt. Ein Wettkampfläufer sollte sich aber frühzeitig auch um die Distanz sowie um die Geschwindigkeit seines Trainings kümmern.

Laufstrecken vermessen

Wer ein bestimmtes Tempo für eine neue Bestzeit einüben möchte, wird es sinnvollerweise vorher in einem Intervalltraining lernen. Dazu braucht er genau vermessene Teilabschnitte, beispielsweise über 1.000 Meter. Im Stadion wären das auf einer 400-Meter-Bahn zweieinhalb Runden. Man kann auch auf einem Radfahrweg entlang den Kilometersteinen einer Landstraße Teilabschnitte laufen.

Genauer ist es, sich mit einem geeichten Radcomputer verschiedene Streckenlängen auszumessen und zu markieren. Damit lassen sich natürlich auch die Gesamtlängen Ihrer Trainingsstrecken vermessen. Die Kilometerzähler von Autos eignen sich dafür nicht, denn sie sind oft sehr ungenau. Über die moderne Möglichkeit der Verwendung von GPS-Uhren habe ich bei der Ausrüstung schon geschrieben (siehe Seite 49).

Gesundheitsläufer können sich zunächst am Puls und an der Dauer des Trainings orientieren. Fortgeschrittene Läufer sollten auch das Tempo und die Distanz kennen.

STEP 5 Lauftraining

Das Trainingstempo einschätzen lernen

Wenn Sie unterwegs an Ihren Markierungen vorbeilaufen, können Sie einen Teilkilometer abstoppen und neben dem Puls auch Ihr Trainingstempo überprüfen. Läufer rechnen in Minuten pro Kilometer, sprechen also etwa von einem »Vierer-Schnitt« oder von einem »Sechser-Schnitt«. Gemeint ist damit, dass man vier bzw. sechs Minuten pro Kilometer benötigt hat. Auf diese Art werde ich Geschwindigkeitsangaben auch in meinen Trainingsplänen in den folgenden Kapiteln verwenden, und so sollte man sein Tempo auch in ein Trainingstagebuch eintragen. Die wissenschaftlichen Geschwindigkeitsangaben in Meter pro Sekunde oder Kilometer pro Stunde haben sich in der Sprache der Läufer nicht durchgesetzt.

Bisweilen sollte man sein Tempo- und Körpergefühl testen, indem man die Zeit eines ausgemessenen Kilometers und den zugehörigen Trainingspuls schätzt und danach erst auf die Uhr schaut und vergleicht. Wie weit ist man bei der Schätzung abgewichen? Es ist ein wichtiges Trainingsziel, vor allem für Wettkämpfe, geplante Geschwindigkeiten nach Gefühl möglichst exakt treffen zu können.

Wer seine Streckenlängen kennt, kann auch einfacher Tages-, Wochen-, Monats- und Jahreskilometer aufaddieren.

Hightech-Running: Professionelle Herzfrequenzmesser kann man mit einem Palmtop-Computer sofort auswerten.

Trainingsfehler-Checkliste

Typische Trainingsfehler	Meine Empfehlung
zu hoch gesteckte Ziele	Prüfen Sie, ob Ihre Ziele dem objektiven Leistungsvermögen, wie durch Testwettkämpfe ermittelt, entsprechen. Bleiben Sie realistisch, der Kopf kommt nicht weiter als die Beine, besonders beim Marathonlauf ist tiefstapeln oft ein besseres Rezept.
Verbissenheit	Sehen Sie Ihren Laufsport gelassener, das wird sich auch auf die Beine auswirken.
zu intensives Training	Tempoläufe ohne aerobe Grundlage sind wie Dünger ohne Boden oder Salz ohne Suppe. Intensives Training entfacht nur ein kurzes Strohfeuer, ruhige Dauerläufe sind das Wichtigste im Ausdauertraining.
zu schnell gelaufene Regenerationsläufe	Jedes Training ist nur so gut, wie es vor- und nachbereitet wird. Hartes Training verpufft ohne sanftes Laufen vor- und nachher.
langsame Läufe oder fehlende Kilometer durch Tempoläufe ersetzen	Tempotraining löst im Körper ganz andere Anpassungen aus als ruhige Dauerläufe. Ein schneller Lauf kann beispielsweise nicht zwei langsame ersetzen.
lange Läufe durch zwei kurze ersetzen	Besonders im Marathontraining ist es wichtig, die langen Läufe bis zur Erschöpfung der Energiespeicher am Stück durchzulaufen.
Trainingsweltmeister	Training ist Vorbereitung, kein Wettkampfersatz. Wer sich im Training etwas zurückhält, kann im Wettkampf seine Reserven ausspielen.
vor Wettkämpfen zu wenig ausruhen	In der Ruhe liegt die Kraft, in diesem Falle ist weniger wirklich mehr.
Straf- und Übermotivationstraining	Vor allem nach einem schlechten, aber auch nach einem besonders guten Wettkampf braucht der Körper so oder so erst einmal eine Regenerationspause.
zu wenig Trainingskilometer	Ohne Fleiß kein Preis! Fehlender Trainingsumfang kann niemals durch Intensität ersetzt werden – das gilt insbesondere in der Marathonvorbereitung.
ständiger Wechsel der Trainingspläne	Suchen Sie einen bewährten Plan, und trainieren Sie diesen konsequent durch. In einem guten Plan bauen die Elemente systematisch aufeinander auf, man kann sie nicht beliebig zusammenwürfeln und willkürlich neu kombinieren.
zu schneller Start, falsche Renneinteilung	Wer im Wettkampf zu schnell beginnt, verliert nach hinten hinaus doppelt und dreifach. Eine gleichmäßige Krafteinteilung ist der beste Weg zur persönlichen Bestzeit – bremsen Sie sich daher am Anfang!
zu wenig Gymnastik	Der Muskelmotor braucht Pflege, und nur Laufen ist viel zu einseitig.
Weiterlaufen trotz Verletzung	Wer rechtzeitig bei den ersten Anzeichen einer Verletzung entlastet oder pausiert, gewinnt langfristig Zeit.
mit Pillen und Drinks schneller zum Erfolg wollen	Ernähre dich vollwertig, glaub an dich selbst und nicht an die Werbung – das Erfolgsgeheimnis ist in deinem Kopf, nicht in ominösen Wundertinkturen.

STEP 6

Jogging

Sie haben die Endlichkeit und die Grenzen Ihrer körperlichen Fitness kennen gelernt, Übergewicht und Herzrasen verspürt und sind möglicherweise auch privat oder beruflich in eine Sackgasse geraten? War das schon alles? Soll das den Rest Ihres Lebens so weitergehen? Nein!

STEP 6 Jogging

Laufen für Fitness und Gesundheit

Sie haben beschlossen, sich zu verändern und sich um Ihre Fitness zu kümmern. Sie haben vom Arzt grünes Licht für Sport erhalten, sich ordentliche Laufschuhe geleistet, sind hoch motiviert und möchten am liebsten gleich loslaufen? Sie sind nicht an Wettkämpfen interessiert, und der Marathonhype lässt Sie einstweilen kalt? Gratuliere! Willkommen auf dem Weg zur ganzheitlichen Fitness und Gesundheit. Nun ist es Zeit dafür, Pläne zu schmieden.

Als Gesundheitsläufer(in) sollten Sie es mittelfristig erreichen, pro Woche rund 2.500 Kilokalorien mit Ausdauersport zu verbrennen (siehe die Tabelle auf Seite 22). Bei diesem Verbrauch hat man eine deutliche Verringerung des Herzinfarktrisikos festgestellt.

Der Weg ist das Ziel

Ausdauersport für die Gesundheit und Fitness zu betreiben ist Pflicht, Wettkämpfe bis hin zum Marathon zu laufen ist lediglich Kür.
Wer seine Gesundheit verbessern möchte, muss an keinem Rennen teilnehmen. Laufen geht auch kürzer als 42,195 Kilometer. Für ein gesundes Herz und Kreislaufsystem sollten Sie als Einsteiger anstreben, mittelfristig drei bis vier Stunden in der Woche zu laufen, wofür man ungefähr jeden zweiten Tag aktiv sein sollte. Bei diesem Pensum tun Sie alles, was das Herz für sich und seine Gesundheit begehrt. Wer abnehmen will, kann über Wochen zusätzliche langsame Einheiten hinzufügen. Beim Fitnesstraining ist der Weg noch das Ziel, und der Spaß und die Gesundheit stehen im Vordergrund. Wer mehr trainiert oder sogar Wettkämpfe vorbereitet, wird zwar immer fitter, aber nicht unbedingt gesünder. Im Gegenteil.

Dreimal laufen pro Woche

Mit höherem Trainingsaufwand insbesondere bei sehr langen oder schnellen Läufen in der Wettkampfvorbereitung steigt das orthopädische Risiko sogar, und man kann das Immunsystem schwächen.
Für mehr Fitness bis hin zu Wettkampfteilnahmen steigt der Trainingsaufwand im Verhältnis zum Leistungszuwachs überproportional an. Einmal laufen ist kein Mal, aber besser als nichts. Auch zweimal in der Woche zu trainieren, wäre noch zu wenig. Die Reizdichte ist zu gering.
Als Laufeinsteiger erreichen Sie das beste Verhältnis zwischen Aufwand und Leistungszuwachs, wenn Sie mit dreimal in der Woche wenigstens einer halben Stunde Lauftraining beginnen. Das Tempo sollte etwa 70 bis 80 Prozent vom Maximalpuls betragen. Sie sollten sich wohl fühlen, nicht außer Atem sein und sich dabei prima unterhalten können.

Der richtige Einstieg

Laufen für das Wohlbefinden

Als ehemaliger Weltklasseläufer fröne ich in den Altersklassen zwar immer noch auf nationalem und internationalem Niveau dem Wettkampfsport und freue mich über meine Erfolge wie Siege bei den Masters, der Klasse der über 40-Jährigen, beim Boston Marathon oder über meine Deutschen Meistertitel und Rekorde in der Klasse der über 50-Jährigen, nehme es aber nicht wirklich ernst. Längst ist mir klar, dass ich jetzt mehr für mein Wohlbefinden als für Wettkämpfe trainiere. Meine Knochen und den Spaß am Laufen würde ich für Wettkämpfe nicht mehr riskieren und gönne mir lieber lebenslänglich Fitness. Viele Wettkampfläufer merken erst bei einer Verletzung, wenn Laufen dann nicht mehr möglich ist, wie wichtig es eigentlich für das alltägliche Wohlbefinden ist. Man wird auf Rennen verzichten können, aber nicht darauf, wenigstens wieder eine halbe Stunde für Fitness, Gesundheit und Entspannung laufen zu können.

Laufen lernen mit dem richtigen Einstieg

Woher wissen Sie eigentlich, dass Sie gleich zu Beginn laufen können? Weil Ihre Kollegin läuft und Ihnen seit Monaten damit in den Ohren liegt – und Sie sich sagen, »dann kann es ja nicht so schwer sein«, und außerdem auch nicht als Fitnessmuffel dastehen wollen? Weil Sie früher mal ein Supersportler waren? Doch Sie erinnern sich: Was nicht benutzt wurde, hat längst abgebaut.

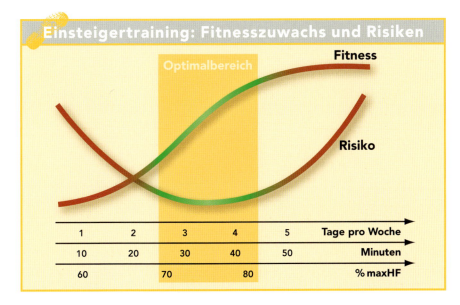

Der optimale Bereich für Ihr Fitnesstraining als Einsteiger: drei- bis viermal pro Woche wenigstens 30 Minuten bei 70 bis 80 Prozent des Maximalpulses. Die gesundheitlichen Risiken bleiben dabei gering.

STEP 6 Jogging

Der tiefstapelnde Hochspringer

Stellen Sie sich vor, Sie wären ein Hochspringer. Ihr Ziel ist, die Zweimetermarke zu überqueren. Legen Sie nun beim ersten Versuch die Latte auf zwei Meter? Das wäre das Frustrierendste, was Sie machen könnten. Sie können es doch noch gar nicht!

Understatement, Tiefstapeln, und die Kraft der Langsamkeit sind für den Einstieg die beste Erfolgsgarantie.

Lächeln statt hecheln

Ein Dutzend Gründe für langsames Laufen beim Gesundheitstraining:
- wirksamer Trainingsbereich für Herz- und Kreislauftraining
- ein vermindertes orthopädisches Risiko
- Stabilisierung des passiven Bewegungsapparats
- kürzere Regenerationsdauer
- verbesserte Durchblutung durch vermehrte Kapillarisierung
- Zunahme der Sauerstoffspeicher im Muskel (Myoglobin)
- Stärkung des Immunsystems
- Vermehrung und Vergrößerung der Mitochondrien
- Kalorienverbrauch mit einem hohen Anteil Fettverbrennung
- Entspannung vom Alltagsstress in der Natur statt erneuter Hetze
- Sauerstoffüberschuss zum Nachdenken oder für Unterhaltung
- ... und fast unglaublich: Sie werden dabei sogar schneller!

Natürlich würden Sie die Höhe reißen und sich sagen: Hochsprung macht keinen Spaß! So denken viele über Laufen. Sie sind eben zu hoch eingestiegen. Ein erfahrener Trainer würde Ihnen raten, die Latte doch einfach so weit herunterzulegen, bis Sie mühelos drüberspringen. Vielleicht sind Sie jetzt wieder frustriert, weil es nur ein Meter und zwanzig Zentimeter sind, weit weg von Ihrer Wunschvorstellung. Nun könnten Sie erneut sagen: Hochsprung macht keinen Spaß! So reagieren viele Möchtegernläufer, wenn ich Ihnen empfehle, zunächst mit Walking oder mit Gehpausen einzusteigen. Unser Hochsprungtrainer würde Sie ermuntern und sagen: »Das üben wir nun ein bisschen, und nächste Woche legen wir die Latte auf ein Meter und fünfundzwanzig Zentimeter.«
Nun wachsen Sie geduldig an der Aufgabe. Wer weiß, vielleicht schaffen Sie die zwei Meter? Das Entscheidende war, den richtigen Einstieg zu finden: auf dem Niveau, wo man etwas gerade noch gut kann. Das hätte uns der gesunde Menschenverstand eigentlich auch sagen können.

Problemlos einsteigen

Beim Laufen ist es nicht ganz so einfach herauszufinden, wo Sie einsteigen sollten. Da gibt es keine Latte wie beim Hochsprung. Aber Sie würden sozusagen die Latte reißen, wenn Sie außer Atem sind, sich quälen und starken Muskelkater bekommen. Ganz

Jogging und Walking

wichtig ist es, beim Beginn eher etwas tiefzustapeln. Erwarten Sie weniger, und Ihr Körper wird in die neue Aufgabe bestens hineinwachsen. Wie beim Hochsprung sollten Sie zunächst das trainieren, was Sie problemlos schaffen. Es liegt also nicht am Laufen, wenn man sich überfordert, man macht sich selbst ein Problem. Das kann zu Beginn auch heißen: Walking statt Jogging. Nur Ihr Kopf weiß, ob Sie laufen oder gehen. Dem Herz-Kreislauf-System, dem Blutdruck und Cholesterinwert ist es vollkommen egal, ob Sie mit Gehen oder Laufen fit und gesund bleiben oder werden.

Jogging und Walking, kein Gegensatz

Laufen und Walking sind verschwistert und haben viel mehr Gemeinsamkeiten als Gegensätze. Laufen boomt gewaltig, und auch die Schwestersportarten Walking und Nordic Walking haben seit der Jahrtausendwende verdientermaßen enorme Zuwachsraten. Warum?

Zwar hat die Laufbewegung bei uns schon Millionen erfasst. Die meisten sind aber noch inaktiv. Und gerade für diese kam mit Walking das sanfte Bindeglied zwischen Nichtstun und Laufen hinzu. Aus jahrzehntelanger Erfahrung als Trainer weiß ich: Für viele ist Laufen zu Beginn einfach noch zu schwierig. Zwar kann man für ein fittes Herz-Kreislauf-System auch andere Ausdauersportarten wie Schwimmen und Radfahren betreiben, aber Jogging und Walking sind besonders unaufwändig. Walking oder sehr langsames Joggen mit Gehpausen eignet sich insbesondere für

- Fitnesseinsteiger
- ältere Menschen
- orthopädisch anfällige Personen
- Übergewichtige
- Schwangere
- verletzte Sportler während des Genesungsprozesses
- Risikopatienten, z. B. nach einem Herzinfarkt.

Sanfter Einstieg ins Lauftraining: Walken oder Joggen mit Gehpausen.

STEP 6 Jogging

Puls 145 beim Spaziergang

An einem meiner Managementseminare nahm eine sehr erfolgreiche Chefin einer großen Handelskette teil – eine lebenslustige Dame, die reichlich trank und wie ein Schlot rauchte. Zu allem Überfluss hatte sie ein Gewicht von weit über 100 Kilogramm, zu hohen Blutdruck und Cholesterinwert!

Ein Lehrbuchbeispiel für eine Risikokandidatin! Es war für sie in Ordnung, dass ich ihre Mannschaft fit machte, aber sie selbst wollte auf keinen Fall laufen. »Laufen?«, fragte ich sie, »wer spricht denn vom Laufen?« Klar, dass sie sich nicht vor ihrer Belegschaft blamieren wollte, und so legte ich ihr einen Herzfrequenzmesser an und drehte mit ihr eine separate Runde. Sie ergab sich in ihr Schicksal und wollte gleich losjoggen. Aber ich bremste sie und schlug vor, uns erst einmal warm zu gehen. Natürlich hatte sie dabei schon einen Puls von 145, was für ein Fitnesstraining vollkommen ausreichend war. Sie hatte vorher überhaupt keinen Sport betrieben, noch nicht einmal einen Spaziergang. Nach einiger Zeit sinnierte sie. »Wenn das schon ausreicht, dann könnte ich ja meinen Hund Gassi führen?« Richtig, und der Dogsitter wurde dadurch arbeitslos. Sie hatte Angst vor Sport, aber keine Ahnung, dass ihr richtiger Einstieg eigentlich zunächst ein Spaziergang war.

Erst gehen, dann laufen lernen

Haben Sie doch einfach Mut, eine Stufe niedriger einzusteigen. Die Chance, zu gewinnen und zum Läufer zu werden, ist dadurch sogar viel größer. Viele Bewegungsmuffel sind beim Laufeinstieg überfordert und wären besser beraten, zunächst mit Spazierengehen oder flottem Gehen anzufangen. Beim Walking lernt man, durch beharrliche,

---

Info

Bei Übergewicht: Walking oder Jogging?

Bei Übergewicht könnte Walking zumindest anfangs sinnvoll sein. Denn beim Laufen geht das Gewicht ungefähr doppelt so stark auf die Knochen wie beim Walking.
Berechnen Sie Ihren Bodymass-Index (BMI). Die Formel lautet: Ihr Körpergewicht geteilt durch das Quadrat Ihrer Größe; Beispiel: $75kg / (1,8\ m \times 1,8\ m) = 23,1\ kg/m^2$.
Sollte das Übergewicht nur vorübergehend wegen einer Schwangerschaft bestehen, so können Sie nach Rücksprache mit einem Arzt zu Beginn vielleicht noch joggen, später aber eher walken und spazieren gehen.
BMI unter 18 Sie sind untergewichtig, das ist für Laufen zwar günstig, aber es sollten keine Erkrankungen, Magersucht oder Bulimie dafür verantwortlich sein. Nicht wenige Spitzenläuferinnen sind untergewichtig.
BMI 18 bis 26 Sie sind normalgewichtig, es gibt zumindest vom Gewicht her keine Einschränkung zu laufen.
BMI > 26 Sie haben leichtes Übergewicht. Walking wäre zu Beginn besser als Laufen, falls Sie doch mit Jogging einsteigen, dann zunächst sehr langsam!
BMI > 30 Sie sind adipös bzw. fettsüchtig. Spazieren gehen und Walking kommt beim Einstieg infrage, Laufen ist sehr riskant. Sie sollten auf jeden Fall zuerst einen sporterfahrenen Arzt konsultieren.

Tipps für Einsteiger

kontinuierliche submaximale Belastung voranzukommen. Obwohl man nie an die Grenzen geht, wird man im Laufe von Wochen und Monaten immer weiter kommen und dabei sogar zum Läufer werden. Walking kann eine Durchgangsstation zum Laufen sein oder auch die Sportart fürs Leben bleiben. Die meisten qualifizierten Lauftreffs haben heute auch eine Walkinggruppe. Das gab es früher leider nicht. Vielleicht beginnt man zunächst im Walktreff, lernt Laufen sogar bis zum Marathon und ist im höheren Alter wieder Walker, aber immer dabei gewesen. Das Angebot des Walkings im Lauftreff gibt übrigens skeptischen Fitnesseinsteigern auch Vertrauen, dass man sich bei dieser Gruppe auch wirklich um Einsteiger kümmert. Die Angst, sich gleich zu Beginn zu blamieren, ist eben sehr groß und hält viele vom reinen Lauftreff ab.

So läuft's richtig beim Einstieg

▸ Machen Sie einen Gesundheits-Check beim sporterfahrenen Arzt.
▸ Besorgen Sie richtige Laufschuhe im Fachgeschäft.
▸ Bei guter Funktionskleidung gibt es kein schlechtes Wetter.
▸ Suchen Sie Gleichgesinnte im Bekanntenkreis oder beim Lauftreff.
▸ Beginnen Sie auf einer flachen Strecke mit Naturboden.
▸ Rollen Sie über den ganzen Fuß ab.

▸ Laufen Sie aufrecht und ohne künstlich große Schritte.
▸ Pendeln Sie locker mit den Armen neben dem Körper nach vorne.
▸ Atmen Sie frei und ungezwungen durch den Mund.
▸ Stapeln Sie tief, joggen Sie zu Beginn ganz langsam dreimal pro Woche 30 Minuten.
▸ Lassen Sie dem Körper Zeit, in die neue Belastung hineinzuwachsen.
▸ Laufen Sie zunächst öfter oder länger, bevor Sie schneller werden.
▸ Trinken Sie reichlich Mineralwasser und Fruchtsaftschorlen.
▸ Essen Sie vor dem Laufen etwas Leichtes wie eine Banane.
▸ Ergänzen Sie das Training mit Dehnungs- und Kräftigungsübungen.
▸ Führen Sie von Beginn an ein Trainingstagebuch.

Nordic Walking kann für viele der richtige Einstieg in die Laufkarriere sein.

STEP 6 Jogging

Der 30-Minuten-Test für Einsteiger

Seien Sie ehrlich! Sie wissen nicht genau, wo Sie sportlich wirklich stehen. Nur zu schnell machen wir uns etwas vor. Die nachfolgenden Fragen und ein einfacher Test, den ich für Sie erstellt habe, können Ihnen weiterhelfen.

Sie kommen nicht daran vorbei, zunächst erst einmal für eine halbe Stunde auszuprobieren, was Sie gut schaffen. Das kann Walking oder Jogging sein. Was fühlt sich machbar an, und womit kommen Sie auch nach einer halben Stunde nicht außer Atem?

Sollten Sie bereits einen Pulsfrequenzmesser besitzen, so können Sie versuchen, neben dem Körpergefühl die nach den vorhergehenden Kapiteln geschätzten Pulswerte für Ihr Fitnesstraining einzuhalten.

Mehr über Walking erfahren Sie in meinem Buch »Walking und Nordic Walking« – ebenfalls im Südwest Verlag erschienen.

Walking oder Jogging?

Schätzen Sie sich zu Beginn sportlich ein. Was können Sie wirklich? Welchen Sport haben Sie in den letzten zwei Monaten betrieben?

▶ Sie betreiben gar keinen Ausdauersport bzw. machen niemals Spaziergänge und haben Übergewicht, orthopädische Beschwerden sowie andere Risikofaktoren wie erhöhtes Cholesterin oder erhöhten Blutdruck (siehe auch Seite 25ff.)? Dann gehen Sie vor einem Test zunächst zum Arzt.

▶ Sie betreiben gar keinen Ausdauersport bzw. machen nie Spaziergänge, haben aber keine Risikofaktoren? Dann führen Sie den Test zunächst mit flottem Gehen durch.

▶ Sie spazieren regelmäßig ohne Mühe zusammenhängend über 60 Minuten? Dann testen Sie mit sehr flottem Gehen mit Armeinsatz, also Walking.

▶ Sie betreiben bereits über 30 Minuten zusammenhängend flottes Walking? Dann können Sie mit sehr langsamem Jogging testen.

▶ Sie joggen bereits gelegentlich oder betreiben andere Ausdauersportarten wie Radfahren regelmäßig? Dann testen Sie mit Jogging.

So funktioniert der 30-Minuten-Test

Beim ersten Test haben Sie noch keine Erfahrung, wie man die Kräfte über eine halbe Stunde einteilt. Die ersten Minuten sind immer leicht und einfach, aber halten Sie das Tempo auch eine halbe Stunde durch? Beginnen Sie lieber scheinbar zu langsam, dann halten Sie auch am Ende gleichmäßig durch. Der verbreitetste Fehler beim Einsteigertraining ist ein zu schneller Beginn, darauf folgt schnell ein frustrierender Einbruch. Steigen Sie im Zweifelsfalle lieber eine Stufe langsamer ein!

Benutzen Sie eine flache Strecke mit Wendepunkt, an dem Sie nach 15 Minuten umkehren. Benutzen Sie danach zur Überprüfung eine Stoppuhr und das nachfolgende Abfrageschema. Seien Sie ehrlich, und protokollieren Sie es in Ihrem Trainingstagebuch.

Einsteiger-Test

30-Minuten-Test für Laufeinsteiger

Wie lange waren Sie für die erste und die zweite Hälfte sowie insgesamt unterwegs?

Erste Hälfte _____   Zweite Hälfte _____   Insgesamt _____

Wie war Ihr Befinden? Wie war das Training?

- ❶ kinderleicht
- ❷ ziemlich leicht
- ❸ locker, kein Problem
- ❹ schon fordernd, aber gut geschafft
- ❺ anstrengend
- ❻ sehr anstrengend, unangenehm, quälend

Wie war die Atmung?

- ❶ Atmung überhaupt nicht gespürt
- ❷ Atmung kaum gespürt, Unterhaltung locker möglich
- ❸ Atmung gespürt, Unterhaltung möglich
- ❹ Atmung deutlich spürbar, Unterhaltung mit Atempausen
- ❺ Atmung unangenehm, Unterhaltung kaum möglich
- ❻ Atmung am Anschlag, hastig und überschlagend, Unterhaltung unmöglich

Bekamen Sie danach Muskelkater?

☐ keinen   ☐ nur ganz leicht   ☐ mäßig   ☐ stark

Bekamen Sie beim Training oder danach orthopädische Beschwerden?

_____
_____
_____

Falls Sie einen Pulsmesser verwendet haben:

Wie hoch war der Puls nach der Hälfte, am Ende, und wo lag der geschätzte Mittelwert?

Puls nach der Hälfte der Strecke _____ Schläge/min
Puls am Ende der Strecke _____ Schläge/min
geschätzter Mittelwert _____ Schläge/min

Wie verhielt sich der Puls auf dem Rückweg?

- ❶ ging nach unten
- ❷ blieb nahezu gleich
- ❸ ging etwa 10 Schläge/min nach oben
- ❹ ging 20 Schläge und mehr nach oben

STEP 6 Jogging

Auswertung des 30-Minuten-Tests

War die zweite Hälfte der Strecke zeitlich deutlich länger und auch viel schwieriger zu bewältigen? Kamen Sie außer Atem, oder tat Ihnen sogar etwas weh? Ging der Puls auf dem Rückweg stark nach oben? Haben Sie für Befinden und Atmung jeweils Bewertungen von 5 oder 6 vergeben, oder bekamen Sie nach dem Training starken Muskelkater?

▶ Dann sind Sie jeweils viel zu schnell gestartet, haben viel zu hoch belastet und sich damit stark überfordert!

▶ Wiederholen Sie den Test zwei Tage später auf einer deutlich niedrigeren Stufe. Das kann bedeuten, noch langsamer zu laufen oder zunächst doch mit Walking zu beginnen.

Befinden und Atmung bei 4 oder mäßiger Muskelkater.

▶ Das ist grenzwertig. Sie sollten sich etwas ruhiger belasten.

Bewertungen von 2 und 3 bei Befinden, Atmung und Puls sowie kaum Muskelkater.

▶ Genau richtig! Sie haben Ihre ideale Belastungszone gefunden.

Bei Befinden, Atmung und Puls auf dem Rückweg haben Sie jeweils die Bewertung 1 vergeben.

▶ Das Tempo ist vielleicht doch etwas zu gering gewesen. Sie dürfen eine Stufe höher testen.

Sie hatten orthopädische Beschwerden bei der gewählten Intensität.

▶ Unabhängig von Atmung oder Puls haben Sie sich in jedem Fall überfordert. Pausieren Sie einige Tage, und versuchen Sie es schmerzfrei noch einmal, aber langsamer. Treten Schmerzen erneut auf oder verschwinden diese nach einigen Tagen nicht, gehen Sie unbedingt zum sporterfahrenen Arzt!

Trainingspläne für Laufeinsteiger

Nachdem Sie den 30-Minuten-Test durchgeführt haben, können Sie nun für sich den passenden Trainingsplan für den richtigen Einstieg aussuchen. Die Pläne (Seite 118 bis 123) bauen aufeinander auf. Sie können sich mit deren Hilfe gegebenenfalls über viele Monate und Jahre vom Laufeinsteiger bis zum Fitness- und Wettkampfläufer entwickeln. Sie sollten sich aber Zeit lassen und die einzelnen Stufen nicht überspringen. Umso sicherer wird Ihr langer Weg verletzungs- und überforderungsfrei mit Erfolg gekrönt werden. Mit den Plänen in diesem Kapitel können Sie Ihr derzeitiges Leistungsvermögen zunächst sinnvoll steigern und über Wochen und Monate zum fitten Spaß- und Genussläufer werden. Schätzen Sie sich ehrlich und realistisch ein. Der nach Ihrem momentanen Trainingszustand richtig ausgewählte Einstieg ist die beste Garantie für den langfristigen Erfolg.

Fast immer ist die Belastung dann, wenn Sie glauben, Sie gehen oder laufen viel zu langsam, richtig gewählt.

Trainingspläne für Laufeinsteiger

Den richtigen Plan finden

Was war Ihr Ergebnis beim 30-Minuten-Test, oder was können Sie zurzeit regelmäßig mindestens zweimal pro Woche ohne orthopädische Beschwerden, ohne außer Atem zu geraten und ohne sich zu quälen? Suchen Sie das am ehesten zu Ihnen passende Programm heraus.

Ich erinnere nochmals: Wählen Sie zu Beginn im Zweifelsfall lieber eine zu niedrige als eine zu hohe Belastung für den optimalen Einstieg aus!

Ziel der ersten vier Trainingspläne ist es, zunächst über Walking oder Laufen mit Gehpausen dreimal eine halbe Stunde in der Woche laufen zu lernen. Wenn Sie das schon können, baut der fünfte Plan »Vom Jogger zum Fitnessläufer« darauf auf. Die nachfolgende Übersicht ist ein Wegweiser durch die Pläne dieses Buches bis hin zum Marathontraining und mehr.

▶ Sie gehen bereits mindestens 30 bis 60 Minuten zusammenhängend spazieren: Wählen Sie Plan 1: Einstieg mit Walking (Seite 118).

▶ Sie können mindestens 30 Minuten ziemlich flott gehen oder sind bereits

Lassen Sie die Zeit für sich spielen! Mit geduldigem Trainingsaufbau schaffen Sie es vielleicht sogar bis zum Marathon.

STEP 6 Jogging

Walker und möchten jetzt Laufen lernen: Wählen Sie Plan 2: Vom Walking zum Jogging (Seite 119).
▸ Sie möchten ins Lauftraining nicht über Walking einsteigen, können aber bereits länger als 30 Minuten mit vielen Gehpausen langsam joggen: Wählen Sie Plan 3: Einstieg Joggen mit Gehpausen (Seite 120).
▸ Sie können bereits länger als 30 Minuten mit nur wenigen kurzen Gehpausen langsam joggen: Wählen Sie Plan 4: Joggen mit kurzen Gehpausen (Seite 121).
▸ Sie können bereits ohne Gehpause 30 Minuten am Stück langsam joggen: Wählen Sie Plan 5: Vom Jogger zum Fitnessläufer (Seite 122).

Trainingspläne einhalten und verstehen

Die Pläne gehen davon aus, dass Sie wenig Zeit haben, in der Woche arbeiten und daher wochentags – insbesondere in der dunklen Jahreszeit – weniger trainieren können.
Sollte es Ihnen beruflich möglich sein, verschieben Sie die Samstagseinheit auf Freitagnachmittag. Das wäre für die Erholung natürlich noch besser, als an beiden Wochenendtagen ohne Pausentag dazwischen zu trainieren. Sollten Sie noch mehr Zeit haben, so spricht auch nichts dagegen, nach ein bis zwei Monaten Training viermal pro Woche zu üben. Das könnte beispielsweise Dienstag und Donnerstag sowie Samstag und Sonntag sein.

Plan 1: Einstieg mit Walking

In diesem Plan (Seite 118) lernen Sie über sechs Wochen erst einmal mit Walking fitter zu werden, also flottem Gehen mit betontem Armeinsatz. Zunächst trainieren Sie dreimal pro Woche 30 Minuten. Ab der zweiten Woche wird eine etwas längere Walkingeinheit eingeführt. Das Tempo dieser Belastung ist aber langsamer. Nach sechs Wochen sollten Sie bereits über eine Stunde trainieren können. Ab der dritten Woche wird das Training durch flotteres Powerwalking einmal pro Woche noch variabler. Nach rund sechs Wochen beherrschen Sie ein sehr effizientes Mischtraining für Walker und könnten in den nächsten Plan mit Jogging einsteigen.

Plan 2: Vom Walking zum Jogging

In diesem Übergangsplan (Seite 119) lernen Sie, wie man in zehn Wochen vom Walker zum Läufer wird. Sie sollten dafür kein starkes Übergewicht mehr aufweisen. Im vorhergehenden Plan 1 haben Sie zunächst Walking gelernt. Nun werden zunehmend ganz langsame Joggingabschnitte eingestreut. Im Laufe der Wochen wird Gehen mehr und mehr durch Laufen ersetzt. Ab der 8. Woche überwiegen die Joggingeinheiten. Bei den kurzen Laufabschnitten sollten Sie nicht außer Atem kommen, also immer unterhalb der anaeroben Schwelle bleiben. Wichtig ist es, sich die ersten zehn Minuten

Im Winter wird es morgens früh, oder wenn Sie von der Arbeit zurückkommen, dunkel sein. Daher habe ich Samstag und Sonntag zwei Tage hintereinander ein Training eingeplant. Dafür haben Sie vorher und nachher jeweils zwei Ruhetage.

Der Weg zum Fitnessläufer

warm zu gehen und auch am Ende wieder einige Minuten locker auszugehen.

Das variable Training des vorhergehenden Plans wird zunehmend gleichförmiger. Ziel ist es lediglich, dreimal 30 Minuten joggen zu können. Zwischen den Joggingabschnitten sind jeweils Gehpausen von zwei Minuten zur Erholung. Wenn Sie mit diesem Plan bis zur 10. Woche gelangt sind, würden Sie mit Plan 5 weiterlaufen.

Plan 3 und 4: Joggen mit Gehpausen

Diesen Plan (Seite 120f.) habe ich für Laufeinsteiger geschrieben, die nicht über Walking zum Laufen kommen wollen. Ich möchte aber nochmals darauf hinweisen, dass stark übergewichtige und orthopädisch anfällige Personen zumindest zu Beginn mit Walking besser beraten sind.

Wer bereits mühelos eine halbe Stunde mit nur wenigen kurzen Pausen joggen kann, beginnt in der 5. Woche mit dem Plan 4: Joggen mit kurzen Gehpausen (Seite 121). Wichtig: Gehen Sie sich, bevor Sie joggen, erst rund zehn Minuten warm. Auch hinterher sollten Sie einige Minuten ausgehen und mit Dehnungsübungen abschließen. Im Lauf von acht Wochen steigern Sie mit immer weniger Gehpausen in länger werdenden Laufabschnitten die in der letzten Spalte angegebene Zahl der Laufminuten. Sie beginnen mit zunächst 18 Minuten in neun Teilen und erreichen nach zwei Monaten eine halbe Stunde zusammenhängend am Stück.

Vom Jogger zum Fitnessläufer

Nachdem Sie nun über einen der vorhergehenden Pläne dreimal pro Woche eine halbe Stunde mühelos am Stück zu laufen gelernt haben, sollten Sie Ihr Laufprogramm vorsichtig weiter steigern. In dem folgenden 12-Wochen-Plan mit dreimal Training pro Woche werden Sie in der letzten Woche etwa 30 Kilometer zurücklegen. Das sind je nach Körpergewicht rund

Mit Trainingsplan 4 verbrauchen Sie je nach Gewicht rund 1.000 bis 1.500 Kilokalorien pro Woche zusätzlich durch Ihren Sport. Fitnessläufer steigern das auf etwa 2.500 Kilokalorien.

Fitnesslaufen soll Spaß machen. Sie laufen für Wohlbefinden und Gesundheit.

2.000 bis 3.000 Kilokalorien. Hinzu kommen die Sportkalorien der Kräftigungsgymnastik und der erhöhte Kalorienverbrauch durch den beim Training entstandenen Muskelaufbau. Insgesamt erreichen Sie somit die gesundheitliche Vorgabe, rund 2.500 Kilokalorien pro Woche durch Sport zu verbrennen. Und dabei müssen Sie für Ihre Fitness und Ihr Wohlbefinden noch nicht einmal täglich laufen. Es spricht aber nichts dagegen, wenn Sie noch fitter werden wollen oder mehr Kalorien verbrennen möchten, die Zeit dazu aufbringen können und Spaß am Laufen gefunden haben, noch häufiger zu laufen.

> Mehr als dreimal pro Woche Dauerlauf bräuchten Sie für die Gesundheit nicht zu laufen. Wer noch mehr läuft, wird fitter, nicht unbedingt gesünder.

Plan 5: Fitnesslaufen

Dieser Plan (Seite 122) wird Sie über zwölf Wochen zu einem Laufprogramm führen, das Sie lebenslänglich fortführen sollten. Sie müssten dazu lediglich nahezu ganzjährig das Training der 11. und 12. Woche alternierend beibehalten. Der zeitliche Aufwand bei diesem 12-Wochen-Plan wird bei dreimal Laufen pro Woche bleiben, aber Sie werden länger und zunehmend variabler trainieren, um noch mehr aus diesen drei Trainingseinheiten herauszuholen. Am Sonntag wird zunächst ein längerer, aber langsamer Lauf eingeführt, der bei 70 bis höchstens 75 Prozent des Maximalpulses gelaufen wird. Nach elf Wochen schaffen Sie bereits 90 Minuten. Ab der 9. Woche kommt eine etwas anstrengendere Einheit am Samstag hinzu, die 14-täglich alternierend entweder als Tempodauerlauf, als Belastungswechsel auf bergiger Strecke oder in einem Fahrtspiel durchgeführt wird. Sie erinnern sich: Beim sinnvollen Trainingsaufbau wird zuerst der Trainingsumfang, erst dann die Intensität gesteigert.

Der flotte Dauerlauf

Bisher liefen Sie mehr oder weniger alles im gleichen Trott bei 70 bis 80 Prozent des Maximalpulses. Das ist zu Beginn auch in Ordnung. Doch das Training wird effizienter, wenn Sie nun vielseitiger trainieren. Der Bewegungsapparat sollte nach einigen Monaten Lauftraining nun stabil genug sein, schnellere Dauerläufe bei 80 bis 85 Prozent ohne Risiko zu verkraften. Dieses Tempo ist nicht etwa »volle Kanne«, sondern eher »locker flott und unverkrampft«. Es ist noch nicht im roten Bereich, und Sie sind dabei nicht außer Atem! Läufe über 90 Prozent des Maximalpulses sind beim Fitness- und Gesundheitstraining fehl am Platz. Selbst bei Wettkampfläufern machen sie nie mehr als fünf bis zehn Prozent des Trainings aus. Die Tempoeinheit sollte immer Samstag, wenn möglich freitags vor dem langen Lauf am Sonntag sein. Nach einer wenigstens 10- bis 15-minütigen Aufwärmphase mit Jogging laufen Sie kontinuierlich zunächst 20, zwei Wochen später 30 Minuten flott. Zum Abschluss des schnellen Teils laufen Sie sich zehn

Das Fitness-Laufprogramm

Minuten langsam aus und machen Dehnungsübungen. Diesen Tempodauerlauf alternieren Sie 14-täglich mit dem nachfolgenden Tempowechsellauf.

Fahrtspiel als Tempospritze

Das Fahrtspiel in der 12. Woche könnten Sie nach Lust und Laune abwechselnd mit flotten und langsamen Tempoabschnitten gestalten (siehe Seite 95).

Mein Profi-Tipp

Für ein Gesundheitstraining wäre auch ein gemischter Plan mit Crosstraining möglich, z. B. mit Laufen, Radfahren und Schwimmen (siehe Seite 299). Der Zeitaufwand ist zwar größer, dafür trainieren Sie aber optimal neben der Ausdauer für Herz-Kreislauf-System variabler mit verschiedenen Muskelgruppen. Ob triathlonartiges Mischtraining oder reines Laufen, noch fitter würden Sie, wenn Sie Ihr Training auf viermal pro Woche ausbauten. Es käme ein weiterer Dauerlauf bei 70 bis 80 Prozent hinzu. Dann wäre je ein ruhiger Dauerlauf von 45 Minuten am Dienstag und Donnerstag einzuplanen. Wenn Sie so weit gekommen sind, könnte Ihnen vielleicht doch der Appetit auf Wettkämpfe kommen. Auf Plan 5 könnten Sie die Pläne im nächsten Kapitel zur Wettkampfvorbereitung anschließen.

Wenn Sie feste Vorgaben brauchen, können Sie es etwas schematischer folgendermaßen durchführen:
▶ 10 bis 15 Min. warm laufen, gegen Ende vier Steigerungen, und dann:
▶ 2 Min. flott, bei 90 % Maximalpuls
▶ 2 Min. traben bei 65 % Maximalpuls
▶ 4 Min. flott bei 90 % Maximalpuls
▶ 3 Min. traben bei 65 % Maximalpuls
▶ 7 Min. flott bei 85 % Maximalpuls
▶ 4 Min. traben bei 65 % Maximalpuls
▶ 4 Min. flott bei 90 % Maximalpuls
▶ 3 Min. traben bei 65 % Maximalpuls
▶ 2 Min. flott bei 90 % Maximalpuls
▶ 5 bis 10 Min. ganz langsam auslaufen und Dehnungsübungen.

Belastungswechsel am Berg

Auch ein Dauerlauf in bergig welligem Gelände wie in der 9. Woche ist ein empfehlenswerter, spielerischer Belastungswechsel und daher fast schon ein Fahrtspiel. Sollten Sie kein bergiges Gelände zur Verfügung haben, so könnten Sie diese Einheit auch als Fahrtspiel oder auf einem Laufband mit wechselnder Steigung durchführen. Wenn Sie bei kurzen Anstiegen bergan das Tempo etwas verschärfen, können Sie kurzfristig sogar leicht in den roten Bereich über 90 Prozent des Maximalpulses gelangen. Bei längeren Anstiegen sollten Sie aber immer darunter laufen. Es sei noch mal daran erinnert, dass Sie das Training am Samstag, wenn es Ihnen beruflich möglich ist, auf Freitag wegen der besseren Regeneration vorziehen sollten.

Alle Tempoeinheiten sollten im Winter bei Frost wegen der Verletzungsgefahr durch einen Dauerlauf ersetzt werden. Alternativ könnten sie auf einem Laufband durchgeführt werden.

STEP 6 Jogging

> **Zügeln Sie Ihren Ehrgeiz! Der Kopf will zu Beginn Ziele schneller erreichen, als der Körper in die Belastung hineinwachsen kann.**

Mein Profi-Tipp

Wichtige Trainingsgrundsätze

Für eine optimale Trainingsgestaltung sollten Sie Folgendes beachten, damit nichts schief läuft:

▶ Haben Sie Geduld! Biologische Anpassungsprozesse brauchen Zeit. Der Kopf will oft Dinge viel zu schnell erreichen, die der Körper noch nicht kann.

▶ Laufen Sie Ihr geplantes Tempo, und lassen Sie sich in einer Gruppe von niemand zu einer intensiveren Belastung verführen. Sie sind nicht der Sparringspartner für jemand anderen.

▶ Steigern Sie den Umfang Ihres Trainings pro Woche nie um mehr als 10 bis 15 Prozent. So kann der verletzungsempfindlichere passive Bewegungsapparat mitwachsen. Das Herz-Kreislauf-System und die Muskulatur könnten zwar mehr vertragen, aber wenn das Knie oder die Achillessehne wehtut, war Ihr Training eben doch zu schnell forciert. Wenn Sie Umfang und Intensität gleichzeitig steigern, steigert sich die Gesamtbelastung erheblich. Eine typische Situation wäre Urlaub oder ein Trainingslager. Plötzlich hat man Zeit und übertreibt hoch motiviert. Achten Sie frühzeitig auf die Signale Ihres Körpers.

▶ Steigern Sie nicht jede Woche Ihr Pensum, sondern wiederholen Sie immer einen Wochenzyklus oder bestimmte Trainingsformen, bevor Sie ein weiteres Eisen auflegen. Die langen Einheiten am Sonntag steigern sich nicht jede, sondern nur alle zwei bis drei Wochen.

▶ Überspringen Sie nicht einzelne Wochen in den Plänen. Je sanfter und geduldiger Sie die Trainingsreize zu Beginn steigern, desto stabiler wird sich Ihr Körper anpassen.

▶ Vertauschen Sie nicht beliebig die Einheiten des Plans über die Woche. Intensives Training sollte immer vor langen Einheiten sein. Auf Belastungstage sollten immer Regenerationstage folgen.

▶ Sollten Sie sich in einer Woche deutlich überfordert fühlen, so stufen Sie sich wieder einen 14-Tages-Zyklus tiefer ein.

▶ Üben Sie regelmäßig! Wenn Sie eine Woche lang fleißig sind und dann das Training wieder ausfallen lassen, bedeutet das immer wieder einen Rückgang Ihrer Fitness und einen mühsamen Wiederaufbau.

▶ Bei Trainingsausfall oder einer Erkrankung von einigen Tagen sollten Sie die vorhergehende Woche noch einmal wiederholen. War die Pause länger als eine Woche, so sollten Sie sich doppelt so lange im Trainingsplan zurückstufen, wie die Unterbrechung gedauert hat.

Der Coopertest

Sie wollen Ihre Fitness testen? Der folgende 12-Minuten-Lauftest ist ein einfaches sowie bezüglich der Ausdauerleistungsfähigkeit und der maximalen Sauerstoffaufnahme für Freizeitsportler aussagekräftiges Verfahren.

Durchführung

Das einfache Verfahren eignet sich nicht für vollkommen Ungeübte. Einsteiger über 35 Jahre ohne Lauferfahrung sollten ihn erst nach zwei bis drei Monaten Training und einer ärztlichen Untersuchung absolvieren. Da es dabei zu einer maximalen Belastung kommt, sollte der Test auch bei Jüngeren nur von Gesunden ohne orthopädische Beschwerden oder Herz-Kreislauf-Probleme und ohne akuten Infekt durchgeführt werden.

Man braucht eine genau abgemessene Laufstrecke, am besten eine 400-Meter-Bahn im Stadion. Man kann sich auch selbst eine flache Strecke ausmessen. Vermeiden Sie einen vollen Bauch und warmes Wetter.

Joggen Sie sich ein wenig warm, und versuchen Sie dann, in zwölf Minuten möglichst weit zu laufen. Messen Sie die erzielte Distanz in Metern. Am weitesten kommen Sie, wenn Sie zu Beginn nicht zu schnell loslaufen. Vergleichen Sie Ihre erzielte Distanz mit den Tabellenwerten Ihrer Altersgruppe und Ihrem Geschlecht.

Der Test ist nach dem amerikanischen Arzt Dr. Kenneth Cooper benannt, der 1968 mit seinem millionenfach verkauften Buch »Aerobics« den Jogging-Boom in den USA mit ausgelöst hat.

Auswertung Coopertest

20–40 Jahre		40–50 Jahre		50–60 Jahre		
Männer	**Frauen**	**Männer**	**Frauen**	**Männer**	**Frauen**	**Bewertung**
> 3.200 ($VO_2max > 57$)	> 2.800	> 3.000	> 2.600	> 2.800	> 2.400	**ausgezeichnet**
2.900–3.200 (VO_2max 52–57)	2.500–2.800	2.700–3.000	2.300–2.600	2.500–2.800	2.100–2.400	**sehr gut**
2.600–2.900 (VO_2max 47–52)	2.200–2.500	2.400–2.700	2.000–2.300	2.200–2.500	1.800–2.100	**gut**
2.300–2.600 (VO_2max 42–47)	1.900–2.200	2.100–2.400	1.700–2.000	1.900–2.200	1.500–1.800	**mittel**
< 2.300 ($VO_2max < 42$)	< 1.900	< 2.100	< 1.700	< 1.900	< 1.500	**nicht so toll!**

Angaben in Meter, VO_2max in ml O_2/kg Körpergewicht

STEP 6 Jogging

Plan 1: Einstieg mit **Walking**

1. Woche (ca. 11 km)

Tag	Training	ca. km
Mo	—	–
Di	—	–
Mi	Walking 30 min (65–75 % maxHF)	3–4
Do	—	–
Fr	—	–
Sa	Walking 30 min (65–75 % maxHF)	3–4
So	Walking 30 min (65–75 % maxHF)	3–4

4. Woche (ca. 15 km)

Tag		Training	ca. km
Mo		—	–
Di		—	–
Mi		Walking 30 min (65–75 % maxHF)	3–4
Do		—	–
Fr		—	–
Sa	▶▶	Walking 35 min, darin 15 min flott bei 75–80 % maxHF	4–5
So	▶	Walking 60 min (65–70 % maxHF)	6–7

2. Woche (ca. 13 km)

Tag		Training	ca. km
Mo		—	–
Di		—	–
Mi		Walking 30 min (65–75 % maxHF)	3–4
Do		—	–
Fr		—	–
Sa		Walking 30 min (65–75 % maxHF)	3–4
So	▶	Walking 45 min (65–70 % maxHF)	5–6

5. Woche (ca. 16 km)

Tag		Training	ca. km
Mo		—	–
Di		—	–
Mi		Walking 35 min (65–75 % maxHF)	4
Do		—	–
Fr		—	–
Sa	▶▶	Walking 40 min, darin 20 min flott bei 75–80 % maxHF	5
So	▶	Walking 60 min (65–70 % maxHF)	6–7

3. Woche (ca. 14 km)

Tag		Training	ca. km
Mo		—	–
Di		—	–
Mi		Walking 30 min (65–75 % maxHF)	3–4
Do		—	–
Fr		—	–
Sa	▶▶	Walking 35 min, darin flott 15 min bei 75–80 % maxHF	4–5
So	▶	Walking 45 min (65–70 % maxHF)	5–6

6. Woche (ca. 17 km)

Tag		Training	ca. km
Mo		—	–
Di		—	–
Mi		Walking 35 min (65–75 % maxHF)	4
Do		—	–
Fr		—	–
Sa	▶▶	Walking 45 min, darin 25 min flott bei 75–80 % maxHF	5–6
So	▶	Walking 70 min (65–70 % maxHF)	7–8

% maxHF = Prozent der maximalen Herzfrequenz ▶ = lange Einheit ▶▶ = Tempoeinheit
(Erläuterungen siehe Text)

© Steffny, Das große Laufbuch, Südwest Verlag 2004

Walking mit Jogging

Plan 2: Vom Walking zum Jogging

1. Woche (ca. 18 km)

Tag	Training	ca. km
Mo	—	–
Di	—	–
Mi	Walking 35 min, darin 5 x 2 min Jogging bis 80 % maxHF	5
Do	—	–
Fr	—	–
Sa	Walking 40 min, darin 5 x 2 min Jogging bis 80 % maxHF	5–6
So ▶	Walking 60 min, darin 5 x 2 min Jogging bis 80 % maxHF	7–8

2. Woche (ca. 18 km)

Tag	Training	ca. km
Mo	—	–
Di	—	–
Mi	Walking 35 min, darin 5 x 2 min Jogging bis 80 % maxHF	5
Do	—	–
Fr	—	–
Sa	Walking 40 min, darin 4 x 3 min Jogging bis 80 % maxHF	5–6
So ▶	Walking 60 min, darin 5 x 2 min Jogging bis 80 % maxHF	7–8

3. Woche (ca. 18 km)

Tag	Training	ca. km
Mo	—	–
Di	—	–
Mi	Walking 35 min, darin 4 x 3 min Jogging bis 80 % maxHF	5
Do	—	–
Fr	—	–
Sa	Walking 40 min, darin 3 x 5 min Jogging bis 80 % maxHF	5–6
So ▶	Walking 60 min, darin 4 x 3 min Jogging bis 80 % maxHF	7–8

4. Woche (ca. 18 km)

Tag	Training	ca. km
Mo	—	–
Di	—	–
Mi	Walking 35 min, darin 4 x 3 min Jogging bis 80 % maxHF	5
Do	—	–
Fr	—	–
Sa	Walking 40 min, darin 3 x 5 min Jogging bis 80 % maxHF	5–6
So ▶	Walking 50 min darin 3 x 5 min Jogging bis 80 % maxHF	7

5. Woche (ca. 18 km)

Tag	Training	ca. km
Mo	—	–
Di	—	–
Mi	Walking 40 min, darin 3 x 5 min Jogging bis 80 % maxHF	5–6
Do	—	–
Fr	—	–
Sa	Walking 40 min, darin 3 x 5 min Jogging bis 80 % maxHF	5–6
So ▶	Walking 50 min, darin 2 x 8 min Jogging bis 80 % maxHF	7

6. Woche (ca. 19 km)

Tag	Training	ca. km
Mo	—	–
Di	—	–
Mi	Walking 45 min, darin 2 x 8 min Jogging bis 80 % maxHF	5–6
Do	—	–
Fr	—	–
Sa	Walking 45 min, darin 2 x 8 min Jogging bis 80 % maxHF	6–7
So ▶	Walking 45 min, darin 4 x 5 min Jogging bis 80 % maxHF	6–7

% maxHF = Prozent der maximalen Herzfrequenz ▶ = lange Einheit (Erläuterungen siehe Text)

© Steffny, Das große Laufbuch, Südwest Verlag 2004

STEP 6 Jogging

7. Woche (ca. 20 km)

Tag	Training	ca. km
Mo	—	–
Di	—	–
Mi	Walking 45 min, darin 4 x 5 min Jogging bis 80 % maxHF	6–7
Do	—	–
Fr	—	–
Sa	Walking 45 min, darin 2 x 8 min Jogging bis 80 % maxHF	6–7
So	Walking 45 min, darin 3 x 8 min Jogging bis 80 % maxHF	6–7

9. Woche (ca. 20 km)

Tag	Training	ca. km
Mo	—	–
Di	—	–
Mi	Walking 45 min, darin 3 x 10 min Jogging 70 bis 80 % maxHF	6–7
Do	—	–
Fr	—	–
Sa	Walking 45 min, darin 3 x 10 min Jogging 70 bis 80 % maxHF	6–7
So	Walking 45 min, darin 30 min Jogging 70 bis 80 % maxHF	6–7

8. Woche (ca. 20 km)

Tag	Training	ca. km
Mo	—	–
Di	—	–
Mi	Walking 45 min, darin 3 x 10 min Jogging bis 80 % maxHF	6–7
Do	—	–
Fr	—	–
Sa	Walking 45 min, darin 3 x 8 min Jogging bis 80 % maxHF	6–7
So	Walking 45 min, darin 2 x 15 min Jogging bis 80 % maxHF	6–7

10. Woche (ca. 20 km)

Tag	Training	ca. km
Mo	—	–
Di	—	–
Mi	Walking 45 min, darin 2 x 15 min Jogging 70 bis 80 % maxHF	6–7
Do	—	–
Fr	—	–
Sa	Walking 45 min, darin 2 x 15 min Jogging 70 bis 80 % maxHF	6–7
So	Walking 45 min, darin 30 min Jogging 70 bis 80 % maxHF	6–7

Plan 3: Einstieg Joggen mit Gehpausen

1. Woche (54 min)

Tag	Training	min
Mo	—	–
Di	—	–
Mi	9 x 2 min Jogging (70–80 % maxHF), dazwischen 1 min Gehpause	18
Do	—	–
Fr	—	–
Sa	9 x 2 min Jogging (70–80 % maxHF), dazwischen 1 min Gehpause	18
So	9 x 2 min Jogging (70–80 % maxHF), dazwischen 1 min Gehpause	18

2. Woche (63 min)

Tag	Training	min
Mo	—	–
Di	—	–
Mi	7 x 3 min Jogging (70–80 % maxHF), dazwischen 1 min Gehpause	21
Do	—	–
Fr	—	–
Sa	7 x 3 min Jogging (70–80 % maxHF), dazwischen 1 min Gehpause	21
So	7 x 3 min Jogging (70–80 % maxHF), dazwischen 1 min Gehpause	21

% maxHF = Prozent der maximalen Herzfrequenz (Erläuterungen siehe Text)

© Steffny, Das große Laufbuch, Südwest Verlag 2004

Jogging mit Gehpausen

3. Woche (72 min)

Tag	Training	min
Mo	—	–
Di	—	–
Mi	6 x 4 min Jogging (70–80 % maxHF), dazwischen 1 min Gehpause	24
Do	—	–
Fr	—	–
Sa	6 x 4 min Jogging (70–80 % maxHF), dazwischen 1 min Gehpause	24
So	6 x 4 min Jogging (70–80 % maxHF), dazwischen 1 min Gehpause	24

4. Woche (75 min)

Tag	Training	min
Mo	—	–
Di	—	–
Mi	5 x 5 min Jogging (70–80 % maxHF), dazwischen 1 min Gehpause	25
Do	—	–
Fr	—	–
Sa	5 x 5 min Jogging (70–80 % maxHF), dazwischen 1 min Gehpause	25
So	5 x 5 min Jogging (70–80 % maxHF), dazwischen 1 min Gehpause	25

Plan 4: Joggen mit kurzen Gehpausen (Fortsetzung von Plan 3)

5. Woche (84 min)

Tag	Training	min
Mo	—	–
Di	—	–
Mi	4 x 7 min Jogging (70–80 % maxHF), dazwischen 1 min Gehpause	28
Do	—	–
Fr	—	–
Sa	4 x 7 min Jogging (70–80 % maxHF), dazwischen 1 min Gehpause	28
So	4 x 7 min Jogging (70–80 % maxHF), dazwischen 1 min Gehpause	28

7. Woche (90 min)

Tag	Training	min
Mo	—	–
Di	—	–
Mi	2 x 15 min Jogging (70–80 % maxHF), dazwischen 2 min Gehpause	30
Do	—	–
Fr	—	–
Sa	2 x 15 min Jogging (70–80 % maxHF), dazwischen 2 min Gehpause	30
So	2 x 15 min Jogging (70–80 % maxHF), dazwischen 2 min Gehpause	30

6. Woche (90 min)

Tag	Training	min
Mo	—	–
Di	—	–
Mi	3 x 10 min Jogging (70–80 % maxHF), dazwischen 1 min Gehpause	30
Do	—	–
Fr	—	–
Sa	3 x 10 min Jogging (70–80 % maxHF), dazwischen 1 min Gehpause	30
So	3 x 10 min Jogging (70–80 % maxHF), dazwischen 1 min Gehpause	30

8. Woche (90 min)

Tag	Training	min
Mo	—	–
Di	—	–
Mi	30 min Jogging (70–80 % maxHF) ohne Gehpause	30
Do	—	–
Fr	—	–
Sa	30 min Jogging (70–80 % maxHF) ohne Gehpause	30
So	30 min Jogging (70–80 % maxHF) ohne Gehpause	30

% maxHF = Prozent der maximalen Herzfrequenz (Erläuterungen siehe Text)

© Steffny, Das große Laufbuch, Südwest Verlag 2004

STEP 6 Jogging

Plan 5: Vom Jogger zum Fitnessläufer

1. Woche (ca. 14 km)

Tag	Training	ca. km
Mo	—	–
Di	—	–
Mi	ruhiger DL 30 min (70–80 % maxHF)	4–5
Do	—	–
Fr	—	–
Sa	ruhiger DL 30 min (70–80 % maxHF)	4–5
So	ruhiger DL 30 min (70–80 % maxHF)	4–5

2. Woche (ca. 15 km)

Tag	Training	ca. km
Mo	—	–
Di	—	–
Mi	ruhiger DL 30 min (70–80 % maxHF)	4–5
Do	—	–
Fr	—	–
Sa	ruhiger DL 30 min (70–80 % maxHF)	4–5
So ▶	langsamer DL 40 min (70 % maxHF)	6

3. Woche (ca. 15 km)

Tag	Training	ca. km
Mo	—	–
Di	—	–
Mi	ruhiger DL 30 min (70–80 % maxHF)	4–5
Do	—	–
Fr	—	–
Sa	ruhiger DL 30 min (70–80 % maxHF)	4–5
So ▶	langsamer DL 40 min (70 % maxHF)	6

4. Woche (ca. 17 km)

Tag	Training	ca. km
Mo	—	–
Di	—	–
Mi	ruhiger DL 30 min (70–80 % maxHF)	4–5
Do	—	–
Fr	—	–
Sa	ruhiger DL 30 min (70–80 % maxHF)	4–5
So ▶	langsamer DL 50 min (70 % maxHF)	7–8

5. Woche (ca. 20 km)

Tag	Training	ca. km
Mo	—	–
Di	—	–
Mi	ruhiger DL 35 min (70–80 % maxHF)	5–6
Do	—	–
Fr	—	–
Sa	ruhiger DL 35 min (70–80 % maxHF)	5–6
So ▶	langsamer DL 60 min (70 % maxHF)	8–9

6. Woche (ca. 21 km)

Tag	Training	ca. km
Mo	—	–
Di	—	–
Mi	ruhiger DL 35 min (70–80 % maxHF)	5–6
Do	—	–
Fr	—	–
Sa	ruhiger DL 35 min (70–80 % maxHF)	5–6
So ▶	langsamer DL 70 min (70 % max HF)	10–11

% maxHF = Prozent der maximalen Herzfrequenz ▶ = langer Dauerlauf (DL) (Erläuterungen siehe Text).

© Steffny, Das große Laufbuch, Südwest Verlag 2004

Plan für Fitnessläufer

Fortsetzung Plan 5: Vom Jogger zum Fitnessläufer

7. Woche (ca. 24 km)

Tag	Training	ca. km
Mo	—	–
Di	—	–
Mi	ruhiger DL 40 min (70–80 % maxHF)	6–7
Do	—	–
Fr	—	–
Sa	ruhiger DL 40 min (70–80 % maxHF)	6–7
So ▶	langsamer DL 70 min (70 % max HF)	10–11

10. Woche (ca. 27 km)

Tag	Training	ca. km
Mo	—	–
Di	—	–
Mi	ruhiger DL 40 min (70–80 % maxHF)	6–7
Do	—	–
Fr	—	–
Sa ▶▶	Tempo-DL 45 min, darin 20 min flott (80–85 % maxHF)	7–8
So ▶	langsamer DL 80 min (70 % maxHF)	12–13

8. Woche (ca. 26 km)

Tag	Training	ca. km
Mo	—	–
Di	—	–
Mi	ruhiger DL 40 min (70–80 % maxHF)	6–7
Do	—	–
Fr	—	–
Sa	ruhiger DL 40 min (70–80 % maxHF)	6–7
So ▶	langsamer DL 80 min (70 % max HF)	12–13

11. Woche (ca. 30 km)

Tag	Training	ca. km
Mo	—	–
Di	—	–
Mi	ruhiger DL 45 min (70–80 % maxHF)	7–8
Do	—	–
Fr	—	–
Sa ▶▶	50 min Fahrtspiel (Tempowechsel 70–90 % max HF)	8–9
So ▶	langsamer DL 90 min (70 % maxHF)	13–14

9. Woche (ca. 26 km)

Tag	Training	ca. km
Mo	—	–
Di	—	–
Mi	ruhiger DL 40 min (70–80 % maxHF)	6–7
Do	—	–
Fr	—	–
Sa	DL 45 min bergiges Gelände (70–90 % maxHF)	6–7
So ▶	langsamer DL 80 min (70 % maxHF)	12–13

12. Woche (ca. 30 km)

Tag	Training	ca. km
Mo	—	–
Di	—	–
Mi	ruhiger DL 45 min (70–80 % maxHF)	7–8
Do	—	–
Fr	—	–
Sa ▶▶	Tempo-DL 50 min, darin 30 min flott (80–85 % maxHF)	8–9
So ▶	langsamer DL 90 min (70 % maxHF)	13–14

% maxHF = Prozent der maximalen Herzfrequenz ▶ = langer Dauerlauf (DL) ▶▶ = Tempolauf (Erläuterungen siehe Text).

© Steffny, Das große Laufbuch, Südwest Verlag 2004

STEP 7

Running

Fitnesslaufen ist Pflicht, an Wettkämpfen teilzunehmen hingegen Kür! Wenn es Ihnen lediglich um Gesundheit, Entspannung oder Abnehmen gehen würde, bräuchten Sie nicht mehr weiterzulesen. Wer Wettkämpfe bestreiten und den damit verbundenen Mehraufwand an Training auf sich nehmen möchte, wird nicht unbedingt gesünder, sondern nur noch leistungsfähiger!

STEP 7 Running

Grenzgang
Leistungssport

Irgendwann hat man zunächst wegen gesundheitlicher Probleme, Übergewicht oder auch aus einer Lebenskrise heraus mit dem Laufen begonnen. Nach einigen Monaten ist das neue Hobby leicht zu einem unverzichtbaren Bestandteil Ihres Lebens geworden. Euphorisiert von Ihren Fortschritten wollen Sie mehr. Einen Zehn-Kilometer-Volkslauf, einen Halbmarathon? Selbst das magische Wort Marathon spukt vielleicht schon im Hinterkopf herum?

Wettkampf ist das Ziel

Wo es bei Ihnen Volksläufe und Jedermannsläufe gibt, erfahren Sie im örtlichen Sportgeschäft, bei Vereinen oder Lauftreffs.

Für den Gesundheitsläufer ist Training Selbstzweck. Wenn Sie Wettkampfambitionen haben, wird das Training zur Vorbereitung. Wer Wettkämpfe läuft, verlässt den Bereich des reinen Gesundheitssports. Der Aufwand und die Risiken steigen.

Der Grenzgang, seine persönlichen Leistungshorizonte auszuloten oder zu erweitern, kann mit erhöhtem Selbstwertgefühl, Anerkennung, Ruhm, mit Medaillen, Titeln und sogar Preisgeldern einhergehen. Viele verbinden ihr Hobby auch mit Weltreisen zu internationalen Rennen. Die Schattenseiten reichen von überhöhtem Leistungsdruck, Frust und Verletzung bis hin zur sozialen Isolation und Magersucht. Das heißt aber nicht, dass Leistungssport ungesund sein muss! Es kommt wie so oft darauf an, wie man damit umgeht. Dieses Buch soll natürlich dazu beitragen, dass Sie sich fordern, aber dabei nicht überfordern.

Volksläufe zum Einstieg

Wer mehr Talent hat und orthopädisch robust genug ist, kann sicher weit mehr als eine Stunde lang laufen und bei entsprechender Neigung und Vorbereitung auch an Wettkämpfen bis hin zum Marathonlauf teilnehmen.

Leistungssport kann realistische Zielsetzung und positives Denken schulen und dabei helfen, trotz Wettbewerbsdrucks die Kontrolle nicht zu verlieren. Die geplante Teilnahme an einem Wettkampf wie einem Marathon kann die Motivation für ein langfristiges Ausdauertraining sein.

Doch bevor der Lauftraum, die Königsdistanz zu bewältigen, in Erfüllung geht, sollte man erst einmal auf kürzeren Strecken Erfahrungen sammeln: Nichts spricht dagegen, nur so aus Spaß aus dem Fitnesstraining heraus an einem kürzeren Volkslauf teilzunehmen. So genannte Jedermannsläufe über drei bis fünf Kilometer bieten einen spielerischen Einstieg.

Die optimale Leistung

Aus Wettkämpfen lernen

Sie werden aus diesen ersten Wettkämpfen lernen. Wie gehen Sie mit Nervosität und Belastungsdruck um? Die richtige Taktik und Renneinteilung ist aber eine Kunst, die man erst nach einiger Erfahrung beherrscht.

Darüber hinaus stellen Wettkämpfe über exakt vermessene Distanzen einen objektiven Leistungstest dar. Und aus der gelaufenen Zeit lässt sich hochrechnen, was Sie vermutlich auf der nächsthöheren Distanz können (siehe Seite 136).

Die optimale Leistung

Wer irgendwann mehr will als Fitnesslaufen, wer an Wettkämpfen teilnehmen möchte und nach persönlichen Bestzeiten strebt, der sollte wissen, wie solche Leistungen entstehen. Der Aufwand wird in vielen Bereichen größer werden. Dreimal Jogging lässt sich in eine 40-Stunden-Arbeitswoche gut einplanen. Wer aber das Maximale herausholen will, der muss alle Rahmenbedingungen optimieren. Nachfolgend ein kurzer Überblick darüber, wovon die optimale Leistung abhängt.

Talent

Leider können wir uns unsere Eltern nicht neu aussuchen. Mit Sicherheit ist das Talent der wichtigste Faktor im Leistungssport. Aber schon Goethe brachte es auf den Punkt: »Nicht nur das Erbe, sondern auch das Erlernte machen den Menschen.« Das bedeutet: Ohne Trainingsfleiß kommt kein Spitzenläufer zum Erfolg.

Bei einigen hat Mutter Natur allerdings die Gene etwas gnädiger zusammengewürfelt als bei anderen. Ein Beispiel für die genetische Ausprägung des Talents ist die unterschiedliche Zusammensetzung der Muskelfasern bei Sprintern oder Langstreckern. Der hohe Anteil an ST-Fasern bei Elitelangstreckenläufern ist ein Grund dafür, dass ein Lauftalent »aus der Hose heraus« ohne viel Training 35 Minuten über zehn Kilometer läuft, eine

In Rennen über kurze Distanzen können Sie als Wettkampfnovize typische Anfängerfehler vermeiden lernen, die später beim Halbmarathon oder gar beim Marathon fatal wären.

Wichtig: Wettkampfleistungen sollte sich nur aussetzen, wer kerngesund ist. Ein Sportmediziner sollte grünes Licht geben.

STEP 7 Running

Die Leistung des ehrgeizigen Rennläufers steht und fällt in erster Linie mit dem Trainingsfleiß. Wettkämpfer sollten wenigstens viermal pro Woche trainieren, um ihr Potenzial besser auszuschöpfen.

Zeit, die die meisten trotz vielen Fleißes nie erreichen werden. Ein vom Körperbau her eher zum Basketballspiel oder fürs Kugelstoßen geeigneter Zeitgenosse ist im Vergleich zu den schlanken, kleineren Eliteläufern im Nachteil.

Soziales Umfeld

Wenn Sie Großes vorhaben, sollten Sie nicht gerade die Nähe von Leuten suchen, die Ihnen problemorientiert erklären, wie schwer das Vorhaben ist. Halten Sie lieber Ausschau nach den positiv denkenden Machertypen, die Ihnen rückversichern, dass Sie das schon schaffen werden, wenn Sie die Ärmel hochkrempeln.

Den höheren Aufwand beim Wettkampflaufen werden auch die Familie und Ihr Freundeskreis spüren. Denn während viele Spitzenläufer Profis sind oder bei der Polizei und Bundeswehr großzügig zum Training freigestellt werden, müssen Freizeitläufer mühsam ihre Trainingsstunden von der Freizeit abzwacken. Und das trägt die Familie nicht unbedingt mit.

Jeder muss daher für sich selbst herausfinden, wie viel Trainingszeit und zusätzliche Belastung sinnvoll neben stressigem Arbeitsalltag und Familienleben möglich ist. Bitten Sie um Verständnis, aber machen Sie anschließend zur Belohnung mit der Familie einen schönen Urlaub. Schlaue Füchse integrieren die Lieben. Wer möchte nicht mit zum Marathon mit Rahmen-

Für diese kenianischen Schulmädchen ist die Teilnahme an einem Sichtungslauf die Chance, für eine Laufkarriere entdeckt zu werden.

programm nach New York? Wenn Sie die Reise finanzieren, ist Ihnen Unterstützung im Vorfeld und selbst beim Rennen sicherlich gewiss.

Gesundheit

Den hohen Wettkampfbelastungen sollte sich nur aussetzen, wer kerngesund ist. Ein sporterfahrener Arzt muss also zunächst grünes Licht geben. Man sollte sich bewusst sein, dass die orthopädischen Risiken steigen werden. Nur wer kerngesund ist, kann eine optimale Leistung erzielen. Wer Fieber hat, gehört ins Bett. Eine chronische, unerkannte Zahnentzündung kann das Leistungsniveau erheblich senken. Wer im Training überzogen hat und übertrainiert ist, bekommt vielleicht kurz vor dem Wettkampf eine Grippe, weil sein Immunsystem geschwächt ist. Wer an Verletzungen laboriert, sollte sich überlegen, ob er durch Pausieren nicht mehr Zeit gewinnt. Später, wenn die Verletzung erst chronisch geworden ist, wird man bereuen, nicht frühzeitig aufgehört zu haben. Für die Gesundheit muss man selbstverständlich auch mal einen Wettkampf verschieben oder ausfallen lassen können.

Alter

»Age is just a number«, das Alter ist nur eine Zahl. Während sich zahlreiche Normalbürger schon ab 30 über jede neue Lebensdekade grämen, feiern Wettkampfläufer die Zugehörigkeit zur neuen Altersklasse. Als Jüngste in der Altersklasse W40, Frauen über 40 Jahren, ist man hoch motiviert, hat bessere Erfolgsaussichten und kann noch mal richtig angreifen. Für ältere Läufer ist es aber wichtig zu akzeptieren, dass jedes Jahr im Marathon beispielsweise einige Minuten kostet. Intensives Training wird orthopädisch immer riskanter. Wer allerdings erst mit 40 oder 50 Jahren einsteigt, hat gute Chancen, noch einige Jahre lang immer besser zu werden, da sein Körper diese Zeit benötigt, um sich überhaupt erst anzupassen. Erst danach geht die Leistungskurve wie bei den anderen allmählich nach unten.

Training

Beim Fitnessjogging sind Sie bisher vielleicht mehr nach Lust und Laune gejoggt. Nun wird das Training noch systematischer und variabler. Jahrelanges kontinuierliches Training, auch über den Winter, ist mit Abstand der wichtigste Leistungsfaktor. Die wettkampfspezifische richtige Mischung aus Umfang und Intensität ist entscheidend. Gute Trainingspläne, an die man sich auch halten sollte, sind ein wichtiger Erfolgsgarant.

Viele setzen fälschlicherweise Qualität mit Intensität gleich. Für einen Marathonläufer ist eine hohe Zahl lockerer Trainingskilometer eine viel bedeutendere Trainingsqualität als intensive Intervalleinheiten, die für den Zehn-Kilometer-Läufer wichtiger werden.

Bedenken Sie als Wettkampfläufer bei allem Ehrgeiz, dass Ihre Knochen auch im höheren Alter noch für Fitnessjogging herhalten sollen.

STEP 7 Running

Jedes Training ist nur so gut, wie es vor- und nachbereitet wird: Wer vor einem wichtigen Wettkampf nicht genügend ruht, wird sein volles Leistungspotenzial nicht erreichen.

Regeneration

Die Regeneration ist ganz entscheidend für den Trainingsfortschritt. Wer es richtig verstanden hat, weiß, dass der eigentliche Leistungsfortschritt nicht in der Trainingseinheit selbst, sondern erst in der Regeneration danach stattfindet. Wer so viel trainiert, dass der Körper mit den Anpassungsprozessen nicht mehr nachkommt, betreibt Raubbau, nicht Aufbau. Übertraining und Verletzungen können die Folge sein.

Ernährung

Eine ausgewogene, fettärmere, vollwertige Ernährung mit einer hohen Nährstoffdichte – also reichlich komplexe Kohlenhydrate, die richtigen Fette, hochwertige Eiweißkombinationen, sekundäre Pflanzenstoffe, Vitamine, Mineralien und Spurenelemente –, dazu genügend Flüssigkeitszufuhr, das legt den Grundstein für eine schnelle Regeneration und die aufbauenden Prozesse. Ein optimales Wettkampfgewicht ohne überflüssige Pfunde fördert natürlich die Leistung, ebenso wie eine gezielte Ernährung vor, während und nach dem Training oder Rennen.

Material

Der Schuh ist mit Abstand der wichtigste Ausrüstungsgegenstand. Er ist nicht nur das Bindeglied zwischen der sportlichen Leistungsfähigkeit und dem Untergrund, sondern er schützt auch vor Verletzungen. Spätestens mit Beginn eines Trainings für Wettkämpfe sollten Sie sich für die variablen Trainingseinheiten und Rennen mehrere verschiedene Modelle ordentlicher Laufschuhe geleistet haben.
Pulsfrequenzmesser oder Stoppuhr erleichtern es, das Rennen zu kontrollieren oder nach Zwischenzeiten zu laufen. Funktionelle Kleidung schützt davor, bei einem Wettkampf auszukühlen oder zu überhitzen (zu hohe Wasserverluste, das Blut ist zur Abkühlung in der Haut und fehlt in der Muskulatur).

Laufstil, Technik

Zugegeben, es gab Olympiasieger mit ziemlich schlechtem Laufstil. Das bekannteste Beispiel ist Emil Zatopek, die »tschechische Lokomotive«. Er war seiner Konkurrenz trainingsmethodisch und vom Kopf her überlegen und konnte sich unökonomische stilistische Eigenheiten, wie mit dem Kopf zu rollen und mit den Ellenbogen nach außen zu schlagen, leisten.
Die gröbsten stilistischen und technischen Fehler sollten aber gleich zu Beginn des Lauftrainings korrigiert werden, damit sie sich gar nicht erst einschleifen. Ein schlechter Laufstil ist häufig Zeichen fehlender Kraft oder eine Folge von gymnastischen Defiziten: Zu schwache oder verkürzte Muskeln etwa verhindern eine lockere Armarbeit und einen flüssigen, ökonomischen Schritt.

Die optimale Leistung

Taktik, Kurs und Wetter

Renntaktik geht von der Planungsarbeit – sorgfältige Streckenkenntnis, durchdachte Wettkampfverpflegung – bis hin zu taktischen Raffinessen im Rennen, etwa, sich bei Gegenwind in Gruppen zu verstecken oder den Gegner durch zermürbende Zwischenspurts physisch und psychisch zu zerbrechen. Die Ideallinie auf einer Wettkampfstrecke, also den kürzestmöglichen erlaubten Weg und damit keine überflüssigen Meter zu laufen, hat dagegen nichts mit Taktik zu tun, sondern ist lediglich eine Frage der Konzentration und Übung.

Das Erfolgsrezept des gleichmäßigen Tempos (siehe auch die Randspalte) gilt auch für Volksläufer. Doch auf einem bergigen Kurs, auf Kopfsteinpflaster, matschigen Waldwegen, bei heißem oder windig kaltem Wetter lassen sich kaum Bestzeiten erzielen. Bei der Planung und Auswahl der Wettkämpfe sollte man dies entsprechend berücksichtigen: Der Honolulu Marathon auf Hawaii ist ein schönes Lappferienabenteuer; Bestzeiten erzielt man aber eher im Frühling oder Herbst bei kühler Witterung auf schnellen Kursen wie in Zürich, Hamburg oder Berlin.

Motivation

Sie müssen an sich glauben! Wer in der zweiten Hälfte des Rennens dem inneren Schweinehund keine Antwort auf die Frage »Warum das alles?« geben kann, wird nicht das Letzte aus sich herausholen können. Bereits im Training sollte man daher immer die Herausforderung suchen, konsequent sein und keine faulen Ausreden mehr gelten lassen.

Kneifen Sie nicht bei schwierigen Bedingungen, gehen Sie bei Regen erst recht laufen. Sie können beim Training immer wieder eine Wettkampfvision durchspielen, sich im Rennen laufen

> **Mein Profi-Tipp**
>
> ### Die Schwächen erkennen
>
> Ein fleißiger Durchschnittsläufer wird durch sein Training manchem faulen Talent davonlaufen. Das beste antrainierte Vermögen wiederum nutzt nichts, wenn es ineffizient umgesetzt wird. Das können ein schlechter Laufstil, schlechte Schuhe, unfunktionelle Kleidung oder Übergewicht sein. Und auch wenn das Training und die Ausrüstung stimmen, stolpern nicht wenige dann im Wettkampf über ihr zu schwaches Nervenkostüm. Ein guter Athlet arbeitet auch konsequent an seinen Schwächen! Da ist am meisten herauszuholen. Weniger Hefeweizen, mehr Dehnungsübungen, Gewicht runter oder dem inneren Schweinehund, der Sie schon wieder im Rennen einlullen will, klipp und klar sagen, dass er heute die Schnauze halten soll.

Gleichmäßiger Krafteinsatz ist der Schlüssel zu guten Wettkampfzeiten. Bei nahezu allen Weltrekorden im Langstreckenbereich wurde die erste Hälfte der Strecke fast genauso schnell gelaufen wie die zweite.

STEP 7 Running

sehen und sich »heiß« machen: »Ja, ich will es! Ich schaffe mein Ziel, das wäre doch gelacht!« oder: »Den Fritz, meinen Erzrivalen, packe ich beim nächsten Mal, der wird schon sehen.«

Vom Fitness- zum Volksläufer

Sie haben sich nun über viele Monate so weit fit trainiert, dass Sie länger als eine Stunde am Stück laufen können. Sie möchten ins kalte Wasser springen und am ersten Wettkampf Ihres Lebens teilnehmen.
Im Rahmenprogramm großer Laufveranstaltungen werden häufig so genannte Schnupper- oder Jedermannsläufe über kurze Strecken von einigen Kilometern angeboten. Sie machen den Einstieg besonders einfach, da man sich hier in der Regel unter Gleichgesinnten befindet. Oft erfolgen die Läufe zudem mit Teilnehmerurkunde, aber ohne Zeitnahme und damit ohne Leistungsdruck. Wo solche Rennen stattfinden, erfahren Sie im Laufsportgeschäft oder im Internet aus dem Volkslaufkalender des Deutschen Leichtathletikverbands unter www.leichtathletik.de.

Erfahrungen sammeln

Ein Jedermannsrennen kann man ohne spezielle Vorbereitung nach einigen Monaten kontinuierlichen Lauftrainings spaßeshalber mitlaufen. Eine Distanz von fünf bis zehn Kilometern beherrschen Sie bereits mühelos. Neu ist für Sie, mit einem gewissen Erwartungsdruck, Adrenalin und Nervosität umzugehen. Hier werden Sie bestimmt Fehler machen, aber auch wertvolle Erfahrungen sammeln, die Ihnen bei einem wichtigeren Rennen, wie etwa einem Marathon, später unschätzbare Dienste leisten.
Falls Sie bei Ihrem ersten Volkslauf bereits auf die Tube drücken und Vollgas geben, wird dieser Grenzgang Ihnen auch neue Körpererfahrungen wie Leistungseinbruch oder Muskelkater bringen. Auch werden Sie hier schon im Kleinen lernen, was es heißt, den inneren Schweinehund zu besiegen und noch mal willentlich alle Kräfte zu mobilisieren. Vielleicht werden Sie auch positiv überrascht feststellen, dass Sie viel mehr können, als Sie sich jemals zugetraut haben.

Training für Volkslauf

Was Ihr Training für den ersten Wettkampf anbelangt, sollten Sie nun unbedingt Ihren bisherigen Plan für Fitnessläufer (Seite 113ff. und 122f.) vom vorhergehenden Kapitel ausbauen.
Sie werden nun vier Tage in der Woche trainieren und vermehrt wettkampftypische Trainingselemente für einen ersten Volkslauf integrieren. Der lange Lauf am Wochenende wird der Wettkampfstrecke entsprechend weiter ausgedehnt. Am besten suchen Sie sich für Ihr erstes Rennen einen flachen

Die Hemmschwelle, an einem richtigen Wettkampf teilzunehmen, ist zu Beginn noch hoch. So genannte Jedermannsläufe bieten einen leichten Einstieg.

Kurs ohne allzu große Schwierigkeiten heraus. Es ist dann leichter, nach Pulsfrequenz zu laufen oder ein beabsichtigtes Tempo nach Zwischenzeiten zu kontrollieren.

Ausgangspunkt des folgenden Plans ist der Leistungsstand, den Sie im Plan von Seite 123 (Fitnessläufer) nach der 11. und 12. Woche erreicht haben. Er könnte direkt daran anschließen. Sie werden Ihr Training auf viermal pro Woche steigern, indem ein weiterer kurzer Dauerlauf unter der Woche hinzukommt. In der letzten Ruhewoche vor dem Wettkampf ist es wichtig, das Training deutlich zurückzunehmen.

4-Wochen-Plan für einen **Volkslauf** – Ziel: **ankommen**

1. Woche (ca. 36 km)

Tag	Training	ca. km
Mo	—	–
Di	ruhiger DL 40 min (70–80 % maxHF)	6–7
Mi	—	–
Do	ruhiger DL 40 min (70–80 % maxHF)	6–7
Fr	—	–
Sa ▶▶	Fahrtspiel 50 min (Tempowechsel 70–90 % maxHF)	8–9
So ▶	langsamer DL 90 min (70 % maxHF)	13–14

3. Woche (ca. 36 km)

Tag	Training	ca. km
Mo	—	–
Di	ruhiger DL 40 min (70–80 % maxHF)	6–7
Mi	—	–
Do	ruhiger DL 40 min (70–80 % maxHF)	6–7
Fr	—	–
Sa ▶▶	Fahrtspiel 50 min (Tempowechsel 70–90 % maxHF)	8–9
So ▶	langsamer DL 80 min (70 % maxHF)	13–14

2. Woche (ca. 36 km)

Tag	Training	ca. km
Mo	—	–
Di	ruhiger DL 40 min (70–80 % maxHF)	6–7
Mi	—	–
Do	ruhiger DL 40 min (70–80 % maxHF)	6–7
Fr	—	–
Sa ▶▶	Tempo-DL 50 min, darin 30 min flott (80–85 % maxHF)	8–9
So ▶	langsamer DL 90 min (70 % maxHF)	13–14

4. Woche (ca. 24 km)

Tag	Training	ca. km
Mo	—	–
Di	ruhiger DL 50 min (70–80 % maxHF), Steigerungen	6–7
Mi	—	–
Do	Jogging 30 min (70 % maxHF), Steigerungen	5–6
Fr	—	–
Sa	—	–
So ▶▶	Jedermannslauf/Volkslauf 5–10 km (bis > 90 % maxHF)	8–15

© Steffny, Das große Laufbuch, Südwest Verlag 2004

% maxHF = Prozent der maximalen Herzfrequenz   ▶ = langer Dauerlauf (DL)   ▶▶ = Tempolauf oder Wettkampf.
Bei Wettkämpfen und Tempoeinheiten sind bei den Tageskilometern Kilometer für langsames Ein- und Auslaufen mit einberechnet, weitere Erläuterungen siehe Text.

STEP 7 Running

Vorbereitungen aufs Rennen

Ideal wäre es, wenn Sie die Hilfe wettkampferfahrener Freunde in Anspruch nehmen und mit diesen das große Abenteuer gemeinsam planen und bestreiten. Lesen Sie die Wettkampfausschreibung aufmerksam durch.

Schlafen Sie die letzten beiden Nächte vor dem Rennen ausreichend. Achten Sie auf eine vollwertige Ernährung, und reduzieren Sie den Alkoholkonsum (spezielle Hinweise zur Ernährung vor, während und nach dem Rennen finden Sie in Step 14, Seite 340ff.).
Machen Sie sich eine Liste, was Sie für den großen Tag brauchen. Die Checkliste für die Wettkampftasche links mag Ihnen helfen, nichts Wichtiges zu vergessen. Sie sollten sie individuell nach Ihren Bedürfnissen erweitern. Packen Sie Ihre Wettkampftasche in jedem Fall schon am Abend vorher.

Vor dem Startschuss

Jetzt wird es ernst. Damit am Wettkampftag nichts mehr schief läuft, gilt es einiges zu beachten: Stehen Sie morgens wenigstens drei Stunden vor dem Rennen auf. Frühstücken Sie spätestens zweieinhalb Stunden vor dem Start. Planen Sie Pufferzeiten für Unwägbarkeiten ein.
Kommen Sie rechtzeitig, wenigstens 90 Minuten vorher, zum Start. Besorgen Sie sich als Erstes die Startnummer, und befestigen Sie sie an Ihrem Laufhemd. Erkundigen Sie sich, ob sich der Zeitplan nicht vielleicht verschoben hat. Laufen Sie sich vor dem Start ganz langsam zehn Minuten warm. Ideal wäre es, wenn Sie kurz vor dem Start einer Begleitperson Ihren Trainingsanzug oder Ihre Wetterjacke anvertrauen könnten. Kleiden Sie sich dem Wetter entsprechend nicht zu

---

Mein Profi-Tipp

Checkliste für die Wettkampftasche

- eingelaufener Wettkampfschuh, Trainingsschuh
- eingelaufene Wettkampfsocken und Trainingssocken
- eingelaufene Wettkampfshorts oder -tights
- eingelaufenes Wettkampftrikot oder Funktions-T-Shirt
- Sport-BH und Funktionsunterwäsche
- Trainingsanzug, Windjacke oder Weste
- dünne Laufhandschuhe
- Schweißband, Stirnband, Kopfbedeckung
- (Sport-)Brille
- Stoppuhr und Pulsmessgerät
- Pflaster, Schere, Nagelschneider
- Vaseline gegen Wundscheuern
- Sicherheitsnadeln
- Toilettenpapier
- Toilettenbeutel, Seife, Shampoo, Handtuch
- Badetuch, Badehose
- Wettkampfausschreibung
- Teilnahmebestätigung
- Stadtplan, Landkarte
- Zeitmess-Chip
- Kleingeld
- Startpass (für Meisterschaften)
- Verpflegung für vor, während und nach dem Wettkampf
- Getränkeflasche, Trinkgürtel
- Thermometer, Hygrometer

warm. Am Start leicht zu frösteln ist genau richtig, denn im Rennen wird Ihnen durch die Anstrengung schon noch warm werden.

Stellen Sie sich Ihrem Leistungsvermögen entsprechend nicht zu weit vorne auf. Sie werden viel zu schnell loslaufen, da die Läufer vorne mit dem Startschuss wie eine losgelassene Horde von Wildpferden losprügeln. Weiter hinten finden Sie viel eher von Beginn an Ihr eigenes Tempo.

Taktik im Rennen

Starten Sie Ihre Stoppuhr, wenn Sie den Startstrich überlaufen. So erhalten Sie Ihre Nettolaufzeit, also die Zeit von der Startlinie bis zum Ziel. Die Bruttolaufzeit, vom Startschuss bis zum Zieleinlauf, kann je nach Größe des Feldes einige Sekunden bis Minuten – um die Zeit, die Sie benötigen, bis Sie die Startlinie überlaufen – länger sein. Von der Startlinie an gelten auch die Kilometerschilder, die viele Volkslaufveranstalter die Strecke entlang aufgestellt haben. Nun wissen Sie beispielsweise, wie lang Sie für den ersten Kilometer gebraucht haben, und können das mit Trainingswerten vergleichen. Versuchen Sie von Beginn an ein gleichmäßiges Tempo durchzulaufen. Werden Sie auf der zweiten Hälfte langsamer oder brechen Sie regelrecht ein, dann sind Sie viel zu flott losgelaufen. Unter Adrenalin und mit den Mitläufern kommt Ihnen das Tempo zu Beginn bestimmt ganz locker vor.

Natürlich ist es so gut wie immer im Nachhinein viel zu schnell gewesen. Um diese Erfahrung ist noch niemand herumgekommen. Nehmen Sie sich trotzdem vor, langsam zu starten!

Kontrolle nach Puls und Zwischenzeit

Kontrollieren Sie unterwegs nach Zwischenzeit oder Puls die Belastung. Sie werden im Rennen bestimmt schneller als bei schnellen Trainingsläufen sein. Sollten Sie gegen Ende spurten, so wäre das die beste Gelegenheit, den Maximalpuls zu überprüfen. Sie sollten jetzt nahe dran sein.

Die Pulsmessung kann im Rennen nicht uneingeschränkt empfohlen werden. Beachten Sie, dass Mitläufer Ihre Frequenz vielleicht stören. Der Puls geht auch nicht nach dem Start sofort auf einen vorgenommenen Zielpuls, sondern steigt erst langsam über einige Minuten an. Der Zielpuls im Rennen ist im roten Bereich ohnehin nicht klar anzugeben. Wenn Sie nicht nur mitjoggen, sondern volle Pulle laufen, wird er bei einem Fünf- bis Zehn-Kilometer-Lauf bei der Hälfte in den roten Bereich gehen, also über 90 Prozent liegen. Zumindest die ersten Kilometer sollten Sie daher unbedingt auch nach Zwischenzeit überprüfen. Sollte es keine Kilometerschilder geben, so bleibt Ihnen nur das hoffentlich vorher trainierte Körpergefühl. Vielleicht haben Sie einen erfahrenen Mitläufer, der Sie bei Ihrem Einstiegsrennen begleitet.

Die meisten beginnen ein Rennen zu schnell und werden später langsamer. Wenn Sie im Zweifel über Ihr zu laufendes Tempo sind, entscheiden Sie sich für die langsamere Alternative. Sollten Sie am Ende Reserven haben, so können Sie auf der zweiten Hälfte noch alles aufholen!

STEP 7 Running

Der Zehn-Kilometer-Wettkampf

Vielleicht sind Sie mit dem Trainingsplan von Seite 133 Volksläufer geworden und haben erste Wettkampferfahrungen gesammelt. Wettkämpfe sind aber nicht nur Testrennen für die derzeitige Form, sondern man kann von den erzielten Ergebnissen hervorragend auf mögliche Zeiten auf andere Nachbardistanzen hochrechnen.

Testrennen als Berechnungsbasis für Nachbardistanzen

Hierzu haben sich vor allem Toni Nett und mein Bruder Manfred Steffny schon vor Jahrzehnten Gedanken gemacht. Bezüglich der Halbmarathondistanz und der Empfehlungen für die möglichen Zielzeiten beim Halbmarathon- oder Marathondebüt gebe ich meine eigenen Erfahrungen wieder. Um die hochgerechneten Zeiten zu realisieren, muss man natürlich auch das entsprechende Training für diese Distanz durchführen. Eine gute Zehn-Kilometer-Zeit ist ohne erhöhten Trainingsumfang, langsameres Dauerlauftempo und lange Läufe noch keine Garantie für eine gute Marathonzeit. Auch das Wetter und eine schlechte Strecke können Ihnen einen Strich durch die Rechnung machen. Die unten stehende Übersicht gibt einige Umrechnungsbeispiele.

War der erste Volkslauf ein Zehn-Kilometer-Wettkampf auf einer flachen gut vermessenen Strecke, so haben Sie nun die Möglichkeit, nach dieser Tabelle auf mögliche Wettkampfzeiten über andere Distanzen hochzurechnen. Bestimmt brauchen Sie aber noch einen weiteren Testlauf, denn selten gelingt beim ersten Rennen alles auf Anhieb. Verglichen werden können außerdem natürlich nur aktuell mögliche Zeiten. Die vor fünf Jahren erzielte Bestzeit für ein momentan

Zehn-Kilometer-Rennen werden oft angeboten. Sie eignen sich sehr gut für eine Standortbestimmung.

Maximal mögliche Zeiten auf Nachbardistanzen

Sie sind einen Test gelaufen über	... und wollen daraus hochrechnen auf	Umrechnungsformel für die maximal mögliche Zeit bei geübten Läufern
1.500 m	3.000 m	(1.500-m-Zeit x 2) plus 20 Sek.
3.000 m	5.000 m	(3.000-m-Zeit plus 20 Sek.) x 1,666
5.000 m	10.000 m	(5.000-m-Zeit x 2) plus 1 Min.
10.000 m	Halbmarathon	10.000-m-Zeit x 2,21
10.000 m	Marathon	10.000-m-Zeit x 4,666
Halbmarathon	Marathon	Halbmarathon-Zeit x 2,11
Marathon	100 km	Marathon-Zeit x 3 (bei einer Marathon-Zeit unter 3 Std. abzüglich der Minuten unter 3:00 Std.)

anstehendes Rennen hochzurechnen, ist vollkommen unrealistisch.

Zur Erläuterung der Tabelle ein paar Beispiele: Ein Läufer kann aus einem realistischen Fünf-Kilometer-Straßenlauf in 22:00 Minuten auf eine maximal mögliche Zeit um 45:00 Minuten über zehn Kilometer hoffen und entsprechend dafür trainieren. Ein Zehn-Kilometer-Test in 32:00 Minuten kann im Optimalfall eine Halbmarathonzeit von 1:10:43 Stunden und einen Marathon in etwa 2:30 Stunden bedeuten.

Die Formeln an mir überprüft: Meine Bestzeit von 13:46 Minuten über 5.000 Meter würde nach der Tabelle eine 10.000-Meter-Zeit von 28:32 ergeben. Meine Bestzeit ist 28:31. Das stimmt sehr gut überein. 28:31 über 10.000 Meter würde eine mögliche Marathonzeit von 2:13 bedeuten. In Wirklichkeit erzielte ich 2:11:17 und blieb insgesamt fünfmal unter 2:12! Marathon ist bei mir also die relativ beste Zeit. Von dieser Zeit wieder heruntergerechnet hätte ich 28:08 über 10.000 Meter erzielen müssen.

Stimmen die Formeln also nur teilweise? Nach meiner Erfahrung mit vielen Athleten sind sie ziemlich korrekt, aber man muss sich kritisch fragen, ob man wirklich die zu vergleichenden Strecken ausgereizt hat und ob man sich adäquat vorbereitet hat. Nicht immer erwischt man auch vergleichbare optimale Rennverläufe und günstige Witterung. Als erfolgreicher Marathonläufer habe ich die kürzeren Distanzen ohnehin etwas vernachlässigt.

Geschichten am Rande

Schneller durch Intensität?

1987 habe ich nach dem Gewinn der Europameisterschafts-Bronzemedaille vermehrt Intensität trainiert. Es war ein Experiment mit der folgenden Konsequenz: Ich lief Bestzeit über 1.500 und 10.000 Meter. Aber in meiner eigentlichen Hauptdisziplin Marathon lief ich schlechter und schaffte nur noch 2:15 Stunden! Das bedeutet: Die Intensität hat mir für kurze Strecken genutzt, für Marathon aber geschadet. Gleichzeitig lassen sich also die verschiedenen Distanzen nicht optimal trainieren.

Halbmarathons wurden damals selten gelaufen. Zudem gibt es eben Mittelstreckenspezialisten und andererseits bessere Ausdauertypen, welche auf längeren Distanzen ihr Potenzial erst richtig entfalten.

Trainingsplanung für zehn Kilometer

Natürlich schaffen Sie einen Zehn-Kilometer-Lauf auch aus einem reinen Dauerlauftraining. Aber wenn Sie das Maximale rausholen möchten und Bestzeit laufen wollen, dann sollten Sie professioneller üben und variabel die Trainingselemente mischen. Die Pläne für zehn Kilometer in 59 bis 49 Minuten (Seite 140ff.) können Sie gut an den eingangs dieses Kapitels vorgestellten Plan »Vom Fitness- zum Volksläufer« (Seite 133) anschließen. Sie haben darin bereits viermal pro Woche laufen gelernt und einen eineinhalbstündi-

Spätestens beim Training für die zehn Kilometer sollten Sie sich vermessene Trainingsstrecken zulegen, auf denen Sie Intervall- und Tempodauerläufe gezielt auf die geplanten Wettkampfgeschwindigkeiten hin durchführen können.

STEP 7 Running

gen langen Lauf eingeübt. Sie beherrschen bereits das Mischtraining aus Tempo- und ruhigen Läufen. Nun werden die schnellen Einheiten in der Form des Intervalltrainings noch wettkampfspezifischer. Die schnellen Läufe über 400 oder 1.000 Meter bereiten Sie ganz gezielt auf die beabsichtigte Renngeschwindigkeit vor. Das meiste wird natürlich nach wie vor im grünen Bereich gelaufen. Hüten Sie sich davor, die Zwischentage zu schnell zu laufen. Dann sitzen die Tempoeinheiten nicht mehr richtig!

Der passende Plan

Welcher Plan zu Ihnen passt und damit welcher Trainingsumfang sowie welches Trainingstempo zu Ihrer Leistung gehören, können Sie aus dem Ergebnis des Jedermannslaufs hochrechnen (siehe dazu die Tabelle auf Seite 136). Oder aber aus dem Training: Wer beim flotten Training über zehn Kilometer bereits unter 60 Minuten kommt, der kann sich sicher den Plan für unter 50 Minuten vornehmen. Ob Ihr Talent auch für die schnelleren Pläne ausreicht, müssen Sie selbst vorsichtig ausloten. Sie erfordern bereits mehr Erfahrung und einige Trainingsjahre. Setzen Sie aber Ihr Ziel realistisch oder lieber zunächst etwas zu tief an, und lassen Sie sich überraschen.

Wenn Sie also momentan im Wettkampf etwa 49 Minuten über zehn Kilometer laufen können, dann wäre Ihr regeneratives Jogging bei einem Tempo von 6:30, der Dauerlauf um 6:10 und der flotte aerobe Tempolauf bei 5:30 Minuten pro Kilometer. Intervalleinheiten wie 1.000-Meter-Läufe wären bei 4:51 Minuten zu laufen. Sie sollten viermal pro Woche trainieren und dabei knapp 50 Kilometer bewältigen. Natürlich ändert sich Ihr derzeitiges Trainingstempo mit der ansteigenden Form oder verschlechtert sich nach einer längeren Krankheitspause. Da es aber zahlreiche Zehn-Kilometer-Straßenläufe gibt, ist es nicht schwierig, über den Jahresverlauf immer mal wieder an einem gut organisierten

Auf einer mit Kilometersteinen vermessenen Strecke oder im Stadion können Sie das Tempo am besten kontrollieren.

10-km-Wettkampfpläne: Trainingsumfang und -tempo

Zielzeit min	Einheiten pro Woche	km/Woche ca.	Jogging[1] Zeit/km	Dauerlauf Zeit/km	Tempolauf Zeit/km	Renntempo Zeit/km
um 59:00	4	38	7:20	6:50	6:30	5:55
um 54:00	4	46	7:00	6:30	6:00	5:20
um 49:00	4	49	6:30	6:10	5:30	4:51
um 44:00	4	55	6:00	5:40	5:00	4:20
um 39:00	5	69	5:30	5:10	4:25	3:51
um 34:00	6	86	4:50	4:30	3:55	3:21

[1] Hierzu gehört auch das Warm- und Auslaufen

Zehn-Kilometer-Wettkampf

Die Langstreckenläufe werden von den Zweikämpfen Kenia gegen Äthiopien dominiert.

Rennen als Standortüberprüfung teilzunehmen. Doch trotz aller heute möglichen Leistungsdiagnostik: Der Wettkampf ist immer die Stunde der Wahrheit und der beste Test des momentanen Leistungsvermögens.

Die richtige Geschwindigkeit

Die angegebenen Geschwindigkeiten für Jogging, Dauerlauf und Tempolauf und der Wochenumfang sollen als Richtwerte für die Trainingspläne dienen. Natürlich schwankt das Trainingstempo mit dem Untergrund, Wetter und Profil Ihrer Strecken. Wer auf Schnee versucht, sein Dauerlauftempo beizubehalten, würde maßlos überziehen. Hier wäre natürlich ein pulskontrolliertes Training sinnvoller.

10.000-Meter-Elitetraining

Mit dem letzten Plan (Seite 146) möchte ich Sie in mein 10.000-Meter-Training blicken lassen. Spitzenathleten laufen oft zweimal täglich. Für sie sind in der speziellen Vorbereitungsphase zwei bis drei Tempoeinheiten pro Woche meist als Bahntraining nicht ungewöhnlich. In der monatelangen Aufbauphase vor allem im Winter sollten aber auch Topläufer fleißig Kilometer sammeln. Die Teilnahme an Crossläufen durch Matsch, Eis und Schnee entwickelt mentale Härte und Kraftausdauer. Im Frühjahr kann auch ein Halbmarathon eingeplant sein. Die spezielle Vorbereitung des Bahnhöhepunkts, wie einer Meisterschaft, führt meist über kürzere Vorbereitungsrennen.

STEP 7 Running

6-Wochen-Plan für **10-km-Wettkampf** – Zielzeit **59 Minuten**

1. Woche (38 km)

Tag	Training	ca. km
Mo	—	-
Di	ruhiger DL 60 min (75 % maxHF)	9
Mi	—	-
Do ▶▶	Tempolauf 5 km, ca. 6:30/km (85 % maxHF)	10
Fr	—	-
Sa	ruhiger DL 50 min (75 % maxHF)	7
So ▶	langsamer langer DL 90 min (70 % maxHF)	12

2. Woche (39 km)

Tag	Training	ca. km
Mo	—	-
Di	ruhiger DL 60 min (75 % maxHF)	9
Mi	—	-
Do ▶-▶	6 x 400 m in 2:20 min (200 m Trabpause)	9
Fr	—	-
Sa	ruhiger DL 50 min (75 % maxHF)	7
So ▶	langsamer langer DL 100 min (70 % maxHF)	14

3. Woche (41 km)

Tag	Training	ca. km
Mo	—	-
Di	ruhiger DL 60 min (75 % maxHF)	9
Mi	—	-
Do ▶▶	Tempolauf 6 km, ca. 6:30/km (85 % maxHF)	11
Fr	—	-
Sa	ruhiger DL 50 min (75 % maxHF)	7
So ▶	langsamer langer DL 100 min (70 % maxHF)	14

4. Woche (38 km)

Tag	Training	ca. km
Mo	—	-
Di	ruhiger DL 60 min (75 % maxHF)	9
Mi	—	-
Do ▶-▶	3 x 1.000 m in 5:55 min (400 m Trabpause)	10
Fr	—	-
Sa	ruhiger DL 50 min (75 % maxHF)	7
So ▶	langsamer langer DL 90 min (70 % maxHF)	12

5. Woche (37 km)

Tag	Training	ca. km
Mo	—	-
Di	ruhiger DL 60 min (75 % maxHF)	9
Mi	—	-
Do ▶-▶	4 x 1.000 m in 5:55 min (400 m Trabpause)	11
Fr	—	-
Sa	ruhiger DL 50 min (75 % maxHF)	7
So ▶	langsamer langer DL 75 min (70 % maxHF)	10

6. Woche (33 km)

Tag	Training	ca. km
Mo	—	-
Di ▶-▶	8 x 400 m in 2:20 min (200 m Trabpause)	10
Mi	—	-
Do	ruhiger DL 40 min (75 % maxHF), Steigerungen	6
Fr	—	-
Sa	Jogging 20 min (70 % maxHF), Steigerungen	3
So ▶▶	**Wettkampf über 10 km** (Zielzeit 59 min)	14

% maxHF = Prozent der maximalen Herzfrequenz ▶ = langer Dauerlauf (DL) ▶▶ = Tempolauf oder Wettkampf ▶-▶ = Intervalltraining. Bei Wettkämpfen und Tempoeinheiten sind bei den Tageskilometern Kilometer für langsames Ein- und Auslaufen mit einberechnet, weitere Erläuterungen siehe Text.

© Steffny, Das große Laufbuch, Südwest Verlag 2004

6-Wochen-Plan für **10-km-Wettkampf** – Zielzeit **54 Minuten**

1. Woche (44 km)

Tag		Training	ca. km
Mo		—	–
Di		ruhiger DL 60 min (75 % maxHF)	9
Mi		—	–
Do	▶▶	Tempolauf 6 km, ca. 6:00/km (85 % maxHF)	11
Fr		—	–
Sa		ruhiger DL 60 min (75 % maxHF)	9
So	▶	langsamer langer DL 105 min (70 % maxHF)	15

2. Woche (46 km)

Tag		Training	ca. km
Mo		—	–
Di	▶-▶	6 x 400 m in 2:07 min (200 m Trabpause)	9
Mi		—	–
Do	▶▶	Tempolauf 6 km ca. 6:00/km (85 % maxHF)	11
Fr		—	–
Sa		ruhiger DL 60 min (75 % maxHF)	9
So	▶	langsamer langer DL 120 min (70 % maxHF)	17

3. Woche (47 km)

Tag		Training	ca. km
Mo		—	–
Di	▶-▶	3 x 1.000 m in 5:20 min (400 m Trabpause)	10
Mi		—	–
Do	▶▶	Tempolauf 6 km, ca. 6:00/km (85 % maxHF)	11
Fr		—	–
Sa		ruhiger DL 60 min (75 % maxHF)	9
So	▶	langsamer langer DL 120 min (70 % maxHF)	17

4. Woche (48 km)

Tag		Training	ca. km
Mo		—	–
Di	▶-▶	4 x 1.000 m in 5:20 min (400 m Trabpause)	11
Mi		—	–
Do	▶▶	Tempolauf 6 km, ca. 6:00/km (85 % maxHF)	11
Fr		—	–
Sa		ruhiger DL 60 min (75 % maxHF)	9
So	▶	langsamer langer DL 120 min (70 % maxHF)	17

5. Woche (47 km)

Tag		Training	ca. km
Mo		—	–
Di	▶-▶	5 x 1.000 m in 5:20 min (400 m Trabpause)	12
Mi		—	–
Do	▶▶	Tempolauf 6 km, ca. 6:00/km (85 % maxHF)	11
Fr		—	–
Sa		ruhiger DL 60 min (75 % maxHF)	9
So	▶	langsamer langer DL 105 min (70 % maxHF)	15

6. Woche (35 km)

Tag		Training	ca. km
Mo		—	–
Di	▶-▶	8 x 400 m in 2:07 min (200 m Trabpause)	10
Mi		—	–
Do		ruhiger DL 45 min (75 % maxHF), Steigerungen	7
Fr		—	–
Sa		Jogging 20 min (70 % maxHF), Steigerungen	3
So	▶▶	**Wettkampf über 10 km** (Zielzeit 54 min)	15

% maxHF = Prozent der maximalen Herzfrequenz ▶ = langer Dauerlauf (DL) ▶▶ = Tempolauf oder Wettkampf ▶-▶ = Intervalltraining. Bei Wettkämpfen und Tempoeinheiten sind bei den Tageskilometern Kilometer für langsames Ein- und Auslaufen mit einberechnet, weitere Erläuterungen siehe Text.

STEP 7 Running

6-Wochen-Plan für **10-km-Wettkampf** – Zielzeit **49 Minuten**

1. Woche (46 km)

Tag	Training	ca. km
Mo	—	-
Di	ruhiger DL 60 min (75 % maxHF)	10
Mi	—	-
Do ▶▶	Tempolauf 6 km, ca. 5:30/km (85 % maxHF)	11
Fr	—	-
Sa	ruhiger DL 60 min (75 % maxHF)	9
So ▶	langsamer langer DL 105 min (70 % maxHF)	16

2. Woche (48 km)

Tag	Training	ca. km
Mo	—	-
Di ▶–▶	5 x 400 m in 1:55 min (200 m Trabpause)	9
Mi	—	-
Do ▶▶	Tempolauf 6 km, ca. 5:30/km (85 % maxHF)	11
Fr	—	-
Sa	ruhiger DL 60 min (75 % maxHF)	10
So ▶	langsamer langer DL 120 min (70 % maxHF)	18

3. Woche (49 km)

Tag	Training	ca. km
Mo	—	-
Di ▶–▶	3 x 1.000 m in 4:51 min (400 m Trabpause)	10
Mi	—	-
Do ▶▶	Tempolauf 6 km, ca. 5:30/km (85 % maxHF)	11
Fr	—	-
Sa	ruhiger DL 60 min (75 % maxHF)	10
So ▶	langsamer langer DL 120 min (70 % maxHF)	18

4. Woche (50 km)

Tag	Training	ca. km
Mo	—	-
Di ▶–▶	4 x 1.000 m in 4:51 min (400 m Trabpause)	11
Mi	—	-
Do ▶▶	Tempolauf 6 km, ca. 5:30/km (85 % maxHF)	11
Fr	—	-
Sa	ruhiger DL 60 min (75 % maxHF)	10
So ▶	langsamer langer DL 120 min (70 % maxHF)	18

5. Woche (49 km)

Tag	Training	ca. km
Mo	—	-
Di ▶–▶	5 x 1.000 m in 4:51 min (400 m Trabpause)	12
Mi	—	-
Do ▶▶	Tempolauf 6 km, ca. 5:30/km (85 % maxHF)	11
Fr	—	-
Sa	ruhiger DL 60 min (75 % maxHF)	10
So ▶	langsamer langer DL 105 min (70 % maxHF)	16

6. Woche (35 km)

Tag	Training	ca. km
Mo	—	-
Di ▶–▶	8 x 400 m in 1:55 min (200 m Trabpause)	10
Mi	—	-
Do	ruhiger DL 45 min (75 % maxHF), Steigerungen	7
Fr	—	-
Sa	Jogging 20 min (70 % maxHF), Steigerungen	3
So ▶▶	**Wettkampf über 10 km** (Zielzeit 49 min)	15

% maxHF = Prozent der maximalen Herzfrequenz ▶ = langer Dauerlauf (DL) ▶▶ = Tempolauf oder Wettkampf ▶–▶ = Intervalltraining. Bei Wettkämpfen und Tempoeinheiten sind bei den Tageskilometern Kilometer für langsames Ein- und Auslaufen mit einberechnet, weitere Erläuterungen siehe Text.

© Steffny, Das große Laufbuch, Südwest Verlag 2004

6-Wochen-Plan für **10-km-Wettkampf** – Zielzeit **44 Minuten**

1. Woche (52 km)

Tag	Training	ca. km
Mo	—	–
Di ▶–▶	3 x 1.000 m in 4:20 min (400 m Trabpause)	10
Mi	—	–
Do ▶▶	Tempolauf 7 km, ca. 5:00/km (85 % maxHF)	12
Fr	—	–
Sa	ruhiger DL 70 min (75 % maxHF)	12
So ▶	langsamer langer DL 110 min (70 % maxHF)	18

2. Woche (55 km)

Tag	Training	ca. km
Mo	—	–
Di ▶–▶	6 x 400 m in 1:40 min (200 m Trabpause)	10
Mi	—	–
Do ▶▶	Tempolauf 7 km, ca. 5:00/km (85 % maxHF)	12
Fr	—	–
Sa	ruhiger DL 75 min (75 % maxHF)	13
So ▶	langsamer langer DL 120 min (70 % maxHF)	20

3. Woche (56 km)

Tag	Training	ca. km
Mo	—	–
Di ▶–▶	4 x 1.000 m in 4:20 min (400 m Trabpause)	11
Mi	—	–
Do ▶▶	Tempolauf 7 km, ca. 5:00/km (85 % maxHF)	12
Fr	—	–
Sa	ruhiger DL 75 min (75 % maxHF)	13
So ▶	langsamer langer DL 120 min (70 % maxHF)	20

4. Woche (56 km)

Tag	Training	ca. km
Mo	—	–
Di ▶–▶	8 x 400 m in 1:40 min (200 m Trabpause)	10
Mi	—	–
Do ▶▶	Tempolauf 8 km, ca. 5:00/km (85 % maxHF)	13
Fr	—	–
Sa	ruhiger DL 75 min (75 % maxHF)	13
So ▶	langsamer langer DL 120 min (70 % maxHF)	20

5. Woche (53 km)

Tag	Training	ca. km
Mo	—	–
Di ▶–▶	5 x 1.000 m in 4:20 min (400 m Trabpause)	12
Mi	—	–
Do ▶▶	Tempolauf 6 km, ca. 4:50/km (85 % maxHF)	11
Fr	—	–
Sa	ruhiger DL 70 min (75 % maxHF)	12
So ▶	langsamer langer DL 110 min (70 % maxHF)	18

6. Woche (39 km)

Tag	Training	ca. km
Mo	—	–
Di ▶–▶	10 x 400 m in 1:40 min (200 m Trabpause)	11
Mi	—	–
Do	ruhiger DL 45 min (75 % maxHF), Steigerungen	7
Fr	—	–
Sa	Jogging 30 min (70 % maxHF), Steigerungen	5
So ▶▶	**Wettkampf über 10 km** (Zielzeit 44 min)	16

% maxHF = Prozent der maximalen Herzfrequenz ▶ = langer Dauerlauf (DL) ▶▶ = Tempolauf oder Wettkampf ▶–▶ = Intervalltraining. Bei Wettkämpfen und Tempoeinheiten sind bei den Tageskilometern Kilometer für langsames Ein- und Auslaufen mit einberechnet, weitere Erläuterungen siehe Text.

© Steffny, Das große Laufbuch, Südwest Verlag 2004

STEP 7 Running

6-Wochen-Plan für **10-km-Wettkampf** – Zielzeit **39 Minuten**

1. Woche (67 km)

Tag		Training	ca. km
Mo		—	-
Di	▶–▶	6 x 400 m in 1:29 min (200 m Trabpause)	9
Mi		ruhiger DL 60 min (75 % maxHF)	12
Do		—	-
Fr	▶▶	Tempolauf 8 km, ca. 4:25/km (85 % maxHF)	13
Sa		Jogging 60 min (70 % maxHF)	11
So	▶	langsamer langer DL 120 min (70 % maxHF)	22

2. Woche (68 km)

Tag		Training	ca. km
Mo		—	-
Di	▶–▶	3 x 1.000 m in 3:51 min (400 m Trabpause)	10
Mi		ruhiger DL 60 min (75 % maxHF)	12
Do		—	-
Fr	▶▶	Tempolauf 8 km, ca. 4:25/km (85 % maxHF)	13
Sa		Jogging 60 min (70 % maxHF)	11
So	▶	langsamer langer DL 120 min (70 % maxHF)	22

3. Woche (68 km)

Tag		Training	ca. km
Mo		—	-
Di	▶–▶	8 x 400 m in 1:29 min (200 m Trabpause)	11
Mi		ruhiger DL 60 min (75 % maxHF)	12
Do		—	-
Fr	▶▶	Tempolauf 8 km, ca. 4:25/km (85 % maxHF)	13
Sa		Jogging 60 min (70 % maxHF)	11
So	▶	langsamer langer DL 120 min (70 % maxHF)	22

4. Woche (69 km)

Tag		Training	ca. km
Mo		—	-
Di	▶–▶	4 x 1.000 m in 3:51 min (400 m Trabpause)	11
Mi		ruhiger DL 60 min (75 % maxHF)	12
Do		—	-
Fr	▶▶	Tempolauf 8 km, ca. 4:25/km (85 % maxHF)	13
Sa		Jogging 60 min (70 % maxHF)	11
So	▶	langsamer langer DL 120 min (70 % maxHF)	22

5. Woche (72 km)

Tag		Training	ca. km
Mo		—	-
Di	▶–▶	10 x 400 m in 1:29 min (200 m Trabpause)	12
Mi		ruhiger DL 60 min (75 % maxHF)	12
Do		—	-
Fr	▶▶	Tempolauf 10 km, ca. 4:25/km (85 % maxHF)	15
Sa		Jogging 60 min (70 % maxHF)	11
So	▶	langsamer langer DL 120 min (70 % maxHF)	22

6. Woche (52 km)

Tag		Training	ca. km
Mo		—	-
Di	▶–▶	5 x 1.000 m in 3:51 min (400 m Trabpause)	12
Mi		Jogging 60 min (70 % maxHF)	11
Do		ruhiger DL 45 min (75 % maxHF), Steigerungen	8
Fr		—	-
Sa		Jogging 30 min (70 % maxHF), Steigerungen	5
So	▶▶	**Wettkampf über 10 km** (Zielzeit 39 min)	16

% maxHF = Prozent der maximalen Herzfrequenz ▶ = langer Dauerlauf (DL) ▶▶ = Tempolauf oder Wettkampf ▶–▶ = Intervalltraining. Bei Wettkämpfen und Tempoeinheiten sind bei den Tageskilometern Kilometer für langsames Ein- und Auslaufen mit einberechnet, weitere Erläuterungen siehe Text.

© Steffny, Das große Laufbuch, Südwest Verlag 2004

6-Wochen-Plan für **10-km-Wettkampf** – Zielzeit **34 Minuten**

1. Woche (85 km)

Tag		Training	ca. km
Mo		Jogging 60 min (70 % maxHF)	12
Di	▶–▶	8 x 400 m in 1:17 min (200 m Trabpause)	11
Mi		ruhiger DL 60 min (75 % maxHF)	13
Do		—	–
Fr	▶▶	Tempolauf 8 km, ca. 3:55/km (85 % maxHF)	13
Sa		ruhiger DL 60 min (75 % maxHF)	13
So	▶	langsamer langer DL 120 min (70 % maxHF)	23

2. Woche (88 km)

Tag		Training	ca. km
Mo		Jogging 60 min (70 % maxHF)	12
Di	▶–▶	4 x 1.000 m in 3:21 min (400 m Trabpause)	12
Mi		ruhiger DL 60 min (75 % maxHF)	13
Do		—	–
Fr	▶▶	Tempolauf 10 km, ca. 3:55/km (85 % maxHF)	15
Sa		ruhiger DL 60 min (75 % maxHF)	13
So	▶	langsamer langer DL 120 min (70 % maxHF)	23

3. Woche (84 km)

Tag		Training	ca. km
Mo		Jogging 60 min (70 % maxHF)	12
Di	▶–▶	8 x 400 m in 1:17 min (200 m Trabpause)	11
Mi		ruhiger DL 60 min (75 % maxHF)	13
Do		—	–
Fr	▶–▶	5 x 1.000 m in 3:21 min (400 m Trabpause)	12
Sa		ruhiger DL 60 min (75 % maxHF)	13
So	▶	langsamer langer DL 120 min (70 % maxHF)	23

4. Woche (88 km)

Tag		Training	ca. km
Mo		Jogging 60 min (70 % maxHF)	12
Di	▶–▶	10 x 400 m in 1:17 min (200 m Trabpause)	12
Mi		ruhiger DL 60 min (75 % maxHF)	13
Do		—	–
Fr	▶▶	Tempolauf 10 km, ca. 3:55/km (85 % maxHF)	15
Sa		ruhiger DL 60 min (75 % maxHF)	13
So	▶	langsamer langer DL 120 min (70 % maxHF)	23

5. Woche (88 km)

Tag		Training	ca. km
Mo		Jogging 60 min (70 % maxHF)	12
Di	▶–▶	12 x 400 m in 1:17 min (200 m Trabpause)	13
Mi		ruhiger DL 60 min (75 % maxHF)	13
Do		—	–
Fr	▶▶	Tempolauf 10 km, ca. 3:55/km (85 % maxHF)	15
Sa		Jogging 60 min (70 % maxHF)	12
So	▶	langsamer langer DL 120 min (70 % maxHF)	23

6. Woche (55 km)

Tag		Training	ca. km
Mo		—	–
Di	▶–▶	5 x 1.000 m in 3:21 min (400 m Trabpause)	12
Mi		Jogging 60 min (70 % maxHF)	12
Do		ruhiger DL 45 min (75 % maxHF), Steigerungen	10
Fr		—	–
Sa		Jogging 30 min (70 % maxHF), Steigerungen	5
So	▶▶	**Wettkampf über 10 km** (Zielzeit 34 min)	16

% maxHF = Prozent der maximalen Herzfrequenz ▶ = langer Dauerlauf (DL) ▶▶ = Tempolauf oder Wettkampf ▶–▶ = Intervalltraining. Bei Wettkämpfen und Tempoeinheiten sind bei den Tageskilometern Kilometer für langsames Ein- und Auslaufen mit einberechnet, weitere Erläuterungen siehe Text.

Trainingsplan Herbert Steffny,
Deutsche 10.000-Meter-Meisterschaft 1987

Spitzenläufer trainieren oft zweimal täglich. Die Tempoeinheiten werden in langsame regenerative Joggings eingebettet. In meinem Training kamen Bergläufe für die Kraftausdauer hinzu.

1. Woche (128 km)

Tag	Training	ca. km
Mo ▶▶	DL 12 km (4:00)/flotter DL 10 km (3:20)	22
Di	bergiger DL 6 km/DL 14 km (3:50)	20
Mi	DL 7 km (4:30)/mittlerer DL 22 km (3:45)	29
Do ▶–▶	8 x 400-m-Intervalle (66 sec.)/Jogging 7 km (4:40)	22
Fr	Berglauf 17 km (800 m Höhendifferenz)/DL 10 km (4:20)	27
Sa	—	–
So	ruhiger DL 8 km (4:15)	8

2. Woche (143 km)

Tag	Training	ca. km
Mo ▶▶	DL 13 km (4:00)/Tempo-DL 8 km (3:00), heiß!	27
Di ▶	langer DL 32 km (3:55)	32
Mi	—	
Do	DL 18 km (4:10)	18
Fr	DL 18 km (4:40)	18
Sa ▶▶	**Badische Meisterschaft 5000 m** Sieg in 14:28, heiß!	12
So	langsamer DL 26 km (5:10)/Jogging 10 km (6:00)	36

3. Woche (179 km)

Tag	Training	ca. km
Mo	Berglauf 17 km (1.000 m Höhendifferenz)/mittlerer DL 18 km (3:40)	35
Di ▶–▶	DL 14 km (4:20)/10 x 400-m-Intervalle (68 sec.)	27
Mi	DL 7 km (4:30)/DL 16 km (4:15)	23
Do	Jogging 11 km (4:50)/Jogging 5 km (5:10)	18
Fr ▶▶	**Deutsche 10.000-m-Meisterschaft** Spurtsieg in 28:53, heiß!	19
Sa	Jogging 10 km (5:00)/DL 5 km (4:40)/Jogging 11 km	26
So ▶	langer DL 31 km (4:10)	31

▶ = langer Dauerlauf (DL) ▶▶ = Tempolauf oder Wettkampf ▶–▶ = Intervalltraining. Bei Wettkämpfen und Tempoeinheiten sind bei den Tageskilometern Kilometer für langsames Ein- und Auslaufen mit einberechnet, weitere Erläuterungen siehe Text.
In Klammern das Trainingstempo in Zeit/km (ohne Angabe der Einheit: Minuten und Sekunden).

© Steffny, Das große Laufbuch, Südwest Verlag 2004

10.000-Meter-Elitetraining

Halbmarathon

Kann man ein Zehn-Kilometer-Rennen noch einigermaßen mit Schmalspurtraining durchstehen, so erfordert der Halbmarathon schon deutlich mehr Trainingsfleiß.

Ein Halbmarathon ist eine neue Herausforderung! Um ein solches Rennen bestreiten zu können, sollten Debütanten wenigstens ein Jahr kontinuierlich drei- bis viermal pro Woche gelaufen sein. In den letzten sechs Wochen der Vorbereitung sollten Sie je nach Plan mindestens viermal oder öfter pro Woche laufen. Der lange Lauf am Wochenende und die gelaufene Gesamtkilometerzahl sind wichtiger als die Tempoeinheiten. Die schnelleren Pläne setzen wiederum jahrelange Erfahrung und eine gehörige Portion Talent und Trainingsfleiß voraus.

Der passende Plan

Welche Zeit für Sie realistisch anzustreben ist, ermitteln Sie am einfachsten aus einem Zehn-Kilometer-Testrennen. Sind Sie ein erfahrener Halbmarathonläufer, so können Sie bei einer schnellen flachen Strecke und kühlen Wetterbedingungen auf die optimal erreichbare Zeit der nachfolgenden Aufstellung schielen. Sie ist nach der Formel aus der Tabelle von Seite 136 berechnet. Sind Sie Halbmarathondebütant, empfehle ich Ihnen, beim ersten Mal nur auf Ankommen zu laufen. Beim zweiten Versuch können Sie dann erfahrener an die

Umrechnungstabelle von 10 km auf Halbmarathon

derzeitige 10-km-Zeit	optimal erreichbare Halbmarathonzeit	beim Halbmarathondebüt realistisch erreichbar
62:30	2:18:00	2:28:00
60:00	2:12:30	2:21:00
57:30	2:07:00	2:14:00
55:00	2:01:30	2:08:00
52:30	1:56:00	2:02:30
50:00	1:50:30	1:57:00
47:30	1:45:00	1:51:00
45:00	1:39:30	1:45:00
42:30	1:34:00	1:39:00
40:00	1:28:30	1:33:00
37:30	1:23:00	1:27:30
35:00	1:17:30	1:22:00
32:30	1:12:00	1:16:00
30:00	1:06:30	1:10:00
27:30	1:01:00	1:04:00
26:30	58:34	1:01:50

Halbmarathon

Halbmarathonpläne: Trainingsumfang und -tempo

Zielzeit Stunden	Einheiten pro Woche	km/Woche ca.	Jogging [1] Zeit/km	Dauerlauf Zeit/km	Tempolauf Zeit/km	Renntempo Zeit/km
um 2:30	4	42	7:30	7:00	–	7:00 [2]
um 2:10	4	42	7:15	7:00	6:30	6:10
um 1:59	4	46	7:00	6:40	6:00	5:39
um 1:49	4	51	6:40	6:10	5:30	4:59
um 1:38	4–5	60	6:15	5:45	5:00	4:40
um 1:27	5	72	5:40	5:10	4:25	4:08
um 1:16	6–7	100	5:00	4:30	3:55	3:36

[1] Hierzu gehört auch das Warm- und Auslaufen
[2] An den Getränkestationen sind kurze Gehpausen zum Trinken eingeplant

Strecke rangehen und versuchen, das Maximale rauszuholen.

Wer also momentan um die 50 Minuten auf zehn Kilometer schafft, kann als alter Fuchs beim Halbmarathon um die 1:50 Stunden anstreben. Ein Novize sollte sich erst mal auf eine Zeit knapp unter 2 Stunden einstellen. Laufen Sie zumindest die erste Hälfte des Laufs auf die Debütantenzeit an. Sollte es Ihnen hervorragend gehen, so können Sie immer noch einen Zahn zulegen. Joschka Fischer hatte vor seinem ersten Halbmarathon ein Leistungsvermögen von rund 44 Minuten über zehn Kilometer. Er realisierte mit 1:37 Stunden über den Halbmarathon auf Anhieb sein Potenzial hervorragend.

Ziel des langsamsten Plans auf eine Zeit von etwa 2:30 Stunden (Seite 151) ist es, beim Halbmarathon einfach nur gut im Ziel anzukommen! Die Zeit ist vollkommen zweitrangig. Sie kann um die zweieinhalb Stunden liegen. Dieser Plan ist für diejenigen gedacht, die auf Tempoläufe und Vorbereitungswettkämpfe zunächst komplett verzichten möchten. Er besteht nur aus Dauerläufen, wobei der lange etwas langsamere Lauf am Sonntag die wichtigste Einheit darstellt. Sie sollten bereits rund zwölf Kilometer als Eingangsvoraussetzung laufen können. In der Woche werden insgesamt wenigstens 40 Kilometer gelaufen. Das Tempo ist etwa 7:00 Minuten pro Kilometer, und es sind einige Gehpausen an den Getränkestationen eingerechnet.

Der lange Lauf am Wochenende

Wichtig für das spezielle Halbmarathontraining ist der sonntägliche lange Lauf. Das Tempo sollte mit 70 Prozent der maximalen Herzfrequenz deutlich langsamer als bei den normalen kürzeren Dauerläufen sein. Diese werden ein wenig flotter, bei 70 bis 80 Prozent des Maximalpulses gelaufen.

Die Tabelle oben stellt passend zur angestrebten Halbmarathon-Zielzeit die Trainingsintensität für die verschiedenen Einheiten in Zeit pro Kilometer (Minuten und Sekunden) dar.

STEP 7 Running

Ein Rennen über die halbe Marathondistanz kann der logische und sinnvolle Schritt in Richtung Marathonlauf sein.

Einige Citymarathons bieten neben der vollen Distanz auch den Halbmarathon als kürzere Alternative an.

Wer sich in den Wochen vor dem Wettkampf nach und nach behutsam bis auf wenigstens 18 Kilometer an die Halbmarathondistanz herangearbeitet hat, der wird ausgeruht und vom Adrenalin beflügelt am Wettkampftag die letzten Kilometer auch noch schaffen.

Beim langen Dauerlauf sollte, besonders bei warmem Wetter, unterwegs unbedingt getrunken werden, da die Wasserverluste hoch sein können.

Tempoläufe und Zehn-Kilometer-Testwettkampf

Außer dem langsamsten Plan enthalten alle Halbmarathonpläne Tempoeinheiten (Tempodauerlauf, Intervalltraining) sowie einen Zehn-Kilometer-Testwettkampf 14 Tage vor dem Halbmarathon. Im Idealfall finden Sie einen flachen schnellen Zehn-Kilometer-Volkslauf zu diesem Zeitpunkt als Generalprobe. Zur Not müssen Sie am Wochenende dafür ein wenig reisen. Ein alleine oder mit einem Mitstreiter gelaufener Zehn-Kilometer-Test wäre ein Ersatz, kann aber einen Wettkampf nur annähernd simulieren. Nach dem gut ausgewählten Zehn-Kilometer-Testwettkampf können Sie nochmals überprüfen, was für eine Zeit zwei Wochen später realistisch über den Halbmarathon drin ist (Tabelle Seite 148).

Im Lauf des Halbmarathon-Trainingsplans werden die Tempoabschnitte im Zehn-Kilometer-Tempo und im geplanten Halbmarathontempo mehrfach geübt. Im Wettkampf sollten Sie später die Zwischenzeiten hochrechnen können. Tempoläufe kann man auch in einem Stadion oder, noch besser, auf vermessenen Straßenabschnitten durchführen. Sinnvoll und praktisch ist die Nutzung eines Herzfrequenzmessers. Der Puls beim voll gelaufenen Halbmarathon liegt etwas unter dem der anaeroben Schwelle, bei ungefähr 85 (bei Profis bis höchstens 90) Prozent des Maximalpulses.

Bei allen flotten Trainingseinheiten und Wettkämpfen sollten Sie sich die ersten zehn Minuten langsam einlaufen und am Ende fünf bis zehn Minuten locker auslaufen. Im Rennen sollten Sie unbedingt gleichmäßig laufen. Ein zu schneller Beginn ist Gift, gleiches Tempo über die gesamte Distanz führt zu besten Resultaten.

6-Wochen-Pläne für Halbmarathon

6-Wochen-Plan für **Halbmarathon** – Ziel: **nur ankommen**

1. Woche (40 km)

Tag	Training	ca. km
Mo	—	–
Di	ruhiger DL 60 min (75 % maxHF)	8
Mi	—	–
Do	ruhiger DL 70 min (75 % maxHF)	10
Fr	—	–
Sa	ruhiger DL 60 min (75 % maxHF)	8
So ▶	langsamer langer DL 90 min (70 % maxHF)	12

2. Woche (41 km)

Tag	Training	ca. km
Mo	—	–
Di	ruhiger DL 60 min (75 % maxHF)	8
Mi	—	–
Do	ruhiger DL 80 min (75 % maxHF)	11
Fr	—	–
Sa	ruhiger DL 60 min (75 % maxHF)	8
So ▶	langsamer langer DL 105 min (70 % maxHF)	14

3. Woche (42 km)

Tag	Training	ca. km
Mo	—	–
Di	ruhiger DL 60 min (75 % maxHF)	8
Mi	—	–
Do	ruhiger DL 80 min (75 % maxHF)	11
Fr	—	–
Sa	ruhiger DL 50 min (75 % maxHF)	7
So ▶	langsamer langer DL 120 min (70 % maxHF)	16

4. Woche (44 km)

Tag	Training	ca. km
Mo	—	–
Di	ruhiger DL 60 min (75 % maxHF)	8
Mi	—	–
Do	ruhiger DL 80 min (75 % maxHF)	11
Fr	—	–
Sa	ruhiger DL 50 min (75 % maxHF)	7
So ▶	langsamer langer DL 135 min (70 % maxHF)	18

5. Woche (41 km)

Tag	Training	ca. km
Mo	—	–
Di	ruhiger DL 60 min (75 % maxHF)	8
Mi	—	–
Do	ruhiger DL 80 min (75 % maxHF)	11
Fr	—	–
Sa	ruhiger DL 60 min (75 % maxHF)	8
So ▶	langsamer langer DL 105 min (70 % maxHF)	14

6. Woche (38 km)

Tag	Training	ca. km
Mo	—	–
Di	ruhiger DL 60 min (75 % maxHF)	8
Mi	—	–
Do	Jogging 30 min (70 % maxHF)	4
Fr	—	–
Sa	lockern: Jogging 20 min (70 % maxHF)	3
So ▶▶	**Halbmarathon** (Zielzeit ca. 2:30 Stunden)	23

% maxHF = Prozent der maximalen Herzfrequenz ▶ = langer Dauerlauf (DL) ▶▶ = Tempolauf oder Wettkampf
Bei Wettkämpfen und Tempoeinheiten sind bei den Tageskilometern Kilometer für langsames Ein- und Auslaufen mit einberechnet, weitere Erläuterungen siehe Text.

© Steffny, Das große Laufbuch, Südwest Verlag 2004

STEP 7 Running

6-Wochen-Plan für **Halbmarathon** – Zielzeit **2:10 Stunden**

1. Woche (41 km)

Tag	Training	ca. km
Mo	—	–
Di ▶▶	Tempolauf 7 km, ca. 6:30/km (85 % maxHF)	11
Mi	—	–
Do	ruhiger DL 65 min (75 % maxHF)	9
Fr	—	–
Sa	ruhiger DL 50 min (75 % maxHF)	7
So ▶	langsamer langer DL 100 min (70 % maxHF)	14

2. Woche (42 km)

Tag	Training	ca. km
Mo	—	–
Di ▶–▶	3 x 1.000 m in 5:55 min (400 m Trabpause)	10
Mi	—	–
Do	ruhiger DL 65 min (75 % maxHF)	9
Fr	—	–
Sa	ruhiger DL 50 min (75 % maxHF)	7
So ▶	langsamer langer DL 115 min (70 % maxHF)	16

3. Woche (45 km)

Tag	Training	ca. km
Mo	—	–
Di ▶–▶	3 x 2.000 m in 12:20 min (HM-Tempo, 6 min Pause)	11
Mi	—	–
Do	ruhiger DL 65 min (75 % maxHF)	9
Fr	—	–
Sa	ruhiger DL 50 min (75 % maxHF)	7
So ▶	langsamer langer DL 130 min (70 % maxHF)	18

4. Woche (35 km)

Tag	Training	ca. km
Mo	—	–
Di ▶–▶	3 x 1.000 m in 5:55 min (400 m Trabpause)	10
Mi	—	–
Do	ruhiger DL 50 min (75 % maxHF), Steigerungen	7
Fr	—	–
Sa	Jogging 20 min (70 % maxHF), Steigerungen	3
So ▶▶	**10-km-Testrennen** (Zielzeit 59 min)	15

5. Woche (38 km)

Tag	Training	ca. km
Mo	—	–
Di	Jogging 60 min (70 % maxHF)	8
Mi	—	–
Do	ruhiger DL 50 min (75 % maxHF)	7
Fr	—	–
Sa ▶	langsamer langer DL 115 min (70 % maxHF)	16
So	Jogging 50 min (70 % maxHF)	7

6. Woche (46 km)

Tag	Training	ca. km
Mo	—	–
Di ▶–▶	4 x 2.000 m in 12:20 min (HM-Tempo, 6 min Pause)	13
Mi	—	–
Do	Jogging 40 min (70 % maxHF), Steigerungen	6
Fr	—	–
Sa	lockern: Jogging 20 min (70 % maxHF)	3
So ▶▶	**Halbmarathon** (Zielzeit 2:10 Stunden)	24

% maxHF = Prozent der maximalen Herzfrequenz ▶ = langer Dauerlauf (DL) ▶▶ = Tempolauf oder Wettkampf ▶–▶ = Intervalltraining **HM-Tempo** = Halbmarathontempo. Bei Wettkämpfen und Tempoeinheiten sind bei den Tageskilometern Kilometer für langsames Ein- und Auslaufen mit einberechnet, weitere Erläuterungen siehe Text.

© Steffny, Das große Laufbuch, Südwest Verlag 2004

6-Wochen-Pläne für Halbmarathon

6-Wochen-Plan für Halbmarathon – Zielzeit 1:59 Stunden

1. Woche (44 km)

Tag		Training	ca. km
Mo		—	–
Di	▶▶	Tempolauf 8 km ca. 6:00/km (85 % maxHF)	12
Mi		—	–
Do		ruhiger DL 65 min (75 % maxHF)	10
Fr		—	–
Sa		ruhiger DL 55 min (75 % maxHF)	8
So	▶	langsamer langer DL 100 min (70 % maxHF)	14

2. Woche (45 km)

Tag		Training	ca. km
Mo		—	–
Di	▶–▶	3 x 1.000 m in 5:20 min (400 m Trabpause)	10
Mi		—	–
Do	▶▶	Tempolauf 6 km, ca. 6:00/km (85 % maxHF)	11
Fr		—	–
Sa		ruhiger DL 55 min (75 % maxHF)	8
So	▶	langsamer langer DL 115 min (70 % maxHF)	16

3. Woche (49 km)

Tag		Training	ca. km
Mo		—	–
Di	▶–▶	3 x 2.000 m in 11:18 min (HM-Tempo, 6 min Pause)	11
Mi		—	–
Do		Tempolauf 6 km, ca. 6:00/km (85 % maxHF)	11
Fr		—	–
Sa		ruhiger DL 55 min (75 % maxHF)	8
So	▶	langsamer langer DL 130 min (70 % maxHF)	19

4. Woche (36 km)

Tag		Training	ca. km
Mo		—	–
Di	▶–▶	3 x 1000 m in 5:20 min (400 m Trabpause)	10
Mi		—	–
Do		Jogging 50 min (70 % maxHF), Steigerungen	7
Fr		—	–
Sa		Jogging 30 min (70 % maxHF), Steigerungen	4
So	▶▶	10-km-Testrennen (Zielzeit 54 min)	15

5. Woche (45 km)

Tag		Training	ca. km
Mo		—	–
Di		Jogging 60 min (70 % maxHF)	9
Mi		—	–
Do		ruhiger DL 65 min (75 % maxHF)	10
Fr		—	–
Sa	▶	langsamer langer DL 130 min (70 % maxHF)	17
So		Jogging 60 min (70 % maxHF)	9

6. Woche (49 km)

Tag		Training	ca. km
Mo		—	–
Di	▶–▶	4 x 2.000 m in 11:18 min (HM-Tempo, 6 min Pause)	13
Mi		—	–
Do		Jogging 50 min (70 % maxHF), Steigerungen	7
Fr		—	–
Sa		Jogging 30 min (70 % maxHF), Steigerungen	4
So	▶▶	**Halbmarathon** (Zielzeit 1:59 Stunden)	25

% maxHF = Prozent der maximalen Herzfrequenz ▶ = langer Dauerlauf (DL) ▶▶ = Tempolauf oder Wettkampf ▶–▶ = Intervalltraining HM-Tempo = Halbmarathontempo. Bei Wettkämpfen und Tempoeinheiten sind bei den Tageskilometern Kilometer für langsames Ein- und Auslaufen mit einberechnet, weitere Erläuterungen siehe Text.

© Steffny, Das große Laufbuch, Südwest Verlag 2004

STEP 7 Running

6-Wochen-Plan für **Halbmarathon** – Zielzeit **1:49 Stunden**

1. Woche (50 km)

Tag	Training	ca. km
Mo	—	-
Di	▶–▶ 3 x 2.000 m in 9:58 min (HM-Tempo, 5 min Pause)	11
Mi	—	-
Do	▶▶ Tempolauf 7 km, ca. 5:30/km (85 % maxHF)	12
Fr	—	-
Sa	ruhiger DL 60 min (75 % maxHF)	10
So	▶ langsamer langer DL 110 min (70 % maxHF)	17

2. Woche (51 km)

Tag	Training	ca. km
Mo	—	-
Di	▶–▶ 4 x 1.000 m in 4:51 min (400 m Trabpause)	11
Mi	—	-
Do	▶▶ Tempolauf 7 km, ca. 5:30/km (85 % maxHF)	12
Fr	—	-
Sa	ruhiger DL 60 min (75 % maxHF)	10
So	▶ langsamer langer DL 120 min (70 % maxHF)	18

3. Woche (55 km)

Tag	Training	ca. km
Mo	—	-
Di	▶–▶ 4 x 2.000 m in 9:58 min (HM-Tempo, 5 min Pause)	13
Mi	—	-
Do	▶▶ Tempolauf 7 km, ca. 5:30/km (85 % maxHF)	12
Fr	—	-
Sa	ruhiger DL 60 min (75 % maxHF)	10
So	▶ langsamer langer DL 135 min (70 % maxHF)	20

4. Woche (40 km)

Tag	Training	ca. km
Mo	—	-
Di	▶–▶ 5 x 1.000 m in 4:51 min (400 m Trabpause)	12
Mi	—	-
Do	ruhiger DL 50 min (75 % maxHF), Steigerungen	8
Fr	—	-
Sa	Jogging 30 min (70 % maxHF), Steigerungen	4
So	▶▶ 10-km-Testrennen (Zielzeit 49 min)	16

5. Woche (48 km)

Tag	Training	ca. km
Mo	—	-
Di	Jogging 70 min (70 % maxHF)	10
Mi	—	-
Do	ruhiger DL 70 min (75 % maxHF)	11
Fr	—	-
Sa	▶ langsamer langer DL 120 min (70 % maxHF)	18
So	Jogging 60 min (70 % maxHF)	9

6. Woche (50 km)

Tag	Training	ca. km
Mo	—	-
Di	▶–▶ 4 x 2.000 m in 9:58 min (HM-Tempo, 5 min Pause)	13
Mi	—	-
Do	Jogging 50 min (75 % maxHF), Steigerungen	8
Fr	—	-
Sa	Jogging 30 min (70 % maxHF), Steigerungen	4
So	▶▶ Halbmarathon (Zielzeit 1:49 Stunden)	25

% maxHF = Prozent der maximalen Herzfrequenz ▶ = langer Dauerlauf (DL) ▶▶ = Tempolauf oder Wettkampf ▶–▶ = Intervalltraining **HM-Tempo** = Halbmarathontempo. Bei Wettkämpfen und Tempoeinheiten sind bei den Tageskilometern Kilometer für langsames Ein- und Auslaufen mit einberechnet, weitere Erläuterungen siehe Text.

© Steffny, Das große Laufbuch, Südwest Verlag 2004

6-Wochen-Plan für **Halbmarathon** – Zielzeit **1:38 Stunden**

1. Woche (55 km)

Tag	Training	ca. km
Mo	—	–
Di ▶-▶	3 x 2.000 m in 9:20 min (HM-Tempo, 5 min Pause)	12
Mi	—	–
Do ▶▶	Tempolauf 8 km, ca. 5:00/km (85 % maxHF)	13
Fr	—	–
Sa	ruhiger DL 70 min (75 % maxHF)	12
So ▶	langsamer langer DL 110 min (70 % maxHF)	18

2. Woche (62 km)

Tag	Training	ca. km
Mo	Jogging 45 min (70 % maxHF)	7
Di ▶-▶	4 x 1.000 m in 4:20 min (400 m Trabpause)	11
Mi	—	–
Do ▶▶	Tempolauf 8 km, ca. 5:00/km (85 % maxHF)	13
Fr	—	–
Sa	ruhiger DL 70 min (75 % maxHF)	12
So ▶	langsamer langer DL 120 min (70 % maxHF)	19

3. Woche (67 km)

Tag	Training	ca. km
Mo	Jogging 45 min (70 % maxHF)	7
Di ▶-▶	4 x 2.000 m in 9:20 min (HM-Tempo, 5 min Pause)	14
Mi	—	–
Do ▶▶	Tempolauf 8 km, ca. 5:00/km (85 % maxHF)	13
Fr	—	–
Sa	ruhiger DL 70 min (75 % maxHF)	12
So ▶	langsamer langer DL 130 min (70 % maxHF)	21

4. Woche (41 km)

Tag	Training	ca. km
Mo	—	–
Di ▶-▶	5 x 1.000 m in 4:20 min (400 m Trabpause)	12
Mi	—	–
Do	Jogging 50 min (70 % maxHF), Steigerungen	8
Fr	—	–
Sa	Jogging 30 min (70 % maxHF), Steigerungen	5
So ▶▶	10-km-Testrennen (Zielzeit 44 min)	16

5. Woche (57 km)

Tag	Training	ca. km
Mo	Jogging 30 min (70 % maxHF)	5
Di	Jogging 70 min (70 % maxHF)	11
Mi	—	–
Do	ruhiger DL 70 min (75 % maxHF)	12
Fr	—	–
Sa ▶	langsamer langer DL 120 min (70 % maxHF)	19
So	Jogging 60 min (70 % maxHF)	10

6. Woche (52 km)

Tag	Training	ca. km
Mo	—	–
Di ▶-▶	4 x 2.000 m in 9:20 min (HM-Tempo, 5 min Pause)	13
Mi	—	–
Do	Jogging 50 min (70 % maxHF), Steigerungen	8
Fr	—	–
Sa	Jogging 30 min (70 % maxHF), Steigerungen	5
So ▶▶	**Halbmarathon** (Zielzeit 1:38 Stunden)	26

% maxHF = Prozent der maximalen Herzfrequenz ▶ = langer Dauerlauf (DL) ▶▶ = Tempolauf oder Wettkampf ▶-▶ = Intervalltraining **HM-Tempo** = Halbmarathontempo. Bei Wettkämpfen und Tempoeinheiten sind bei den Tageskilometern Kilometer für langsames Ein- und Auslaufen mit einberechnet, weitere Erläuterungen siehe Text.

STEP 7 Running

6-Wochen-Plan für **Halbmarathon** – Zielzeit **1:27 Stunden**

1. Woche (72 km)

Tag	Training	ca. km
Mo	—	–
Di ▶–▶	4 x 2.000 m in 8:16 min (HM-Tempo, 4 min Pause)	14
Mi	ruhiger DL 60 min (75 % maxHF)	12
Do ▶▶	Tempolauf 10 km, ca. 4:25/km (85 % maxHF)	15
Fr	—	–
Sa	ruhiger DL 60 min (75 % maxHF)	12
So ▶	langsamer langer DL 110 min (70 % maxHF)	19

4. Woche (53 km)

Tag	Training	ca. km
Mo	—	–
Di ▶–▶	5 x 1.000 m in 3:51 min (400 m Trabpause)	12
Mi	ruhiger DL 60 min (75 % maxHF)	12
Do	Jogging 45 min (70 % maxHF), Steigerungen	8
Fr	—	–
Sa	Jogging 30 min (70 % maxHF), Steigerungen	5
So ▶▶	**10-km-Testrennen** (Zielzeit 39 min)	16

2. Woche (71 km)

Tag	Training	ca. km
Mo	—	–
Di ▶–▶	4 x 1.000 m in 3:51 min (400 m Trabpause)	11
Mi	ruhiger DL 60 min (75 % maxHF)	12
Do ▶▶	Tempolauf 10 km, ca. 4:25/km (85 % maxHF)	15
Fr	—	–
Sa	ruhiger DL 60 min (75 % maxHF)	12
So ▶	langsamer langer DL 120 min (70 % maxHF)	21

5. Woche (70 km)

Tag	Training	ca. km
Mo	—	–
Di	Jogging 90 min (70 % maxHF)	16
Mi	ruhiger DL 70 min (75 % maxHF)	14
Do ▶▶	kurzer Tempolauf 5 km 4:25/km (85 % maxHF)	10
Fr	—	–
Sa ▶	langsamer langer DL 110 min (70 % maxHF)	19
So	Jogging 60 min (70 % maxHF)	11

3. Woche (76 km)

Tag	Training	ca. km
Mo	—	–
Di ▶–▶	4 x 2.000 m in 8:16 min (HM-Tempo, 4 min Pause)	14
Mi	ruhiger DL 60 min (75 % maxHF)	12
Do ▶▶	Tempolauf 10 km, ca. 4:25/km (85 % maxHF)	15
Fr	—	–
Sa	ruhiger DL 60 min (75 % maxHF)	12
So ▶	langsamer langer DL 130 min (70 % maxHF)	23

6. Woche (53 km)

Tag	Training	ca. km
Mo	—	–
Di ▶–▶	3 x 3.000 m in 12:24 min (HM-Tempo, 6 min Pause)	14
Mi	—	–
Do	Jogging 45 min (70 % maxHF), Steigerungen	8
Fr	—	–
Sa	Jogging 30 min (70 % maxHF), Steigerungen	5
So ▶▶	**Halbmarathon** (Zielzeit 1:27 Stunden)	26

% maxHF = Prozent der maximalen Herzfrequenz ▶ = langer Dauerlauf (DL) ▶▶ = Tempolauf oder Wettkampf ▶–▶ = Intervalltraining **HM-Tempo** = Halbmarathontempo. Bei Wettkämpfen und Tempoeinheiten sind bei den Tageskilometern Kilometer für langsames Ein- und Auslaufen mit einberechnet, weitere Erläuterungen siehe Text.

© Steffny, Das große Laufbuch, Südwest Verlag 2004

6-Wochen-Pläne für Halbmarathon

6-Wochen-Plan für **Halbmarathon** – Zielzeit **1:16 Stunden**

1. Woche (95 km)

Tag		Training	ca. km
Mo		—	–
Di	▶–▶	4 x 2.000 m in 7:12 min (HM-Tempo, 4 min Pause)	14
Mi		ruhiger DL 80 min (75 % maxHF)	18
Do		ruhiger DL 60 min (75 % maxHF)	13
Fr	▶▶	Tempolauf 10 km, ca. 3:55/km (85 % maxHF)	15
Sa		ruhiger DL 60 min (75 % maxHF)	13
So	▶	langsamer langer DL 110 min (70 % maxHF)	22

2. Woche (105 km)

Tag		Training	ca. km
Mo		Jogging 45 min (70 % maxHF)	9
Di	▶–▶	4 x 1.000 m in 3:21 min (400 m Trabpause)	11
Mi		ruhiger DL 80 min (75 % maxHF)	18
Do		ruhiger DL 60 min (75 % maxHF)	13
Fr	▶▶	Tempolauf 10 km, ca. 3:55/km (85 % maxHF)	15
Sa		ruhiger DL 60 min (75 % maxHF)	13
So	▶	langsamer langer DL 130 min (70 % maxHF)	26

3. Woche (103 km)

Tag		Training	ca. km
Mo		Jogging 30 min (70 % maxHF)	6
Di	▶–▶	4 x 2.000 m in 7:12 min (HM-Tempo, 4 min Pause)	14
Mi		ruhiger DL 80 min (75 % maxHF)	18
Do		ruhiger DL 60 min (75 % maxHF)	13
Fr	▶▶	Tempolauf 10 km, ca. 3:55/km (85 % maxHF)	15
Sa		ruhiger DL 60 min (75 % maxHF)	13
So	▶	langsamer langer DL 120 min (70 % maxHF)	24

4. Woche (67 km)

Tag		Training	ca. km
Mo		ruhiger DL 45 min (75 % maxHF)	10
Di	▶–▶	5 x 1.000 m in 3:21 min (400 m Trabpause)	13
Mi		ruhiger DL 60 min (75 % maxHF)	13
Do		Jogging 45 min (70 % maxHF), Steigerungen	9
Fr		—	–
Sa		Jogging 30 min (70 % maxHF), Steigerungen	5
So	▶▶	10-km-Testrennen (Zielzeit 34 min)	17

5. Woche (98 km)

Tag		Training	ca. km
Mo		Jogging 30 min (70 % maxHF)	6
Di		Jogging 90 min (70 % maxHF)	18
Mi		ruhiger DL 60 min (75 % maxHF)	13
Do		ruhiger DL 70 min (75 % maxHF)	15
Fr	▶▶	kurzer Tempolauf 7 km 4:25/km (85 % maxHF)	12
Sa	▶	langsamer langer DL 110 min (70 % maxHF)	22
So		Jogging 60 min (70 % maxHF)	12

6. Woche (64 km)

Tag		Training	ca. km
Mo		—	–
Di	▶–▶	3 x 3.000 m in 10:48 min (HM-Tempo, 6 min Pause)	14
Mi		Jogging 30 min (70 % maxHF)	6
Do		ruhiger DL 50 min (75 % maxHF), Steigerungen	11
Fr		—	–
Sa		Jogging 30 min (70 % maxHF), Steigerungen	6
So	▶▶	**Halbmarathon** (Zielzeit 1:16 Stunden)	27

% maxHF = Prozent der maximalen Herzfrequenz ▶ = langer Dauerlauf (DL) ▶▶ = Tempolauf oder Wettkampf ▶–▶ = Intervalltraining **HM-Tempo** = Halbmarathontempo. Bei Wettkämpfen und Tempoeinheiten sind bei den Tageskilometern Kilometer für langsames Ein- und Auslaufen mit einberechnet, weitere Erläuterungen siehe Text.

© Steffny, Das große Laufbuch, Südwest Verlag 2004

STEP 8

Marathon

Marathon ist kein leichter Sonntagsspaziergang, aber mit Geduld und Fleiß ist dieses Ziel nicht unerreichbar. Marathon bedeutet eine ganzheitliche Reise, einen langen Lauf zu sich selbst. Ihn zu schaffen, ist mehr als eine anspruchsvolle Aufgabe, es ist eine gigantische Herausforderung, ein Gipfelsturm und bestimmt ein Höhepunkt im Leben.

STEP 8 Marathon

Der Weg zum langen Lauf

Ein Marathonläufer! Ein ehrfürchtiges Raunen geht durch die Runde. Wer mit Beharrlichkeit einen Marathon schafft, kann alles andere auch. Marathon, das ist wie ein Rausch. Eine Marathonläuferin sagte mir einmal: Marathon ist wie ein Orgasmus, nur viel länger! 42,195 Kilometer lang ... Alles begann in Griechenland auf einem Fenchelfeld, so die deutsche Übersetzung des Wortes Marathon.

Der erste Marathon-Olympiasieger Spiridon Louis gewann 1896 in 2:58:50 Stunden über 40 Kilometer. Bei den Olympischen Spielen 1904 war die Strecke genauso lang. 1900 und 1912 betrug die Distanz rund 40,2 Kilometer, bei den Zwischenspielen 1906 schon 41,86, und 1920 siegte der Finne Hannes Kolehmainen über stattliche 42,75 Kilometer in 2:32:36 Stunden.

Mythos Marathon

Der Marathonlauf hat seinen Ursprung in der Antike, als 490 v. Chr. der Feldherr Miltiades nach der Schlacht gegen die Perser bei Marathon einen Soldatenläufer rund 40 beschwerliche Kilometer nach Athen entsandte. Dieser soll nach Verkündung der Siegesbotschaft: »Freut euch, wir haben gesiegt!« tot auf den Stufen der Akropolis zusammengebrochen sein.

Ob Legende oder wahr, der in Landau in der Pfalz geborene französische Altphilologe Michel Bréal fand die heroische Geschichte so faszinierend, dass er seinen Bekannten Baron de Coubertin, Vater der modernen Olympischen Spiele, überreden konnte, den Lauf in das Programm aufzunehmen. Der Marathonlauf, den es also bei den klassischen Spielen nie gegeben hatte, ist heute eine Königsdisziplin der Leichtathletik. 1908 wurde in London erstmals die 42,195-Kilometer-Strecke gelaufen, die seit 1924 als Standard gilt.

Der Marathonboom

Früher hätte man für ein paar Spitzenläufer keine Innenstadt gesperrt. Die Marathons und die Meisterschaften fanden auf der grünen Wiese statt. Während die Marathonläufer in den 70er und 80er Jahren mehr davon geprägt waren, welche Bestzeit man erreichen konnte, so steht heute die Teilnahme, der Spaß und Genuss, das Gruppenerlebnis im Vordergrund – und der Tourismus: Marathon ist längst eine großartige Werbung und auch ein Millionengeschäft für die veranstaltenden Städte geworden.

Marathon ist heute die friedliche Wiedereroberung der Innenstädte. Endlich gehört das Herz der Stadt nicht dem Autoterror mit Lärm und Abgasen, sondern den Menschen. Eine Fitnessdemonstration, eine Show und Abstimmung mit den Füßen für das Laufen. Superlative: Zwei Millionen Zuschauer stehen in New York am Straßenrand, um rund 38.000 Starter anzufeuern und zu feiern. Was über Monate und Jahre im Stillen in Wäldern und Parks vorbereitet wurde, wird nun beim Volksfest Marathon zelebriert. Zuerst die unglaublich schnellen Gazellen, die um den Sieg rennen. Wird es einen neuen Streckenrekord geben? Wer gewinnt die Nobelkarosse? Aber dann übertragen die Kameras der Fernsehstationen die durch die Häuserschluchten wabernden Menschenmassen live direkt ins Wohnzimmer. Der Aufforderungscharakter ist groß. Ob man das selbst nicht auch mal schaffen würde?

Immer mehr

In Deutschland gibt es mittlerweile um die 100 Marathonveranstaltungen von Ammerndorf bis Zeil, in der Schweiz etwa 20 und in Österreich ungefähr 15 Rennen. Im Jahr 2003 beendeten in den USA bei 270 Marathons rund 334.000 Läufer, so genannte Finisher, das Rennen. Die größten Marathons der Welt, mit über 30.000 Finishern, finden in London, New York, Chicago, Paris und Berlin statt. Die meisten Teilnehmer hatte bisher im Jahr 1996 der 100. Jubiläumslauf des traditionsreichen Boston Marathons mit fast 40.000 Teilnehmern.

Der Frauenanteil unter den Marathonläufern ist in den USA mit 39 Prozent besonders hoch. Sie laufen dort durchschnittlich 5:04, die Männer 4:27 Stunden. Bei uns hat sich der Frauenanteil in den letzten 20 Jahren von unter 10 auf bis zu 20 Prozent erhöht. Hier sind weitere Zuwachsraten zu erwarten, denn der Trend weg vom rein leistungsorientierten Marathonlauf zum Spaß- und Genusslauf kommt den meisten Frauen eher entgegen.

Geschichten am Rande

Als Marathonläufer um die Welt reisen

Laufen Sie in London über die Towerbridge, in New York durch Manhattan, in Hamburg über die Reeperbahn, in Berlin durchs Brandenburger Tor, in Bali über Reisfelder.

Sie können beim Wien-Marathon zuvor Kaiserschmarrn genießen, doch der wahre Höhepunkt für Gourmetläufer ist der Medoc-Marathon in Bordeaux. Die Strecke führt vorbei an den bekannten Châteaus, unterwegs werden Rotwein und Austern serviert. Eine weinselige Laufstimmung finden Sie auch bei uns, beim Trollinger-Marathon nahe Heilbronn und beim Weinstraßen-Marathon in der Pfalz.

Sie mögen die Berge? Dann bewundern Sie die Gipfel einfach beim Jungfrau-Marathon in der Schweiz oder noch höher beim Himalaja-Marathon in Katmandu.

Sie suchen den ultimativen Kick? Für 10.000 Dollar inklusive Flug und drei Übernachtungen können Sie am Nordpol bei minus 25 Grad Marathon laufend der Kälte trotzen oder etwas günstiger bei Omsk in Sibirien starten. Wer die Wärme vorzieht, kann in Ägypten um die Pyramiden laufen oder in Hawaii nach dem Ziel einen Mai-Tai trinken und am nur 100 Meter entfernten Waikiki Beach entspannen.

Und sollte Ihnen die Sonne nicht so liegen, dann schauen Sie doch einfach in die Röhre. Das geht bei einer Wendepunktstrecke im Hamburger Elbtunnel. Wem das noch nicht reicht, der kann bei bis zu 30 Grad Wärme und staubtrockener Luft in einem Salzbergwerk in Thüringen bei Sondershausen in 670 Meter unter Tage beim tiefstgelegenen Marathon der Welt starten.

STEP 8 Marathon

Jeder Finisher ist ein Sieger! Der Laufboom hat die 30- bis 50-Jährigen, aber nicht die jungen Talente zum Marathon gebracht. Das Durchschnittsalter der Marathonläufer beträgt bei uns um die 40 Jahre.

Immer langsamer

Die vorauslaufende Spitze wird beim Marathon dünner, der nachtrabende Schwanz immer dicker. Insgesamt wird im Vergleich zu früher langsamer gelaufen. Während man in den 80er Jahren bei uns das Ziel nach fünf Stunden schloss, kommt heute noch ein Großteil der Läufer in dieser Zeit und langsamer über den Zielstrich.

Der Frankfurt-Hoechst-Marathon war in Deutschland die Nummer eins. Nirgendwo sonst gab es eine so hohe Leistungsdichte wie dort. Als sich der Hauptsponsor nach 1985 aus dem Rennen zurückzog, konnte Berlin die Lücke schließen und ist heute einer der weltgrößten Marathons mit schnellem Kurs. Ein Vergleich des 1985er Frankfurt-Marathons mit dem Berlin-Marathon 2003 zeigt die Entwicklung der letzten 20 Jahre: Bei 7.296 Finishern mit einem Frauenanteil von acht Prozent kamen in Frankfurt 1.735 Läufer unter 3:00 Stunden. Das sind fast 24 Prozent! Bei 30.709 Finishern in Berlin 2003 bei einem höheren Frauenanteil von 18,2 Prozent schafften das nur noch 1.309 Teilnehmer. Das sind gerade mal 4,3 Prozent. Der Weltrekord des Kenianers Paul Tergat in 2:04:55 kann nicht darüber hinwegtäuschen, dass die Dichte in der Spitze deutlich zurückgegangen ist. Unter 2:30 Stunden liefen 1985 in Frankfurt 146, in Berlin 2003 nur noch 63 Läufer. Das sind trotz der riesigen Teilnehmerzahl weniger als halb so viele und prozentual mit 2,2 gegen 0,2 Prozent der Gesamtläuferzahl sogar über zehnmal weniger. Die deutschen Statistiken verzeichneten 1985 bei den Männern mit 35 Läufen von unter 2:20 Stunden einen Rekordstand. Im Jahr 2003 schafften das nur noch sieben Läufer.

Gesünder durch Marathon

Manager sind gewohnt, sich anspruchsvolle Ziele zu setzen. Sie sind fähig und können alles organisieren. Nur beim Thema Gesundheit legen viele nicht den gleichen Maßstab an. Da wird jahrelang mit Alkohol, Zigaretten, Drogen und Frustessen gegen den eigenen Körper gearbeitet. Bekommt man doch noch rechtzeitig die Kurve, so kann die über mehrere Jahre

»laufende« Vorbereitung auf einen Marathon für den Betroffenen zu nahezu unglaublichen Veränderungen führen.

Der Marathonlauf selbst ist Stress, und ohne eine gute Anleitung sowie mit falschem Ehrgeiz kann man sich auf dem Weg dorthin selbstverständlich auch verletzen oder erkranken. Wer sich aber vernünftig vorbereitet, wird immer fitter und gesünder werden. Als ein Beispiel für viele in der Tabelle unten die Metamorphose des Topmanagers einer großen Handelskette, den ich auf einen Marathon vorbereitet habe. Beim ersten Laufversuch sah er nach eigenem Bekunden nach 17 Minuten nur noch Sternchen vor den Augen. Heute läuft er den Marathon unter vier Stunden.

Marathontraining im Jahreslauf

Marathontraining steht und fällt mit dem Trainingsfleiß. Ein leistungsorientierter Läufer sollte daher ganzjährig kontinuierlich pro Woche wenigstens drei- bis viermal laufen.

Allerdings kann und sollte man nicht das ganze Jahr hindurch vollkommen gleichförmig trainieren. Einerseits lassen das die Jahreszeiten witterungsbedingt nicht zu, andererseits gilt es, für den Saisonhöhepunkt punktgenau topfit zu werden und danach wieder etwas auszuruhen. Der Jahres-Trainingsablauf wird also in Abschnitte, Perioden und Zyklen unterteilt, in denen unterschiedliche Akzente im Training gesetzt werden.

Eliteathleten planen in noch langfristigeren Zeitabschnitten, beispielsweise im olympischen Vierjahreszyklus. Ein mehrjähriger Aufbau bringt optimale Resultate.

Körperliche Veränderungen durch Lauftraining

	untrainiert	als Marathonläufer
Gewicht (kg)	90 (zu hoch)	75 (optimal)
Cholesterin	260 (zu hoch)	unter 200 (optimal)
Harnsäure	grenzwertig (hatte Gichtanfälle)	im Optimum (keine Gichtanfälle)
Blutdruck	140/95 (zu hoch)	120/80 (optimal)
Ruhepuls	75–72	45–48
Rückenbeschwerden	z. T. stark, 2-mal im Jahr zum Chiropraktiker	keine Probleme mehr
Sodbrennen	fast täglich, Säureblockerpillen	keine Probleme mehr
Hosengröße	52 war eng	48 oder 96
Jackengröße	52 oder 26	50
Hemdgröße	43 oder XL	40 oder M

STEP 8 Marathon

Das Trainingsjahr des Marathonläufers ist zweigeteilt. Die Saisonhöhepunkte liegen im Frühjahr und Herbst. Die Trainingszyklen haben meist diese Abfolge: Nach der vorhergehenden Saison regeneriert man zunächst in einer etwa vierwöchigen Übergangsperiode. Auf diese folgt ein mehrmonatiger Abschnitt, in dem das Training der allgemeinen Grundlagenausdauer im Vordergrund steht. Schließlich kommt in den letzten sechs bis acht Wochen vor dem Marathon eine Phase mit vermehrt wettkampfspezifischen Tempoeinheiten und Vorbereitungswettkämpfen. Nachfolgend wird das Wintertraining für einen ambitionierten Marathonläufer vorgestellt.

Trainingsfleiß zahlt sich aus. Die in lockeren Läufen und einzelnen langen Trainingseinheiten gesammelten Kilometer sind der Schlüssel zum Marathonerfolg.

Info

Grundlagenausdauer als Fundament der Leistung

Jede Pyramide wird nur so hoch wie das Fundament breit ist. Jede Stufe darauf ist die Basis für die nächste. Das Wintertraining mit vielen fleißig gesammelten ruhigen Kilometern schafft das breit angelegte Fundament der Grundlagenausdauer. Die nächste Stufe bedeutet zunehmende Spezialisierung auf die Hauptdisziplin Laufen. Die Spitze der Pyramide sind das wettkampfnahe Training und die Aufbaurennen, die speziell auf den geplanten Marathon vorbereiten und scharf machen.

Wintertraining für Marathonläufer

Nach einer langen Saison mit Volksläufen, insbesondere nach dem Herbstmarathon, ist der Körper an seiner Grenze angelangt. Das Immunsystem, der Bewegungsapparat und auch das Hormonsystem sind angeschlagen. Höchste Zeit, ein paar Wochen ruhiger zu treten, um bei deutlich weniger Training physisch und psychisch wieder Kraft zu tanken. Wer vorher fast täglich trainiert hatte, der sollte nach dem Marathon im Oktober oder November sein Training auf wöchentlich dreimal Erhaltungsjogging von bis zu einer Stunde zurückschrauben. Auch Radfahren käme alternativ in Betracht. Jetzt ist auch der richtige Zeitpunkt, das Trainingstagebuch auszuwerten, die letzte Saison kritisch zu analysieren und sich Gedanken zu einem gezielten Aufbau über den Winter für das nächste Jahr zu machen.

Das Wintertraining ist die Basis für die ganze nächste Saison, hier liegt der Schwerpunkt des Trainings auf der Grundlagenausdauer, nicht auf Intensität. Wer einen Frühjahrsmarathon Ende April oder Anfang Mai plant, sollte, nachdem er im Herbst also zurückgeschraubt hat, im Dezember den Schwerpunkt auf aerobes Ausdauertraining legen. Dabei sollte keineswegs nur gelaufen werden. Empfehlenswert und eine Abwechslung für Kopf und Beine sind die Nachbardisziplinen Schwimmen, Radfahren, Ball-

Wintertraining

spiele, Gymnastik und Zirkeltraining in der Halle sowie vor allem auch der Skilanglauf, den man bis in den Februar hinein auch in Form eines Höhentrainings betreiben könnte. Spielerisch wird bei diesem vielseitigeren Muskeltraining die Koordination geschult und auch die vielleicht lange vernachlässigte Rumpfmuskulatur auftrainiert, um z. B. Rückenbeschwerden in der Saison vorzubeugen.

Im Winter nicht heizen!

Laufen bleibt natürlich das Hauptelement im Training: Je nach Leistungsvermögen sollten Sie im Winter mindestens viermal in der Woche laufen. Natürlich liegt bei diesem Trainingsumfang die Betonung auf ruhigen aeroben Dauerläufen im Bereich von 65 bis 75 und wenigen Tempoläufen bis 85 Prozent der maximalen Pulsfrequenz. Zwischen zwei bis drei Belastungswochen sollten immer einige Regenerationstage eingebaut werden.

Profis laufen auf diese Weise im Januar und Februar teilweise in Trainingslagern unter südlicher Sonne sogar die meisten Kilometer im Jahresverlauf. Aber selbst im Süden sind harte Tempoeinheiten zu diesem Zeitpunkt bis einschließlich Februar noch nicht sinnvoll. Das unterschätzen selbst viele Spitzenläufer, die viel zu früh mit scharfem Training beginnen. Was nutzt die beste Laktattoleranz, wenn die sehr viel wichtigere aerobe Ausdauer nur halb entwickelt ist?

Mein Profi-Tipp

Geduld zahlt sich aus

Ich staunte früher nicht selten in Trainingslagern in Portugal über die harten Intervalleinheiten mancher Marathonkollegen im Winter. Ich hätte das zu diesem Zeitpunkt schlichtweg nicht gekonnt. Bei den Dauerläufen und langen Trainingseinheiten trainierte ich in der Gruppe, aber meine viel zahmeren Tempoeinheiten machte ich lieber alleine. Bei einigen unwichtigen Straßenläufen, die für mich nur Vorbereitungscharakter hatten, lief ich manchmal hinterher. Aber kurz vor und beim Frühjahrsmarathon war ich dann in Topform und sah von einigen der Trainingsweltmeister nichts mehr.

Die Anpassungen beim Grundlagenausdauertraining, also Festigung von Sehnen, Kapillarisierung, Bildung von Mitochondrien, sind, wie in Step 4 (Seite 54ff.) ausführlich beschrieben, Wachstumsprozesse und brauchen daher viel Zeit – wenigstens drei Monate. Muskeln und Enzymsysteme dagegen lassen sich schnell auftrainieren, dafür braucht man vielleicht nur sechs Wochen. Ich begann daher erst Anfang März mit vermehrten härteren Tempoeinheiten, wenn der Marathon Mitte April war.

Man braucht als Marathonläufer nicht nur Ausdauer in den Beinen, sondern auch Geduld im Kopf, sonst kommt es schnell zur Frühform mit nachfolgendem Leistungseinbruch oder Überlastungen und Verletzungen. Darüber hinaus wird man um viele Trainingskilometer in der Vorbereitungsphase nicht

Tempotraining können Sie immer noch in den letzten Wochen vor dem Frühjahrsmarathon nachholen, mangelnde Trainingsumfänge nicht mehr!

STEP 8 Marathon

Crosslaufen mal anders: durch den Schnee mit Stöcken gibt Kaft für Arme und Beine.

Crossläufe oder dem Gelände und dem Wetter angepasste Fahrtspiele. Crosslauf erfordert ständige Konzentration, der permanente Schrittwechsel unterbricht den Einheitstrott, ökonomisiert den Laufstil, schult die Koordination und zwingt taktisch zur Krafteinteilung. Durch Schnee, unterschiedliche Bodenbeschaffenheit und Geländeprofil werden auch zusätzliche Muskeln der Beine trainiert, die beim Marathon später unterstützend helfen. Vergessen Sie beim Crosslauf die Uhr, die sonst im Training so dominiert. Ein Crossläufer sucht die Herausforderung, kneift nicht vor dem Kampf mit den Elementen und schult seine Willensstärke. Wer sich hier nicht vor schweren Aufgaben drückt, wird auch im Marathon jenseits Kilometer 30, wenn es so richtig hart wird, keine faule Ausrede benötigen!

herumkommen. Wer in den letzten Wochen versucht, alles Versäumte auf den letzten Drücker nachzuholen, entfacht höchstens ein kleines Strohfeuer und läuft Gefahr, sich zu verletzen.

Crosslauf für Marathonpower

Soll also in diesem Trainingsabschnitt, der von Dezember bis Februar reicht, nur langsam herumgejoggt werden? Keineswegs! Die Akzente müssen nur richtig gesetzt werden. Als Tempospritze empfehle ich im Winter neben aerobem Tempodauerlauf statt anaerobem Intervalltraining Volksläufe,

Das Crossfahrtspiel

Gelegenheit zum winterlichen Crosslauf haben Sie bei speziellen Crosswettkämpfen. Eine Alternative ist der Start bei einem Wald- und Straßenlauf. Aber letztere Rennen können die körperlichen und mentalen Trainingseffekte des Crosslaufs nicht richtig ersetzen. Daher sollten Sie im Winter einmal pro Woche ein Crossfahrtspiel mit längeren und kürzeren flotten, aber nicht zu harten Tempopassagen über Stock und Stein einbauen.

Suchen Sie sich eine rund 1.500 Meter lange Runde, in der alles drin ist, was

Wintertraining

herausfordert: kleinere giftige Anstiege zum Klettern, sanft fallende und schnelle flache Wege für Steigerungen oder flotte Tempoabschnitte, weichen Boden, wie Sand oder Matsch, zum Wühlen, ein Hindernis zum Darüberspringen, eine Slalomstrecke, etwa um Parkbäume, für die Geschicklichkeit.

Auf dieser Strecke können Sie je nach Leistungsvermögen intervallartig trainieren. Zunächst laufen Sie beispielsweise dreimal eine Runde, in der folgenden Woche etwas langsamer dreimal zwei Runden. Alle zwei bis drei Wochen könnte die Teilnahme an einem richtigen Crosswettkampf oder Volkslauf hinzukommen.

Im Spätwinter mehr Tempo

Gelegentlich kann ein fortgeschrittener Marathonläufer an milden Wintertagen flottere Dauerläufe und flache Langintervalle wie dreimal 3.000 Meter im derzeit möglichen Marathontempo einbauen. Jüngere Läufer können alle paar Wochen auch Programme wie drei- bis fünfmal 1.000 Meter im derzeit möglichen Zehn-Kilometer-Wettkampftempo einstreuen. Bei Minusgraden sollten diese Einheiten aber durch ein leichtes Fahrtspiel ersetzt werden. Bei sehr kaltem Wetter, mit Temperaturen weit unter null, ist eher ein Dauerlauf angebracht.

Das Wintertraining eines fortgeschrittenen Marathonläufers, der um die 40 Minuten auf zehn Kilometer läuft, könnte etwa aussehen wie im nebenstehenden Trainingsplan.

14 Tage Wintertrainingsplan
(Leistungsstand 40 min/10 km)

1. Woche (70 km)

Tag		Training	ca. km
Mo		—	–
Di	▶–▶	60 min, darin 30 min Fahrtspiel bis über 90 % maxHF	11
Mi		ruhiger DL 60 min (75 % maxHF)	12
Do		—	–
Fr	▶▶	Tempolauf 8 km (80–85 % maxHF)	13
Sa		ruhiger DL 60 min (75 % maxHF)	12
So	▶	langer langsamer DL (70 % maxHF)	22

2. Woche (52 km)

Tag		Training	ca. km
Mo		—	–
Di	▶–▶	3 x 1.000 m im 10-km-Tempo (400 m Trabpause)	12
Mi		ruhiger DL 60 min (70 % maxHF)	11
Do		ruhiger DL 40 min (75 % maxHF)	8
Fr		—	–
Sa		Jogging 30 min (70 % maxHF)	5
So	▶	**Crosslauf/Winterlaufserie** (Rennen) über 10 km	16

% maxHF = Prozent der maximalen Herzfrequenz ▶ = langer Dauerlauf (DL) ▶▶ = Tempolauf oder Wettkampf ▶–▶ = Intervalltraining oder Fahrtspiel. Die Kilometerzahl beinhaltet bei Tempoeinheiten oder Wettkampf auch langsames Ein- und Auslaufen.

STEP 8 Marathon

Jede Woche sollte auch ein langer, aber langsamer Lauf absolviert werden, der im März bereits über zwei Stunden erreichen sollte. Profis können das natürlich schon im Januar. Nachdem man bis Ende Februar die Grundlagen- und Kraftausdauer fleißig trainiert hat und das Wetter nun milder ist, wird in den letzten sechs bis acht Wochen an der speziellen Leistungsfähigkeit für den Marathon gearbeitet. Sie befinden sich jetzt in meinen 10-Wochen-Plänen zur Vorbereitung auf den Marathon (Seite 194ff.).

Nach den Vorbereitungswettkämpfen werden jeweils einige Tage bis eine Woche lang (nach einem Halbmarathon) nur lockere Kilometer gesammelt.

Vor dem Frühjahrsmarathon

Hatten das Training und gelegentliche Wettkämpfe bisher nur Vorbereitungscharakter, so sollte man sich nun, im März, ernsthaft dem speziellen Marathontraining widmen. Das bedeutet mehr aerobe Tempodauerläufe, die locker flott gerannt, aber nicht runtergeprügelt werden sollten, oder Intervalle wie fünfmal 2.000, viermal 3.000 und später sogar dreimal 5.000 Meter im geplanten Marathontempo. Der lange Lauf wird sonntags mehr und mehr zur Routine und kann gelegentlich auch schneller als Crescendo oder im Rahmen eines Halbmarathonrennens eingeplant werden.
Drei bis vier Wochen vor dem Marathon erfolgt der Halbmarathon als Generalprobe und Testlauf, wobei Sie diesen maximal laufen sollten. Der Halbmarathon wiederum wurde durch einen oder zwei Wettkämpfe über

> **Mein Profi-Tipp**
>
> ### Nicht überziehen
>
> Hüten Sie sich vor zu vielen Wettkämpfen! Sparen Sie die Kräfte für den Marathon! Basistraining bleibt auch jetzt zwischen den Leistungstagen der ruhige regenerative Dauerlauf. Ein weit verbreiteter und großer Fehler ist es, diese Erholungsläufe zu schnell zu laufen.

zehn Kilometer vorbereitet. Aus den Wettkämpfen können Sie Ihr mögliches Marathonresultat nochmals überprüfen und realistisch hochrechnen.
In den letzten zehn Tagen vor dem Marathon laufen Sie weniger Kilometer. Der letzte nicht mehr ganz so lange langsame Lauf soll spätestens eine Woche vor dem Marathon erfolgen. Die letzte Woche ruht man überwiegend aus und joggt nur ein bisschen.

Vorbereitung auf den Herbstmarathon

Nach dem Frühjahrsmarathon sind – ähnlich wie auch nach einem Herbstmarathon – wieder einige Wochen Regeneration mit Jogging und Radtraining oder Schwimmen angebracht. Daran anschließend könnten Sie sich im Mai und Juni nun nach meinen Plänen um Ihre Zehn-Kilometer-Bestzeit kümmern.

Unterdistanz verbessern

Als separater Trainingsblock vor dem Umstieg in das typische Marathontraining sind im Mai und Juni scharfe Straßenläufe über kurze Distanzen oder schnelle Bahnwettkämpfe – für Profis sogar mit 3.000- bis 10.000-Meter-Rennen auf der Bahn – ideal. Nach dem mehr umfangorientierten Marathontraining ist eine so gestaltete Trainingsperiodisierung im Jahresverlauf sogar sehr erfolgversprechend. Die aerobe Ausdauer wurde über den Winter optimiert. Auf dieser Basis sitzt nun das Intervalltraining bei deutlich vermindertem Umfang viel besser.

Da die aerobe Ausdauer durch die langsamen sonntäglichen Läufe im Zehn-Kilometer-Wettkampftraining immer noch angesprochen wird, baut sie nicht so schnell ab. Die Schnittmenge aus aerobem und anaerobem Leistungsvermögen kann in der Summe nicht nur für Spitzenläufer in dieser zeitlich versetzten Planung zu Bestzeiten führen. So habe auch ich meine persönlichen Hausrekorde auf den kürzeren Distanzen erzielt.

Radfahren und Berglauf

Beim Marathontraining im Sommer kann es insbesondere bei den langen Läufen unangenehm heiß sein. Zur Verbesserung der allgemeinen aeroben Ausdauer und Kraftausdauer können Sie neben dem Lauftraining zunächst unspezifische Einheiten auf dem Straßenrennrad oder mit dem Mountainbike einstreuen. Bergläufe in Kombination mit einem Sommerurlaub im Juli in den Bergen, vielleicht sogar mit einem Höhentraining, wären eine prima Ergänzung und könnten den winterlichen Crosslauf ersetzen. Sie entgehen damit auch der drückenden Hitze im Tal. Wenn Ihr Marathon im Oktober liegt, würden Sie aus diesem Basistraining Anfang August wieder in die Zehn-Wochen-Pläne zur Vorbereitung einsteigen (Seite 194ff.).

Countdown auf den Marathon

Sie haben nun nach meinem Zehn-Wochen-Plan zwei Monate lang fleißig viele Trainingskilometer zusammengelaufen. Was es nun zu beachten gilt, ist nicht nur das Training selbst, das Sie den Plänen entnehmen können. Vielmehr möchte ich Ihnen noch Tipps für die mentale Vorbereitung geben und auf wesentliche inhaltliche und organisatorische Zusammenhänge hinweisen, damit in der sensiblen Phase gesteigerter Nervosität in den letzten Wochen nichts mehr schief geht.

Die vorletzte Woche

Genug trainiert! Ausruhen und der Feinschliff stehen nun im Vordergrund.
▶ Gegenüber den Vorwochen sollte der Kilometerumfang um ein Drittel reduziert werden.

Freizeitläufer und Einsteiger laufen lieber einen Herbstmarathon, da ihnen das Wintertraining schwerer fällt. Zudem besteht in der kalten Jahreszeit ein höheres Verletzungsrisiko.

STEP 8 Marathon

Am Tag vor dem New York City Marathon findet der traditionelle Internationale Frühstückslauf statt.

Der Kilometerumfang geht in der vorletzten Woche bereits deutlich runter. Nun gilt es sehr umsichtig zu planen und zu trainieren. Eine Verletzung oder eine Grippe wären jetzt fatal!

▸ In der Wochenmitte, also zehn Tage vor dem Marathon, sollte eine letzte härtere Einheit exakt im Marathontempo erfolgen, um nochmals das geplante Renntempo zu üben.

▸ Das Training, beispielsweise dreimal 5.000 Meter, sollte dabei auch als nochmalige Generalprobe unter wettkampfnahen Bedingungen durchgeführt werden: Testen Sie die Wettkampfschuhe, Socken und Kleidung, und laufen Sie auf flachem Asphalt, wenn der Marathon auf Straßen gelaufen wird.

▸ Trainieren Sie diese harte Einheit möglichst zur Wettkampfzeit, um den Körper an Stress zu diesem Tageszeitpunkt zu gewöhnen.

▸ Am Wochenende sollte der letzte längere Lauf ebenfalls auf Asphalt durchgeführt werden. Dieser ist aber schon deutlich kürzer und muss sehr ruhig gelaufen werden.

Die letzte Woche

Auch wenn es nach fast zehn Wochen mit erhöhtem Trainingsumfang schwer fällt, in der Ruhe liegt die Kraft! Durch die Erholung aller biologischen Systeme wird der Körper überhaupt erst so richtig locker und leistungsbereit!

▸ Den Trainingsumfang in der letzten Woche nochmals halbieren!

▸ Locker und kürzer, unter einer Stunde, joggen.

▸ Möglichst weiterhin genau zur Wettkampfzeit trainieren.

▸ Ein paar lockere Steigerungen gegen Ende der Läufe durchführen.

Marathon-Countdown

- Mehr Dehnungsgymnastik betreiben.
- Beine hochlegen! Mehr Schlaf und Ruhezeiten ermöglichen.
- Noch besser auf eine vollwertige Ernährung achten.
- Keine Ernährungsexperimente!
- Die umstrittene Saltindiät sollten nur erfahrene Läufer mit Ochsenmagen ausprobieren.
- Keinen Stress aufkommen lassen, das berufliche und private Umfeld befrieden.
- Die rechtzeitige Anreise planen: bei Zeitzonenwechsel mindestens drei Tage vorher, bei Zeitzonen- und Klimazonenwechsel besser eine Woche zuvor anreisen.
- Bei Flugreisen Laufschuhe, Socken und Trikot im Handgepäck mitnehmen. Mancher Koffer ist schon woanders oder nie angekommen!
- Die mittwochs in den Plänen für Fortgeschrittene vorgesehene flotte Einheit auf keinen Fall schneller als im Marathontempo laufen!
- Fußnägel rechtzeitig schneiden!

Die letzten drei Tage

- Den Anteil der Kohlenhydrate in den Mahlzeiten deutlich erhöhen, um die Glykogendepots aufzufüllen (Näheres in den Ernährungs-Steps, Seite 324ff.).
- Reichlich trinken, aber nicht zu viel Koffeinhaltiges und Alkoholisches.
- Die Ausrüstung zusammenstellen und packen (Checkliste Seite 134).
- Wenn möglich, eine Streckenbesichtigung einplanen.
- Startnummer und Zeitmess-Chip frühzeitig abholen. Bei vielen Marathons geht das viel geruhsamer schon am Donnerstag oder Freitag.
- Freitags kann das Jogging ausfallen und durch einen kleinen Stadtbummel ersetzt werden.
- Wer möchte, sollte spätestens Freitag zur Regeneration in die warme Badewanne, ins Thermalbad oder in die Sauna gehen – da dabei die Muskelspannung etwas verloren geht, wäre samstags dafür zu spät.
- Sorgen Sie in der vorletzten Nacht für viel Schlaf!

Der Tag vorher

- Bei kurzfristiger Anreise möglichst bald die Startunterlagen abholen.
- Am Vortag höchstens eine halbe Stunde Jogging mit ein paar lockeren Steigerungen, wenn möglich, sogar auf dem Endstück der Strecke, damit man dort im Wettkampf keine Überraschungen mehr erlebt.
- Stehen Sie sich nicht mehr bei langen Stadt- und Museumsbesuchen oder auf der Marathonmesse die Beine in den Bauch.
- Gehen Sie den organisatorischen Ablauf nochmals in Ruhe durch: Wann muss man wo sein? Wie komme ich zum Start, wie vom Ziel zurück?
- Organisieren Sie soweit möglich mit Freunden oder Familie ein Betreuungssystem für Kleidung am Start, Getränk, Zwischenzeiten, Aufmunterung, Abholung im Ziel usw.

In den letzten drei Tagen nur nichts mehr auf die letzte Minute anbrennen lassen. Das Training ist beendet! Spätestens am letzten Tag steigt die Nervosität. Eine kontrollierte Vorbereitung kann auch jetzt unnötigen Stress vermeiden.

STEP 8 Marathon

▶ Informieren Sie sich, was es unterwegs an Verpflegung geben wird, und besorgen Sie, was Sie selbst in einer Gürteltasche oder im Trinkgürtel mitnehmen möchten.
▶ Gehen Sie noch mal die Renntaktik durch: Gleichmäßige Zwischenzeiten auf ein realistisches Ziel ausrechnen und eventuell mit wasserfestem Stift auf den Arm oder die Startnummer schreiben, möglicherweise die Uhr mit Timerfunktion programmieren.
▶ Verfolgen Sie den Wetterbericht.
▶ Denken Sie positiv, aber realistisch. Rufen Sie sich nochmals ab, was Sie dem inneren Schweinehund nach Kilometer 30 sagen wollen!
▶ Legen Sie alles rechtzeitig zusammen, was Sie für morgen brauchen (Schuh, Trikot, Socken etc.). Befestigen Sie die Startnummer am Laufshirt und den Chip am Schuh.
▶ Genießen Sie in Ruhe die Pasta-, Gemüse- oder Kartoffelparty. Meiden Sie aber unbedingt alle fetten Saucen, sonst bekommen Sie zwar Kalorien, aber zu wenig Kohlenhydrate!
▶ Ein Bierchen kann der Beruhigung dienen, mehr schadet, allen Machosprüchen zum Trotz.
▶ Planen Sie vielleicht am Abend etwas Ablenkendes.
▶ Sex ist nicht verboten, aber bitte so, dass er keinen Stress bereitet.
▶ Gehen Sie nicht zu spät ins Bett. Sollten Sie unruhig schlafen, ist das umso weniger schlimm, je mehr Sie in den Tagen zuvor »auf Vorrat« geschlafen haben!

▶ Stellen Sie den Wecker, und sichern Sie sich mit einem Weckdienst durch Freunde oder im Hotel zusätzlich ab.
▶ Bedenken Sie die Zeitumstellung, die im Frühjahr und Herbst just auf das Marathonwochenende fallen kann.

Der Morgen davor

▶ Stehen Sie wenigstens drei Stunden vor dem Start auf.
▶ Checken Sie nochmals Wetter und Wetterbericht, passen Sie Renntempo und Kleidung entsprechend an.
▶ Ziehen Sie Ihr Trikot, Wettkampfsocken und -schuhe unterm Trainingsanzug schon an. So können Sie nichts mehr vergessen.
▶ Essen Sie eine letzte leichte kohlenhydrathaltige Mahlzeit zwei bis drei Stunden vor dem Start. Meiden Sie alles, was Sie nicht zuvor schon einmal im Training oder noch besser vor einem Rennen ausprobiert haben.
▶ Mixen Sie sich Ihr Wettkampfgetränk für den Start und für unterwegs. Nehmen Sie auch Toilettenpapier für alle Fälle mit.
▶ Reiben Sie empfindliche Stellen wie Füße, unter den Armen, zwischen den Beinen dünn mit Vaseline ein, und verpflastern Sie die Brustwarzen.
▶ Studieren Sie nochmals Ihren gleichmäßigen Zwischenzeitenplan, nehmen Sie sich erneut vor, nicht zu schnell loszulaufen.
▶ Gehen Sie rechtzeitig zum Start, bedenken Sie bei der Anfahrt mögliche Verkehrssperrungen.

Kaum zu glauben! Es gibt wirklich Nervenbündel, die es am letzten Tag noch einmal wissen wollen, ob sie lange oder schnell laufen können, und sie machen damit alles kaputt.

Marathon-Countdown

▶ Nehmen Sie je nach Wetter ein altes T-Shirt und eine ausrangierte Trainingshose mit, die Sie zurücklassen können, um sich vor dem Start warm zu halten. – Auch ein Müllbeutel, in den man Löcher für Kopf und Arme schneidet, tut dafür gute Dienste.

Das letzte Stündchen schlägt

▶ Joggen oder gehen Sie sich ganz langsam ein wenig warm, bei Wärme reichen fünf bis zehn Minuten, aber auch wenn es kalt ist, sollten es nicht mehr als 15 Minuten sein.
▶ Dehnen Sie sich ein wenig, und laufen Sie ein paar lockere Steigerungen.
▶ Trinken Sie Mineralwasser oder Ihr Sportgetränk bis eine halbe Stunde vorher. Wenn Sie gleich wieder auf die Toilette müssen, sind Sie längst ausreichend hydriert.
▶ Gehen Sie rechtzeitig, spätestens 10 bis 15 Minuten vor dem Start, in den Block, der Ihrer realistisch geplanten Laufzeit entspricht.
▶ Halten Sie Ausschau nach den Zug- und Bremsläufern, die oft durch bunte Ballons gekennzeichnet sind. Sie sind ein Service des Veranstalters und laufen konstant auf bestimmte Zielzeiten.
▶ Schnüren Sie die Schuhe nicht zu eng, und binden Sie einen Doppelknoten auf die Schleife des Schnürsenkels.
▶ Viele werden kurz vor dem Start nochmals nervös, lassen Sie sich nicht beirren! Lassen Sie sich durch das Gequatsche anderer nicht von Ihrem gut durchdachten Plan abbringen.

Studieren Sie beim Einlaufen vielleicht, wo das erste, eventuell das zweite Kilometerschild ist, dann können Sie auch später im Renngetümmel schon rechtzeitig Ihre Zwischenzeit überprüfen.

Wichtig für den Erfolg, aber mit der aufgeregten Menschenmenge um einen herum schwierig: nicht zu schnell loslaufen!

STEP 8 Marathon

▸ Schlucken Sie auch keine Wundermittel wie Magnesium kurz vor dem Start, nur weil irgendein Wichtigtuer das noch meint. Das kann im wahrsten Sinne des Wortes in die Hose gehen.
▸ Wichtig! Nehmen Sie sich nochmals vor, nicht zu schnell loszulaufen!
▸ Laufen Sie in einer Gruppe nur dann mit, wenn Sie sich sicher sind, was die wirklich tun. Sie sind nicht der Sparringspartner für andere!
▸ Kippen Sie sich bei Wärme kurz vor dem Start den Rest Wasser aus Ihrer Flasche zur Kühlung über den Kopf.
▸ Kurz vor dem Startschuss denken Sie nochmals: »Gleich geht die Horde los, ich werde nicht zu schnell loslaufen!«
▸ Konzentrieren Sie sich darauf, nach dem Startschuss im Gewühle nicht zu Fall zu kommen.

▸ Drücken Sie erst bei Überquerung der Startlinie Ihre Stoppuhr ab, denn die Kilometerzwischenzeiten gelten natürlich erst ab dort!

Der große Lauf

Im Rennen die Nerven behalten

Unter Adrenalin, beflügelt durch Mitläufer und Publikum, wird Ihnen am Anfang nicht bewusst sein, dass Sie viel zu schnell starten. Daher erinnere ich so penetrant oft, sich vorzunehmen, nicht zu schnell loszulaufen! Der Mann mit dem Hammer wartet auf Sie!
▸ Halten Sie Ausschau nach dem ersten Kilometerschild zur Zwischenzeitkontrolle. Korrigieren Sie sofort, falls Sie zu schnell sind.
▸ Die Herzfrequenzmessung versagt oft bei so vielen störenden Mitläufern, beachten Sie deshalb immer auch die Zwischenzeiten.
▸ Den Lauf gleichmäßig auf die Endzeit oder eher zu langsam angehen zu lassen ist in jedem Fall besser, als zu schnell loszulaufen.
▸ Trinken und eventuell essen Sie bereits an der ersten Station. Wenn Sie das erst tun, wenn Sie Hunger und Durst spüren, ist es schon zu spät!
▸ Verpassen Sie keine Verpflegungsstation, Sie werden mehr ausschwitzen, als Sie trinken können! Bleiben Sie ggf. kurz stehen, um sich das Richtige rauszusuchen, und trinken Sie im Gehen.

Essen Sie auf keinen Fall Traubenzucker oder ähnlich Süßes in der letzten halben Stunde vor dem Start, das könnte den Zuckerhaushalt jetzt stören.

Kippen Sie sich bei Hitze viel Wasser über den Kopf, das kühlt am meisten und spart Ihr Körperwasser.

Der erste Marathon

▸ Der Masse vor Ihnen nur blind zu folgen ist nicht immer die Ideallinie, die wiederum meist der blauen Linie entspricht. Peilen Sie selbst die Richtung, und verschenken Sie keinen Meter.

▸ Denken Sie an Ihr selbst organisiertes Versorgungssystem mit Ihren eigenen Betreuern. Haben Sie aber grundsätzlich Plan B, nämlich die offiziellen Stationen, parat, und rechnen Sie immer damit, dass Sie die Freunde oder Familie mit den bereitgehaltenen Flaschen verpassen.

▸ Beobachten Sie das Wetter. Wird es sich ändern, kommt die Sonne doch noch raus? Passen Sie Trinkstrategie und Zeitplan laufend an.

▸ Beobachten Sie den Wind an Fahnen oder Bäumen. Haben Sie Rückenwind und damit auf der zweiten Hälfte Gegenwind? Soweit Sie nicht der Führungsläufer sind, suchen Sie Windschutz in der Gruppe.

▸ Steigern Sie erst nach der Halbmarathondistanz oder nach 25 Kilometern Ihr Tempo vorsichtig, wenn Sie der Meinung sind, Sie wären den Lauf zu langsam angegangen.

▸ Bereiten Sie vor, was Sie mental abrufen, wenn der innere Schweinehund sich meldet. Machen Sie sich bewusst, dass Sie doch nicht wegen einer Stunde schwerer Beine ein halbes Jahr umsonst trainiert haben wollen!

▸ Rappeln Sie sich in der Endphase immer wieder auf, versuchen Sie nichts zu verschenken. Auch Spitzenathleten klammern sich in der Endphase aneinander, ja helfen sich lange Zeit gegenseitig, das Tempo nicht zu verschleppen. Diese Solidarität findet man auch im Mittelfeld und natürlich auch kurz vor dem Besenwagen!

▸ Freuen Sie sich, und jubeln Sie am Zielstrich. Zur Not quälen Sie sich ein Lächeln ab. Beim Überlaufen des Zielstrichs stehen die Fotografen. Und wenn es noch so hart war, wollen Sie später ein Erinnerungsfoto mit einer depressiven Grimasse?

Reichlich Auswahl an der Getränkestation.

Nach dem Rennen: Erholen!

Gehen Sie unbedingt langsam weiter, um den Blutdruck oben zu halten. Nehmen Sie Ihre verdiente Finishermedaille in Empfang. Besorgen Sie sich so schnell wie möglich warme Kleidung oder die Umhängefolien, die

Nach dem Zieleinlauf geht der Marathon durch die Verpflegungs-, Massage- und Servicestationen weiter. Die meisten sind spätestens jetzt im Runner's High.

STEP 8 Marathon

viele Marathonveranstalter bereithalten. Die Erkältungsgefahr ist jetzt am größten! Trinken Sie reichlich Wasser, Mineraldrinks mit Kohlenhydraten, und essen Sie Bananen oder Ähnliches. Und wenn die Versuchung noch so groß ist, verschieben Sie das wohlverdiente Bier oder den Champagner auf den Abend! Versuchen Sie Ihre Helfer, Reisegruppe und Betreuer mit Ihrer Kleidung und Nahrung möglichst bald zu treffen. Statt Dehnen wäre eine Massage, Schwimmen in warmem Wasser oder ein warmes Wannenbad nun besser. Essen Sie abends etwas besonders Vollwertiges.

Noch am selben, aber bestimmt am nächsten Tag sollten Sie zur besseren aktiven Erholung ein wenig spazieren gehen. Gesunde Ernährung ist nun besonders wichtig.

Die Woche danach sollte man vielleicht nur höchstens dreimal zwischen einer halben und einer Stunde langsam joggen. Radfahren und Schwimmen wäre ein idealer Umstieg. Nach der monatelangen umfangreichen sowie intensiven Marathonvorbereitung sollten Sie zur physischen und psychischen Erholung nun etwas Urlaub vom Training einplanen. Die Regeneration der Muskelfasern, des Bewegungsapparats sowie des Hormon- und Immunsystems kann mehrere Wochen dauern.

Mentale Power für Marathon

Unter Adrenalin ist alles anders. Dem einen schlägt es auf die Galle, anderen auf die Haut und Ihnen vielleicht auf den Magen? Was vorher akribisch vorbereitet wurde, der Trainingsplan für die letzte Woche, die Ernährung in den

Mit Geduld durch die Mauer

Dort, wo der »Mann mit dem Hammer« steht, haben diejenigen, die den Marathon zu schnell loslaufen, ihre Glykogenreserven vorzeitig aufgebraucht. Die Fettverbrennung kann dieselbe Menge Energie zur Aufrechterhaltung der Geschwindigkeit nicht liefern, da sie hierfür mehr Sauerstoff als der Kohlenhydratstoffwechsel benötigt. Zunächst beschleunigt sich zwar die Atmung, Seitenstechen als Folge einer Hechelatmung und der überlasteten Zwerchfellmuskulatur können auftreten, aber letztlich sinkt das Tempo umso mehr ab, je schlechter zuvor der Fettstoffwechsel trainiert wurde.

So vermeiden Sie die schmerzhafte Begegnung mit dem »Mann mit dem Hammer«:

▶ Bereiten Sie sich wenigstens eineinhalb Jahre vor.
▶ Achten Sie darauf, dass Ihr Gewicht nicht zu hoch ist.
▶ Trainieren Sie langsam genug.
▶ Laufen Sie ausreichend Kilometer.
▶ Absolvieren Sie genügend lange Läufe.
▶ Laufen Sie auch im Training bereits auf flachem Asphalt.
▶ Laufen Sie nicht zu viele Wettkämpfe im Vorfeld.
▶ Ruhen Sie in der Woche vor dem Marathon genügend.
▶ Testen Sie vorher Laufschuhe und Kleidung unter Wettkampfbedingungen beim Halbmarathon.
▶ Achten Sie darauf, dass Wasser- und Glykogendepots aufgefüllt sind.
▶ Laufen Sie nicht zu schnell los.
▶ Passen Sie die Zeit dem Wetter und der Strecke an.
▶ Trinken und essen Sie unterwegs.

Mentale Power für Marathonläufer

letzten Tagen, der vorgenommene Marschplan, alles gerät plötzlich ins Wanken. Sie fragen sich, ob das alles wirklich klappen wird.

Einen Marathon muss man sich erarbeiten, man bekommt ihn nicht geschenkt. Was man sich mühsam erarbeitet hat, schätzt man umso mehr. Es macht einen selbstbewusster und stärker! Am Wettkampftag müssen Sie Farbe bekennen. Die Last liegt anders als bei Mannschaftssportarten nur auf Ihren eigenen beiden Schultern. Und der Druck ist groß. Mancher hat ein Toptraining hinter sich, vor dem Rennen versagen aber die Nerven. Aber keine Angst, auch Weltklasseathleten haben Muffensausen, und natürlich hatte auch ich immer Bedenken und Ängste bei meinen Rennen.

22 Tipps für mentale Power und Erfolg

Ohne Nervosität gäbe es keine Adrenalinausschüttung, die uns kampfbereit macht. Erfolgreich ist aber nicht der Ängstliche, bei dem alles in Panik umschlägt, sondern derjenige, der die Kontrolle behält und es schafft, dem inneren Schweinehund am längsten die besten Antworten zu geben. Ich habe viele Rennen überragend gewonnen, wo ich unterwegs ans Aufgeben gedacht hatte. Aber plötzlich ließ mein Gegner nach und fiel zurück. Und ich dachte, ich wäre platt! Er resignierte vielleicht nur eine Sekunde früher als ich. Wie vermeidet man Panik, erreicht mentale Stärke, kontrollierte Ruhe und überwindet den inneren Schweinehund in der Endphase?

▶ Setzen Sie sich von vornherein ein realistisches, erreichbares Ziel. Stapeln Sie beim Marathon ruhig etwas tiefer. Dann ist auch der eigene Erwartungsdruck nicht so hoch.

▶ Erledigen Sie im Training und vor dem Wettkampf rechtzeitig Ihre Hausaufgaben – ein gutes Gewissen ist ein sanftes Ruhekissen!

▶ Lenken Sie sich ab, belohnen Sie sich. Nehmen Sie sich für hinterher etwas Schönes vor.

▶ Umgeben Sie sich mit Freunden, die Sie beraten, unterstützen und beruhigen können.

Auch im Wettkampf heißt es, Nerven behalten: Lässt man den Spitzenläufer wegziehen, oder kämpft man sich ran?

STEP 8 Marathon

Geschichten am Rande

Marathon zwischen Triumph und Niederlage

Es war einfach, als junger Wilder nach oben zu kommen: Wir alle haben ihn gemeinsam gejagt, den Deutschen Meister oder den Citymarathonsieger vom Vorjahr, aber plötzlich stehst du selbst da oben auf dem Treppchen. Es wird dir schlagartig klar: Jetzt bist du alleine! Du bist jetzt der Gejagte! Natürlich wirst du viele Freunde haben, die Sponsoren werden dich umgarnen. Aber dir möchte man bei jeder Gelegenheit die Schwanzfedern ausrupfen und sich damit schmücken. Es ist schwer, oben zu bleiben. Du wirst dich, wenn du gut bist, eine Weile halten, die Nummer 1 nicht als Last, sondern sogar als Ehre empfinden, die es zu verteidigen gilt. Du hast es dir hart erarbeitet. Doch auch du wirst deinen Meister finden. Spätestens nach einer Verletzung bist du wieder im Keller. Von deinen Freunden sind nur noch die alten von früher übrig geblieben. Die Sponsoren sind längst weitergezogen. Alle haben sich dem neuen Star zugewendet. Und jetzt musst du dich wieder alleine mit Hilfe von ein paar treuen Kameraden an den Haaren aus dem Sumpf ziehen. Es ist das Schwierigste, wieder nach oben zu kommen – wie überall im Leben …

▸ Ruhen Sie in den letzten Tagen, und vermeiden Sie Hektik, denn in der Ruhe liegt die Kraft!

▸ Gehen Sie frühzeitig den Ablauf durch, schauen Sie sich vor dem Rennen eventuell schwierige Passagen an. Bei negativen Überraschungen könnten Sie ausflippen!

▸ Man kann nicht alles vorbereiten. Auf unerwartete Situationen reagieren Sie gelassen und positiv: »Schicksal, aber ich werde das Beste draus machen!«

▸ Gehen Sie vorher die Checkliste für die Wettkampftasche durch, damit Sie nichts vergessen. So vermeiden Sie unnötige Hektik in letzter Sekunde.

▸ Vielleicht trinken Sie am Abend vor dem Rennen Bier zur Beruhigung, aber in Maßen, nicht in Maßkrügen!

▸ Schwierige Streckenaufgaben haben Sie vorher im Training gelöst: Sie haben beispielsweise an einem Berglauf teilgenommen, wenn Sie vor Anstiegen Angst haben, Sie haben im Regen trainiert, wenn Sie beim Rennen Unwetter fürchten. Auch eine ewig lange Gerade hat man schon im Training abgespult. Konsequenz: »Das kann ich schon!«

▸ Marathon ist kein Zuckerschlecken. Sie haben sich also vorher absichtlich mental schwierigen Laufaufgaben gestellt, beispielsweise einen langen Lauf auf der langweiligsten Strecke, die Sie kennen – etwa im Industriegebiet –, geschafft.

▸ Erinnern Sie sich an die vielen Trainingseinheiten bei schlechten Bedingungen, im Regen, bei Kälte usw.

▸ Die meisten laufen zu schnell los! Ein Flüchter verliert hinten doppelt und dreifach! Ein gleichmäßiger Rennverlauf gibt dagegen die besten Resultate. Wenn Sie vorsichtig loslaufen, zum Jäger werden, sind Sie am Ende nur am Überholen und vergessen dabei Ihre eigenen Probleme! Haben Sie nur Geduld!

▸ Machen Sie das 42-Kilometer-Problem kleiner. Zerlegen Sie schon vorher strategisch die lange Strecke in

Teilaufgaben, wie kontrollierter Beginn, Rhythmus finden, Getränkeaufnahme usw.
▶ Legen Sie sich positive, kämpferische Gedanken zurecht: »Jetzt zeige ich, was ich kann« statt: »Ich weiß nicht, mal schauen …«
▶ Versuchen Sie die gute Stimmung des Publikums aufzusaugen.
▶ Auch andersherum kann es funktionieren: Ärgern Sie sich über den Typen, der Ihnen gerade den Becher an der Station weggeschnappt hat oder vor Ihnen die Nase geschnäuzt hat!
▶ Manche gehen, wenn sich der innere Schweinehund meldet, mit sich selbst härter ins Gericht: »Heule nicht! Wenn Marathon so einfach wäre, dann könnte es ja jeder!« oder »Du Waschlappen, wozu hast du denn ein halbes Jahr so viel trainiert? Nur um jetzt hier herumzujammern?«
▶ Rufen Sie andere harte Situationen in Ihrem Leben ab. Erinnern Sie sich an die Schmerzen bei der Geburt Ihres Nachwuchses. Dagegen ist die Endphase des Marathons ein Kinderspiel.
▶ Megaharte Bestzeitenjäger aufgepasst: Die letzten Adrenalinzuckungen können Sie mit der Sicherheitsnadel Ihrer Startnummer rauskitzeln. Ich habe schon beobachtet, wie sich eine Läuferin beim Marathonweltcup damit in der Endphase in die Beine piekste!

Über Sieg oder Niederlage oder auch nur darüber, einen Marathon zu schaffen, entscheidet letztlich der Kopf. Suchen Sie auch im Alltag die Herausforderung, und üben Sie deren Bewältigung, weichen Sie Problemen nicht aus.

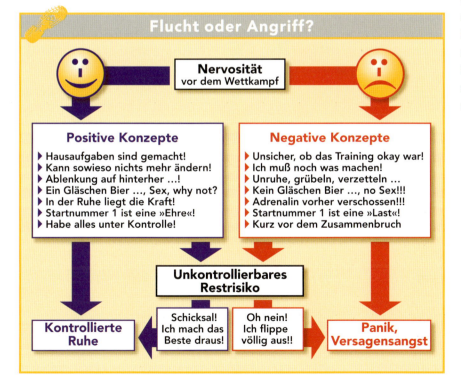

STEP 8 Marathon

Essay

Die Schlacht von Pittsburgh

»Jetzt bist du im Eimer …, k.o. …, nichts geht mehr«, hämmert mir mein innerer Schweinehund bei Kilometer 38 ein. »Mach langsamer, es tut weh, du hast Krämpfe, gleich stehst du!« Ich spüre den Atem des Neuseeländers bereits im Nacken. Mein ganzer schöner Vorsprung ist bergab in einer trostlosen und menschenleeren Industriegegend in Pittsburgh/USA auf nur noch sechs Meter zusammengeschrumpft. Noch vier Kilometer bis zum Ziel des Marathons, … unendliche vier Kilometer! Die Hitzeschlacht und die zermürbenden Anstiege haben mich fertig gemacht. »Platz zwei ist doch auch gut, und 13.000 Dollar ist noch 'ne Menge Geld …«, schießt es mir durch den Kopf. Ich will nur noch irgendwie ankommen …

Der Kampf im Körper

Es wird flacher, das Rennen steht auf des Messers Schneide. Klick, klick …, die Fotografen und TV-Leute sitzen in den Führungsfahrzeugen wie die Geier. Sie dürfen den entscheidenden Moment nicht verpassen. Er oder ich? Ich bin verloren, wie ein kleines Kind, ich möchte heulen …! Die schmerzenden Beine trommeln monoton auf den harten Asphalt. Die Sonne brennt unbarmherzig. Da! Ich erkenne meine Frau mit meinem Sohn Leif auf dem Arm … Ja, sie sind es! Die richtige Stelle, hier bei den tristen Fabrikmauern, wie verabredet, Kilometer 38 …! »Go Daddy, go! Du schaffst es!« Ich fliege vorbei. Das Gesicht wird zur Maske, ich trete mir und dem Schweinehund kräftig in den Arsch.: »Du willst doch Weltklasse sein? Bist du's oder nicht? Hast dir die Startnummer 1 doch nicht mit Rumjammern verdient!? Hast du Medaillen im Schrank oder nicht? Tu was, verdammt noch mal!«

Der Sieg mit dem Kopf

Plötzlich bin ich wieder 18 Jahre. »Damals warst du als Läufer hoch talentiert und eigentlich nur ein faules Schwein. Bist mit drei- bis viermal Training pro Woche Deutschen Jugendrekord gelaufen, nationale Spitze. Aber als du in die Männerklasse kamst, hast du gekniffen. Gelle, Herby, wolltest nicht verlieren …? Talent allein reicht eben nicht! Hast doch danach als Erwachsener gelernt, zu trainieren und hart für was zu arbeiten! Nun lauf zu, du Penner!!!«
So ging ich eine Ewigkeit durch mein Leben und dabei gnadenlos mit mir ins Gericht. Doch dann, ich fasse es nicht, … ich bin auf der Zielgeraden! Noch 400 Meter …, noch 200! Ich drehe mich um, schaue über die linke Schulter – nix! Vielleicht rechts? Auch nix! Ich kann's kaum glauben, ich sehe ihn nicht mehr … In Fernsehen und Presse werde ich hinterher als überlegener und strahlender Sieger gefeiert. Oh Mann, wenn die wüssten! Ich habe mich besiegt! It's all in your head!

Trainingspläne für den Erfolg

▶ Etwas sanfter wäre, sich kaltes Wasser in der Endphase ins Gesicht zu kippen, das kann ebenfalls die letzten Lebensgeister wecken.

▶ Ganz wichtig, wenn es mal doch nicht klappt: Sie sind deswegen kein schlechter Mensch! Es gibt keine Berge ohne Täler.

Mit Trainingsplänen zum Erfolg

Marathon beschließt man nicht bei einer Bierhauswette drei Wochen vor dem Rennen. Der Traum, einen Marathon zu schaffen oder eine neue Bestzeit aufzustellen, vielleicht sogar die Dreistundengrenze zu unterbieten, kann nur bei entsprechendem Talent und Trainingsfleiß in Erfüllung gehen. Der Körper braucht Jahre für viele Anpassungen und die notwendige orthopädische Stabilität, erst dann sollte man sich sinnvollerweise an diese lange Strecke herantrauen. Eingangsvoraussetzung für einen Marathon sollte daher ein etwa eineinhalbjähriges kontinuierliches Training sein.

Und es braucht einen guten Trainingsplan, den man auch strikt einhalten sollte. Sie können mit den Einsteigerplänen der vorangegangenen Kapitel vielleicht die ersten Wettkämpfe Ihres Lebens laufen. Vielleicht haben Sie sich mit Hilfe meines Buches aber auch schon zum Halbmarathonläufer entwickelt. Ich setze für die nachfolgenden Hinweise und Erklärungen zu den Marathon-Trainingsplänen voraus, dass Sie bereits die Vorbemerkungen zu den Trainingsplänen in den Steps »Jogging« (Seite 116) und »Running« (ab Seite 124) gelesen haben.

Die auf Seite 194 bis 217 vorgestellten Marathonpläne sind natürlich idealisierte Rahmentrainingspläne. Es ist aber unmöglich, für alle vorstellbaren Sondersituationen Pläne zu schreiben. Ich bin sicher, dass meine Trainingspläne funktionieren, wenn man sie genau befolgt und mit den richtigen Voraussetzungen daran geht:

Marathon ist nichts für Ungeduldige. Elitemarathonläufer erreichen ihren Zenit selten früher als nach fünf Jahren Langstreckentraining.

Mein Profi-Tipp

Den ersten Marathon auswählen

Für den ersten Marathon sollten Sie für Ihr Debüt eine Strecke aussuchen, die vom Streckenprofil und voraussichtlichem Wetter keine unerwarteten Schwierigkeiten birgt. Bestes Marathonwetter ist im Frühjahr und Herbst, wenn es weder zu kalt noch zu heiß ist. Die großen Citymarathons sind in der Regel hervorragend organisiert, das Gedränge und der Megarummel liegen aber nicht jedem. Daher kann eine Premiere bei einem kleinen Marathon in der Provinz sogar empfehlenswerter sein. Andererseits kann ein Citymarathon Seite an Seite mit Tausenden von Mitstreitern vor einigen hunderttausend applaudierenden Zuschauern ein motivierendes, kurzweiliges Rauscherlebnis werden. Ein Rennen unweit der Heimat lockt wiederum eher unterstützende Freunde und Familienmitglieder an die Strecke. Vielleicht begleitet Sie sogar ein erfahrener Marathonläufer vom Lauftreff, dem Sie vertrauen können? Bei einem Exotenrennen in der Ferne kommt möglicherweise Reisestress, Zeit-, Essens- und Klimaumstellung noch erschwerend hinzu.

STEP 8 Marathon

Am Honolulu Marathon in Hawaii nehmen rund 15.000 Japaner teil. Manche tragen selbst bei dieser Hitze ihre historischen Trachten.

▸ Ein sporterfahrener Arzt sollte einige Monate vor dem Marathon grünes Licht gegeben haben.
▸ Die überflüssigen Pfunde wurden bereits auf ein Mindestmaß reduziert.
▸ Sie können sicher viermal in der Woche laufen, und der längste Lauf hat sich bereits über wenigstens 18 Kilometer erstreckt.
▸ Gut wäre es, wenn man eine Gruppe oder gleichgesinnte Läufer ähnlicher Leistungsstärke finden könnte, die einen aber nicht als Sparringspartner missbrauchen.
▸ Spätestens jetzt sollte man sich ordentliche Laufschuhe leisten, denn das erhöhte Training bedeutet auch erhöhten orthopädischen Stress.
▸ Ausreichend Schlaf, eine gute Ernährung und regelmäßige Gymnastik sind trainingsbegleitend notwendig. Man sollte sich auch bewusst sein, dass man in den nächsten zwei Monaten etwas mehr Zeit in das Ziel investieren muss. Sollten Sie aus Krankheitsgründen einen Plan unterbrechen müssen, so hoffe ich, dass Sie in diesem Buch so viele Kenntnisse erworben haben, dass Sie als Ihr eigener Trainer das Beste daraus machen werden.

Der richtige Plan

Um einen Marathon zu schaffen oder Bestzeit zu laufen, sollten Sie gezielt und kongruent nach Plan trainieren.

Zielzeiten für den ersten Marathon

Es kann einem Marathondebütanten, ob Fitnessläufer oder Profi, nicht deutlich genug gesagt werden: Das einzige Ziel für den ersten Marathon ist es, gut anzukommen! Die Zeit ist zunächst zweitrangig. Wenn Sie beim ersten Mal mit positiven Erfahrungen gut durchgekommen sind, haben Sie beim zweiten Versuch genug Erfahrung, alles zu riskieren und schneller zu laufen. Der in der nachfolgenden Tabelle von mir einkalkulierte Sicherheitsabschlag für Debütanten berücksichtigt verschiedene Umstände: Sie wissen z. B. noch gar nicht, ob Sie überhaupt ein Langzeitausdauertyp sind. Die Formeln im vorhergehenden Step »Running«, mit denen Sie maximal mögli-

Den richtigen Plan wählen

che Zeiten auf Wettkampfdistanzen hochrechnen (siehe Seite 136), gelten nicht immer. So wird ein früherer 11,2-Sekunden-Sprinter infolge einer genetisch bedingten schnellkräftigeren Muskulatur auf längeren Strecken trotz besten Trainings immer nur schlecht klarkommen. Manche »Stehertypen« erreichen ihr Optimum umgekehrt erst bei der Marathondistanz oder auf noch längeren Ultrastrecken. Weiterhin sind in dem Debütantenmalus auch Faktoren wie Hitze oder mentale Einbrüche einberechnet. Marathon kann man nicht vorher üben.

Es bleibt ein Experiment. Letztlich sind die Werte in der Tabelle Erfahrungswerte, die ich über Jahrzehnte gesammelt habe. Der Sicherheitsabschlag ist beim Profi natürlich geringer als beim langsamen Hobbyläufer.

Sieg mit vorsichtigem Beginn

Nehmen wir mich selbst als Beispiel. Vor meinem ersten Marathon 1983 lief ich über 10.000 Meter 30:11 Minuten. Aus der mittleren Spalte, in der die für erfahrene Marathonläufer maximal

Um zu wissen, auf welche Marathonzielzeit Sie trainieren, sollten Sie als Test an einem Zehn-Kilometer-Wettkampf teilnehmen.

Zielzeiten für Marathon

Umrechnungstabelle von 10 Kilometer auf Marathon

derzeitige 10-km-Zeit	optimal erreichbare Marathonzeit für Erfahrene	beim Marathondebüt realistisch erreichbar
62:30	4:55:00	5:30:00
60:00	4:40:00	5:11:00
57:30	4:28:20	4:58:00
55:00	4:16:40	4:45:00
52:30	4:05:00	4:32:00
50:00	3:53:20	4:19:00
47:30	3:41:40	4:05:00
45:00	3:30:00	3:49:00
42:30	3:18:20	3:34:00
40:00	3:06:40	3:19:00
37:30	2:55:00	3:05:00
35:00	2:43:20	2:51:00
32:30	2:31:40	2:37:30
30:00	2:20:00	2:24:00
27:30	2:08:20	2:11:00
26:30	2:03:39	2:08:00

STEP 8 Marathon

Gehen Sie als Marathonnovize zumindest die erste Hälfte des Laufs auf die Debütantenzeit an. Sollte es Ihnen prima gehen, können Sie garantiert noch von hinten aufholen!

mögliche Zeit unter günstigsten Bedingungen berechnet ist, hätte ich mir etwa 2:21 Stunden zutrauen können. Da ich zum Glück Respekt vor der Strecke hatte, hielt ich mich damals aber an eine langsamere Vorgabe. Ich hatte sie mit meinen marathonerfahrenen Brüdern abgesprochen und steuerte beim Echternach-Marathon in Luxemburg erst mal auf 2:25 Stunden. Nach 18 Kilometern fühlte ich mich unterfordert. Mein Bruder Horst, Westdeutscher Marathonmeister, gab mir grünes Licht, etwas schneller zu laufen. Ich lief von Platz fünf noch auf den ersten Platz vor und siegte ohne Einbruch in 2:20:05 Stunden. Die anderen hatten sich übernommen. Beim Jubeln über diesen unerwarteten Erfolg hatte ich am Ende vergessen, auf die Uhr zu schauen. Die sechs Sekunden für unter 2:20 Stunden wären auch noch drin gewesen. Beim zweiten Marathon schaffte ich dann 2:14 Stunden. Was hatte ich aber gelernt? Erstens: Marathon kann Spaß machen und zweitens: Ein vorsichtiger Beginn lässt dir noch alles offen! Damals beschloss ich, Marathonläufer zu werden.

Zielzeiten für den Plan

Wenn Sie also Ihre aktuell mögliche Zehn-Kilometer-Wettkampfzeit kennen, können Sie die maximal mögliche Marathonzielzeit ablesen oder interpolieren (mittlere Spalte der Tabelle auf Seite 183). Nun suchen Sie den dazugehörenden Zehn-Wochen-Plan heraus (Pläne ab Seite 194). Auch ein Marathonnovize bereitet sich nach dem Plan für die unter optimalen Bedingungen mögliche Zeit vor, wird aber am Wettkampftag langsamer, auf die Debütantenzeit, starten.

Keinesfalls sollten Sie nach einem schnelleren Plan trainieren als nach dem, der zu Ihrer Zehn-Kilometer-Zeit passt. Viele werden den schnelleren Plan nicht schaffen und sich überfordern, sich vielleicht sogar verletzen. Beim zweiten, spätestens beim dritten Marathon sind Sie erfahrener und werden mit eigenen Trainingsvarianten experimentieren können.

Geschichten am Rande

Joschka Fischers Marathondebüt

Joschka Fischer hatte vor seinem Marathondebüt in Hamburg 1998 eine Vorleistung von rund 44 Minuten über zehn Kilometer. Daraus wäre für Hasardeure eine Zeit von unter 3:30 Stunden drin gewesen. Natürlich habe ich den damaligen Fraktionsvorsitzenden der Grünen für die Premiere genauso beraten wie Sie. Schauen Sie einfach in die Debütantenspalte – eine Zeit von 3:40 bis 3:50 Stunden, je nach Witterung, erschien mir für seine Premiere realistisch. Schließlich lief unter vielen anderen auch ein Reporter der Bildzeitung mit, der seine Fotografen per Handy darüber informierte, ob es für die Ausgabe am nächsten Tag ein Qualfoto am Streckenrand oder ein Jubelbild im Ziel als Aufmacher geben würde. Natürlich gab es ein Jubelbild! Joschka Fischer schaffte im Alter von 50 Jahren nach eineinhalb Jahren Lauftraining und nach 38 Kilogramm Gewichtsabnahme den Hamburg-Marathon in 3:41 Stunden. Das ist am Ende des ersten Drittels, also im Vorderfeld!

Die Trainingselemente

Mögliche Anpassungen im Trainingsplan

Für die meisten bedeutet Marathontraining einen großen Aufwand. Ich gehe nicht davon aus, dass Sie unbegrenzt Zeit zur Verfügung haben. Sollten Sie aber in der glücklichen Lage sein, mehr Zeit für Training und Regeneration aufwenden zu können, können Sie meine Pläne erweitern. Ergänzen Sie an einem passenden freien Tag das Training mit einem ganz ruhigen Dauerlauf, besser Jogging, von mindestens 30, aber nicht länger als maximal 60 Minuten. Alternativ könnten Sie auch eine lockere Radtour von ein bis zwei Stunden einplanen.

Bedenken Sie aber umsichtig bei allen Veränderungen im Trainingsplan, was das für eine Auswirkung für die Regeneration vom Vortag und für das kommende Training hat. Analoges gilt auch dafür, wenn es bei Ihnen an einem Trainingstag außergewöhnlich gut läuft! Laufen Sie dann nicht plötzlich viel schneller oder wesentlich länger als ursprünglich im Plan vorgesehen. Durch ein so überzogenes Training kann das ganze aufeinander aufbauende Trainingskonzept wie ein Kartenhaus zusammenfallen oder sogar eine Verletzung die Folge sein.

Sollten Sie als Wettkampfneuling bei einem richtig vermessenen Zehn-Kilometer-Testwettkampf einige Wochen vor dem Marathon feststellen, dass Sie eigentlich viel schneller laufen können als gedacht, so können Sie mit Fingerspitzengefühl in einen schnelleren Marathonplan wechseln. Das Gleiche gilt natürlich auch umgekehrt: Wenn Sie die Wettkampfvorgaben trotz optimaler Rahmenbedingungen nicht schaffen, dann sind Sie einfach im falschen, zu schnellen Plan.

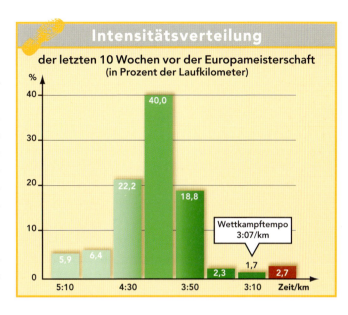

Die Elemente der Trainingspläne

Während ein Halbmarathon noch aus dem Training für zehn Kilometer heraus halbwegs ordentlich zu laufen ist, benötigt die 42,195 Kilometer lange Königsdisziplin der Leichtathletik wegen der begrenzten Glykogenvorräte spezielle Trainingsmethoden. Die lange Strecke fordert ihren Tribut: Besonders lange Läufe, langsameres durchschnittliches Trainingstempo sowie ein

Die meisten Trainingskilometer vor meinem Lauf bei den Europameisterschaften 1986 wurden rund eine Minute langsamer als das Wettkampftempo gelaufen.

STEP 8 Marathon

höherer Gesamtumfang der Trainingskilometer charakterisieren das Marathontraining. Die Tabelle unten gibt Ihnen eine Übersicht zur Trainingsgestaltung für die Marathonzielzeit.

Mehr, langsam

Im Vordergrund des Marathontrainings stehen ruhige aerobe Dauerläufe bei 70 bis 80 % der maximalen Herzfrequenz zur Vergrößerung des Glykogendepots und zum Training des Fettstoffwechsels.

Im Marathontraining spielen der Anteil des Tempotrainings inklusive der Vorbereitungswettkämpfe über zehn Kilometer und die Halbmarathondistanz eine noch viel geringere Rolle als beim 10.000-Meter-Lauf. Nur fünf Prozent der Gesamttrainingsstrecke werden im Wettkampftempo oder schneller gelaufen. Das können Sie aus der Grafik zur Intensitätsverteilung (siehe Seite 185) sowie aus meinem Training für die Europameisterschaften 1986 (Plan Seite 216) herauslesen.

Länger

Der lange Lauf ist neben dem erhöhten wöchentlichen Trainingsumfang das wichtigste Element im Marathontraining. Am besten sucht man eine flache Strecke mit zunächst überwiegend Naturboden und vermessenen Kilometerabschnitten. Die Kontrolle und gleichmäßige Einteilung

Marathonpläne: Trainingstempo und -umfang

Zielzeit h:min	Einheiten/ Woche	ca. km/ Woche	Jogging Zeit/km*	Dauerlauf Zeit/km	Tempolauf Zeit/km	Renntempo Zeit/km
um 5:40	4	45	7:30	7:20	–	7:30 [1]
um 5:15	4	45	7:20	7:00	6:45	7:12 [2]
um 4:45	4	45	7:00	6:45	6:20	6:36 [3]
um 4:20	4	52	6:50	6:30	6:00	6:10
um 3:59	4	55	6:40	6:15	5:50	5:39
um 3:45	4	63	6:30	6:00	5:30	5:19
um 3:29	4	70	6:20	5:50	5:10	4:57
um 3:15	5	80	6:00	5:40	4:50	4:37
um 2:59	6	95	5:40	5:20	4:30	4:15
um 2:45	7	115	5:20	5:00	4:15	3:54
um 2:29	8–9	140	4:50	4:30	4:00	3:31

* Hierzu gehört auch das Warm- und Auslaufen
[1] in 7:30/km gelaufen, es sind 23 min für Gehpausen an den Getränkestationen eingerechnet
[2] in 7:12/km gelaufen, es sind 11 min für Gehpausen an den Getränkestationen eingerechnet
[3] in 6:36/km gelaufen, es sind 7 min für Gehpausen an den Getränkestationen eingerechnet

des Trainingstempos nach Puls oder Zeit, am besten nach beidem, fällt dadurch leichter. Das Tempo sollte mit rund 70 Prozent des Maximalpulses deutlich langsamer als bei den kürzeren Dauerläufen sein.

Steigern Sie immer in kleinen Schritten. Versuchen Sie nicht, gleich 30 Kilometer in der ersten Trainingswoche auszuprobieren. Das Verletzungsrisiko ist viel zu groß. Ziel der immer länger werdenden Läufe ist die Vergrößerung des Glykogendepots, das Fettstoffwechseltraining, die orthopädische Gewöhnung und nicht zuletzt auch, die Angst vor der langen Strecke zu verlieren.

Aufbauwettkämpfe und Testrennen

Nicht wenige laufen Marathon leider ohne vorherige Wettkampferfahrung. Somit machen sie die unvermeidbaren Anfängerfehler ausgerechnet beim Marathon. Weniger schlimm wäre es, diese bei unwichtigeren Vorbereitungsrennen über zehn Kilometer und Halbmarathonstrecken, die in meinen Plänen fest eingebaut sind, zu machen. Man gewöhnt sich dabei auch an die gleichmäßige Renneinteilung nach Zwischenzeiten, an eine regelmäßige Getränkeaufnahme und testet aus, wie man überhaupt unter Adrenalin reagiert. Diese Wettkämpfe dienen als Test, Generalprobe und natürlich auch als Aufbaurennen für den Marathon selbst.

Für diese Wettkämpfe, insbesondere für den Halbmarathon, sollten Sie sich im Volkslauf-Terminkalender ein passendes Rennen heraussuchen. Es sollte richtig vermessen sein und so nah wie möglich an die Bedingungen des Marathons herankommen, wird also höchstwahrscheinlich ein flacher Straßenlauf sein. Dafür müssen Sie eventuell an diesem Wochenende ein wenig reisen. Zur Not könnten Sie den Halbmarathon als Tempolauf auf der Straße im Alleingang oder mit erfahrenen Freunden bestreiten.

Erläuterungen zu den Trainingsplänen

Nachfolgend einige Hinweise zum besseren Verständnis der Marathonpläne und zu den Eingangsvoraussetzungen.

Einsteigerpläne: Marathon nur schaffen

Sie laufen im Zehn-Kilometer-Wettkampf langsamer als 60 Minuten oder kennen Ihre Wettkampfzeit gar nicht, weil Sie noch nie ein Rennen gelaufen sind? Beim durchschnittlichen Joggen haben Sie ungefähr einen Kilometerschnitt von 7:00 Minuten oder langsamer? Dann kann ich Ihnen zwei Varianten anbieten:

Zunächst einen Plan auf 5:40 Stunden, der für noch übergewichtige langsame Einsteiger besser geeignet ist. Der ist vollkommen ohne Tempoeinheiten,

Für Marathoneinsteiger reicht es, im Training maximal 32 Kilometer zu laufen. Ausgeruht, von Adrenalin, Mitläufern und Zuschauern beflügelt schaffen Sie im Wettkampf auch die letzten zehn Kilometer.

STEP 8 Marathon

aber mit zwei notwendigen Vorbereitungswettkämpfen über zehn Kilometer und die Halbmarathondistanz. Bei den langen Trainingsläufen am Sonntag, die bis zu 30 Kilometer reichen, sind einige Gehpausen eingeplant. Sie simulieren die sinnvollen Gehpausen an den Getränkestationen im Marathon. Der andere Plan ist für etwas ehrgeizigere Einsteiger. Es ist die etwas professionellere Version mit variablerem Training, Tempoläufen und Testwettkämpfen auf eine Marathonzeit von etwa 5:15 Stunden. Beide Pläne zielen darauf ab, den Marathon eigentlich überhaupt nur zu schaffen. Für fortgeschrittene Einsteiger oder etwas schnellere Läufer eignet sich der 4:45-Stunden-Trainingsplan. Hier taucht als Trainingsmittel erstmals Intervalltraining auf. Zuvor sollten Sie für diese Pläne bereits einen ruhigen längeren Lauf von rund 18 bis 20 Kilometern absolviert haben. Die schnelleren Pläne möchte ich an einigen Beispielen vom Prinzip her erläutern.

Beispiel: Marathon unter 3:30 Stunden

Wer eine Marathonzeit beispielsweise um oder unter 3:30 Stunden anstrebt, sollte über zehn Kilometer wenigstens 45:00 Minuten laufen können (siehe die Tabelle auf Seite 183). Damit ist unter optimalen Bedingungen bei gutem Wetter, der richtigen Taktik und flachem Streckenverlauf 3:30 Stunden erreichbar, allerdings nicht beim ersten Marathon. Für das Debüt sollte man bei dieser Vorleistung zunächst knapp unter 3:50 Stunden anstreben (rechte Spalte in der Tabelle).

Wer nach dem 3:30-Laufplan trainiert, startet mit einem Ausgangsniveau von viermal Training mit wenigstens 50 Kilometern pro Woche. Er kann in seinem vorhergehenden Training bereits um die 22 Kilometer am Stück laufen. Er ist in der Regel zumindest auf kürzeren Distanzen schon wettkampferfahren.

In den letzten zehn Wochen vor dem Marathon sollte das Pensum im Durchschnitt auf 70 Kilometer in vier Einheiten pro Woche gesteigert werden. In der ersten bis vierten Woche wird zunächst der Trainingsumfang auf 60 bis 70 Kilometer pro Woche gesteigert.

Marathonläufe in den Tropen sollten Einsteiger wegen der Hitze und des Jetlags nicht für ihr Debüt aussuchen.

Erläuterungen zu den Plänen

Gleichzeitig wird der sonntägliche lange ruhige Dauerlauf stufenweise auf 30 Kilometer verlängert. In der achten Woche werden 32 Kilometer absolviert, wobei der Zehn-Kilometer-Abschnitt von 20 auf 30 Kilometer schneller gelaufen wird. Der flotte Dauerlauf verlängert sich von zunächst 8 auf 15 Kilometer in der vierten Woche.

Das Marathontempo wird anfangs in kurzen 2.000-Meter-Einheiten trainiert, die sich bis zur neunten Woche auf Fünf-Kilometer-Abschnitte verlängern. Die kürzeren 1.000-Meter-Intervalle trainieren überlappend die Zehn-Kilometer-Unterdistanz. Der Zehn-Kilometer- und der Halbmarathon-Test sind harte Tempoläufe, bei denen die angegebenen Zeiten erreicht werden sollten. Sie werden schneller als das Marathontempo gelaufen und dienen zur Überprüfung der Form. Zudem gewöhnt man sich an das Laufen auf Asphalt und kann die Getränkeaufnahme an Wasserstationen üben.

Beispiel: Marathon unter 3:00 Stunden

Wer die begehrte 3:00-Stunden-Schallmauer unterbietet, gehört bereits zu einer ehrgeizigen Elite von leistungsorientierten Freizeitläufern. Bei den Frauen beginnt hier sogar der erweiterte Bereich der nationalen Spitze. Es werden bereits die ersten Pokale, Titel oder Preisgelder erlaufen! Dazu gehört schon eine Portion Talent und entsprechender Trainingsfleiß. Mitglieder dieses Profilclubs trainieren in der Regel schon mehrere Jahre und verfügen über reichlich Wettkampferfahrung. In den meisten Fällen sind sie in ihrer Laufgruppe schon Vorbild oder Trainer. Über den Sommer oder Winter wurde eine gute aerobe Grundlagenausdauer, eventuell auch mit Radfahren oder Skilanglauf kombiniert, erworben.

Die Ausgangsbasis vor dem Zehn-Wochen-Plan sollte ein fünfmaliges Training pro Woche sein. Der längste Dauerlauf erreichte bereits rund 25 Kilometer. Im Vorfeld wurden andere kürzere Wettkämpfe absolviert. Das Leistungsvermögen über zehn Kilometer sollte rund 39 Minuten betragen. Wer den ersten Marathon läuft, sollte allerdings damit vorerst 3:15 Stunden anstreben. Mit 36 Minuten könnte sich auch ein Debütant an die 3:00-Stunden-Grenze wagen.

Da fast tägliches Training auf Sie zukommt, ist es sinnvoll, im Vorfeld bereits das private und berufliche Umfeld zu optimieren. Bitten Sie Ihre Familie

> **Info**
> Der 3:00-Stunden-Läufer verfügt über eine breitere Palette an Trainingsmitteln als der 3:30-Stunden-Läufer oder Einsteiger. Das Marathontempo beträgt rund 4:15 Minuten pro Kilometer. Es wird in längeren Intervallen geübt.

Das wirklich Harte am Marathontraining ist nicht die Intensität, sondern die vielen Kilometer: Andere sitzen schon beim Bier vor dem Fernseher, draußen regnet es, und Sie müssen trotzdem raus, denn der lange Lauf steht auf dem Trainingsplan!

STEP 8   Marathon

Keine Angst vorm weißen Mann: afrikanische Spitzengruppe beim Berlin Marathon.

Während der 2:50-Stunden-Marathonläufer noch im Büro sitzt und nach der Arbeit im Winter in der Dunkelheit mühsam seine Kilometer sammelt, hat der Spitzenläufer schon seine zweite Einheit bei bestem Wetter im Trainingslager im Süden hinter sich.

vorübergehend um Verständnis oder sogar Kooperation. Legen Sie Ihren Urlaub in die spezielle Vorbereitungsphase, und organisieren Sie ein Trainingslager. Rechnen Sie mit einer Stunde mehr Schlaf pro Nacht. Der wöchentliche Laufumfang erreicht im Durchschnitt fast 100 Kilometer.

Der 3:00-Stunden-Läufer trainiert fast jede Woche einen langen Lauf um 30 Kilometer. Zunächst ist das Ziel, diese Distanz sicher zu beherrschen, später wird im Rahmen der Belastungssteigerung auch das Tempo variiert. Ein Halbmarathontest gehört auch bei diesem Plan ins Vorbereitungsprogramm. Von den zwei Zehn-Kilometer-Rennen wird der erste nur aus dem Training heraus, der zweite hingegen voll gelaufen.

Beispiel: Marathon unter 2:30 Stunden

Den auf Seite 214/215 vorgestellten Plan für unter 2:30 Stunden schrieb ich für den von mir betreuten Seniorenläufer Jürgen Theofel aus dem hessischen Biedenkopf.

Jürgen war bereits 1998 in einer 31er-Zeit Deutscher Zehn-Kilometer-Meister der über 40-jährigen Masters und konnte 5.000 Meter in 15:17 Minuten laufen. Die Marathonzeit hinkte aber mit 2:34 Stunden deutlich hinterher. Zwar stimmte der Kilometerumfang, aber nicht die Feinabstimmung zwischen den belastenden Einheiten und der Erholung. So waren die regenerativen Einheiten zu flott, und es gab zu wenig lange Läufe.

Jürgen Theofel erzielte mit diesem Plan beim Hamburg Marathon 1999 nicht nur 2:26 Stunden, sondern verbesserte auch in der Vorbereitung seine Zehn-Kilometer- und Halbmarathonbestzeit auf 31:20 bzw. 69:31 Minuten. Er wurde mit demselben Plan 2002 sogar Europameister der Mastersklasse.

Das Training der Marathonprofis

Unter 2:20 Stunden beginnt bereits der erweiterte Kreis der Weltklasse. Die Topmarathonläufer verdienen als Profi entweder selbst genug, werden vom Arbeitgeber großzügig freigestellt oder vom Staat und Verband für den Einsatz im Nationaltrikot gefördert. Sie verdienen je nach Klasse Preisgelder und haben Werbeverträge in der Tasche. Der gesamte Tagesablauf dreht sich um den *Fulltimejob* Leistungssport. Nur wenige arbeiten noch nebenbei.

Erfolgreiche Spitzenläufer verfügen natürlich über eine besondere genetische Veranlagung für Ausdauerleistungsfähigkeit und sind orthopädisch und mental robuster als der Durchschnittsläufer. Die Anpassungen auf höchstem Niveau sind über jahrelanges Training erworben worden. Mentale Vorbereitung und entsprechend schwierige Trainingsaufgaben haben einen hohen Stellenwert, denn die Entscheidung über Sieg und Niederlage beim Marathon fällt oft im Kopf.

Das Problem der Streckenlänge wurde beispielsweise bei einem 50-Kilometer-Überdistanzlauf zuvor im Training durchgespielt. Kleinere Aufbauwettkämpfe können aus dem Training heraus, oft ohne vollen Einsatz, gewonnen werden.

Die Profitrainingsplanung erstreckt sich über Jahre, um bei internationalen Meisterschaften oder Olympischen Spielen in Topform zu sein. Die Athleten verfügen über bestes Material von ihrem Sportausrüster und haben um sich herum ein Team aus Trainer, Mediziner, Physiotherapeut und Manager organisiert. Das gesamte Training zielt auf Meisterehren, Olympiateilnahme, Bestzeiten oder Prämien ab, denn Sponsorenverträge sind häufig an Medaillen, Rekorde und Citymarathonsiege gekoppelt.

Für Kenianer oder Äthiopier stellen Prämien von einigen tausend Euro Jahresgehälter dar, der Anreiz für sie ist größer als für weiße Läufer.

Info

Immer auf Achse

Besondere Vorbereitungen auf die widrigen Hitzeverhältnisse bei den internationalen Meisterschaften in den Sommermonaten können die Planung beim Profitraining dominieren. Internationale Reisen, Wintertrainingslager im Süden und Höhentrainingslager gehören zum Alltag.

Mit meinem 3. Platz beim beim New York City Marathon 1984 war mein Lebensunterhalt auf Jahre gesichert, dazu kam mein erster Werbevertrag (siehe auch den Essay Seite 218f.).

STEP 8 Marathon

Herbert Steffnys Plan zur Bronzemedaille

Mit dem am Ende der Marathon-Trainingspläne vorgestellten Zehn-Wochen-Plan (Seite 216f.) erlief ich mir 1986 in Stuttgart auf einem welligen Kurs im August bei den Europameisterschaften die Bronzemedaille in meiner damaligen Bestzeit von 2:11:30. Es war und blieb die erste und einzige Marathonmedaille in der alten Bundesrepublik Deutschland. Ich erfüllte mir damit den Kindheitstraum, ein voll besetztes Stadion zum Jubeln zu bringen und bei einer internationalen Meisterschaft auf dem Treppchen zu stehen.

Dieses Trainingsplanbeispiel zeigt, wie ich mit einer Kombination von vielen Bergläufen – bei mir zu Hause im Schwarzwald und in den Alpen mit bis zu 2.000 Höhenmetern –, Intervalleinheiten, langen Läufen von teilweise bis zu 50 Kilometern sowie gegen Ende der Trainingsphase härteren Tempoläufen mit durchschnittlich rund 175 Kilometern pro Woche auf den Punkt genau fit wurde. Das Dauerlauftempo war mit 4:00 bis 4:30 moderat.

Laufen Sie Ihren Marathon nach konstanten Zwischenzeiten nach dieser Tabelle.

Marathon-Zwischenzeiten nach Kilometern

1 km	5 km	10 km	15 km	20 km	21,1 km	25 km	30 km	35 km	40 km	42,195 km
2:56	14:42	29:23	44:05	58:46	1:02:00	1:13:28	1:28:10	1:42:51	1:57:33	**2:04:00**
3:03	15:17	30:34	45:52	1:01:09	1:04:30	1:16:26	1:31:43	1:47:00	2:02:17	**2:09:00**
3:18	16:28	32:57	49:25	1:05:53	1:09:30	1:22:21	1:38:50	1:55:18	2:11:46	**2:19:00**
3:32	17:39	35:19	52:58	1:10:37	1:14:30	1:28:17	1:45:56	2:03:36	2:21:15	**2:29:00**
3:55	19:33	39:06	58:39	1:18:12	1:22:30	1:37:46	1:57:19	2:16:52	2:36:25	**2:45:00**
4:15	21:13	42:25	1:03:38	1:24:51	1:29:30	1:46:03	2:07:16	2:28:29	2:49:41	**2:59:00**
4:37	23:06	46:13	1:09:19	1:32:26	1:37:30	1:55:32	2:18:39	2:41:45	3:04:51	**3:15:00**
4:57	24:46	49:32	1:14:18	1:39:04	1:44:30	2:03:50	2:28:36	2:53:22	3:18:08	**3:29:00**
5:20	26:40	53:19	1:19:59	1:46:39	1:52:30	2:13:19	2:39:58	3:06:38	3:33:18	**3:45:00**
5:40	28:19	56:39	1:24:58	1:53:17	1:59:30	2:21:36	2:49:56	3:18:15	3:46:34	**3:59:00**
6:03	30:13	1:00:26	1:30:39	2:00:52	2:07:30	2:31:05	3:01:30	2:31:31	4:01:44	**4:15:00**
6:23	31:53	1:03:45	1:35:38	2:07:30	2:14:30	2:39:23	3:11:15	3:43:08	4:15:00	**4:29:00**
6:45	33:46	1:07:33	1:41:19	2:15:05	2:22:30	2:48:52	3:22:38	3:56:24	4:30:10	**4:45:00**
7:05	35:26	1:10:52	1:46:18	2:21:43	2:29:30	2:57:09	3:32:35	4:08:01	4:43:27	**4:59:00**
7:28	37:20	1:14:39	1:51:59	2:29:18	2:37:30	3:06:38	3:43:58	4:21:17	4:58:37	**5:15:00**
7:48	38:59	1:17:58	1:56:57	2:35:57	2:44:30	3:14:56	3:53:55	4:32:54	5:11:53	**5:29:00**
8:11	40:53	1:21:46	2:02:39	2:43:32	2:52:30	3:24:24	4:05:17	4:46:10	5:27:03	**5:45:00**
8:30	42:32	1:25:05	2:07:37	2:50:10	2:59:30	3:32:42	4:15:15	4:57:47	5:40:19	**5:59:00**
9:00	45:02	1:30:03	2:15:05	3:00:07	3:10:00	3:45:09	4:30:10	5:15:12	6:00:14	**6:20:00**

Ein Teil des Trainings fand zur Vorbereitung auf den heißen Stuttgarter Talkessel in Südfrankreich statt.

Gleichmäßiges Tempo ist Trumpf

Die besten Resultate erreichen Sie bei gleichem Krafteinsatz über die gesamte Strecke. Das bedeutet bei flachem Streckenverlauf, gleichmäßigem Untergrund, einigermaßen konstanten Temperaturen und Windverhältnissen eine konstante Geschwindigkeit über die gesamte Distanz. Und das wiederum lässt sich bei bekannter Endzeit in Kilometer- oder auch Meilen-Zwischenzeiten übersetzen (siehe die Tabellen auf Seite 192 und unten).

Die realistisch mögliche Marathonendzeit für Debütanten und erfahrene Marathonläufer überprüfen Sie am besten in den letzten Wochen vor dem Marathon durch Testwettkämpfe über zehn Kilometer und die Halbmarathondistanz (siehe die Tabellen auf Seite 183 und 136). Diese Testrennen sind in meinen Trainingsplänen ohnehin vorgesehen.

Diese Tabelle soll Ihnen international als Leitlinie dienen.

Marathon-Zwischenzeiten nach Meilen

1 M	3 M	5 M	10 M	13,112 M	15 M	20 M	25 M	26,224 M
4:44	14:11	23:39	47:17	1:02:00	1:10:56	1:34:34	1:58:13	**2:04:00**
4:55	14:45	24:36	49:11	1:04:30	1:13:47	1:38:23	2:02:59	**2:09:00**
5:18	15:54	26:30	53:00	1:09:30	1:19:30	1:46:01	2:12:31	**2:19:00**
5:41	17:03	28:25	56:49	1:14:30	1:25:14	1:53:38	2:22:03	**2:29:00**
6:18	18:53	31:28	1:02:55	1:22:30	1:34:23	2:05:50	2:37:18	**2:45:00**
6:50	20:29	34:08	1:08:15	1:29:30	1:42:23	2:16:31	2:50:39	**2:59:00**
7:26	22:18	37:11	1:14:22	1:37:30	1:51:32	2:28:43	3:05:54	**3:15:00**
7:58	23:55	39:51	1:19:42	1:44:30	1:59:33	2:39:24	3:19:15	**3:29:00**
8:35	25:44	42:54	1:25:48	1:52:30	2:08:42	2:51:36	3:34:30	**3:45:00**
9:07	27:20	45:34	1:31:08	1:59:30	2:16:42	3:02:17	3:47:51	**3:59:00**
9:43	29:10	48:37	1:37:14	2:07:30	2:25:52	3:14:29	4:03:06	**4:15:00**
10:15	30:46	51:17	1:42:35	2:14:30	2:33:52	3:25:09	4:16:27	**4:29:00**
10:52	32:36	54:20	1:48:41	2:22:30	2:43:01	3:37:21	4:31:42	**4:45:00**
11:24	34:12	57:01	1:54:01	2:29:30	2:51:02	3:48:02	4:45:03	**4:59:00**
12:01	36:02	1:00:04	2:00:07	2:37:30	3:00:11	4:00:14	5:00:18	**5:15:00**
12:33	37:38	1:02:44	2:05:27	2:44:30	3:08:11	4:10:55	5:13:39	**5:29:00**
13:09	39:28	1:05:47	2:11:34	2:52:30	3:17:20	4:23:07	5:28:54	**5:45:00**
13:41	41:04	1:08:27	2:16:54	2:59:30	3:25:21	4:33:48	5:42:15	**5:59:00**
14:29	43:28	1:12:27	2:24:54	3:10:00	3:37:21	4:49:49	6:02:16	**6:20:00**

STEP 8 Marathon

10-Wochen-Plan für **Marathon** – Zielzeit **5:40 Stunden**

1. Woche (36 km)

Tag	Training	ca. km
Mo	—	–
Di	Dauerlauf 45 min (in 7:20 min/km)[1]	6
Mi	—	–
Do	Dauerlauf 60 min (in 7:20 min/km)	8
Fr	—	–
Sa	Dauerlauf 30 min (in 7:20 min/km)	4
So	langer Dauerlauf 18 km (in 7:30 min/km; 3 Gehpausen je 3 min)	18

2. Woche (38 km)

Tag	Training	ca. km
Mo	—	–
Di	Dauerlauf 45 min (in 7:20 min/km)	6
Mi	—	–
Do	Dauerlauf 60 min (in 7:20 min/km)	8
Fr	—	–
Sa	Dauerlauf 30 min (in 7:20 min/km)	4
So	langer Dauerlauf 20 km (in 7:30 min/km; 3 Gehpausen je 3 min)	20

3. Woche (40 km)

Tag	Training	ca. km
Mo	—	–
Di	Dauerlauf 45 min (in 7:20 min/km)	6
Mi	—	–
Do	Dauerlauf 60 min (in 7:20 min/km), Steigerungen	8
Fr	—	–
Sa	Dauerlauf 30 min (in 7:20 min/km)	4
So	langer Dauerlauf 22 km (in 7:30 min/km; 3 Gehpausen je 2 min)	22

4. Woche (42 km)

Tag	Training	ca. km
Mo	—	–
Di	Dauerlauf 45 min (in 7:20 min/km)	6
Mi	—	–
Do	Dauerlauf 60 min (in 7:20 min/km), Steigerungen	8
Fr	—	–
Sa	Dauerlauf 30 min (in 7:20 min/km)	4
So	langer Dauerlauf 24 km (in 7:30 min/km; 3 Gehpausen je 2 min)	24

5. Woche (32 km)

Tag	Training	ca. km
Mo	—	–
Di	Dauerlauf 45 min (in 7:20 min/km)	6
Mi	—	–
Do	Dauerlauf 60 min (in 7:20 min/km), Steigerungen	8
Fr	—	–
Sa	Dauerlauf 30 min (in 7:20 min/km), Steigerungen	4
So	**10-km-Rennen** (Ziel ca. 65 min)	14

[1] Bei den Läufen ist das Tempo in Minuten:Sekunden pro Kilometer angegeben. Für Dauerlauf, Tempolauf usw. könnten Sie auch nach Herzfrequenz trainieren (siehe Seite 88 und Tabelle Seite 96).

© Steffny, Das große Laufbuch, Südwest Verlag 2004

10-Wochen-Pläne für Marathon

10-Wochen-Plan für Marathon – Zielzeit 5:40 Stunden

6. Woche (45 km)

Tag	Training	ca. km
Mo	—	–
Di	Dauerlauf 45 min (in 7:20 min/km)	6
Mi	—	–
Do	Dauerlauf 60 min (in 7:20 min/km)	8
Fr	—	–
Sa	Dauerlauf 30 min (in 7:20 min/km)	4
So ▶	langer Dauerlauf 27 km (in 7:30 min/km; 4 Gehpausen 2 min)	27

7. Woche (42 km)

Tag	Training	ca. km
Mo	—	–
Di	Dauerlauf 45 min (in 7:20 min/km)	6
Mi	—	–
Do	Dauerlauf 40 min (in 7:20 min/km), Steigerungen	6
Fr	—	–
Sa	Dauerlauf 35 min (in 7:20 min/km), Steigerungen	5
So ▶▶	**Halbmarathon (ca. 2:35-2:40 Std.)**	25

8. Woche (47 km)

Tag	Training	ca. km
Mo	—	–
Di	Dauerlauf 35 min (in 7:20 min/km)	5
Mi	—	–
Do	Dauerlauf 40 min (in 7:20 min/km)	6
Fr	—	–
Sa	Dauerlauf 40 min (in 7:20 min/km)	6
So ▶	langer Dauerlauf 30 km (in 7:30 min/km; 4 Gehpausen 2 min)	30

9. Woche (38 km)

Tag	Training	ca. km
Mo	—	–
Di	Dauerlauf 40 min (in 7:20 min/km)	6
Mi	—	–
Do	Dauerlauf 60 min (in 7:20 min/km), Steigerungen	8
Fr	—	–
Sa	Dauerlauf 30 min (in 7:20 min/km)	4
So ▶	langer Dauerlauf 20 km (in 7:30 min/km; 3 Gehpausen 2 min)	20

10. Woche (51 km)

Tag	Training	ca. km
Mo	—	–
Di	Dauerlauf 45 min (in 7:20 min/km), Steigerungen	6
Mi	—	–
Do	—	–
Fr	Dauerlauf 20 min (in 7:20 min/km), Steigerungen	3
Sa	—	–
So ▶▶	**Marathon (Zielzeit 5:40 Std.; in ca. 7:30 min/km, 23 min Verpflegungspausen)**	42

▶ = langer Dauerlauf ▶▶ = Tempolauf oder Wettkampf
Bei Wettkämpfen und Tempoeinheiten sind bei den Tageskilometern Kilometer für langsames Ein- und Auslaufen mit einberechnet, weitere Erläuterungen siehe Text.

STEP 8 Marathon

10-Wochen-Plan für **Marathon** – Zielzeit **5:15 Stunden**

1. Woche (38 km)

Tag	Training	ca. km
Mo	—	–
Di	Dauerlauf 40 min (in 7:00 min/km)[1]	6
Mi	—	–
Do	Dauerlauf 60 min (in 7:00 min/km)	9
Fr	—	–
Sa	Dauerlauf 35 min (in 7:00 min/km)	5
So ▶	langer Dauerlauf 18 km (in 7:15 min/km)	18

2. Woche (40 km)

Tag	Training	ca. km
Mo	—	–
Di	Dauerlauf 40 min (in 7:00 min/km)	6
Mi	—	–
Do ▶▶	Dauerlauf 60 min (in 7:15 min/km), darin 15 min flott (in 6:45 min/km)	9
Fr	—	–
Sa	Dauerlauf 35 min (in 7:00 min/km)	5
So ▶	langer Dauerlauf 20 km (in 7:15 min/km)	20

3. Woche (42 km)

Tag	Training	ca. km
Mo	—	–
Di	Dauerlauf 40 min (in 7:00 min/km)	6
Mi	—	–
Do ▶▶	Dauerlauf 60 min (in 7:15 min/km), darin 20 min flott (in 6:45 min/km)	9
Fr	—	–
Sa	Dauerlauf 35 min (in 7:00 min/km)	5
So ▶	langer Dauerlauf 22 km (in 7:15 min/km)	22

4. Woche (44 km)

Tag	Training	ca. km
Mo	—	–
Di	Dauerlauf 40 min (in 7:00 min/km)	6
Mi	—	–
Do ▶▶	Dauerlauf 60 min (in 7:15 min/km), darin 25 min flott (in 6:45 min/km)	9
Fr	—	–
Sa	Dauerlauf 35 min (in 7:00 min/km)	5
So ▶	langer Dauerlauf 24 km (in 7:15 min/km)	24

5. Woche (33 km)

Tag	Training	ca. km
Mo	—	–
Di	Dauerlauf 35 min (in 7:00 min/km)	5
Mi ▶▶	Dauerlauf 60 min (in 7:15 min/km), darin 15 min flott (in 6:30 min/km)	9
Do	—	–
Fr	Dauerlauf 35 min (in 7:00 min/km), Steigerungen	5
Sa	—	–
So ▶▶	**10-km-Rennen** (Zielzeit um 63 min)	14

[1] Bei den Läufen ist das Tempo in Minuten:Sekunden pro Kilometer angegeben. Für Dauerlauf, Tempolauf usw. könnten Sie auch nach Herzfrequenz trainieren (siehe Seite 88 und Tabelle Seite 96).

© Steffny, Das große Laufbuch, Südwest Verlag 2004

10-Wochen-Plan für Marathon – Zielzeit 5:15 Stunden

6. Woche (49 km)

Tag		Training	ca. km
Mo		—	–
Di		Dauerlauf 40 min (in 7:00 min/km)	6
Mi		—	–
Do		70 min Dauerlauf (in 7:00 min/km)	10
Fr		—	–
Sa	▶	Dauerlauf 27 km (in 7:15 min/km)	27
So		Dauerlauf 40 min (in 7:00 min/km)	6

7. Woche (45 km)

Tag		Training	ca. km
Mo		—	–
Di	▶▶	Dauerlauf 60 min (in 7:15 min/km), darin 25 min flott (in 6:45 min/km)	9
Mi		—	–
Do		Dauerlauf 40 min (in 7:00 min/km), Steigerungen	6
Fr		—	–
Sa		Dauerlauf 35 min (in 7:00 min/km), Steigerungen	5
So	▶▶	**Halbmarathon (Zielzeit 2:25–2:30 Std.)**	25

8. Woche (47 km)

Tag		Training	ca. km
Mo		—	–
Di		Dauerlauf 35 min (in 7:00 min/km)	5
Mi		—	–
Do		Dauerlauf 40 min (in 7:00 min/km)	6
Fr		—	–
Sa		Dauerlauf 40 min (in 7:00 min/km)	6
So	▶	langer Dauerlauf 30 km (in 7:15 min/km)	30

9. Woche (40 km)

Tag		Training	ca. km
Mo		—	–
Di		Dauerlauf 35 min (in 7:00 min/km)	5
Mi		—	–
Do	▶▶	Dauerlauf 60 min (in 7:15 min/km), darin 30 min flott (in 6:45 min/km)	9
Fr		—	–
Sa		Dauerlauf 40 min (in 7:00 min/km)	6
So	▶	langer Dauerlauf 20 km (in 7:15 min/km), Steigerungen	20

10. Woche (53 km)

Tag		Training	ca. km
Mo		—	–
Di		Dauerlauf 50 min (in 7:00 min/km)	7
Mi		—	–
Do		—	–
Fr		Dauerlauf 20 min (in 7:00 min/km), Steigerungen	3
Sa		—	–
So	▶▶	**Marathon (Zielzeit 5:15 Std., in ca. 7:15 min/km, 11 min Verpflegungspausen)**	43

▶ = langer Dauerlauf ▶▶ = Tempolauf oder Wettkampf
Bei Wettkämpfen und Tempoeinheiten sind bei den Tageskilometern Kilometer für langsames Ein- und Auslaufen mit einberechnet, weitere Erläuterungen siehe Text.

© Steffny, Das große Laufbuch, Südwest Verlag 2004

STEP 8 Marathon

10-Wochen-Plan für Marathon – Zielzeit 4:45 Stunden

1. Woche (44 km)

Tag		Training	ca. km
Mo		—	–
Di		Dauerlauf 60 min (in 6:45 min/km)¹	9
Mi		—	–
Do	▶▶	flotter Dauerlauf 5 km (in 6:20 min/km)	9
Fr		—	–
Sa		Dauerlauf 40 min (in 6:45 min/km)	6
So	▶	langer Dauerlauf 20 km (in 7:00 min/km)	20

2. Woche (49 km)

Tag		Training	ca. km
Mo		—	–
Di		Dauerlauf 40 min (in 6:45 min/km)	6
Mi		—	–
Do	▶▶	flotter Dauerlauf 7 km (in 6:20 min/km)	11
Fr		—	–
Sa		Dauerlauf 70 min (in 6:45 min/km)	10
So	▶	langer Dauerlauf 22 km (in 7:00 min/km)	22

3. Woche (40 km)

Tag		Training	ca. km
Mo		—	–
Di	▶–▶	3 x 1.000 m (in je 6:00 min; Pause 4 min)	9
Mi		—	–
Do		Dauerlauf 60 min (in 6:45 min/km), Steigerungen	9
Fr		—	–
Sa		Dauerlauf 40 min (in 6:45 min/km), Steigerungen	6
So	▶▶	**10-km-Rennen** (Zielzeit um 62:00 min)	16

4. Woche (46 km)

Tag		Training	ca. km
Mo		—	–
Di		Dauerlauf 40 min (in 6:45 min/km)	6
Mi		—	–
Do		Dauerlauf 60 min (in 6:45 min/km)	9
Fr		—	–
Sa		Dauerlauf 40 min (in 6:45 min/km)	6
So	▶	langer Dauerlauf 25 km (in 7:00 min/km)	25

5. Woche (34 km)

Tag		Training	ca. km
Mo		—	–
Di		Dauerlauf 40 min (in 6:45 min/km)	6
Mi		—	–
Do		Dauerlauf 60 min (in 6:45 min/km), Steigerungen	9
Fr		—	–
Sa		Jogging 30 min (in 7:00 min/km), Steigerungen	4
So	▶▶	**10-km-Rennen** (Zielzeit um 60:00 min)	15

[1] Bei den Läufen ist das Tempo in Minuten:Sekunden pro Kilometer angegeben. Für Dauerlauf, Tempolauf usw. könnten Sie auch nach Herzfrequenz trainieren (siehe Seite 88 und Tabelle Seite 96).

© Steffny, Das große Laufbuch, Südwest Verlag 2004

10-Wochen-Plan für Marathon – Zielzeit 4:45 Stunden

6. Woche (49 km)

Tag		Training	ca. km
Mo		—	–
Di		40 min Dauerlauf (in 6:45 min/km)	6
Mi		—	–
Do		60 min Dauerlauf (in 6:45 min/km)	9
Fr		—	–
Sa	▶	Dauerlauf 28 km (in 7:00 min/km)	28
So		Dauerlauf 40 min (in 6:45 min/km)	6

7. Woche (49 km)

Tag		Training	ca. km
Mo		—	–
Di	▶▶	flotter Dauerlauf 7 km (in 6:20 min/km)	11
Mi		—	–
Do		Dauerlauf 60 min (in 6:45 min/km), Steigerungen	9
Fr		—	–
Sa		Jogging 30 min, Steigerungen	4
So	▶▶	**Halbmarathon** (Zielzeit 2:15–2:20 Std.)	25

8. Woche (51 km)

Tag		Training	ca. km
Mo		—	–
Di		Dauerlauf 40 min (in 6:45 min/km)	6
Mi		—	–
Do		Dauerlauf 60 min (in 6:45 min/km)	9
Fr		—	–
Sa		Dauerlauf 40 min (in 6:45 min/km)	6
So	▶	langer Dauerlauf 30 km (in 7:00 min/km)	30

9. Woche (43 km)

Tag		Training	ca. km
Mo		—	–
Di		Dauerlauf 40 min (in 6:45 min/km)	6
Mi		—	–
Do	▶▶	flotter Dauerlauf 7 km (in 6:20 min/km)	11
Fr		—	–
Sa		Dauerlauf 40 min (in 6:45 min/km)	6
So	▶	langer Dauerlauf 20 km (in 7:00 min/km), Steigerungen	20

10. Woche (62 km)

Tag		Training	ca. km
Mo		—	–
Di		60 min Dauerlauf (in 6:45 min/km)	9
Mi		—	–
Do		Dauerlauf 40 min (in 7:00 min/km), Steigerungen	6
Fr		—	–
Sa		Dauerlauf 20 min (in 7:00 min/km), Steigerungen	3
So	▶▶	**Marathon** (Zielzeit 4:45 Std., in ca. 6:36/km, 7 min Verpflegungspausen)	44

▶ = langer Dauerlauf ▶▶ = Tempolauf oder Wettkampf ▶–▶ = Intervalltraining
Bei Wettkämpfen und Tempoeinheiten sind bei den Tageskilometern Kilometer für langsames Ein- und Auslaufen mit einberechnet, weitere Erläuterungen siehe Text.

© Steffny, Das große Laufbuch, Südwest Verlag 2004

STEP 8 Marathon

10-Wochen-Plan für **Marathon** – Zielzeit **4:20 Stunden**

1. Woche (47 km)

Tag	Training	ca. km
Mo	—	–
Di	Dauerlauf 60 min (in 6:30 min/km)¹	9
Mi	—	–
Do ▶▶	flotter Dauerlauf 5 km (in 6:00 min/km)	10
Fr	—	–
Sa	Dauerlauf 40 min (in 6:30 min/km)	6
So ▶	langer Dauerlauf 22 km (in 6:40 min/km)	22

2. Woche (54 km)

Tag	Training	ca. km
Mo	—	–
Di	Dauerlauf 60 min (in 6:30 min/km)	9
Mi	—	–
Do ▶▶	flotter Dauerlauf 7 km (in 6:00 min/km)	12
Fr	—	–
Sa	Dauerlauf 60 min (in 6:30 min/km), Steigerungen	9
So ▶	langer Dauerlauf 24 km (in 6:40 min/km)	24

3. Woche (43 km)

Tag	Training	ca. km
Mo	—	–
Di ▶–▶	3 x 1.000 m (in je 5:30 min; Pause 3 min)	10
Mi	—	–
Do	Dauerlauf 80 min (in 6:30 min/km), Steigerungen	12
Fr	—	–
Sa	Jogging 40 min (in 6:50 min/km), Steigerungen	6
So ▶▶	**10-km-Rennen** (Zielzeit um 57:00 min)	15

4. Woche (56 km)

Tag	Training	ca. km
Mo	—	–
Di	Dauerlauf 60 min (in 6:30 min/km)	9
Mi	—	–
Do	Dauerlauf 70 min (in 6:30 min/km)	11
Fr	—	–
Sa	Dauerlauf 60 min (in 6:30 min/km)	9
So ▶	langer Dauerlauf 27 km (in 6:40 min/km)	27

5. Woche (38 km)

Tag	Training	ca. km
Mo	—	–
Di	Dauerlauf 60 min (in 6:30 min/km)	9
Mi	—	–
Do	Dauerlauf 70 min (in 6:30 min/km), Steigerungen	10
Fr	—	–
Sa	Jogging 30 min (in 6:50 min/km), Steigerungen	4
So ▶▶	**10-km-Rennen** (Zielzeit um 55:00 min)	15

[1] Bei den Läufen ist das Tempo in Minuten:Sekunden pro Kilometer angegeben. Für Dauerlauf, Tempolauf usw. könnten Sie auch nach Herzfrequenz trainieren (siehe Seite 88 und Tabelle Seite 96).

© Steffny, Das große Laufbuch, Südwest Verlag 2004

10-Wochen-Plan für Marathon – Zielzeit 4:20 Stunden

6. Woche (58 km)

Tag	Training	ca. km
Mo	—	–
Di	Dauerlauf 60 min (in 6:30 min/km)	9
Mi	—	–
Do	Dauerlauf 70 min (in 6:30 min/km)	10
Fr	—	–
Sa ▶	Dauerlauf 30 km (in 6:40 min/km)	30
So	Dauerlauf 60 min (in 6:30 min/km)	9

7. Woche (53 km)

Tag	Training	ca. km
Mo	—	–
Di ▶–▶	MT 3 x 3.000 m (in je 18:30 min; Pause 9 min)	15
Mi	—	–
Do	Dauerlauf 60 min (in 6:30 min/km), Steigerungen	9
Fr	—	–
Sa	Jogging 30 min (in 6:50 min/km), Steigerungen	4
So ▶▶	**Halbmarathon** (Zielzeit 2:03 Std.)	25

8. Woche (61 km)

Tag	Training	ca. km
Mo	—	–
Di	Jogging 60 min (in 6:50 min/km)	9
Mi	—	–
Do	Dauerlauf 90 min (in 6:30 min/km)	14
Fr	—	–
Sa	Dauerlauf 40 min (in 6:30 min/km)	6
So ▶	langer Dauerlauf 32 km (in 6:40 min/km)	32

9. Woche (49 km)

Tag	Training	ca. km
Mo	—	–
Di	Dauerlauf 40 min (in 6:30 min/km)	6
Mi	—	–
Do ▶–▶	MT 3 x 4.000 m (in je 24:40 min; Pause 10 min)	17
Fr	—	–
Sa	Dauerlauf 40 min (in 6:30 min/km)	6
So ▶	langer Dauerlauf 20 km (in 6:40 min/km), Steigerungen	20

10. Woche (62 km)

Tag	Training	ca. km
Mo	—	–
Di	Dauerlauf 60 min (in 6:30 min/km)	9
Mi	—	–
Do	Dauerlauf 40 min (in 6:30 min/km), Steigerungen	6
Fr	—	–
Sa	Jogging 20 min (in 6:50 min/km), Steigerungen	3
So ▶▶	**Marathon** (Zielzeit 4:20 Std.)	44

▶ = langer Dauerlauf ▶▶ = Tempolauf oder Wettkampf ▶–▶ = Intervalltraining **MT** = Marathontempo
Bei Wettkämpfen und Tempoeinheiten sind bei den Tageskilometern Kilometer für langsames Ein- und Auslaufen mit einberechnet, weitere Erläuterungen siehe Text.

STEP 8 Marathon

10-Wochen-Plan für **Marathon** – Zielzeit **3:59 Stunden**

1. Woche (47 km)

Tag	Training	ca. km
Mo	—	–
Di	Dauerlauf 60 min (in 6:20 min/km)¹	9
Mi	—	–
Do ▶▶	flotter Dauerlauf 5 km (in 5:45 min/km)	10
Fr	—	–
Sa	Dauerlauf 40 min (in 6:20 min/km)	6
So ▶	langer Dauerlauf 22 km (in 6:20 min/km)	22

2. Woche (55 km)

Tag	Training	ca. km
Mo	—	–
Di	Dauerlauf 60 min (in 6:20 min/km)	9
Mi	—	–
Do ▶▶	flotter Dauerlauf 7 km (in 5:45 min/km)	12
Fr	—	–
Sa	Dauerlauf 70 min (in 6:20 min/km)	10
So ▶	langer Dauerlauf 24 km (in 6:20 min/km)	24

3. Woche (44 km)

Tag	Training	ca. km
Mo	—	–
Di ▶–▶	3 x 1.000 m (in je 5:10 min; Pause 4 min)	10
Mi	—	–
Do	Dauerlauf 80 min (in 6:20 min/km), Steigerungen	12
Fr	—	–
Sa	Dauerlauf 40 min (in 6:20 min/km)	6
So ▶▶	**10-km-Testrennen** (Zielzeit 52:30 min)	16

4. Woche (56 km)

Tag	Training	ca. km
Mo	—	–
Di	Dauerlauf 60 min (in 6:20 min/km)	9
Mi	—	–
Do	Dauerlauf 70 min (in 6:20 min/km)	11
Fr	—	–
Sa	Dauerlauf 60 min (in 6:20 min/km)	9
So ▶	langer Dauerlauf 27 km (in 6:20 min/km)	27

5. Woche (40 km)

Tag	Training	ca. km
Mo	—	–
Di	Dauerlauf 60 min (in 6:20 min/km)	9
Mi	—	–
Do	Dauerlauf 70 min (in 6:20 min/km), Steigerungen	10
Fr	—	–
Sa	Jogging 30 min, Steigerungen	4
So ▶▶	**10-km-Testrennen** (Zielzeit 51:00 min)	17

[1] Bei den Läufen ist das Tempo in Minuten:Sekunden pro Kilometer angegeben. Für Dauerlauf, Tempolauf usw. könnten Sie auch nach Herzfrequenz trainieren (siehe Seite 88 und Tabelle Seite 96).

10-Wochen-Pläne für Marathon

10-Wochen-Plan für Marathon – Zielzeit 3:59 Stunden

6. Woche (59 km)

Tag	Training	ca. km
Mo	—	–
Di	Dauerlauf 70 min (in 6:20 min/km)	10
Mi	—	–
Do	Dauerlauf 70 min (in 6:20 min/km)	10
Fr	—	–
Sa ▶	langer Dauerlauf 30 km (in 6:20 min/km)	30
So	Dauerlauf 60 min (in 6:20 min/km)	9

7. Woche (54 km)

Tag	Training	ca. km
Mo	—	–
Di ▶–▶	3 x 3.000 m (in je 16:00 min; Pause 8 min)	15
Mi	—	–
Do	Dauerlauf 60 min (in 6:20 min/km)	9
Fr	—	–
Sa	Jogging 30 min, Steigerungen	4
So ▶▶	**Halbmarathon** (Zielzeit 1:53 Std.)	26

8. Woche (61 km)

Tag	Training	ca. km
Mo	—	–
Di	Dauerlauf 60 min (in 6:20 min/km)	9
Mi	—	–
Do	Dauerlauf 90 min (in 6:20 min/km), Steigerungen	14
Fr	—	–
Sa	Dauerlauf 40 min (in 6:20 min/km)	6
So ▶	langer Dauerlauf 32 km (in 6:20 min/km)	32

9. Woche (51 km)

Tag	Training	ca. km
Mo	—	–
Di	Dauerlauf 50 min (in 6:20 min/km)	8
Mi	—	–
Do ▶–▶	MT 3 x 4.000 m (in je 22:40 min; Pause 9 min)	17
Fr	—	–
Sa	Dauerlauf 40 min (in 6:20 min/km)	6
So ▶	langer Dauerlauf 20 km (in 6:20 min/km), Steigerungen	20

10. Woche (62 km)

Tag	Training	ca. km
Mo	—	–
Di	Dauerlauf 60 min (in 6:20 min/km)	9
Mi	—	–
Do	Dauerlauf 40 min (in 6:20 min/km), Steigerungen	6
Fr	—	–
Sa	Jogging 20 min (in 6:40 min/km), Steigerungen	3
So ▶▶	**Marathon** (Zielzeit 3:59 Std.)	44

▶ = langer Dauerlauf ▶▶ = Tempolauf oder Wettkampf ▶–▶ = Intervalltraining **MT** = Marathontempo
Bei Wettkämpfen und Tempoeinheiten sind bei den Tageskilometern Kilometer für langsames Ein- und Auslaufen mit einberechnet, weitere Erläuterungen siehe Text.

STEP 8 Marathon

10-Wochen-Plan für **Marathon** – Zielzeit **3:45 Stunden**

1. Woche (55 km)

Tag		Training	ca. km
Mo		—	–
Di	▶–▶	MT 3 x 2.000 m (in je 10:40 min; Pause 6 min)	11
Mi		—	–
Do		Dauerlauf 60 min (in 6:00 min/km)[1]	10
Fr	▶▶	flotter Dauerlauf 7 km (in 5:40 min/km)	11
Sa		—	–
So	▶	langer Dauerlauf 22 km (in 6:10 min/km)	23

2. Woche (61 km)

Tag		Training	ca. km
Mo		—	–
Di	▶–▶	3 x 1.000 m (in je 4:45 min; Trabpause 500 m)	10
Mi		Dauerlauf 70 min (in 6:10 min/km)	11
Do		—	–
Fr	▶▶	flotter Dauerlauf 10 km (in 5:40 min/km)	15
Sa		—	–
So	▶	langer Dauerlauf 25 km (in 6:10 min/km)	25

3. Woche (66 km)

Tag		Training	ca. km
Mo		—	–
Di	▶–▶	MT 5 x 2.000 m (in je 10:40 min; Pause 6 min)	15
Mi		—	–
Do		Dauerlauf 110 min (in 6:15 min/km)	18
Fr		—	–
Sa		Jogging 40 min (in 6:30 min/km)	6
So	▶	langer Dauerlauf 27 km (in 6:10 min/km)	27

4. Woche (68 km)

Tag		Training	ca. km
Mo		—	–
Di		Dauerlauf 70 min (in 6:00 min/km)	12
Mi		—	–
Do	▶▶	flotter Dauerlauf 12 km (in 5:30 min/km)	17
Fr		—	–
Sa		Jogging 60 min (in 6:30 min/km)	9
So	▶	langer Dauerlauf 30 km (in 6:10 min/km)	30

5. Woche (40 km)

Tag		Training	ca. km
Mo		—	–
Di	▶–▶	4 x 1.000 m (in je 4:45 min; Trabpause 500 m)	11
Mi		—	–
Do		Dauerlauf 50 min (in 6:00 min/km), Steigerungen	8
Fr		—	–
Sa		Jogging 30 min (in 6:30 min/km), Steigerungen	5
So	▶▶	**10-km-Rennen** (Zielzeit 48:00 min)	16

[1] Bei den Läufen ist das Tempo in Minuten:Sekunden pro Kilometer angegeben. Für Dauerlauf, Tempolauf usw. könnten Sie auch nach Herzfrequenz trainieren (siehe Seite 88 und Tabelle Seite 96).

© Steffny, Das große Laufbuch, Südwest Verlag 2004

10-Wochen-Pläne für Marathon

10-Wochen-Plan für Marathon – Zielzeit 3:45 Stunden

6. Woche (71 km)

Tag		Training	ca. km
Mo		—	–
Di		Dauerlauf 60 min (in 6:10 min/km)	10
Mi		—	–
Do		Dauerlauf 100 min (in 6:10 min/km), Steigerungen	16
Fr	▶▶	flotter Dauerlauf 10 km (in 5:30 min/km)	15
Sa		—	–
So	▶	Dauerlauf 30 km (in 6:10 min/km)	30

7. Woche (57 km)

Tag		Training	ca. km
Mo		—	–
Di	▶–▶	MT 4 x 3.000 m (in je 16:00 min; Pause 8 min)	17
Mi		—	–
Do		Dauerlauf 50 min (in 6:20 min/km), Steigerungen	8
Fr		—	–
Sa		Jogging 35 min (in 6:30 min/km), Steigerungen	5
So	▶▶	**Halbmarathon** (Zielzeit 1:46 Std.)	27

8. Woche (64 km)

Tag		Training	ca. km
Mo		—	–
Di		Jogging 60 min (in 6:30 min/km)	9
Mi		—	–
Do		Dauerlauf 90 min (in 6:30 min/km)	15
Fr		—	–
Sa		Jogging 50 min (in 6:30 min/km)	8
So	▶▶	langer Dauerlauf 32 km (in 6:10 min/km; darin 8 km in 5:30 min/km)	32

9. Woche (55 km)

Tag		Training	ca. km
Mo		—	–
Di		Jogging 50 min (in 6:30 min/km)	8
Mi		—	–
Do	▶–▶	MT 3 x 4.000 m (in je 21:20 min; Pause 10 min)	17
Fr		—	–
Sa		Dauerlauf 50 min (in 6:20 min/km)	8
So	▶	langer Dauerlauf 22 km (in 6:10 min/km), Steigerungen	22

10. Woche (65 km)

Tag		Training	ca. km
Mo		—	–
Di		Dauerlauf 60 min (in 6:20 min/km), Steigerungen	9
Mi	▶–▶	MT 3 x 1.000 m (in je 5:20 min; Pause 3 min)	8
Do		—	–
Fr		—	–
Sa		Jogging 25 min (in 6:30 min/km), Steigerungen	4
So	▶▶	**Marathon** (Zielzeit 3:45 Std.)	44

▶ = langer Dauerlauf ▶▶ = Tempolauf oder Wettkampf ▶–▶ = Intervalltraining **MT** = Marathontempo
Bei Wettkämpfen und Tempoeinheiten sind bei den Tageskilometern Kilometer für langsames Ein- und Auslaufen mit einberechnet, weitere Erläuterungen siehe Text.

STEP 8 Marathon

10-Wochen-Plan für **Marathon** – Zielzeit **3:29 Stunden**

1. Woche (61 km)

Tag		Training	ca. km
Mo		—	–
Di	▶–▶	MT 4 x 2.000 m (in je 9:55 min; Pause 6 min)	14
Mi		—	–
Do		Dauerlauf 60 min (in 5:50 min/km)[1]	10
Fr	▶▶	flotter Dauerlauf 8 km (in 5:15 min/km)	13
Sa		—	–
So	▶	langer Dauerlauf 24 km (in 6:00 min/km)	24

2. Woche (63 km)

Tag		Training	ca. km
Mo		—	–
Di	▶–▶	3 x 1.000 m (in je 4:30 min; Trabpause 400 m)	10
Mi		Dauerlauf 70 min (in 6:00 min/km)	12
Do		—	–
Fr	▶▶	flotter Dauerlauf 10 km (in 5:15 min/km)	15
Sa		—	–
So	▶	langer Dauerlauf 26 km (in 6:00 min/km)	26

3. Woche (70 km)

Tag		Training	ca. km
Mo		—	–
Di	▶–▶	MT 5 x 2.000 m (in je 9:55 min; Pause 5 min)	15
Mi		—	–
Do		Dauerlauf 70 min (in 6:00 min/km)	12
Fr	▶▶	flotter Dauerlauf 10 km (in 5:15 min/km)	15
Sa		—	–
So	▶	langer Dauerlauf 28 km (in 6:00 min/km)	28

4. Woche (73 km)

Tag		Training	ca. km
Mo		—	–
Di		Dauerlauf 70 min (in 5:50 min/km)	12
Mi		—	–
Do	▶▶	flotter Dauerlauf 15 km (in 5:15 min/km)	20
Fr		—	–
Sa		Jogging 70 min (in 6:20 min/km), Steigerungen	11
So	▶	langer Dauerlauf 30 km (in 6:00 min/km)	30

5. Woche (46 km)

Tag		Training	ca. km
Mo		—	–
Di	▶–▶	5 x 1.000 m (in je 4:30 min; Trabpause 400 m)	12
Mi		Dauerlauf 70 min (in 5:50 min/km), Steigerungen	12
Do		—	–
Fr		—	–
Sa		Jogging 30 min (in 6:20 min/km), Steigerungen	5
So	▶▶	**10-km-Rennen** (Zielzeit um 45:00 min)	17

[1] Bei den Läufen ist das Tempo in Minuten:Sekunden pro Kilometer angegeben. Für Dauerlauf, Tempolauf usw. könnten Sie auch nach Herzfrequenz trainieren (siehe Seite 88 und Tabelle Seite 96).

© Steffny, Das große Laufbuch, Südwest Verlag 2004

10-Wochen-Pläne für Marathon

10-Wochen-Plan für Marathon – Zielzeit 3:29 Stunden

6. Woche (78 km)

Tag		Training	ca. km
Mo		—	–
Di		Dauerlauf 60 min (in 6:00 min/km)	10
Mi		—	–
Do		Dauerlauf 110 min (in 6:00 min/km), Steigerungen	18
Fr	▶▶	flotter Dauerlauf 15 km (in 5:10 min/km)	20
Sa		—	–
So	▶	Dauerlauf 30 km (in 5:50 min/km)	30

7. Woche (60 km)

Tag		Training	ca. km
Mo		—	–
Di	▶–▶	MT 4 x 3.000 m (in je 14:50 min; Pause 7 min)	17
Mi		Dauerlauf 60 min (in 6:00 min/km), Steigerungen	10
Do		—	–
Fr		—	–
Sa		Jogging 30 min (in 6:20 min/km), Steigerungen	5
So	▶▶	**Halbmarathon** (Zielzeit 1:40 Std.)	28

8. Woche (68 km)

Tag		Training	ca. km
Mo		—	–
Di		Jogging 60 min (in 6:20 min/km)	9
Mi		—	–
Do		Dauerlauf 90 min (in 5:50 min/km)	16
Fr		—	–
Sa		Jogging 70 min (in 6:20 min/km)	11
So	▶	langer Dauerlauf 32 km (in 5:50 min/km; darin 10 km in 5:15 min/km)	32

9. Woche (62 km)

Tag		Training	ca. km
Mo		—	–
Di		Dauerlauf 60 min (in 6:00 min/km)	10
Mi		—	–
Do	▶–▶	MT 3 x 5.000 m (in je 24:45 min; Pause 12 min)	20
Fr		—	–
Sa		Dauerlauf 50 min (in 6:00 min/km)	8
So	▶	langer Dauerlauf 24 km (in 6:10 min/km)	24

10. Woche (62 km)

Tag		Training	ca. km
Mo		—	–
Di		Jogging 30 min (in 6:20 min/km), Steigerungen	5
Mi	▶–▶	MT 3 x 1.000 m (in je 4:57 min; Pause 3 min)	8
Do		—	–
Fr		—	–
Sa		Jogging 30 min (in 6:20 min/km), Steigerungen	5
So	▶▶	**Marathon** (Zielzeit 3:29 Std.)	44

▶ = langer Dauerlauf ▶▶ = Tempolauf oder Wettkampf ▶–▶ = Intervalltraining **MT** = Marathontempo
Bei Wettkämpfen und Tempoeinheiten sind bei den Tageskilometern Kilometer für langsames Ein- und Auslaufen mit einberechnet, weitere Erläuterungen siehe Text.

STEP 8 Marathon

10-Wochen-Plan für Marathon – Zielzeit 3:15 Stunden

1. Woche (72 km)

Tag		Training	ca. km
Mo		—	–
Di	▶–▶	MT 4 x 2.000 m (in je 9:15 min; Pause 4 min)	15
Mi		—	–
Do		Dauerlauf 70 min (in 5:40 min/km)[1]	12
Fr	▶▶	flotter Dauerlauf 8 km (in 4:50 min/km)	13
Sa		Jogging 40 min (in 6:00 min/km)	7
So	▶	langer Dauerlauf 25 km (in 5:40 min/km)	25

2. Woche (74 km)

Tag		Training	ca. km
Mo		—	–
Di	▶–▶	4 x 1.000 m (in je 4:10 min; Trabpause 400 m)	12
Mi		Dauerlauf 70 min (in 5:40 min/km)	12
Do		—	–
Fr	▶▶	flotter Dauerlauf 10 km (in 4:50 min/km)	15
Sa		Jogging 50 min (in 6:00 min/km)	8
So	▶	langer Dauerlauf 27 km (in 5:40 min/km)	27

3. Woche (81 km)

Tag		Training	ca. km
Mo		—	–
Di	▶–▶	MT 4 x 3.000 m in je 13:50 (Pause 6 min)	17
Mi		Dauerlauf 60 min (in 5:40 min/km)	11
Do		—	–
Fr	▶▶	flotter Dauerlauf 10 km (in 4:50 min/km)	15
Sa		Jogging 50 min (in 6:00 min/km)	8
So	▶	langer Dauerlauf 30 km (in 5:40 min/km)	30

4. Woche (81 km)

Tag		Training	ca. km
Mo		—	–
Di		Dauerlauf 75 min (in 5:40 min/km)	13
Mi		Jogging 40 min (in 6:00 min/km)	7
Do	▶▶	flotter Dauerlauf 12 km (in 4:50 min/km)	17
Fr		—	–
Sa		Jogging 70 min (in 6:00 min/km)	12
So	▶	langer Dauerlauf 32 km (in 5:40 min/km)	32

5. Woche (53 km)

Tag		Training	ca. km
Mo		—	–
Di	▶–▶	5 x 1.000 m (in je 4:10 min; Trabpause 400 m)	12
Mi		Dauerlauf 70 min (in 5:40 min/km)	12
Do		Jogging 40 min (in 6:00 min/km), Steigerungen	7
Fr		—	–
Sa		Jogging 30 min (in 6:00 min/km), Steigerungen	5
So	▶▶	**10-km-Testrennen** (Zielzeit um 42:00 min)	17

[1] Bei den Läufen ist das Tempo in Minuten:Sekunden pro Kilometer angegeben. Für Dauerlauf, Tempolauf usw. könnten Sie auch nach Herzfrequenz trainieren (siehe Seite 88 und Tabelle Seite 96).

© Steffny, Das große Laufbuch, Südwest Verlag 2004

10-Wochen-Plan für **Marathon** – Zielzeit **3:15 Stunden**

6. Woche (90 km)

Tag	Training	ca. km
Mo	—	–
Di	Dauerlauf 70 min (in 5:45 min/km)	12
Mi	—	–
Do	Dauerlauf 90 min (in 5:40 min/km), Steigerungen	16
Fr ▶▶	flotter Dauerlauf 15 km (in 4:50 min/km)	20
Sa	Jogging 60 min (in 6:00 min/km)	10
So ▶	Dauerlauf 32 km (in 5:30 min/km)	32

7. Woche (71 km)

Tag	Training	ca. km
Mo	—	–
Di ▶–▶	MT 3 x 4.000 m (in je 18:30 min; Pause 8 min)	17
Mi	Dauerlauf 70 min (in 5:40 min/km)	13
Do	Jogging 50 min (in 6:00 min/km), Steigerungen	8
Fr	—	–
Sa	Jogging 30 min (in 6:00 min/km), Steigerungen	5
So ▶▶	**Halbmarathon** (Zielzeit 1:32:30 Std.)	28

8. Woche (85 km)

Tag	Training	ca. km
Mo	—	–
Di	Jogging 60 min (in 6:00 min/km)	10
Mi	Dauerlauf 70 min (in 5:30 min/km)	13
Do	Jogging 95 min (in 6:00 min/km)	16
Fr	—	–
Sa	Jogging 70 min (in 6:00 min/km)	11
So ▶▶	langer Dauerlauf 35 km (in 5:30 min/km; darin 10 km in 4:50 min/km)	35

9. Woche (66 km)

Tag	Training	ca. km
Mo	—	–
Di	Dauerlauf 70 min (in 5:40 min/km)	12
Mi	—	–
Do ▶–▶	MT 3 x 5.000 m (in je 23:00 min; Pause 10 min)	20
Fr	—	–
Sa	Dauerlauf 50 min (in 5:40 min/km)	9
So ▶	langer Dauerlauf 25 km (in 5:45 min/km), Steigerungen	25

10. Woche (76 km)

Tag	Training	ca. km
Mo	—	–
Di	Jogging 60 min (in 6:00 min/km)	10
Mi ▶–▶	MT 3 x 1.500 m (in je 6:55 min, Pause 3 min)	9
Do	Jogging 50 min (in 6:00 min/km), Steigerungen	8
Fr	—	–
Sa	Jogging 30 min (in 6:00 min/km), Steigerungen	5
So ▶▶	**Marathon** (Zielzeit: 3:15 Std.)	44

▶ = langer Dauerlauf ▶▶ = Tempolauf oder Wettkampf ▶–▶ = Intervalltraining **MT** = Marathontempo
Bei Wettkämpfen und Tempoeinheiten sind bei den Tageskilometern Kilometer für langsames Ein- und Auslaufen mit einberechnet, weitere Erläuterungen siehe Text.

STEP 8 Marathon

10-Wochen-Plan für Marathon – Zielzeit 2:59 Stunden

1. Woche (88 km)

Tag	Training	ca. km
Mo	—	–
Di ▶–▶	MT 5 x 2.000 m (in je 8:30 min; Pause 4 min)	17
Mi	Jogging 100 min (in 5:50 min/km)[1]	17
Do	—	–
Fr ▶▶	flotter Dauerlauf 10 km (in 4:40 min/km)	15
Sa	Jogging 70 min (in 5:45 min/km)	12
So ▶	langer Dauerlauf 27 km (in 5:30 min/km)	27

2. Woche (104 km)

Tag	Training	ca. km
Mo	Jogging 70 min (in 5:45 min/km)	12
Di ▶–▶	10 x 400 m (in je 90 sec; Trabpause 200 m)	15
Mi	Dauerlauf 100 min (in 5:30 min/km)	18
Do	—	–
Fr ▶▶	flotter Dauerlauf 12 km (in 4:30 min/km)	17
Sa	Jogging 70 min (in 5:45 min/km)	12
So ▶	langer Dauerlauf 30 km (in 5:30 min/km)	30

3. Woche (81 km)

Tag	Training	ca. km
Mo	Jogging 70 min (in 5:45 min/km)	12
Di ▶–▶	5 x 1.000 m (in je 3:55 min; Trabpause 400 m)	15
Mi	Jogging 100 min (in 5:40 min/km)	18
Do	Jogging 60 min (in 5:40 min/km), Steigerungen	11
Fr	—	–
Sa	Jogging 45 min (in 5:50 min/km), Steigerungen	8
So ▶▶	**10-km-Rennen** (Zielzeit um 39:30 min)	17

4. Woche (111 km)

Tag	Training	ca. km
Mo	Jogging 90 min (in 5:40 min/km)	16
Di	—	–
Mi ▶	Dauerlauf 120 min (in 5:15 min/km)	23
Do	Jogging 70 min (in 5:40 min/km)	12
Fr ▶–▶	MT 3 x 3.000 m (in je 12:45 min; Pause 6 min)	16
Sa	Jogging 70 min (in 5:40 min/km), Steigerungen	12
So ▶	langer Dauerlauf 32 km (in 5:20 min/km)	32

5. Woche (74 km)

Tag	Training	ca. km
Mo	Jogging 70 min (in 5:40 min/km)	12
Di ▶–▶	5 x 1.000 m (in je 3:50 min; Trabpause 400 m)	15
Mi	Jogging 90 min (in 5:40 min/km)	16
Do	Jogging 50 min (in 5:50 min/km), Steigerungen	9
Fr	—	–
Sa	Jogging 30 min (in 5:50 min/km), Steigerungen	5
So ▶▶	**10-km-Rennen** (Zielzeit um 38:30 min)	17

[1] Bei den Läufen ist das Tempo in Minuten:Sekunden pro Kilometer angegeben. Für Dauerlauf, Tempolauf usw. könnten Sie auch nach Herzfrequenz trainieren (siehe Seite 88 und Tabelle Seite 96).

© Steffny, Das große Laufbuch, Südwest Verlag 2004

10-Wochen-Plan für Marathon – Zielzeit **2:59 Stunden**

6. Woche (114 km)

Tag		Training	ca. km
Mo		Jogging 90 min (in 5:40 min/km)	16
Di		—	–
Mi		Dauerlauf 120 min (in 5:15 min/km)	23
Do		Dauerlauf 70 min (in 5:20 min/km), Steigerungen	13
Fr	▶▶	flotter Dauerlauf 10 km (in 4:30 min/km)	17
Sa		70 min Dauerlauf (in 5:20 min/km)	13
So	▶▶	Crescendo 32 km (in 5:30, 5:00, 4:30 min/km)	32

7. Woche (84 km)

Tag		Training	ca. km
Mo		Jogging 70 min (in 5:40 min/km)	12
Di	▶–▶	MT 4 x 3.000 m (in je 12:45 min; Pause 6 min)	18
Mi		Dauerlauf 60 min (in 5:20 min/km)	12
Do		Jogging 50 min (in 5:40 min/km), Steigerungen	9
Fr		—	–
Sa		Jogging 30 min (in 5:40 min/km), Steigerungen	5
So	▶▶	**Halbmarathon** (Zielzeit 1:25 Std.)	28

8. Woche (108 km)

Tag		Training	ca. km
Mo		Jogging 70 min (in 5:40 min/km)	12
Di		—	–
Mi		Dauerlauf 100 min (in 5:20 min/km)	19
Do		Jogging 70 min (in 5:40 min/km), Steigerungen	12
Fr		Dauerlauf 90 min (in 5:00 min/km)	18
Sa		Jogging 70 min (in 5:40 min/km), Steigerungen	12
So	▶	langer Dauerlauf 35 km (in 5:20 min/km)	35

9. Woche (87 km)

Tag		Training	ca. km
Mo		Jogging 70 min (in 5:40 min/km)	12
Di	▶▶	flotter Dauerlauf 10 km (in 4:40 min/km)	15
Mi		—	–
Do	▶–▶	MT 3 x 5.000 m (in je 21:15 min; Pause 10 min)	20
Fr		—	–
Sa		Dauerlauf 70 min (in 5:30 min/km), Steigerungen	13
So	▶	langer Dauerlauf 27 km (in 5:20 min/km)	27

10. Woche (79 km)

Tag		Training	ca. km
Mo		Jogging 60 min (in 5:30 min/km)	11
Di		—	–
Mi	▶–▶	MT 3 x 1.500 m (in je 6:22 min; Pause 2 min)	10
Do		Dauerlauf 8 km (in 5:30 min/km), Steigerungen	9
Fr		—	–
Sa		Jogging 30 min, Steigerungen	5
So	▶▶	**Marathon** (Zielzeit 2:59 Std.)	44

▶ = langer Dauerlauf ▶▶ = Tempolauf oder Wettkampf ▶–▶ = Intervalltraining **MT** = Marathontempo
Bei Wettkämpfen und Tempoeinheiten sind bei den Tageskilometern Kilometer für langsames Ein- und Auslaufen mit einberechnet, weitere Erläuterungen siehe Text.

STEP 8 Marathon

10-Wochen-Plan für **Marathon** – Zielzeit **2:45 Stunden**

1. Woche (122 km)

Tag		Training	ca. km
Mo		Dauerlauf 70 min (in 5:00 min/km)[1]	14
Di	▶–▶	MT 5 x 2.000 m (in je 7:50 min; Pause 4 min)	17
Mi		Jogging 100 min (in 5:20 min/km)	19
Do		Dauerlauf 70 min (in 5:00 min/km)	14
Fr	▶▶	flotter Dauerlauf 10 km (in 4:15 min/km)	17
Sa		Jogging 70 min (in 5:20 min/km)	13
So	▶	langer Dauerlauf 28 km (in 5:00 min/km)	28

2. Woche (122 km)

Tag		Training	ca. km
Mo		Jogging 70 min (in 5:20 min/km)	13
Di	▶–▶	10 x 400 m (in je 80 sec; Trabpause 200 m)	15
Mi		Jogging 100 min (in 5:20 min/km)	19
Do		Dauerlauf 70 min (in 5:00 min/km)	14
Fr	▶▶	flotter Dauerlauf 12 km (in 4:15 min/km)	18
Sa		Jogging 70 min (in 5:20 min/km)	13
So	▶	langer Dauerlauf 30 km (in 5:00 min/km)	30

3. Woche (94 km)

Tag		Training	ca. km
Mo		Jogging 70 min (in 5:20 min/km)	13
Di	▶–▶	5 x 1.000 m (in je 3:30 min; Trabpause 400 m)	15
Mi		Jogging 100 min (in 5:20 min/km), Steigerungen	18
Do		Dauerlauf 60 min (in 5:00 min/km)	12
Fr		Jogging 60 min (in 5:20 min/km)	11
Sa		Jogging 45 min, Steigerungen	8
So	▶▶	**10-km-Rennen** (Zielzeit 36:00 min)	17

4. Woche (124 km)

Tag		Training	ca. km
Mo		Jogging 100 min (in 5:40 min/km)	18
Di		Dauerlauf 70 min (in 5:00 min/km)	14
Mi		Dauerlauf 100 min (in 5:00 min/km)	20
Do		Jogging 60 min (in 5:20 min/km), Steigerungen	11
Fr	▶–▶	MT 3 x 3.000 m (in je 11:45 min; Pause 6 min)	16
Sa		Jogging 70 min (in 5:20 min/km)	13
So	▶	langer Dauerlauf 32 km (in 5:00 min/km)	32

5. Woche (86 km)

Tag		Training	ca. km
Mo		Jogging 70 min (in 5:20 min/km)	13
Di	▶–▶	5 x 1.000 m (in je 3:30 min; Trabpause 400 m)	15
Mi		Jogging 100 min (in 5:20 min/km)	18
Do		Dauerlauf 50 min (in 5:00 min/km), Steigerungen	10
Fr		Jogging 40 min, Steigerungen	7
Sa		Jogging 30 min, Steigerungen	6
So	▶▶	**10-km-Rennen** (Zielzeit 35:00 min)	17

[1] Bei den Läufen ist das Tempo in Minuten:Sekunden pro Kilometer angegeben. Für Dauerlauf, Tempolauf usw. könnten Sie auch nach Herzfrequenz trainieren (siehe Seite 88 und Tabelle Seite 96).

© Steffny, Das große Laufbuch, Südwest Verlag 2004

10-Wochen-Pläne für Marathon

10-Wochen-Plan für Marathon – Zielzeit 2:45 Stunden

6. Woche (131 km)

Tag		Training	ca. km
Mo		Jogging 100 min (in 5:30 min/km)	18
Di		Dauerlauf 70 min (in 5:00 min/km)	14
Mi		Dauerlauf 120 min (in 5:10 min/km)	23
Do		Dauerlauf 70 min (in 5:00 min/km)	14
Fr	▶▶	flotter Dauerlauf 10 km (in 4:15 min/km)	17
Sa		Jogging 60 min (in 5:20 min/km)	11
So	▶▶	Crescendo 34 km (in 5:20, 4:50, 4:20 min/km)	34

7. Woche (92 km)

Tag		Training	ca. km
Mo		Jogging 70 min (in 5:20 min/km)	13
Di	▶–▶	Halbmarathontempo 4 x 2.000 m (in je 7:25 min; Pause 5 min)	16
Mi		Jogging 60 min (in 5:30 min/km), Steigerungen	11
Do		Dauerlauf 60 min (in 5:00 min/km)	12
Fr		Jogging 40 min (in 5:20 min/km), Steigerungen	7
Sa		Jogging 30 min (in 5:40 min/km), Steigerungen	5
So	▶▶	**Halbmarathon** (Zielzeit 1:18 Std.)	28

8. Woche (124 km)

Tag		Training	ca. km
Mo		Jogging 45 min (in 5:40 min/km)	8
Di		Jogging 70 min (in 5:20 min/km)	13
Mi		Dauerlauf 120 min (in 5:00 min/km)	24
Do		Jogging 70 min (in 5:20 min/km), Steigerungen	13
Fr	▶▶	flotter Dauerlauf 10 km (in 4:30 min/km)	17
Sa		Jogging 70 min (in 5:20 min/km), Steigerungen	13
So	▶	langer Dauerlauf 36 km (in 5:00 min/km)	36

9. Woche (104 km)

Tag		Training	ca. km
Mo		Jogging 70 min (in 5:20 min/km)	13
Di	▶▶	flotter Dauerlauf 10 km (in 4:30 min/km)	15
Mi		Jogging 40 min (in 5:20 min/km)	7
Do	▶–▶	MT 3 x 5.000 m (in je 19:30 min; Pause 10 min)	22
Fr		Jogging 40 min (in 5:20 min/km)	7
Sa		Jogging 70 min (in 5:20 min/km), Steigerungen	13
So	▶	langer Dauerlauf 27 km (in 5:00 min/km)	27

10. Woche (86 km)

Tag		Training	ca. km
Mo		Jogging 60 min (in 5:20 min/km)	11
Di		Jogging 40 min (in 5:20 min/km)	7
Mi	▶–▶	MT 3 x 1.500 m (in je 5:51 min; Pause 3 min)	10
Do		Dauerlauf 50 min (in 5:30 min/km), Steigerungen	9
Fr		—	–
Sa		Jogging 30 min (in 5:40 min/km), Steigerungen	5
So	▶▶	**Marathon** (Zielzeit 2:45 Std.)	44

▶ = langer Dauerlauf ▶▶ = Tempolauf oder Wettkampf ▶–▶ = Intervalltraining **MT** = Marathontempo
Bei Wettkämpfen und Tempoeinheiten sind bei den Tageskilometern Kilometer für langsames Ein- und Auslaufen mit einberechnet, weitere Erläuterungen siehe Text.

© Steffny, Das große Laufbuch, Südwest Verlag 2004

STEP 8 Marathon

10-Wochen-Plan für **Marathon** – Zielzeit **2:29 Stunden**

1. Woche (141 km)

Tag		Training	ca. km
Mo		Jogging 70 min (in 5:00 min/km)¹	14
Di	▶–▶	5 x 1.000 m (in je 3:12; Trabpause 400 m)	15
Mi		Jogging 45 min/Dauerlauf 70 min (in 4:30 min/km)	25
Do		Dauerlauf 70 min (in 4:20 min/km)	16
Fr	▶▶	Jogging 45 min/flotter Dauerlauf 10 km (in 3:40 min/km)	27
Sa		Jogging 70 min (in 5:00 min/km)	14
So	▶	langer Dauerlauf (in 4:40 min/km)	30

2. Woche (151 km)

Tag		Training	ca. km
Mo		Jogging 70 min (in 5:00 min/km)	14
Di	▶–▶	MT 5 x 2.000 m (in je 7:00 min; Trabpause 800 m)	15
Mi		Dauerlauf 105 min (in 4:40 min/km), welliges Gelände	22
Do		Jogging 45 min/Dauerlauf 70 min (in 4:20 min/km)	25
Fr	▶▶	mittelflotter Dauerlauf 12 km (in 4:00 min/km)	18
Sa		Jogging 45 min/Dauerlauf 70 min (in 4:30 min/km)	25
So	▶	langer Dauerlauf (in 4:40 min/km)	32

3. Woche (126 km)

Tag		Training	ca. km
Mo		Jogging 70 min (in 5:00 min/km)	14
Di	▶–▶	10 x 400 m (in je 74 sec; Trabpause 200 m)	15
Mi		Jogging 45 min/Dauerlauf 70 min (in 4:20 min/km)	25
Do	▶▶	mittelflotter Dauerlauf 15 km (in 4:00 min/km)	20
Fr		Jogging 45 min/Dauerlauf 70 min (in 4:20 min/km)	25
Sa		Jogging 50 min, Steigerungen	10
So	▶▶	**10-km-Rennen** (Zielzeit 33:00 min)	17

4. Woche (154 km)

Tag		Training	ca. km
Mo		Jogging 45 min/Dauerlauf 70 min (in 4:40 min/km)	24
Di		Dauerlauf (in 4:40 min/km), welliges Gelände	23
Mi		Jogging 45 min/Dauerlauf 70 min (in 4:20 min/km)	25
Do		Jogging 70 min (in 4:45 min/km)	15
Fr	▶–▶	3 x 3.000 m (in je 10:00 min; Pause 4 min)	18
Sa		Jogging 70 min (in 5:00 min/km)	14
So	▶	langer Dauerlauf 35 km (in 4:30 min/km), Steigerungen	35

5. Woche (94 km)

Tag		Training	ca. km
Mo		Jogging 70 min (in 5:40 min/km)	12
Di	▶–▶	5 x 1.000 m (in je 3:10 min; Trabpause 400 m)	15
Mi		Dauerlauf 90 min (in 4:45 min/km)	19
Do		Dauerlauf 70 min (in 4:40 min/km), Steigerungen	15
Fr		Jogging 50 min, Steigerungen	10
Sa		Jogging 30 min, Steigerungen	6
So	▶▶	**10-km-Rennen** (Zielzeit 31:50 min)	17

¹ Bei den Läufen ist das Tempo in Minuten:Sekunden pro Kilometer angegeben. Für Dauerlauf, Tempolauf usw. könnten Sie auch nach Herzfrequenz trainieren (siehe Seite 88 und Tabelle Seite 96).

© Steffny, Das große Laufbuch, Südwest Verlag 2004

10-Wochen-Plan für **Marathon** – Zielzeit **2:29 Stunden**

6. Woche (97 km)

Tag		Training	ca. km
Mo		Jogging 50 min (in 5:00 min/km)	10
Di		Dauerlauf 70 min (in 4:20 min/km)	16
Mi	▶▶	leichtes (!) Fahrtspiel (0,5/1/0,5/1/0,5 km in 1:40/3:20/1:40/3:20/1:40 min)	14
Do		Dauerlauf 60 min (in 4:30 min/km), Steigerungen	14
Fr		Jogging 50 min, Steigerungen	10
Sa		Jogging 30 min, Steigerungen	6
So	▶▶	**Halbmarathon** (Zielzeit 1:11 Std.)	27

7. Woche (158 km)

Tag		Training	ca. km
Mo		Jogging 45 min/70 min (in 4:40 min/km)	24
Di	▶	lockerer langer Dauerlauf (in 4:50 min/km)	25
Mi		Jogging 45 min/Dauerlauf 70 min (in 4:40 min/km)	24
Do	▶▶	leichtes (!) Fahrtspiel (0,5/1/2/1/0,5 km in 1:50/3:30/7:10/3:30/1:50 min)	15
Fr		Dauerlauf 70 min (in 4:20 min/km)	16
Sa		Dauerlauf 70 min (in 4:30 min/km), welliges Gelände	16
So	▶	langer Dauerlauf (in 4:30 min/km), locker	38

8. Woche (152 km)

Tag		Training	ca. km
Mo		Jogging 70 min (in 5:00 min/km)	14
Di	▶▶	mittelflotter Dauerlauf 20 km (in 4:00 min/km)	25
Mi		Jogging 45 min/Dauerlauf 70 min (in 4:20 min/km)	25
Do	▶–▶	5 x 1.000 m (in je 3:15 min; Trabpause 400 m)	15
Fr		Dauerlauf 70 min (in 4:20 min/km)	16
Sa		Jogging 45 min/Dauerlauf 70 min (in 4:20 min/km)	25
So	▶▶	Crescendo (10 km in 4:30; 10 km in 4:00; 5 km in 3:45; 5 km in 3:30 min/km)	32

9. Woche (117 km)

Tag		Training	ca. km
Mo		Jogging 50 min (in 5:30 min/km)	9
Di		Dauerlauf 70 min (in 4:20 min/km)	16
Mi		Dauerlauf 70 min (in 4:20 min/km)	16
Do	▶–▶	MT 3 x 5.000 m (in je 17:30 min; Pause 8 min)	22
Fr		Jogging 50 min	10
Sa		Dauerlauf 70 min (in 4:20 min/km)	16
So	▶	langer Dauerlauf 28 km (in 4:40 min/km), Steigerungen	28

10. Woche (97 km)

Tag		Training	ca. km
Mo		Jogging 60 min	12
Di		Dauerlauf 70 min (in 4:30 min/km), Steigerungen	15
Mi	▶–▶	MT 3 x 1.500 m (in je 5:15 min; Pause 3 min)	10
Do		Jogging 50 min, Steigerungen	10
Fr		(Anreise)	–
Sa		Jogging 30 min, Steigerungen	6
So	▶▶	**Marathon** (Zielzeit 2:29 Std.)	44

▶ = langer Dauerlauf ▶▶ = Tempolauf oder Wettkampf ▶–▶ = Intervalltraining **MT** = Marathontempo
Bei Wettkämpfen und Tempoeinheiten sind bei den Tageskilometern Kilometer für langsames Ein- und Auslaufen mit einberechnet, weitere Erläuterungen siehe Text.

STEP 8 Marathon

Herbert Steffnys Training vor **EM-Marathon Stuttgart 1986**

1. Woche (162 km)

Tag	Training	ca. km
Mo	Dauerlauf/Dauerlauf	30
Di	—	–
Mi	Dauerlauf/Dauerlauf	33
Do	Dauerlauf/Intervalle 8 x 400 m (in je 68 sec)	31
Fr	Dauerlauf	11
Sa	mDL 3:50[1]/Berglauf (350 Höhenmeter)	28
So	langer Dauerlauf Berg (Galibier, 2.000 Höhenmeter)	29

2. Woche (126 km)

Tag	Training	ca. km
Mo	Jogging	10
Di	mDL 3:50/Fahrtspiel (darin 3 x 1.000 m in je 3:00 min)	25
Mi	mDL 3:50/Berglauf/mDL	31
Do	mDL 15 km (in 4:00 min/km)	16
Fr	langer Dauerlauf Berg (heiß, Esterel-Massiv)	26
Sa	—	–
So	Tempo-Dauerlauf (in 3:30 min/km)	18

3. Woche (210 km)

Tag	Training	ca. km
Mo	Dauerlauf (in 4:10 min/km)	22
Di	Dauerlauf/langer Dauerlauf (in 4:15 min/km)	43
Mi	5.000-m-Rennen (in 14:36 min)/Dauerlauf	29
Do	Dauerlauf/Dauerlauf	33
Fr	Dauerlauf/Berglauf (500 Höhenmeter)	30
Sa	mDL 15 km (in 3:50 min/km)	18
So	langer Dauerlauf 35 km (in 4:00 min/km)	35

4. Woche (218 km)

Tag	Training	ca. km
Mo	Dauerlauf bergig/Dauerlauf	32
Di	Dauerlauf/Intervalle 10 x 400 m Jogging (in je 68 sec)	25
Mi	Dauerlauf/mDL	37
Do	Dauerlauf/Dauerlauf	29
Fr	langer Dauerlauf (in 4:10 min/km)	37
Sa	Dauerlauf/Dauerlauf	30
So	Crescendo 23 km (5:00–3:15 min/km)/Jogging	28

5. Woche (212 km)

Tag	Training	ca. km
Mo	Tempo-Dauerlauf (in 3:20 min/km)/Dauerlauf	30
Di	Dauerlauf/mDL	24
Mi	Dauerlauf/mDL	35
Do	mDL/Intervalle 8 x 400 m (in je 68 sec)	34
Fr	Dauerlauf/Dauerlauf	37
Sa	Dauerlauf	10
So	langer Dauerlauf 37 km (3:54 min/km)/Jogging	42

[1] Bei Dauerläufen ist das Tempo in Minuten:Sekunden pro Kilometer angegeben.

© Steffny, Das große Laufbuch, Südwest Verlag 2004

10-Wochen Marathon-Elitetraining

Herbert Steffnys Training vor **EM-Marathon Stuttgart 1986**

6. Woche (114 km)

Tag		Training	ca. km
Mo		Dauerlauf	17
Di		Berglauf (700 Höhenmeter)	11
Mi		Dauerlauf	10
Do	▶–▶	mDL/Intervalle 10 x 200 m /(n je 29 sec)	16
Fr		Dauerlauf	22
Sa	▶–▶	Intervalle 400–2.000 m	14
So		mDL	24

7. Woche (164 km)

Tag		Training	ca. km
Mo		Dauerlauf	10
Di	▶▶	3.000-m-Bahn-Rennen in 8:05 min/Dauerlauf	20
Mi		Dauerlauf/Berglauf (700 Höhenmeter)	24
Do		Dauerlauf/Dauerlauf	30
Fr		Dauerlauf/Dauerlauf	20
Sa	▶▶	Berglauf-Rennen (700 Höhenmeter)	16
So	▶	langer Dauerlauf 34 km/Jogging	44

8. Woche (192 km)

Tag		Training	ca. km
Mo		Dauerlauf/Dauerlauf	38
Di	▶–▶	Intervalle 4 x 1.200 m (in je 3:30 min)/Dauerlauf	24
Mi		mDL (in 3:50 min/km)	25
Do		Laufbandtest/Dauerlauf	35
Fr		Dauerlauf	17
Sa	▶▶	10-km-Rennen in 29:19 min, Sieg/Jogging	23
So		Jogging/Dauerlauf	30

9. Woche (182 km)

Tag		Training	ca. km
Mo	▶	Überdistanzlauf 50 km (in 4:10 min/km)	50
Di		Dauerlauf	16
Mi		Tempo-Dauerlauf 20 km (in 3:25 min/km)	22
Do		Dauerlauf	15
Fr		Dauerlauf/Dauerlauf	23
Sa	▶▶	Tempo-Dauerlauf 10 km (in 30:14 min)/Jogging	21
So	▶	langer Dauerlauf 31 km (in 4:00 min/km)/Jogging	35

10. Woche (116 km)

Tag		Training	ca. km
Mo		Jogging	16
Di		Dauerlauf	13
Mi		Jogging/Dauerlauf mit 2 x 1.000 m (in je 2:49 min)	19
Do		Dauerlauf	7
Fr		Jogging	5
Sa	▶▶	**EM-Marathon 2:11:30, 3. Platz/Bronzemedaille**	45
So		Dauerlauf locker	11

▶ = langer Dauerlauf ▶▶ = Tempolauf bzw. Wettkampf ▶–▶ = Intervalltraining **MT** = Marathontempo **mDL** = mittlerer Dauerlauf
Bei Wettkämpfen und Tempoeinheiten sind bei den Tageskilometern Kilometer für langsames Ein- und Auslaufen mit einberechnet, weitere Erläuterungen siehe Text.

© Steffny, Das große Laufbuch, Südwest Verlag 2004

STEP 8 Marathon

Essay

Mit **Geduld** zum **Profi**

New York City 1984! Es war zwar schon mein dritter, aber mein erster großer, internationaler Marathon! Und ich hatte Wut im Bauch:
Im Frühjahr hatte ich bei meinem zweiten Marathon die Olympianorm unterboten, aber beim Verband hielt man mich mit meinen 30 Jahren wohl für zu alt. Ich hätte keine Zukunftsperspektive. Ich kam also nicht nach Los Angeles zu den Olympischen Spielen, doch das konnte mich nicht mehr bremsen. Nun war ich stattdessen hier in New York City.

1984 überraschender dritter Platz beim New York Marathon …

Auf die Strecke mit den hohen Brücken und den welligen Abschnitten im Central Park hatte ich mich zuvor mit reichlich bergigem Training und Wettkämpfen vorbereitet. Die Hausaufgaben waren gemacht – ein gutes Gewissen ist ein sanftes Ruhekissen! Meine »Kartoffelparty« zelebrierte ich mit einem elektrischen Kocher auf dem Hotelzimmer, und das Bierchen dazu ließ mich dann gut einschlafen.
Eine Bestzeit von 2:12 Stunden schien möglich, aber am Wettkampftag Ende Oktober wurde es plötzlich sonnig bei 25 Grad und 90 Prozent Luftfeuchte. Zu heiß! Ich legte mit meinem Bruder Manfred als realistisches Ziel eine Marschroute auf 2:16 fest, egal was die anderen machen würden. Vielleicht Platz 15? Der letzte Rang im Preisgeld. Da gab es noch 500 Dollar, nicht schlecht für die Reisekasse eines Studenten.

Die Weltspitze – heißgelaufen

Ich war nervös. Das hier war eine Liga höher als alles bisher Erlebte. Ich stand mit den Weltstars an der Startlinie! Die gigantische Stimmung verlieh mir Flügel, und ich lief etwas zu schnell los! Bei Kilometer acht disziplinierte ich mich gerade noch rechtzeitig: »Herby, behalte die Nerven!« Beim Halbmarathon lag ich auf dem 30. Platz.
Die Spitze stürmte auf 2:08. »Toll! Aber ob die das bei dem Wetter schaffen? Egal, das ist deren

Problem!« Stur befolgte ich meine Zwischenzeiten. Beim Anstieg auf die Queensborough Brücke begann ich zu überholen, ohne wirklich schneller zu werden. Eingangs der First Avenue bei 25 Kilometern schrie Bruder Manfred rein: Platz 13! »Unglaublich, die fallen um wie die Fliegen! Jetzt kommt unsere Stunde!«
Ich war mit Michael Spöttel aus Verden in einer Gruppe. Wir kamen von hinten und räumten nun auf wie die Möbelpacker. Entlang der First Avenue stand ein Teil der Helden der ersten Hälfte. »2:08-Läufer? Die kochen also auch nur mit Wasser!«, hämmerte ich mir grinsend ein. In der Bronx zählte ein Schwarzer die Preisgelder aus: »You're gonna get ...-thousand Dollar!« »Wie viel krieg ich?« Zu laut, ich konnte es nicht verstehen. Eine Jazzband peitschte mich eingangs des Central Parks auf. Ich war guter Dinge!
Ein weiterer 2:08-Mann, Gidamis Shahanga aus Tansania, torkelte mir entgegen! Nur rasch vorbei. Eingangs des Central Park rief mir Manfred, der quer herübergelaufen war, »Platz sechs« zu. Platz sechs? Wie viel Geld bedeutete das?

Zu frisch für das Treppchen?

Natürlich war ich k.o., aber die anderen noch mehr! Ich sammelte im welligen Central Park zwei weitere erschöpfte Läufer ein. »Geschieht denen recht, selber schuld, so bescheuert loszukeulen!«, feixte ich.
Ich bekam unerwartete Hilfe: »Go USA – you can make it!« Die Zuschauer brüllten mich, ja mich, an und kurz vor dem Ziel sogar auf Platz drei vor. Ich überholte dabei ausgerechnet den besten

... und 1991 Sieg beim Pittsburgh Marathon mit Sohn Leif (siehe Seite 180).

US-Amerikaner. Meine »Stars-and-Stripes-Hose«, die mir die Geschwister meiner Freundin geschenkt hatten, weckte bei den Amerikanern blinden Nationalstolz.
Das Finale! Lachend und jubelnd lief ich durchs Ziel! Unglaublich! Dritter in 2:16:22! Die Kommentatoren glaubten im Fernsehen zunächst, ich wäre nicht die ganze Strecke gelaufen. »Der wirkte zu frisch!«, meinten die Fernsehexperten erst. Ich konnte nicht wissen, dass man vorne eine halbe Stunde lang ein unglaubliches Marathondrama, ein verzweifeltes Kämpfen mit Krämpfen und Gehpausen der beiden Spitzenläufer gezeigt hatte. Die Hitzeschlacht gewann der Italiener Orlando Pizzolato in 2:14:53.

STEP 9

Cross-, Berg- und Ultralauf

Der Kampf mit den Elementen: Crosslauf. Hier ist physische und mentale Härte gefragt. Nichts für Weicheier: Der Berg ruft! Einmal ganz oben stehen. Die Aussicht genießen, ohne Seilbahn und Auto, mit den eigenen Beinen erlaufen. Mehr als Marathon: Ultralaufen über die Alpen oder quer durch die Sahara.

STEP 9 Cross-, Berg- und Ultralauf

Vom **Crosslauf** bis zum **Ultralauf**

Im Winter querfeldein, über Stock und Stein, das ist Crosslauf. Eis, Schnee und Kälte, Dreck, Matsch und Schmuddelwetter, all das sorgt für physische und mentale Härte. Von diesem Grenzgang können Freizeitläufer und Eliteläufer gleichsam profitieren.

Crosslauf – Kampf mit den Elementen

Crossstrecken führen meist über fünf bis zwölf Kilometer. Aber Vorsicht bei der Auswahl: Bei uns gibt es viele gepflegte Waldläufe, die sich zu Unrecht Crosslauf nennen. Auch die Winterlaufserien mit Wald- und Straßenlauf können den Cross nicht ersetzen.

Cross schult spielerisch Koordination, Schnellkraft und Kraftausdauer und bietet auch eine psychische Abwechslung.

Abhärtung

Crosslauf oder Gelände-Fahrtspiel (siehe Seite 166) erfordern und entwickeln nicht nur die Willensstärke, sich auch bei widrigsten Bedingungen zu stellen. Permanenter Schrittwechsel zwingt darüber hinaus zur ständigen Konzentration, bringt einen aus dem Einheitstrott und ökonomisiert den Laufstil, schult die Koordination und zwingt taktisch zur Krafteinteilung. Durch Schnee, unterschiedliche Bodenbeschaffenheit, Sprünge und Anstiege werden auch zusätzliche Muskeln der Beine trainiert, die bei der Spezialdisziplin später unterstützend helfen können.

Aufbautraining

Crossläufe sind im Winter hervorragende Aufbaurennen für Marathon, Straßenläufe und Bahnrennen. Meine Frühjahrsmarathons habe ich meist aus dem Crosstraining heraus gelaufen: 1989 etwa siegte ich bei der

Mein Profi-Tipp

Nichts für Weicheier

Wenn Sie nun Lust darauf bekommen haben und den ultimativen Kick suchen, dann empfehle ich Ihnen das Tough Guy Race in England bei Wolverhampton. Ende Januar unterziehen sich dort seit 1985 bis zu 5.000 eisenharte Männer und Frauen über rund acht Meilen einem paramilitärischen Geländelauf. Dabei muss man laufenderweise Flüsse durchqueren, Hindernisse überklettern und auf dem Bauch durch den Schlamm unter Stacheldraht hindurchkriechen.

Berglauf

Deutschen Crossmeisterschaft im tiefen Morast und gewann danach den München Marathon mit einem neuen Streckenrekord!

Olympiasieger, Weltmeister und Weltrekordler auf Bahn und Straße waren auch glänzende Crossweltmeister: Grete Waitz, Ingrid Kristiansen, Zola Budd, Carlos Lopes, John Ngugi, Paul Tergat und auch der neue Superstar, der dreifache Doppelweltmeister im Crosslauf, Keninisa Bekele, um nur die Bekanntesten zu nennen. Ich selbst habe das Crosslaufen im deutsch-belgisch-luxemburgischen Dreiländereck gelernt, beim atlantischen Matschcross. Man läuft mit Spikes durch tief aufgeweichte Wiesen oder bei Minusgraden über hart gefrorene Böden. Es regnete oder schneite viel zu oft, nicht selten zog ich, barfuß im Ziel angekommen, später meinen Wettkampfschuh irgendwo aus dem Morast. Noch heute ziehe ich aus dieser harten Ausbildung viel Stärke.

Berglauf – Gipfel rufen!

Wer von uns möchte im Leben nicht wenigstens einmal ganz oben stehen? Dann tun Sie es doch einfach, auch wenn es anstrengend werden wird.

Bergauf als Training

Berglaufen ist für Bahn- und Straßenspezialisten ein organisches Kraftausdauertraining! Selbst eine zügige Bergwanderung in den Alpen ist für Läufer nicht zu unterschätzen. Berglauf bietet die Möglichkeit, eine zusätzliche qualitativ hochwertige Einheit in einen Trainingszyklus einzubauen (siehe Randspalte unten).

Das Tempo ist bergan langsamer, der Aufprall geringer, und man erholt sich deshalb wesentlich schneller.

Ich bin bei mir im Schwarzwald vor wichtigen Marathons gerne Berge wie den Schauinsland mit 1.000 Höhenmetern hochgelaufen. Vor der Europameisterschaft 1986 bin ich im Rahmen meiner Vorbereitungen den Gotthardpass und den Tour-de-France-Klassiker Col du Galibier bis auf 2.570 Meter hochgelaufen und habe das anschließend mit Intervalltraining wie fünfmal 1.000 Meter kombiniert.

Mein Comeback in der Altersklasse der 50-Jährigen startete mit einem Deutschen Meistertitel im Crosslauf.

Beim Berglauf werden Herz-Kreislauf-System und die Atmung nahe der anaeroben Schwelle, die Knochen aber orthopädisch nur im Schongang strapaziert.

STEP 9 Cross-, Berg- und Ultralauf

Einsteiger tun sich am Berg meist schwer, man ist schnell außer Atem. Eben hat man beim Dauerlauf noch munter geplaudert, am Anstieg wird es plötzlich ganz still in der Gruppe. Die Lösung ist, viel langsamer zu laufen oder vielleicht sogar einfach nur zügig zu gehen!

Berglaufwettkämpfe

In den Mittelgebirgen und Alpen werden viele Bergläufe mit Höhendifferenzen von bis zu weit über 1.000 Meter angeboten. Sie können sich wie ich die Aussicht auf Freiburg am Schwarzwald vom Schauinsland erarbeiten oder noch höher hinaus, etwa auf die Zugspitze oder in Zermatt am Matterhorn laufen. Die Palette reicht von Treppen- oder Turmläufen, beispielsweise im Empire State Building in New York, über Bergsprints bis hin zu Ultrabergrennen wie dem Rennsteiglauf im Thüringer Wald oder dem Swiss Alpine Marathon bei Davos. Und im fernen tropischen Borneo könnten Sie den Mount Kinabalu laufend erklimmen.

Taktik und Technik für Bergläufe

Wer an Bergrennen teilnimmt, muss im Gebirge spätestens im Zielbereich mit dünner Luft, erhöhter UV-Strahlung sowie Wetterwechsel rechnen und sich entsprechend (und rechtzeitig) mit Sonnencreme, Kopfbedeckung und Funktionskleidung schützen und die Kräfte gut einteilen.

Im Rennen sollte man taktisch sehr verhalten in den Berg hineinlaufen und den eigenen Rhythmus finden, um auf keinen Fall zu übersäuern. Ein Pulsmesser leistet hierbei wirklich gute Dienste, denn ein zeitkontrolliertes Training macht kaum einen Sinn.

Wer bei längeren Strecken nur auf dem Ballen läuft, verschwendet viel Energie. Rollen Sie an nicht zu steilen Passagen mit glattem Untergrund auch über den ganzen Fuß ab. An Steilstücken kann flottes Marschieren sogar viel ökonomischer sein! Bergspezialisten haben dafür eine besondere, schnelle Gehtechnik, bei der sie sich bei vorgebeugtem Oberkörper mit den Händen auf den Knien abstützen.

Je nach Streckenprofil und Untergrund sollten Sie auch die Schuhe sorgfältig auswählen. Gibt es nur Asphalt, oder müssen Sie über Stock und Stein? Geht es nur bergan, oder gibt es auch bergab führende Passagen? Bergablaufen will gelernt sein und ist besonders mit müden Beinen auf Kraxelpfaden sehr riskant. Rollen Sie über den ganzen Fuß, und federn Sie in den Knien ab. Kleinere schnelle Schritte und stabile griffige Wettkampfschuhe sind orthopädisch empfehlenswert. Eine breite Armhaltung hilft, beim Bergablaufen das Gleichgewicht zu halten. Bergabpassagen sollte man im Training schon vorher geübt haben.

Mein Profi-Tipp

Nur bergauf laufen ist knochenschonend, bergab kann man alles wieder kaputt machen. Vielleicht kann man sich vom Gipfel von Freunden abholen lassen, vielleicht gibt es eine Bergbahn? Aber nicht jeder hat Berge in seiner Umgebung, deshalb ist ein simulierter Berglauf auf einem Laufband mit Steigung eine gute Alternative. Sie vermeiden damit auch das Hinunterlaufen, denn Sie sind mit nur einem Schritt gewissermaßen wieder im Tal.

Höhentraining

Die ungewohnte Bremsarbeit führt sonst schon im Rennen zu heftigem Muskelkater. Eliteläufer müssen die Berge mit vollem Risiko runterdonnern können. Nicht jeder hat die dazu passenden robusten Knochen.

Höhentraining – Top oder Flop?

Höhentraining gilt als die Geheimwaffe der Profis. Aber auch immer mehr Freizeitläufer suchen den Leistungsschub in den Bergen oder in künstlichen Höhenhäusern.

Die Forschungen zum Höhentraining starteten bereits in den 50er Jahren in Bulgarien, aber nachdem die Olympischen Spiele 1968 nach Mexiko City in über 2.200 Meter Höhe vergeben worden waren, beschäftigten sich die Wissenschaftler intensiver mit der Thematik. Einen weiteren Anlass zur verstärkten Forschung lieferten die Olympiasiege der Hochlandbewohner aus Kenia und Äthiopien, etwa von Kipchoge Keino und Mamo Wolde über 5.000 Meter, 10.000 Meter, Marathon sowie im Hindernislauf bei den Männern in Mexiko City.

In Unterdruckkammern hat man in der ehemaligen DDR Hypoxie-Training, also Training mit künstlich verringertem Sauerstoffangebot, durchgeführt. In Finnland experimentierte man frühzeitig mit Höhenhäusern, in denen Athleten durch Einpumpen von mehr Stickstoff in einer simulierten Höhe von 2.500 bis 5.000 Meter schlafen. Der Schweizer Marathonläufer Viktor Röthlin, der 2004 in der Landesrekordzeit von 2:09:56 Stunden den Zürich Marathon gewann, verbrachte nicht nur acht Wochen im Hochland von Kenia, sondern übernachtete danach noch zehn Tage in einem Höhenzimmer auf dem Glaubenberg oberhalb des Sarner Sees.

Andererseits trainierte ausgerechnet die Kenianerin Tegla Loroupe vor ihrem Marathonweltrekord im Flachland bei Detmold. Was steckt dahinter?

Physikalische Grundlagen und biologische Anpassung

Mit der Höhe sinken nicht nur der Luftdruck sowie Dichte und Sauerstoffgehalt der Luft, sondern auch Temperatur und Luftfeuchte. Sonnenstrahlung, UV- und kosmische Strahlung nehmen zu. Der Sauerstoffmangel vermindert die Leistung von Langstreckenläufern.

> **Mein Profi-Tipp**
>
> **Das Training der Bergziegen**
>
> Für Einsteiger sind zunächst Bergläufe auf der Straße oder auf befestigten Waldwegen zu empfehlen. Laufen auf schwierigem Geröll und auf Wurzelpfaden sollte im Training in Laufschuhen mit griffigem Profil geübt werden. Für Ambitionierte kann vor dem Wettkampf ein Höhentraining zur Anpassung sinnvoll sein, vor allem, wenn der Start schon im Gebirge weit über 1.000 Meter liegt.

Mittlerweile können sich auch Privatpersonen selbst in Berlin in Höhenzimmern und Hypoxiezelten einquartieren.

STEP 9 Cross-, Berg- und Ultralauf

Praktische Konsequenzen für das Training in der Höhe sind u. a.:
- Die maximale Sauerstoffaufnahme (VO_2max) ist erniedrigt.
- Die Aufwärmarbeit muss sorgfältig und langsamer durchgeführt werden.
- Die Flüssigkeitszufuhr muss deutlich gesteigert werden.
- Ein Sonnenschutz mit Cremes, Kleidung und/oder Hut ist nötig.

In den ersten Tagen des Höhentrainings wird das Blut zunächst durch Wasserverlust zähflüssiger. Blutdruck, Ruhe- und Arbeitspuls sind erhöht. Das verminderte Sauerstoffangebot bedeutet zudem eine erhöhte Atemarbeit. Gleichzeitig werden durch den relativen Sauerstoffmangel aber auch Anpassungsvorgänge im Körper eingeleitet: Es kommt zu einer erhöhten Produktion von roten Blutkörperchen. Das bedeutet verbesserten Sauerstofftransport. Auch das Muskelhämoglobin Myoglobin wird vermehrt. Schließlich wird die Blutversorgung der Muskeln und Lungen durch Kapillaren verbessert und die Zahl der Mitochondrien, der »Kraftwerke der Zellen« mit Enzymen des aeroben Energiestoffwechsels, steigt.

Vorteile des Höhentrainings

Beschäftigen wir uns zunächst mit den Vorteilen. Mögliche Leistungsverbesserungen nach einem Höhentraining sind allerdings nur teilweise speziell durch die Höhe bedingt.
- Bei Wettkämpfen in über 1.000 Meter Höhe ist eine vorherige Höhenanpassung von entscheidendem Vorteil.
- Das durchschnittlich langsamere Trainingstempo in der Höhe bedeutet ein verringertes orthopädisches Risiko.
- Sofern man fast immer im grünen Bereich bleibt, bedeutet es eine verbesserte aerobe Langzeitanpassung.
- Durch die kühlere, frische Bergluft ist die Erholung nachts besser.
- Wie in allen Trainingslagern auch auf Meereshöhe können in reizvoller Landschaft, durch Trainingspartner oder Konkurrenten die Motivation und die Konzentration auf Training und Regeneration gesteigert sein.
- Plazeboeffekt – der Glaube an das Profitrainingsmittel versetzt Berge!

Berglaufen ist ein gutes Training der Kraftausdauer.

Höhentraining: Physikalische Größen und Anpassungen

Höhe (Meter)	Druck (hPa)	O_2-Gehalt in %	H_2O-Gehalt in %	VO_2max zu Beginn in %	VO_2max angepasst in %
0	1013	100	100	100	100
1.000	898	88	75	97	99
1.500	845	83	63	95	98
2.000	794	77	50	90	96
2.500	746	72	42	85	94
3.000	701	67	33	80	92

Nachteile von Höhentraining

Den Vorteilen der besseren aeroben Leistungsfähigkeit nach einem Höhentraining stehen aber auch Nachteile und Gefahren gegenüber:
▶ Durch die erhöhte Atemfrequenz sind die biochemischen Blutpuffer vermindert, man ist anfälliger gegen Übersäuerung, ein Überziehen durch zu schnelles Laufen ist daher in der Höhe noch leichter möglich.
▶ Bei zu hohen Hämoglobinwerten wird das Blut zähflüssig, und damit verschlechtern sich die Fließeigenschaften, die Herzarbeit ist erhöht.
▶ Das Risiko für Atemwegsinfektionen ist wegen der trockenen und kühlen Luft deutlich erhöht.
▶ Eine klimatische Fehlanpassung an die trocken-kühlen Bergbedingungen ist möglich, wenn der Wettkampf unmittelbar hinterher bei warmfeuchtem Klima gelaufen wird.
▶ Einheiten im Wettkampftempo oder schneller sind riskant und nur kürzer möglich und sinnvoll.
▶ Höhentraining ist meist mit aufwändigen, kostspieligen Reisen verbunden, eventuell sogar noch mit Zeit- und Klimazonenwechsel.

Wo trainieren?

Höhentraining ist an vielen Orten möglich. Die bekanntesten Orte für ein Höhentrainingslager sind auf den Hochplateaus in der Schweiz bei St. Moritz und Davos. In den USA kann man in Boulder/Colorado und bei Flagstaff nahe des Grand Canyon gute Bedingungen antreffen. Ich selbst habe auch im Hochland von Kenia sowie auf dem Hochplateau bei Bogotá in Kolumbien gute Erfahrungen gemacht.
Wo auch immer es hingeht: Reisen Sie nur gesund und bereits mit einer guten Ausdauerbasis in die Höhe. Ein sinnvolles Höhentrainingslager sollte mindestens zwei, besser drei bis vier Wochen dauern. Die Einheiten sollten in den ersten Tagen absichtlich sehr ruhig gestaltet werden.

Höhentraining bleibt umstritten, die einen schwören drauf, andere sind danach, was die Leistungsfähigkeit betrifft, »vollkommen von der Rolle«.

STEP 9 Cross-, Berg- und Ultralauf

Am besten kontrollieren Sie mit einem Herzfrequenzmesser. Das gilt besonders, wenn noch Zeitzonenwechsel, Klima- und Essensumstellungen hinzukommen.

Wie in der Höhe trainieren?

Am wenigsten geht schief, wenn die Betonung des ganzen Trainingscamps auf lockerem aerobem Training liegt. Wegen der geringeren orthopädischen Belastung vor allem in größeren Höhen von 2.000 bis über 3.000 Metern sind dadurch erheblich höhere Kilometerumfänge möglich. Dieser Aspekt ist für mich sogar der wichtigste, insbesondere bei der Marathonvorbereitung. Das wird in der Planung meist übersehen, denn es geht nicht nur um rote Blutkörperchen! Solch ein Trainingslager dient zur Verbesserung einer schon guten Ausdauer.

Man könnte zur Verbesserung der Grundlagen- und Kraftausdauer bei einem Höhentraining im Winter auch Laufen mit Skilanglauf und im Sommer Laufen mit Radfahren kombinieren.
Wer das Höhentraining zur unmittelbaren Vorbereitung eines Wettkampfs im Flachland nutzt und somit auch Intensität laufen muss, sollte die riskanteren Tempoeinheiten in möglichst geringer Höhe durchführen. Ideal sind Trainingsorte wie Boulder oder St. Moritz, wo eine Bahn für Intervalltraining in 1.800 Meter zur Verfügung steht. Man kann aber rasch in Höhen über 2.500 Meter für Dauerläufe wechseln. Wohnen und schlafen sollte man hingegen möglichst weit oben, um den Trainingseffekt auch im Alltag zu verstärken. Daraus hat sich auch eine weitere gute Variante entwickelt: »live high – train low«. So hoch wie möglich wohnen, was auch in einem künstlichen Höhenzimmer im Flachland sein könnte, und zum intensiven Training möglichst weit runtergehen. Selbst im Schwarzwald ist das möglich. Ich habe auf der Feldbergkuppe Dauerläufe zwischen 1.400 und 1.500 Metern durchgeführt und bin zum Intervalltraining nach Freiburg hinuntergefahren, das nur auf 260 Meter Höhe liegt.

Timing von Training und Wettkampf

Der vorzubereitende entscheidende Wettkampf – etwa ein Marathon im Flachland – sollte erfahrungsgemäß

Deutschlands erfolgreichster Bergläufer Charly Doll über den Schwarzwaldhöhen.

entweder sofort oder erst nach frühestens 14 Tagen eingeplant werden. Im Zeitraum dazwischen ist der Körper noch zu sehr mit Umstellungsprozessen beschäftigt.

Ein Langstreckler kann ein Höhentraining also auch sehr sinnvoll ein oder zwei Monate vor dem wichtigen Saisonhöhepunkt einplanen und dabei oben viele Kilometer sammeln und erst hinterher, wieder im Flachland, gefahrloser die intensiveren wettkampfspezifischen Einheiten laufen. Damit habe ich selbst die besten Erfahrungen gemacht.

Bis zum Wettkampftag mag die Zahl der roten Blutkörperchen vielleicht schon etwas zurückgegangen sein, aber sie nutzten doch für das Training zuvor. Die anderen aeroben Anpassungen wie Kapillarisierung halten ohnehin länger an.

Einige Profis absolvieren im Jahresverlauf in regelmäßigen Abständen in einer so genannten Hypoxiekette mehrere Höhentrainingslager nacheinander und laufen intensivere Wettkampfblöcke dazwischen. Der Körper hat ein Gedächtnis für Höhentraining und passt sich immer schneller an.

Ultralauf – jenseits des Marathons

Marathon ist Ihnen zu kurz? Sie suchen eine neue, noch größere Herausforderung? Dann darf es vielleicht ein bisschen mehr sein. Ein 100-Meilen-Lauf, ein Rennen über 24 Stunden oder sogar über sechs Tage? Auf der Bahn im Stadion, ein Supermarathon über die Schweizer Alpen oder mehrere Tage durch die Sahara?

Eindrucksvoll, wenn Sie Ihren Freunden im Autoatlas zeigen, wie Sie drei Kartenblätter zu Fuß durchquert haben. Ein ungläubiges Kopfschütteln ist Ihnen gewiss.

Auf der Bahn, auf der Straße, durchs Gelände

Recht monoton, aber exakt vermessen und für Kampfrichter und Zuschauer gut überschaubar sind 24-Stunden-Läufe auf der Bahn. Da kommen schon Hunderte von Runden zusammen – mentale Stärke ist bei diesem Kreis-Lauftraining gefragt.

Beliebter sind Ultraläufe im freien Gelände, beispielsweise über festgelegte Distanzen wie 100 Kilometer. Das Mekka über diese Strecke ist seit 1959 das schweizerische Biel. »Einmal musst Du nach Biel«, lautet der Buchtitel eines Ultralaufklassikers von Werner Sonntag. Zu seinen Glanzzeiten, in den 70er Jahren, zog dieser Nachtlauf über 4.000 Teilnehmer an.

Attraktiver sind heute Landschaftsläufe, meist über ungerade Distanzen. Sie haben oft ein abenteuerliches Höhenprofil und eine ebensolche Streckenbeschaffenheit, etwa der Swiss Alpine Marathon über 78 Kilometer, bei dem rund 3.000 Höhenmeter zu bewältigen sind.

Die Ultraläufe erleben bei uns heute eine Renaissance – im 19. Jahrhundert waren in den USA und England professionelle Ultraläufe über mehrere Tage sehr beliebt. Tausende von Zuschauern beobachteten und wetteten auf die Botenläufer der Adeligen.

STEP 9 Cross-, Berg- und Ultralauf

Den 73 Kilometer langen Rennsteiglauf, auf dem alten Handelsweg vom thüringischen Eisenach nach Schmiedefeld, bewältigten 2003 immerhin 1.349 Läufer. In Deutschland führt der Ultralauf im Vergleich zum Citymarathon jedoch eher ein Schattendasein.

Das weltgrößte Ultrarennen

In Südafrika ist Ultralaufen viel populärer. Hier gibt es z. B. den Two Oceans Marathon über 54 Kilometer am Kap der Guten Hoffnung. Und der Klassiker Comrades Marathon über 90 Kilometer, ein reiner Straßenlauf, zieht mittlerweile bis zu 13.000 Teilnehmer an. Rund eine Million Zuschauer jubeln bei diesem Ereignis den Ultraläufern zu.

Ein Großteil ist bereits am Vortag angereist, zeltet und feiert bei Grillfleisch und Bier an der Strecke das weltgrößte Ultrarennen. Das südafrikanische Fernsehen berichtet einen ganzen Tag lang live! Der Südafrikaner Josiah Thungwane, 1996 Olympiasieger im Marathonlauf in Atlanta, genoss in seiner Heimat weniger Aufmerksamkeit als der Comrades-Marathon-Sieger im selben Jahr.

Besonders spektakulär und für hohe Einschaltquoten sorgend ist der Zielschluss nach exakt elf Stunden: Rigoros und unbarmherzig wird der Einlauf gesperrt. Es spielen sich herzzerreißende Szenen ab mit denen, die die 90 Kilometer umsonst gelaufen sind!

Vorbereitung für Ultraläufe

Die Vorbereitung auf Ultralaufstrapazen kann sehr unterschiedlich aussehen: Das Training für einen 100-Kilometer-Straßenlauf auf einer flachen Strecke etwa hat Ähnlichkeit mit einem Marathontraining – mit mehr langen Läufen und weniger harten Tempoeinheiten. Angesichts von rund 80.000 bis 90.000 gleichförmigen Schritten auf hartem Untergrund ist Training auf Asphalt notwendig.

Für den Sahara-Marathon dagegen müssen Sie hitzefest sein; für das wellige Terrain sowie den zwischen Geröll und Sand wechselnden Naturboden ist eine gehörige Portion Kraftausdauertraining zum Teil querfeldein im Gelände vonnöten.

Begeisterung beim Swiss Alpine Marathon in Davos.

Ultralauf

Ultraläufe mit Berglaufcharakter erfordern nicht nur Ausdauer, sondern auch Trainingseinheiten auf Bergpfaden. Hier ist die Teilnahme an Bergläufen, auch mit Bergabstrecken, ratsam, denn auch das Bergablaufen mit müden Beinen muss geübt sein. Eventuell muss auch eine frühzeitige Anreise zur Anpassung an die dünnere Luft in der Höhe eingeplant werden.

Trainingsschwerpunkt Grundlagenausdauer

Wer sich an Läufen jenseits der Marathonstrecke versucht, braucht stabile Gelenke, im Training viel Geduld und Zeit, aber bei weitem keine so hohe Grundschnelligkeit wie für die Unterdistanzen zehn Kilometer, Halbmarathon oder Marathon. Ein jahrelanges kontinuierliches und verletzungsfreies Training zahlt sich natürlich aus. Erfahrung über Marathon sollte bereits vorhanden sein.

Ultraläufe werden im Fettstoffwechsel und zu einem großen Teil auch im Kopf gelaufen. Die Größe der Glykogenspeicher spielt eine geringere Rolle als beim Marathonlauf. Das Training ist gegenüber den kürzeren Disziplinen langsamer und deutlich im Umfang erhöht. Genau genommen ist ein flacher Ultralauf nichts anderes als die extremste Form des LSD-Laufs – long, slow, distance.

Trainingsläufe im roten, also anaeroben Bereich sind nahezu überflüssig. Wichtiger sind eher Tempodauerläufe bei 80 bis 85 Prozent der maximalen Herzfrequenz oder Fahrtspiele. Der Erfolg im Ultralauf steht und fällt letztlich mit der Grundlagenausdauer und der orthopädischen Stabilität.

Die Weltelite läuft teilweise 300 und mehr Kilometer in der Woche, was nur bei entsprechend langsamem Dauerlauftempo bei 70 bis 75 Prozent der maximalen Pulsfrequenz und mit entsprechend viel freier Zeit dafür sinnvoll erreicht werden kann.

> **Info**
>
> ### Ultralauf tagelang
>
> Yiannis Kouros lief auf einer 400-Meter-Bahn 1984 im Sechstagelauf mit 1.023,2 Kilometern Weltrekord! Das sind 2.558 Runden! Es gibt so genannte Etappenläufe, bei denen an mehreren Tagen hintereinander eine Ultradistanz gelaufen wird. Ein spektakuläres Beispiel für solche Mehrtages-Ultraläufe ist der Marathon de Sable in der Sahara. 2003 erweckte der Trans-Europa-Lauf von Lissabon nach Moskau Medieninteresse. Immerhin galt es 5.017 Kilometer in 64 Etappen, täglich die doppelte Marathondistanz, und ohne Ruhetag zurückzulegen. 44 Läufer aus 14 Nationen starteten, 22 erreichten den Roten Platz in Moskau. Der Deutsche Robert Wimmer siegte mit einer Gesamtlaufzeit von 480 Stunden und 29 Minuten. Das entspricht einem Mittel von 5 Minuten 45 Sekunden pro Kilometer, also einer Geschwindigkeit von knapp zehneinhalb Kilometer pro Stunde. Einen ähnlichen Transkontinentallauf gibt es bereits in Amerika. Und schließlich können Sie im Winter in Alaska beim Yukon Arctic Ultra, dem kältesten Rennen der Welt, an einem Marathon, einem 100- oder 300-Meilen-Rennen teilnehmen. Der Lauf führt entlang des Yukon River und über den zugefrorenen Fluss.

Die Tarahumara-Indianer in Mexiko laufen bei ihren spirituellen Läufen Hunderte von Kilometern. Dabei treiben sie einen kleinen Ball vor sich her.

STEP 9   Cross-, Berg- und Ultralauf

Grenzgänger beim Wüstenmarathon.

Tempos sogar Nahrung in fester Form wie Brotstückchen, Bananen oder Sportriegel aufnehmen.

Der ökonomischste Laufstil ist ein kürzerer Sparschritt. Wählen Sie nicht zu enge Schuhe, denn bei solchen Belastungen weitet sich der Fuß erheblich aus. Wenn möglich, sollte man unterwegs zur orthopädischen Entlastung sogar einen Schuhwechsel erwägen. Das Profil der Schuhe sollte zudem dem zu erwartenden Untergrund angepasst sein.

Empfindliche Hautstellen sollten wie beim Marathon sorgfältig mit Vaseline eingerieben oder abgepflastert werden. Rechnen Sie bei Bergultraläufen selbst im Sommer auf den Gipfeln und Pässen mit eiskalten Temperaturen und Schneefall, und besorgen Sie sich unbedingt gute Funktionskleidung.

Strategie im Rennen

Die Nahrungs- und Getränkeaufnahme während des Wettkampfs ist noch wichtiger als beim Marathon – beim Comrades Marathon etwa werden an 58 Stationen Wasser, Tee, Coca-Cola, Bananen, Orangen, Suppe und Pellkartoffeln angeboten. Ohne eine genau einstudierte und vorbereitete Verpflegungsstrategie wird man beim Ultralauf nicht erfolgreich sein, vielleicht sogar scheitern.

Während der Marathonläufer unterwegs weitgehendst mit flüssiger Nahrung auskommt, kann der Ultraläufer auch angesichts des langsameren

Zehn-Wochen-Plan für die 100-Kilometer-Distanz

Als Beispiel für das Training auf einen 100-Kilometer-Straßenlauf dient nachfolgend (Seite 234f.) ein Plan eines erfahrenen Läufers, der die Marathondistanz in etwa 3:30 Stunden laufen kann. Damit wäre unter optimalen Bedingungen, bei richtiger Vorbereitung, flacher Strecke und kühlem Wetter eine Zeit von 10:30 Stunden über die 100 Kilometer möglich (siehe die Tabelle auf Seite 136).

Das entspricht einem Durchschnittstempo von 6:20 Minuten pro Kilometer oder rund 70 bis 72 Prozent des

Maximalpulses. Das durchschnittliche Trainingstempo läge meist ebenfalls in diesem Bereich, bzw. bei 6:40 bis 6:00 Minuten pro Kilometer. Je nach Untergrund, Profil oder Temperatur können sich diese Geschwindigkeiten bei gleicher Herzfrequenz aber ändern. Insofern ist die Steuerung über Herzfrequenz im Zweifelsfall vorzuziehen. Im Gegensatz zum Zehn-Kilometer- und Marathonläufer trainiert man für den Ultralauf also viel öfter in seiner – allerdings deutlich langsameren – Wettkampfgeschwindigkeit. Und auch wenn es noch so schwer fallen sollte: Laufen Sie wirklich so langsam wie im Plan angegeben!

Eingangsvoraussetzung für diesen Plan ist, dass Sie unverletzt sind und möglichst Marathonerfahrung haben, dass Sie seit einem Jahr vier- bis fünfmal pro Woche trainieren und als längsten Lauf schon 25 bis 30 Kilometer im Vorfeld dieses Zehn-Wochen-Plans runterspulen können. Sie sollten neben den 3:30 Stunden über Marathon im Wettkampf die zehn Kilometer in etwa 45 Minuten und einen Halbmarathon in 1:39 Stunden laufen können. Zeit für fünf- bis sechsmal Training in der Woche sollte zu erübrigen sein. Spitzenläufer absolvieren zusätzliche lange Einheiten auf dem Rennrad und dem Mountainbike oder im Winter auf Langlaufskiern. Einzelne ruhige lange Läufe erreichen im Training 50 und mehr Kilometer, bei denen unterwegs getrunken werden muss. Am Wochenende können in einem weit fortgeschrittenen Trainingsstadium Doppelbelastungen wie samstags und sonntags je 40 Kilometer auf dem Programm stehen.

Der Halbmarathon in vollem Renntempo ist die passende Unterdistanz für schnellere Vorbereitungswettkämpfe. Auch Marathonläufe können einige Wochen vor dem Ultrastart als Aufbaurennen eingeplant werden, diese sollten aber keinesfalls in vollem Tempo gelaufen werden! Das Zehn-Kilometer-, das Halbmarathon- und insbesondere das Marathon-Testrennen in der siebten Woche sollten möglichst als Straßenlauf durchgeführt werden.

Wenn Sie mehr Zeit haben als im Plan vorgesehen – und sich nicht müde fühlen –, können Sie optional donnerstags in den Wochen ohne Wettkampf noch einen langsamen 45-Minuten-Lauf (bei 70 Prozent der maximalen Herzfrequenz) oder eine lockere Radtour über 90 Minuten einfügen.

In den letzten Wochen, insbesondere in den letzten zehn Tagen vor einem Ultrarennen sollte deutlich weniger gelaufen und Ruhetage eingelegt werden.

Info

Berechnung von Ultralaufzeiten

Auch für 100-Kilometer-Rennen kann man nach einer Formel die Zielzeit aus einem kürzeren Rennen berechnen: 100-Kilometer-Zeit = Marathonzeit x 3 (bei einer Marathonzeit unter 3 Stunden minus die Minuten unter 3 Stunden). Der Ultra- und Bergläufer Charly Doll aus Hinterzarten hatte eine Marathonbestzeit von knapp 2:21 Stunden und lief 1990 bei seinem 100-Kilometer-Debüt deutschen Rekord in 6:29:34 Stunden, nicht weit entfernt von der aus der Formel berechneten Zeit von 6:24 Stunden.

STEP 9 Cross-, Berg- und Ultralauf

10-Wochen-Plan für **100-km-Lauf** – Zielzeit **10:30 Stunden**

1. Woche (87 km)

Tag		Training	ca. km
Mo		Dauerlauf 60 min (70 % maxHF)	9
Di		Dauerlauf 70 min (75 % maxHF)	11
Mi		Dauerlauf 95 min (70 % maxHF)	14
Do		—	–
Fr	▶▶	flotter Dauerlauf 10 km in 50 min (85 % maxHF)	15
Sa		Dauerlauf 70 min (75 % maxHF)	11
So	▶	langer Dauerlauf 3:00 Std. (70 % maxHF)	27

2. Woche (90 km)

Tag		Training	ca. km
Mo		Dauerlauf 60 min (70 % maxHF)	9
Di		Dauerlauf 70 min (75 % maxHF)	11
Mi		Dauerlauf 95 min (70 % maxHF)	14
Do		—	–
Fr	▶▶	Fahrtspiel Tempowechsel (65–90 % maxHF)	15
Sa		Dauerlauf 70 min (75 % maxHF)	11
So	▶	langer Dauerlauf 3:20 Std. (70 % maxHF)	30

3. Woche (93 km)

Tag		Training	ca. km
Mo		Dauerlauf 60 min (70 % maxHF)	9
Di		Dauerlauf 70 min (75 % maxHF)	11
Mi		Dauerlauf 95 min (70 % maxHF)	14
Do		—	–
Fr	▶▶	flotter Dauerlauf 10 km in 50 min (85 % maxHF)	15
Sa		Dauerlauf 70 min (75 % maxHF)	11
So	▶	langer Dauerlauf 3:38 Std. (70 % maxHF)	33

4. Woche (63 km)

Tag		Training	ca. km
Mo		Dauerlauf 45 min (70 % maxHF)	7
Di	▶–▶	4 x 1.000 m in 4:30/km, 400 m Trabpause, 3 km ein- und 2 km auslaufen	10
Mi		Dauerlauf 2 Std. (65–70 % maxHF)	18
Do		—	–
Fr		Dauerlauf 70 min (70 % maxHF)	11
Sa		—	–
So	▶▶	**10-km-Wettkampf** in 45 min (flach), langsam, lang ein- und auslaufen	17

5. Woche (97 km)

Tag		Training	ca. km
Mo		Dauerlauf 45 min (70 % maxHF)	7
Di		Dauerlauf 70 min (75 % maxHF)	11
Mi		Dauerlauf 2 Std. (65–70 % maxHF)	18
Do		—	–
Fr	▶▶	Fahrtspiel Tempowechsel (65–85 % maxHF)	15
Sa		Dauerlauf 70 min (75 % maxHF)	11
So	▶	langer Dauerlauf 3:50 Std. (70 % maxHF)	35

© Steffny, Das große Laufbuch, Südwest Verlag 2004

10-Wochen-Plan für Ultralauf

10-Wochen-Plan für **100-km-Lauf** – Zielzeit **10:30 Stunden**

6. Woche (76 km)

Tag		Training	ca. km
Mo		Dauerlauf 45 min (70 % maxHF)	7
Di	▶–▶	3 x 3.000 m in je 14 min, Pause 7 min, 3 km ein- und 2 km auslaufen	14
Mi		Dauerlauf 95 min (70 % maxHF)	14
Do		—	–
Fr		Dauerlauf 70 min (70 % maxHF)	11
Sa		—	–
So	▶▶	**Halbmarathon** in 1:39 Std. (flach), langsam, lange ein- und auslaufen	30

7. Woche (97 km)

Tag		Training	ca. km
Mo		Dauerlauf 45 min (70 % maxHF)	7
Di		Dauerlauf 75 min (70 % maxHF)	11
Mi		Dauerlauf 2 Std. (65–70 % maxHF)	18
Do		—	–
Fr		Dauerlauf 70 min (75 % maxHF)	11
Sa		Dauerlauf 40 min (75 %)	6
So	▶▶	**Marathon** in 4:14 Std., keinesfalls schneller! 2 km einlaufen	44

8. Woche (101 km)

Tag		Training	ca. km
Mo		—	–
Di		Dauerlauf 50 min (65 % maxHF)	11
Mi		Dauerlauf 95 min (70 % maxHF)	14
Do		Dauerlauf 70 min (75 % maxHF)	11
Fr		—	–
Sa	▶	langer Dauerlauf 3:50 Std. (70 % maxHF)	35
So	▶	langer Dauerlauf 3:20 Std. (70 % maxHF)	30

9. Woche (71 km)

Tag		Training	ca. km
Mo		—	–
Di		Dauerlauf 50 min (65 %)	7
Mi		Dauerlauf 70 min (75 %)	11
Do		—	–
Fr	▶▶	Fahrtspiel 10 km Tempowechsel (65–85 % maxHF)	15
Sa		Dauerlauf 50 min (75 % maxHF)	8
So	▶	langer Dauerlauf 3:20 Std. (70 % maxHF)	30

10. Woche (119 km)

Tag		Training	ca. km
Mo		—	–
Di		Dauerlauf 50 min (70 % maxHF)	8
Mi		—	–
Do		Dauerlauf 40 min (70 % maxHF)	6
Fr		—	–
Sa		Dauerlauf 35 min (70 %maxHF)	5
So	▶▶	**100-km-Rennen in 10:30 Stunden**	100

% maxHF = Prozent der maximalen Herzfrequenz ▶ = langer Dauerlauf ▶▶ = Tempolauf bzw. Wettkampf ▶–▶ = Intervalltraining. Bei Wettkämpfen und Tempoeinheiten sind bei den Tageskilometern Kilometer für langsames Ein- und Auslaufen mit einberechnet, weitere Erläuterungen siehe Text.

STEP 10

Kinder-, Frauen- und Senioren- laufen

Kinder haben Spaß an Bewegung. Doch kann man sie mit Laufen überfordern? Das sollten Frauen beim Laufen beachten. So meistern sie den biologischen Unterschied. Zu alt fürs Laufen? Es ist nie zu spät! Laufen erhöht die Lebensqualität und verlangsamt die Alterungsprozesse.

STEP 10 Kinder-, Frauen- und Seniorenlaufen

Laufen ist eigentlich kinderleicht

Laufen lernen wir mehrfach im Leben – mit etwa einem Jahr und dann nochmals mit 30 Jahren. Warum nur hören wir zwischendurch auf mit Laufen? Kinder haben von Natur aus einen Bewegungsdrang, der aber scheint uns irgendwann im Laufe des Erwachsenwerdens verloren zu gehen.

Kinder- und Jugendlaufen

Bewegung an sich, das neugierige Erkunden der Umwelt macht ihnen noch großen Spaß. Vollkommen natürlich toben Kinder, wenn sie nur die Gelegenheit dazu haben und die Eltern ihnen freien Lauf lassen, den ganzen Tag draußen herum. Aber das wird in der heutigen bewegungsarmen Zeit immer schwieriger.

Vorbild Eltern

Es bleibt zu hoffen, dass die Laufbewegung, die einen Teil der Älteren zum Sport gebracht hat, etwas auf den Nachwuchs abfärbt. Denn auch hier ist das soziale Umfeld prägend.

Mein Vater beispielsweise, ein ehemaliger Feldhandballer und begeisterter Leichtathlet, machte regelmäßig noch bis ins hohe Alter das Sportabzeichen. Wir Kinder wurden ins Stadion mitgenommen und lernten so spielerisch an der Weitsprunggrube oder bei einem kleinen Sprint, unsere Kräfte zu messen. Dabei beobachteten wir bei Sportfesten die Spitzenathleten und sammelten Autogramme. Ich wurde mit der Leichtathletik groß, aber ich spielte auch Badminton, ruderte, fuhr als Schüler schon Radrennen, kickte und spielte Basketball …

Physiologische Aspekte

Trainierte Kinder sind leicht und haben daher weniger Gewicht mit sich herumzuschleppen. Die aeroben Systeme sind im Verhältnis zum Gewicht sogar sehr günstig entwickelt. Das gewichtsbezogene relative Herzvolumen entspricht dem von Erwachsenen. Die maximale Sauerstoffaufnahme bei untrainierten Kindern liegt bei 40 bis 48 Milliliter pro Minute und Kilogramm Körpergewicht, bei ausdauertrainierten Schülern werden Werte von 60 Millilitern erreicht.

Mit zwölf Jahren dominieren zu etwa 70 Prozent die ausdauernden ST-Muskelfasern, die Kinder für aerobe Ausdauerleistungen sogar prädestinieren. Bei Hitze tun sich Kinder schwerer, das

Jedes fünfte Kind und jeder dritte Jugendliche ist heute übergewichtig. Nach einer Studie des Robert Koch Instituts in Berlin für das Statistische Bundesamt hatten 1998 bei Einschulungsuntersuchungen in Brandenburg bereits jedes siebte Mädchen und jeder neunte Junge mit sechs Jahren starkes Übergewicht, eine Adipositas.

Kinder- und Jugendlaufen

Leistungsvermögen ist gegenüber Erwachsenen schlechter. Die Schweißdrüsen sind noch nicht so gut entwickelt. Daher wird bei heißem Wetter mehr Blut in die Hautbezirke gepumpt, um durch Wärmeabstrahlung statt Schweißverdunstung eine Abkühlung zu erreichen. Dieses Blut fehlt natürlich in der Muskulatur.

Wachstumsschübe und Leistung

Kinder haben verschiedene Längen- und Breitenwachstumsphasen, in denen sie leistungsmäßig oft stark eingeschränkt sind. Dabei ist auch zu berücksichtigen, dass die biologischen Entwicklungen individuell verschieden schnell verlaufen. Das beste Alter zum Erlernen von motorischen Fähigkeiten, Reaktionsschnelligkeit und Bewegungskoordination ist aber in jedem Fall zwischen sechs und zwölf Jahren. Die Pubertät dagegen ist eine koordinative Krisenzeit.

Mädchen und Jungen haben vor der Pubertät ein etwa gleiches Leistungsvermögen. Erst danach differenziert sich durch die hormonellen Umstellungen das Leistungsbild. Der Muskelanteil und die Kraft werden bei Jungen stärker, der Körperfettanteil bei Mädchen erhöht. Die motorische Leistungsfähigkeit ist daher bei Mädchen um 10 bis 15 Prozent niedriger. Die Beweglichkeit, die vor der Pubertät ein Maximum erreicht, bleibt aber bei ihnen im Vergleich zu Jungen höher.

Die Reifung des Skelettsystems ist bei beiden Geschlechtern erst mit etwa 20 Jahren abgeschlossen. Vorher kann ein muskuläres Korsett durch Training der Rumpfmuskulatur den Bewegungsapparat schützen und stützen.

Kindgerechtes Training

Ausdauer ist in jeder Lebensstufe gut trainierbar, im Alter und auch in der Kindheit. Dennoch sollte man den Nachwuchs auf keinen Fall zu früh auf Langstreckenlauf spezialisieren. Spitzenleistungen werden hier erst im Erwachsenenalter erbracht.

Vor der Pubertät sollten bei angehenden Läufern unspezifische spielerische

Die maximale Herzfrequenz ist bei Kindern höher als bei Erwachsenen. Entsprechend sind Trainingsfrequenzen von 150 bis 170 vollkommen normal. Ihre Kinder werden dabei wahrscheinlich munter mit Ihnen plaudern.

Info

»Sind meine Kinder mit Laufen nicht überfordert?«, fragen besorgte Eltern. Kenianische Schulkinder laufen im Alter von sieben bis vierzehn Jahren bis zu 70 Kilometer in der Woche. Das meiste davon aber langsam. Natürlich können Kinder laufen, und das mussten sie bei uns früher auch. War ich als Kind vielleicht ein Kenianer? Mein Schulweg betrug drei Kilometer. Da ich immer etwas spät dran war, joggte ich, um die Zeit einzuholen, zur Schule. Klassenkameraden aus meiner Gegend nahmen lieber einen Umweg per Bus mit Umsteigen in Kauf. Aber dafür mussten sie eine viertel Stunde früher aufstehen. Ich sparte Zeit, das Busgeld, wurde nebenbei fit und der beste Läufer im Gymnasium. So machte ich aus der Not eine Tugend – wie die Kenianer.

STEP 10 Kinder-, Frauen- und Seniorenlaufen

Ein Kind muss die Chance haben, sein Talent mit Freiräumen selbst zu finden und zu entfalten. Das geht beim Laufen auf der Basis eines spielerischen Kinder- und Jugendtrainings. Wenn Kinder freiwillig laufen wollen, ist das in Ordnung. Die Eltern sollten die Geschwindigkeit beim Dauerlauf daher dem Nachwuchs anpassen.

Trainingsformen für Beweglichkeit, Koordination und Schnelligkeit überwiegen. Je vielseitiger, desto besser. Angesichts des schon fast vollständig ausgebildeten Gehirns und Rückenmarks geht es nun darum, komplexe Bewegungsabläufe einzuüben und in neuromuskulären Verschaltungen abzuspeichern. Sprints, Springen, Werfen, Mehrkampf, Turnen, Tanzen – kurzum, das Erlernen möglichst vielfältiger Bewegungsformen steht im Vordergrund, das aerobe Lauftraining kann vielleicht 50 Prozent des Trainings ausmachen. Anaerobe Belastungen dagegen sollten möglichst gering gehalten werden.

Für einen gezielten Aufbau der Ausdauerleistung wäre pro Woche ein drei- bis viermaliges Training von mindestens einer halben Stunde bis höchstens einer Stunde ratsam. Dazu reicht der übliche Schulsport, bei dem ohnehin selten ein Ausdauertraining stattfindet, in keinem Fall aus. Wenig motivierend für Kinder ist allerdings die Aussicht auf einen monotonen Dauerlauf. Als wesentlich kindgerechtere Trainingsformen mit Spannungs-, Bewegungs- und Körpererlebnissen möglichst in der freien Natur und in der Gemeinschaft empfehle ich folgende spielerischen Varianten des Dauerlaufs und Ausdauertrainings:

▶ »Durch dick und dünn« – ein Spaß-Querfeldeinlauf über Stock und Stein
▶ Orientierungslauf querfeldein über Berg, Wald und Wiese mit einer Karte und Kompass
▶ Körpererfahrungslauf: Wie fühlt sich die Atmung, der Puls, fühlen sich die Muskeln, die Füße beim langsamen oder schnellen Laufen, bergan oder bergab, auf Straße, Sand oder Rasen mit Schuhen oder barfuß an?
▶ Körpergefühlstest: Mit einem Pulsmesser oder einer Stoppuhr kann man einen Wettkampf organisieren, bei dem auch der Langsamste gewinnen kann: Wer schätzt am besten seinen Belastungspuls, wer schätzt am besten die Zeit, die er für einen Kilometer gebraucht hat?
▶ Hindernislauf mit Springen über

Übersicht: Trainierbarkeit im Kindes- und Jugendalter

	Kindesalter (bis 11 Jahre)	Pubertät (12 bis 16 Jahre)	Adoleszenz (17 bis 19 Jahre)
aerobe Ausdauer	gut	sehr gut	sehr gut
anaerobe Ausdauer	schlecht	mäßig bis gut	gut bis sehr gut
Kraft	schlecht bis mäßig	mäßig bis gut	sehr gut
Schnelligkeit	mäßig bis gut	gut	sehr gut
Koordination	gut bis sehr gut	mäßig bis schlecht	gut bis sehr gut
Beweglichkeit	sehr gut	gut	mäßig bis gut

selbst gebastelte Hindernisse, über Gräben, Bäche usw.
- »Biathlon« oder »Triathlon«: Joggen, Radfahren oder Schwimmen, unterbrochen von Dosenzielwerfen und kleinen »Strafrunden«, für den, der danebentrifft
- Fahrtspiel im hügeligen Gelände: auf Kommando eines wechselnden Führungsläufers wird um Bäume Slalom, Steigerungen, rückwärts und seitwärts gelaufen oder gehüpft
- Ein spielerisches Intervalltraining, beispielsweise als Pendelstaffel mit Mannschaften
- Indianerlaufen: im ständigen Wechsel 200 Schritte laufen, 100 gehen
- Run & Bike: Partnerlauf mit abwechselndem Radfahren und Laufen.

Darüber hinaus haben auch alle Spielsportarten auf großem Spielfeld eine Ausdauerkomponente sowie natürlich Radfahren, Inline-Skating, Schwimmen, Rudern, Schlittschuhlaufen oder Skilanglauf.

Jugendtraining

Mit dem durch die vermehrten Sexualhormone bedingten Auf- und Umbau der Muskulatur macht ein Krafttraining und anaerobes Ausdauertraining bei Jugendlichen ab der Pubertät zunehmend Sinn. Die Muskelfaserlängen und -querschnitte vergrößern sich, und es kommt zu einer feineren Ausdifferenzierung in schnellkräftige sowie ausdauernde Fasern.

Geschichten am Rande

Die verschwundenen Kinderstars

Für Kinder muss es wirklich noch nicht Marathon sein, denn die spaßige, spielerische Entwicklung vielfältiger motorischer Fähigkeiten ist wichtiger, wenn man es auf eine spätere Karriere bei den Erwachsenen anlegt. Vergessen wir nicht, auch Dieter Baumann war zuerst Fußballer. Dennoch gab es vor allem in den USA in den 70er Jahren spektakuläre Teilnahmen von Kindern an Marathonläufen. Mary Etta Boitano lief 1968 ihren ersten Marathon bereits mit fünf Jahren, stieg dabei aber aus. 1974, mit zehn Jahren, lief sie 3:01 Stunden. Wesley Paul lief mit seinem Vater schon mit sieben Jahren einen Marathon in 4:04 Stunden. Er schaffte später mit 14 Jahren eine Zeit von 2:38 Stunden beim Houston Marathon. Diese Zeit lief im selben Alter in Deutschland auch Kai Bublitz, der mit zwölf Jahren eine Altersklassen-Weltbestleistung in 2:46 Stunden aufstellte. Mit elf Jahren unterbot er 1979 mit 2:55 bereits die 3:00-Stunden-Grenze. Das schaffte auch Manuela Veith 1986 mit zwölf Jahren. Sie läuft heute als Manuela Zipse immer noch Marathon knapp über 2:30 Stunden und brachte es immerhin auf zwei Weltmeisterschaftsteilnahmen. Sonja Ambrosy rannte mit 15 Jahren Marathon in 2:47 Stunden. Die heutige Ärztin ist aber wie viele Marathon-Frühstarter mittlerweile nicht mehr vorne zu finden. Die meisten Kinderlaufstars laufen heute noch für die Fitness, aber bis auf wenige Ausnahmen wurden aus ihnen keine Weltklasseläufer.

- Kinder, die im Sportverein leistungsorientiert trainieren, können ab der Pubertät von drei- bis viermal Lauftraining auf fünf bis sechs Einheiten steigern. Der Trainingsumfang sollte aber nicht über 100 Kilometer in der Woche hinausgehen.

STEP 10 Kinder-, Frauen- und Seniorenlaufen

Der Coopertest (siehe unten) wäre in der Schule auch besser zur Überprüfung der Ausdauer geeignet als der momentan praktizierte 600- bis 1.000-Meter-Lauf. Die nur zwei- bis sechsminütige Belastung ist viel zu kurz, um Rückschlüsse auf das aerobe Ausdauervermögen zu erhalten.

▶ Das Training wird nun variabler, mit einem langen Dauerlauf von bis zu zwei Stunden am Wochenende und einer Intervalleinheit pro Woche über die 200- bis 1.000-Meter-Distanz. Ein gezieltes Intervalltraining ist aufgrund der steigenden Laktattoleranz nun sinnvoller. Die anaeroben Belastungen sollten aber auf keinen Fall mehr als 10 bis 15 Prozent der Laufkilometer überschreiten und zumeist nur im leicht roten Bereich bleiben.

▶ Daneben sollten immer noch Spielsportarten sowie andere leichtathletische Disziplinen und Ausdauertrainingsformen wie Radfahren beibehalten werden.

▶ Ein Gymnastikprogramm mit Dehnen und Kräftigen, wie im folgenden Kapitel (Seite 260ff.) dargestellt, sollte nun zur Routine werden.

▶ Das Training kann mit Rücksicht auf Schulferien und Schulwettkämpfe bereits eine Periodisierung in Aufbau- und Wettkampfphase aufweisen. Eine wirkliche Streckenspezialisierung sollte aber erst ab 18 Jahren stattfinden.

Leistungstests, Wettkämpfe

Der Leistungsvergleich ist eine biologische Grundtatsache, und sportlicher Wettstreit macht auch Kindern Spaß. Wettkämpfe in Schule, beim Volkslauf und Verein dürfen aber nicht dazu führen, dass Langsamere den Spaß verlieren oder Talente frühzeitig verheizt werden. Eine spätere Läuferkarriere im Erwachsenenalter muss von langer Hand und nicht selten auch an der langen Leine vorbereitet werden. Bei Auswahl und Vorbereitung von Rennen sollte natürlich auf die verschiedenen Entwicklungsstufen der Kinder Rücksicht genommen werden.

Wie bei Erwachsenen kann man auch das Ausdauerleistungsvermögen von Kindern und Jugendlichen mit einem 12-Minuten-Lauftest überprüfen (Auswertung siehe unten). Beachten Sie hierzu die Vorbemerkungen zum Coopertest für Erwachsene auf Seite 117. Eine gute Möglichkeit, an Wettkämpfen in einem motivierenden Umfeld mit vielen Zuschauern teilzunehmen, sind für

Auswertung Coopertest für Kinder und Jugendliche

Alter in Jahren und gelaufene Distanz										Bewertung
7 J.	8 J.	9 J.	10 J.	11 J.	12 J.	13 J.	14 J.	15 J.	16 J.	
2600 m	2650 m	2700 m	2750 m	2800 m	2850 m	2900 m	2950 m	3000 m	3050 m	**ausgezeichnet**
2400 m	2450 m	2500 m	2550 m	2600 m	2650 m	2700 m	2750 m	2800 m	2850 m	**sehr gut**
2000 m	2050 m	2100 m	2150 m	2200 m	2250 m	2300 m	2350 m	2400 m	2450 m	**gut**
1600 m	1650 m	1700 m	1750 m	1800 m	1850 m	1900 m	1950 m	2000 m	2050 m	**mittel**
1000 m	1050 m	1100 m	1150 m	1200 m	1250 m	1300 m	1350 m	1400 m	1450 m	**nicht so toll**

Für Mädchen ab der Pubertät gelten für dieselbe Bewertung 15 Prozent kürzere Distanzen

Kinder die so genannten Bambiniläufe über kurze Distanzen von einigen hundert Metern bis zu einem Kilometer im Rahmen von größeren Cityläufen. Beim Freiburger Nachtlauf nehmen z. B. 1.500 Knirpse am Kinderlauf teil. Die ganze Familie kann über verschiedene Strecken starten. Oft werden auch Schulstaffeln für Jugendliche in diesem Rahmen angeboten.

Marathonlauf für Kinder?

Sollen Kinder Marathon laufen? Erstaunlich viele könnten es vielleicht, ich halte es jedoch für wenig sinnvoll. Ausnahmen bestätigen die Regel, aber wer einen Marathon laufen möchte, sollte wenigstens 18 Jahre alt sein. Das entspricht auch der Empfehlung der Organisation des Internationalen Verbandes der Marathon Ärzte (IMMDA). Die orthopädischen Risiken betreffen den noch nicht ausgereiften passiven Bewegungsapparat. Ermüdungsbrüche können eine Folge sein, und die noch nicht ausgereiften Knorpel sind anfälliger für Verschleiß als bei Erwachsenen.

Frauenlaufen

Die Frauen mussten sich beim Langstreckenlaufen den Weg zur Emanzipation und offiziellen Anerkennung hart erkämpfen. Die klassischen Olympischen Spiele in Griechenland waren reine Männersache. Allein schon aufs Zuschauen stand für Frauen die Todesstrafe! Geradezu sensationell war das Ansinnen einer Griechin namens Melpomene, am ersten olympischen Marathon der Neuzeit 1896 in Athen teilzunehmen. Der Start wurde ihr verweigert, er wäre einem Tabubruch gleichgekommen. Es gab damals noch keine organisierte Frauenleichtathletik, und Marathon galt selbst für Männer als gefährlich.

Überholen Frauen die Männer?

Gerade in den Ausdauerdisziplinen spekulierte Dr. Ernst van Aaken vor Jahrzehnten, dass das so genannte

Erst bei den Olympischen Spielen 1984 in Los Angeles wurde der Marathonlauf auch für Frauen zugänglich.

Vanessa und Leif, 5 und 6 Jahre alt, beim Bambinilauf in Freiburg.

STEP 10 Kinder-, Frauen- und Seniorenlaufen

> ## Geschichten am Rande
>
> ### Wo Frauen im Vorteil sind
>
> Frauen haben aber auch Vorteile im Sport. Auf gleicher prozentualer Belastungsstufe, beispielsweise bei 75 Prozent vom Maximalpuls, laufen sie bei ohnehin geringerem Gewicht langsamer und belasten dadurch den Bewegungsapparat weniger, die Regenerationszeiten sind etwas kürzer. Spitzenläuferinnen stehen heute Männern mit zweimal Training am Tag nicht nach. Frauen stellen bei der Geburt ihrer Kinder eine enorme Leidensfähigkeit unter Beweis. Sie trainieren allerdings viel häufiger als Männer für Fitness und Figur. Laufen ist das beste und natürlichste Bauch-, Beine- und Potraining. An Wettkämpfen beteiligen sie sich weniger, sie sind eher Spaß- und Genussläuferinnen. Mit dem Imagewandel vieler Wettkämpfe vom reinen Leistungsvergleich der 70er und 80er Jahre zum Spaßevent seit Ende der 90er Jahre erhöhte sich der Frauenanteil bei Rennen von unter zehn Prozent auf 15 bis 20 Prozent der Teilnehmer. Damit ist das mögliche Potenzial aber noch nicht ausgeschöpft. In den USA beteiligen sich an Marathonläufen bereits rund 40 Prozent Frauen.

schwache Geschlecht die Herren der Schöpfung einholen und sogar überholen könnte. Allerdings haben die Frauen in Disziplinen wie Marathon teilweise noch einen großen Nachholbedarf gehabt und daher zunächst rasch sehr viel Boden gut gemacht. Die neunfache New-York-Marathon-Siegerin, Marathonweltrekordlerin und Weltmeisterin von 1981 Grete Waitz aus Norwegen meinte zu diesem Thema: »Solange Frauen noch Frauen sind, glaube ich nicht, dass sie die Männer im Langstreckenlauf übertreffen werden.« Der durchschnittliche Unterschied beträgt rund zwölf Prozent. Vom Sprint bis zum 24-Stunden-Lauf lässt sich kein Trend herauslesen, dass die Frauen auf den langen Strecken an die Männer herankämen. Auch in anderen Ausdauersportarten liegen die Leistungen der Frauen durchschnittlich um acht bis zwölf Prozent hinter denen der Männer. (vgl. auch die Umschlaginnenseiten hinten).

Die biologischen Unterschiede

Im Kindesalter sind Jungen und Mädchen noch etwa gleichermaßen sportlich leistungsfähig. Die biologischen Unterschiede der Geschlechter treten erst mit den hormonellen Umstellungen in der Pubertät deutlich zutage und bleiben bis ins hohe Alter erhalten. Männer haben unter dem Einfluss des Testosterons rund 30 Prozent mehr Muskelkraft als Frauen. Sie besitzen mit 40 bis 45 Prozent des Körpergewichts im Gegensatz zu 25 bis 30 Prozent bei Frauen auch mehr Gesamtmuskulatur. Bezogen auf den Muskelquerschnitt entfalten beide Geschlechter aber dieselbe Kraft. Und auch die Muskelfaserzusammensetzung ist nicht geschlechtsspezifisch. Dennoch scheinen die schnellkräftigen FT-Muskelfasern bei Männern etwas besser auf Training anzusprechen. Unter dem Einfluss der Östrogene haben Muskulatur und Bindegewebe bei Frauen einen höheren Gehalt an Fett und Wasser als bei Männern. Sie sind elastischer und dehnfähiger. Die Gelenke haben durch einen weniger straffen Halteapparat einen größeren Bewegungsspielraum, aber auch eine höhere Verletzungsanfälligkeit. Das Skelett ist leichter und die Wirbelsäule anfälliger. Orthopädisch haben die leichteren Frauen allerdings einen Vorteil: Der Aufprall auf den Untergrund ist bei gleichem Tempo weniger hart, und sie müssen beim Laufen weniger Gewicht transportieren.

Körperfett als natürliches Handicap

Der Anteil der aktiven Körpermasse wie Muskeln und Organe im Verhältnis zum Fettgewebe ist bei Frauen um durchschnittlich acht Prozent geringer als bei Männern. Das ist als biologische Anpassung an und Reserve für Schwangerschaft und Stillzeit zu verstehen. Elitemarathonläufer haben Fettanteile um sieben Prozent, Läuferinnen um zwölf Prozent. Auch trainierte Freizeitläuferinnen liegen mit rund 20 bis 25 Prozent Körperfett deutlich über den Werten von 12 bis 17 Prozent bei den Männern.

Die Differenzen von durchschnittlich 10 bis 15 Prozent Leistungsvermögen beim Laufen gegenüber den Männern erklären sich weitgehend hierdurch. Die muskulären Fettspeicher sind bei Frauen bis zu 40 Prozent größer, und bei ihnen funktioniert im Vergleich zu Männern die Fettverbrennung beim Sport etwas besser als der Kohlenhydratstoffwechsel.

Nachteile haben Frauen auch bezüglich der Sauerstoff transportierenden Systeme, also Blutmenge, Herz-Kreislauf- und Lungenleistungsfähigkeit: Die Lunge fasst ein geringeres Volumen, und das Herz ist auf das Körpergewicht bezogen auch etwas kleiner. Selbst bei Training bleibt das auf das Gewicht bezogene relative Herzvolumen 10 bis 15 Prozent hinter den Werten der Männer zurück. Dennoch sind die Herzfrequenzen bei Männern und Frauen gleichen Alters kaum unterschiedlich. Die Gesamtblutmenge und die Hämoglobingehalte des Blutes sind bei Frauen allerdings geringer, was einen schlechteren Sauerstofftransport bedingt. Auch diese Unterschiede begründen eine rund 10 bis 15 Prozent niedrigere maximale Sauerstoffaufnahme.

Laufsport und Monatszyklus

Die hormonellen Schwankungen im Monatszyklus führen nicht eindeutig zu Phasen höherer oder verminderter Leistungsfähigkeit. Die Unterschiede sind sehr individuell. Bei manchen Frauen sinkt das Leistungsvermögen in der zweiten Zyklushälfte ab, andere Läuferinnen berichten über ein Hoch, teilweise sogar während und nach der Regel, andere können hingegen keine Unterschiede feststellen.

Es gibt normalerweise keinen Grund, während der Periode nicht zu laufen.

> Frauen werden älter als Männer, und im Alter erhalten sich bei Frauen die Organfunktionen durchschnittlich etwas besser als bei Männern. Möglicherweise könnten sie dadurch in den höheren Altersklassen vielleicht sogar leistungsfähiger als Männer sein.

STEP 10 Kinder-, Frauen- und Seniorenlaufen

1996 siegte Uta Pippig trotz Menstruationsbeschwerden beim Boston Marathon. Allerdings empfinden Frauen die möglichen prämenstruellen Beschwerden wie psychische Instabilität, Bauchschmerzen, Völlegefühl, Wassereinlagerung und damit verbundene Gewichtszunahme sehr unterschiedlich, so dass hier jede nach eigenem Befinden entscheiden soll. Bei vielen werden Beschwerden wie Krämpfe, aber auch Kopfschmerzen durch Laufen sogar geringer und die Blutung kürzer. Depressionen können durch Jogging abgeschwächt verlaufen. Durch hormonelle Präparate wie die Pille kann eine gezielte Verschiebung des Zyklus und der Regelblutung, gegebenenfalls weg von einer wichtigen Wettkampfteilnahme, vorgenommen werden.

Wegen der durch die Monatsblutung bedingten Eisenverluste sollte mit einem sporterfahrenen Arzt über eine eventuell nötige Eisensubstitution gesprochen werden.

Info

Wenn die Regel ausbleibt

Gesundheitsläuferinnen haben normalerweise keine Probleme mit Regelstörungen. Aber bei Mädchen, die frühzeitig mit Leistungssport beginnen, kann sich der Eintritt der ersten Blutung verzögern. Bei nicht wenigen Spitzensportlerinnen gibt es Regelstörungen, oder die Menstruation fällt vollends aus. Man nennt das Amenorrhoe. Hier sollte bei längerem Ausbleiben ärztlicher Rat eingeholt werden. Die Ursachen sind vielfältig: Die Östrogenspiegel sind infolge starker Abnahme und geringen Körperfettanteils niedrig. Aber auch eine hohe physische Trainingsbelastung und emotionaler Stress können verantwortlich sein. Hinzu kommen nicht selten Ernährungsfehler wie extremes Vegetariertum, Essbrechsucht, Magersucht oder die Einnahme von Abführmitteln und Diätpillen und ihre schädlichen Nebenwirkungen. Das Ausbleiben der Regel kann als eine Anpassung, ein natürlicher Schutzmechanismus aus Urzeiten gedeutet werden: In Hunger- und Stresszeiten war es nicht sinnvoll, schwanger zu werden. Nach dem Absetzen des Leistungstrainings stellt sich die Monatsblutung aber normalerweise wieder ein.

Schwangerschaft und Laufen

Die Frauen der Naturvölker bewegen sich noch wie in Vorzeiten in der Schwangerschaft ganz normal weiter. Der Fötus ist in der Fruchtblase und im Fruchtwasser gut geschützt. Wer gewohnt ist zu laufen, kann bei normalem Schwangerschaftsverlauf nach Körpergefühl und in Abstimmung mit dem Arzt mit weniger Ehrgeiz weiterlaufen, sollte aber intensive und lange Belastungen vor allem bei sehr warmem Wetter vermeiden. Schon aufgrund der höheren orthopädischen Belastung, aber auch aufgrund der hormonellen Umstellungen sollte das Tempo natürlich langsam sein.

Die Wirkung der Gestagene ist eine Lockerung des Bandapparats und eine Verminderung des Muskeltonus (der glatten Muskulatur). Es kommt vermehrt zu Wassereinlagerungen ins Gewebe, das Blutvolumen vergrößert

Frauenlaufen

sich, wobei sich der Hämoglobinanteil verringert. Mit dem Wachstum des Fötus kommt es zu einer Gewichtszunahme und möglicherweise auch zu einem Eisen- und Vitaminmangel.

Anstelle von Joggen sind in den letzten Monaten der Schwangerschaft und zum Wiedereinstieg nach der Geburt Walking, Nordic Walking, Radfahren oder Schwimmen sehr gut geeignet. Ein Gymnastikprogramm mit Kräftigung von Bauch und Rücken sollte unbedingt beibehalten werden. Selbstverständlich empfiehlt sich ein spezielles Programm zur Kräftigung des Beckenbodens und Schwangerschaftsgymnastik.

Sanfter Wiedereinstieg

Die Blutverluste bei der Geburt, das Stillen, durchwachte Nächte und vorübergehendes Übergewicht, eventuell auch Narbenschmerzen nach einem Damm- oder Kaiserschnitt machen den Wiedereinstieg in den Laufsport etwas schwerer.

Achten Sie auf Ihre Körpersignale. Nehmen Sie sich in den ersten Monaten nicht zu viel vor. Neben der Rückbildungsgymnastik mit Übungen zur Kräftigung des Beckenbodens beginnen Sie vielleicht zunächst wieder mit den Fitnessplänen für Einsteiger in diesem Buch (Seite 118ff.). Für das Training selbst ist nun wegen der vergrößerten Brust noch mehr als zuvor ein stabiler Sport-BH erforderlich, und wenn der Nachwuchs knapp ein halbes Jahr alt ist, empfiehlt sich die Anschaffung eines speziellen Laufkinderwagens oder Baby Joggers (Informationen dazu siehe Seite 49).

Laufen und Untergewicht

Wer als Wettkampfsportler überflüssige Pfunde mit sich herumträgt, bringt nicht die volle Leistung. Untergewicht, Magersucht, die so genannte Anorexie, findet sich daher nicht selten unter

Im Vergleich zu Nichtsportlerinnen fühlen sich Läuferinnen während der Schwangerschaft meist wohler, haben oft einfachere Geburten und kommen hinterher wieder schneller in Form.

STEP 10 Kinder-, Frauen- und Seniorenlaufen

Leichtgewichte – Eliteläuferinnen bei den Marathon-Weltmeisterschaften.

Man wird unter Eliteläuferinnen, anders als beim Kugelstoßen, eher eine Selektion der von Natur aus oder auch krankhaft schlanken Mädchen und Frauen antreffen.

Läuferinnen bis hin in die nationale und internationale Spitze. Man kennt aber zwei verschiedene Typen, die rein äußerlich nicht ohne weiteres zu unterscheiden sind.

Die *Anorexia athletica* ist ein bewusst herbeigeführtes und gesteuertes Untergewicht, das sportliche Höchstleistungen ermöglicht. Sie kann mit dem Ausbleiben der Regel infolge des Untergewichts gekoppelt sein. Nach dem wichtigen Wettkampf oder nach Karriereende nehmen die Betroffenen wieder zu, auch der Monatszyklus normalisiert sich wieder. Allerdings kann die Dauer des Untergewichts Einfluss auf den Knochenstoffwechsel und den Hormonhaushalt in den kommenden Jahren haben.

Im Falle der *Anorexia nervosa* handelt es sich bei den Betroffenen typischerweise um überdurchschnittlich intelligente, sportliche, introvertierte Heranwachsende aus gutem Hause, die mit sich selbst nicht im Reinen sind. Abnehmen steht bei ihnen im Zentrum des Denkens und Handelns. Als Ursache werden Probleme mit der Geschlechtsidentifikation und innerhalb der Familie genannt. Diätwahn sowie das falsche Idol der Magermodels tun ihr Übriges. Das Essen wird verweigert, ein Spiel mit der Gesundheit, nicht selten bis hin zum Tode. Oft ist diese Form der Anorexie mit Essbrechsucht, der Bulimie, gekoppelt.

Da viele krankhaft magersüchtige Athletinnen zunächst sportlich erfolgreich sind, kann Laufen zunächst ein Alibi und Deckmantel für die zugrunde liegende *Anorexia nervosa* sein. Magersüchtige Mädchen und Frauen dieses Typs bedürfen einer psychotherapeutischen Behandlung.

So laufen Frauen sicherer

Frauen sind in erheblich größerem Maße als Männer Belästigungen und sogar Übergriffen ausgesetzt. Denken Sie aber auch an Diebstahl oder Unfälle. Andererseits machte gerade der Joggingboom viele Stadtwälder und Parks vom Tiergarten in Berlin bis zum Central Park in New York sicherer. Seien Sie dennoch auf der Hut. Tipps, wie Sie Gefahren vermeiden können:

▶ Laufen Sie zu zweit oder in der Gruppe beim Lauftreff.
▶ Bringen Sie Ihrem ehrgeizigen Partner die Vorzüge des ruhigen Joggings mit Ihnen nahe.
▶ Laufen Sie möglichst tagsüber; falls das nicht möglich ist, laufen Sie im Fitnesscenter auf dem Laufband.
▶ Meiden Sie unübersichtliche und dunkle unsichere Gegenden.
▶ Bleiben Sie unberechenbar: Variieren Sie Laufstrecken und Trainingszeit.
▶ Informieren Sie Vertraute, wann und wo Sie laufen.
▶ Tragen Sie für den Notfall eine persönliche Identifikation mit sich.
▶ Tragen Sie keinen teuren Schmuck.
▶ Laufen Sie nicht mit Walkman, CD- oder MP3-Player. Sie überhören damit leicht einen Angreifer.
▶ Verstecken Sie Ihren Autoschlüssel mit Haustürschlüssel nicht am PKW.
▶ Laufen Sie mit Ihrem Hund.
▶ Laufen Sie mit Mobiltelefon.
▶ Haben Sie eine Trillerpfeife dabei.
▶ Reagieren Sie nicht auf verbale Attacken, um Eskalationen zu verhindern. Aber: Ängstliche sind leichtere Opfer – versuchen Sie also dennoch, forsch und selbstbewusst zu wirken.
▶ Beschäftigen Sie sich mit Verteidigungstechniken; resolute Frauen gehen auch mit Tränengas, Pfefferspray oder Elektroschockgeräten in die Offensive.

Bei Wettkämpfen beträgt der Frauenanteil bei uns knapp 20 Prozent, in den USA ist er bereits doppelt so hoch!

Mein Profi-Tipp

Laufen mit dem Partner

Schon mal gehört? »Ich kann mit meiner Frau nicht laufen, die läuft nicht mein Tempo!« – Erstens: Der Schnellere muss immer Rücksicht auf den Langsameren nehmen. Und zweitens: Wie wir schon gelernt haben, sollte man durchaus verschiedene Geschwindigkeiten laufen können. Wie wäre es also, wenn er seinen Regenerationslauf bei 65 Prozent mit Ihrem Dauerlauf bei 75 Prozent vom Maximalpuls kombiniert? Oder Sie machen ausnahmsweise einmal in der Woche Ihren Tempolauf bei 80 bis 85 Prozent zusammen mit seinem lockeren Dauerlauf? Die schnellen Tempoläufe soll er dann alleine durchführen oder kann sie an den Lauf mit Ihnen hinten dranhängen. Mit diesem rücksichtsvollen Partnertraining kommen alle auf ihre Kosten, niemand ist überfordert, und Sie sind in seiner Begleitung sicherer im Wald unterwegs. Chronisch zu schnelle Partner kann man, soweit Nachwuchs vorhanden ist, auch sehr gut mit einem Laufkinderwagen ausbremsen, den er als Handicap stolz vor sich herschieben kann.

STEP 10 Kinder-, Frauen- und Seniorenlaufen

Seniorenlaufen

»Lange leben will jeder, aber alt werden will keiner«, sagte Johann Nepomuk Nestroy. Und was tun wir dafür? Laufen als Jungbrunnen, als Wiedergeburt, als Lebensverlängerung, als natürlichstes Anti-Aging?

Unser Körper hält jahrzehntelang geduldig eine Menge aus. Aber er verzeiht uns nichts, wir nehmen lediglich eine Anleihe auf, für die wir zurückzahlen müssen. Lange melden sich trotz schlechter Ernährung, Bewegungsmangels, exzessiven Alkoholkonsums oder Rauchens das Herz-Kreislauf-System, die Leber und die Lunge nicht. Zu hohen Blutdruck, Cholesterinwert und verstopfte Gefäße bemerken wir zunächst auch gar nicht. Viele versuchen die ersten Symptome mit pharmazeutischen Helferlein zu kurieren. Andere stellen ihr Leben radikal um und packen die Ursachen an der Wurzel an. Sie beginnen zu joggen und sich vollwertig zu ernähren und im besten Falle auch für mehr Entspannung zu sorgen. Ronald Reagan sagte einmal: »Wie alt ein Mann ist, erkennt man daran, ob er zwei Stufen oder zwei Tabletten auf einmal nimmt.«

Ich hatte im Step »Motivation« (Seite 18ff.) schon eine Reihe von gesundheitlichen Argumenten für das Laufen genannt. Hier soll auf die besonderen Aspekte des Fitness-, aber auch leistungsorientierten Trainings im Alter eingegangen werden.

Nach Erhebungen des Bundesgesundheitsministeriums kann jede zweite Frau über 50 Jahren keine drei Etagen mehr hochsteigen, ohne eine Verschnaufpause einzulegen, bei den Männern ist es auch schon jeder Dritte.

Seniorenpower – es ist nie zu spät einzusteigen.

Physiologische Alterungsprozesse

Es ist nicht einfach, den Zeitpunkt festzulegen, ab dem man wirklich altert. Manche gehören schon mit 30 Jahren zum alten Eisen und fühlen sich richtig alt, andere sind mit 60 Jahren noch fit, stehen mitten im Leben und laufen putzmunter bei Seniorenmeisterschaften mit. Ich selbst fühlte mich mit nur 28 Jahren alt, hatte Rückenbeschwerden und war behäbig geworden. Dann begann ich wieder zu laufen. Heute, mit über 50 Jahren, bin ich viel fitter als damals und laufe beispielsweise viel schneller. Bin ich nun jung oder alt? Sagen wir einfach: mittel!

Nach dem 30. Lebensjahr beginnen in der Regel die ersten arteriosklerotischen Veränderungen, die Gefäße verkalken zunehmend und werden dadurch weniger elastisch. Der Blutdruck steigt infolgedessen an, die Durchblutung verschiedener Organe, des Gehirns, der Muskeln oder des Herzens selbst lässt nach. Die Kapillarisierung geht zurück. Auch die Lunge wird weniger elastisch und weniger leistungsfähig. Die Austauschfläche verringert sich. Wegen der verminderten Herz-, Kreislauf- und Lungenfunktionen sinkt die maximale Sauerstoffaufnahme, die Messgröße für die Ausdauerleistungsfähigkeit. Die Leber, das zentrale Stoffwechselorgan des Körpers, wird kleiner, die Eiweißproduktion ist vermindert. Mit zunehmendem Alter kommt es zum Wasserverlust in den Bindegeweben, Knorpeln und Bandscheiben. Bänder und Sehnen sind weniger elastisch und dadurch verletzungsanfälliger. Die verminderte Elastizität der Knorpel, Verkalkungen, Schädigungen und Verlust an Knorpelsubstanz sowie die verringerte Gelenksflüssigkeit können schmerzhafte Gelenksveränderungen wie eine Arthrose begünstigen.

Die Muskelmasse nimmt ohne Training durchschnittlich bis zu fünf Prozent je Lebensdekade ab. Wir merken das nicht direkt, da das Gewicht konstant bleibt oder meist sogar eher zunimmt.

Info

Durchschnittliche Restfunktionen im Alter von 75 Jahren im Vergleich zum 30-Jährigen (verändert, nach H. H. Dickhut, 2000, und Kirchner, 1998)

Nervenleitungsgeschwindigkeit	90 %
Mineralgehalt der Knochen (Mann)	85 %
Grundstoffwechsel	84 %
Gesamtkörperwasser	82 %
Gehirndurchblutung	80 %
Mineralgehalt der Knochen (Frau)	70 %
Muskelmasse	70 %
Herzschlagvolumen in Ruhe	70 %
maximale Herzfrequenz	70 %
Anzahl der Nervenfasern	63 %
Lungenvitalkapazität	56 %
Gehirngewicht	56 %
maximale Lungenventilationsrate	53 %
maximale Sauerstoffaufnahme	50 %
Anzahl der Geschmacksknospen der Zunge	35 %
Regulation des Blut-pH-Werts	20 %

STEP 10 Kinder-, Frauen- und Seniorenlaufen

Die Knochen entkalken mit dem Alter, was insbesondere bei Frauen zu einer Knochenerweichung, der Osteoporose, führen kann. Besonders betroffen sind die Wirbelkörper, das Becken und der Oberschenkelhals.

Das ist aber normalerweise durch eine vermehrte Fetteinlagerung bedingt. Die Zahl der Muskelfasern nimmt im Alter zwar ab, der Effekt wird aber teilweise durch eine Vergrößerung anderer Fasern ausgeglichen. Je nachdem, wie stark die Muskulatur noch im Alltag eingesetzt wird, ist der dadurch bedingte Abbau, Kraft- und Funktionsverlust unterschiedlich. So lässt die Handdruckkraft wesentlich weniger nach als die Fähigkeit, die Balance zu halten und auf einem Fuß mit geschlossenen Augen zu stehen.

Im Alter nimmt die Zahl der Nerv-Muskel-Verbindungen und die Menge der Botenstoffe, der so genannten Neurotransmitter, ab. Die Nervenzellen selbst und ihre Verzweigungen verringern sich ebenfalls. Das betrifft auch das für die motorischen Abläufe zuständige Kleinhirn.

Altern durch Training aufhalten

Es ist nie zu spät, wieder einzusteigen, denn die meisten Organe und Funktionen sind in jeder Altersstufe trainierbar. Beim New York City Marathon 1990 erlebte ich, wie drei über 90-Jährige gegeneinander liefen. Ich sprach einen der topfitten alten Herren nach dem Rennen beim Buffet an. Er war 92 Jahre alt und erzählte mir die fast unglaubliche Geschichte, dass er nach seiner Pensionierung erst mit 74 Jahren auf Rat seines Arztes mit Sport begonnen hatte. Über Walking lernte er Jogging und dann schlussendlich noch Marathonlauf! Er beendete den Marathon in etwas über sechs Stunden.

Was können Ältere im Verhältnis zu den Jungen noch wirklich leisten? Ist der Abbau des Normalbürgers nur

---

Geschichten am Rande

Marathonprofi mit 92

Mit 36 Jahren hatte Fauja Singh die Laufschuhe bereits an den Nagel gehängt. Nach über 50 Jahren Laufabstinenz begann er wieder zu laufen. Mit 89 erzielte er über Marathon zunächst 6:54 Stunden und lief 1993 Weltrekord mit 5:40 Stunden im Alter von 92 Jahren, was ihm einen fetten Werbevertrag einbrachte. Der 13fache Groß- und fünffache Urgroßvater hat sogar einen Trainer und absolviert täglich um die 15 Kilometer. Er sieht sich als Vorbild für Ältere, sein Ziel ist es, mit 98 der älteste Marathonläufer aller Zeiten zu werden. Fauja Singh ist der wohl älteste Sportprofi der Welt.

Der 2005 verstorbene Sizilianer Chico Scimone lief im Jahr 2004 mit 93 Jahren zum 15. Mal den Empire-State-Building-Treppenlauf in New York mit. Er schaffte die 86 Stockwerke und 1.576 Stufen in 43 Minuten. Er wohnte in Taormina und bestieg zum Training fünfmal pro Woche den Ätna. Sein Geheimnis? Er lebte mit einer 32-Jährigen zusammen!

eine Frage eines Trainingsmangels? Kann man den Alterungsprozess umkehren oder wenigstens verlangsamen? Wie viel wäre dabei rauszuholen? Sportwissenschaftler haben sich natürlich längst dieser Frage angenommen und ältere bislang unsportliche Personen einem Ausdauertraining unterzogen. Dann hat man sie mit untrainierten Gleichaltrigen und Jüngeren verglichen und kam zu dem Ergebnis, dass man durch Ausdauertraining die Fitness eines 20 Jahre Jüngeren erreichen kann. Ein trainierter 70-Jähriger kann also so fit sein wie ein 50-jähriger Normalbürger.

Wenn ich in der Tabelle unten sehe, dass man mit 50 noch rund 85 Prozent vom Weltrekord erreichen kann, so möchte ich natürlich wissen, ob ich das über 10.000 Meter schaffen könnte. Mit 32:31 Minuten stellte ich schließlich einen neuen deutschen Rekord für 50-Jährige auf – 87,7 Prozent meiner früheren Bestleistung!

Läufer leben länger

In diesem Abschnitt möchte ich das Training für wettkampforientierte Senioren vertiefen. Alle im Step »Running« (Seite 124ff.) bisher genannten Empfehlungen gelten natürlich auch für Senioren. Denken Sie insbesondere daran, die Gesundheit nicht einem späten Ehrgeiz zu opfern. Das soll

Wenn es Ihnen mit dem Laufen einfach um Ihre Gesundheit geht, wissen Sie längst genug und können die Trainingsempfehlungen im Step »Jogging« befolgen.

Prozentuale Leistungserhaltung im Alter

10.000-Meter-Bahnläufer im Vergleich zum Normalbürger
Verglichen werden die Altersklassenrekorde mit dem absoluten Weltrekord (WR)

Alter	Männer	Prozent vom Weltrekord	Frauen	Prozent vom Weltrekord	Normalperson VO$_2$max
WR	26:22,75	100,0	29:31,78	100,0	100 %
40	28:30,88	92,6	32:12,07	91,7	80 %
45	30:02,56	87,8	32:34,06	90,1	75 %
50	31:01,90	85,1	36:35,96	80,1	70 %
55	32:46,50	80,1	37:47,95	78,1	65 %
60	34:14,08	77,1	39:21,10	75,0	60 %
65	34:42,20	76,0	44:20,90	66,6	55 %
70	38:04,13	69,3	48:10,98	61,3	50 %
75	42:03,40	62,8	52:08,73	56,6	45 %
80	44:29,40	59,3	58:40,03	50,3	40 %
85	52:50,80	49,9	86:55,70	34,0	35 %
90	71:40,78	36,8	–	–	30 %

Stand: Oktober 2003

STEP 10 Kinder-, Frauen- und Seniorenlaufen

Im Jahr 2003 hat man beim internationalen Verband der Altersklassenläufer, jetzt World Masters Athletics, den Begriff »Veteranen« durch das freundlicher klingende amerikanische Wort »Masters« ersetzt.

jedoch nicht heißen, dass Leistungssport im Alter ungesund oder sogar lebensverkürzend wäre.

Nach einer finnischen Studie waren die Überlebensraten von Eliteausdauersportlern im Vergleich zu anderen Sportlern und Normalpersonen auf allen Altersstufen am höchsten. Besonders im Alter von 50 bis 65 Jahren war der Vorteil am größten, und die Studienteilnehmer in dieser Altersgruppe wurden durchschnittlich sogar einige Jahre älter. Die Überlebenskurven von Kraftsportlern hingegen waren ähnlich schlecht wie die der Kontrollpersonen. Das zeigt erneut, dass es nicht nur darauf ankommt, überhaupt Sport zu betreiben. Im Idealfall sollte es Ausdauertraining sein.

Fauja Singh lief 2003 beim Toronto Marathon mit 5:40 Stunden Weltrekord für über 90-Jährige (siehe Seite 252).

Altersklasse motiviert

Bei den meisten Cityläufen gibt es Altersklassenwertungen ab 40 Jahren in Fünf- oder Zehn-Jahres-Einteilung. Das setzt einen Anreiz: Wenn man schon nicht in der Spitze mitlaufen kann, dann möchte man doch wenigstens in seiner Altersklasse eine ordentliche Platzierung oder sogar die Qualifikationsleistung zur Teilnahme an einer nationalen Meisterschaft schaffen. Viele ältere Läufer sind daher gar nicht traurig, wenn eine neue Lebensdekade beginnt, wenn das kalendarische Alter plötzlich mit einer 4, 5 oder sogar 6 anfängt. Im Gegenteil! Hoch motiviert schnürt man die Laufschuhe zum Training, denn als Jüngster in der neuen Altersklasse kann man noch mal so richtig angreifen.

Trainingstipps für Senioren

Meine Trainingspläne im Step »Running« und »Marathon« sind weniger für 18- bis 25-jährige Lauftalente entwickelt, sondern vor allem für 30- bis 60-jährige engagierte Freizeitläufer. Allerdings kann man die Trainierbarkeit nach allem, was Sie bisher gelesen haben, ohnehin nicht so genau am Alter festmachen. Natürlich hängen Leistungsvermögen und Trainierbarkeit nicht nur von Talent, Grundlagenausdauer und kalendarischem Alter, sondern auch vom so genannten Trainingsalter ab, also der Zahl der Jahre, die man kontinuierlich schon gelaufen ist.

Seniorenlaufen

Die wichtigsten altersbedingten Veränderungen des Seniorenläufers über 40 Jahre sind:
- das um einiges langsamere Regenerationsvermögen
- der Muskelabbau
- der Verlust an Beweglichkeit
- der Verlust an Koordination
- die orthopädische Anfälligkeit
- mentale Probleme.

Eine kluge und umsichtige Trainingsplanung hat im Vergleich zu Jüngeren also Konsequenzen für Körper- und Kopftraining. Sie werden dennoch erstaunt sein, was für Resultate trotz moderateren Trainings herausspringen können. Nachfolgend möchte ich meine besten Empfehlungen für Ihre Trainingsplanung als Senioren- oder Masterswettkampfläufer zusammenstellen. Verglichen wird immer das Training eines jüngeren routinierten Wettkampfläufers von etwa 25 Jahren mit einem engagierten Seniorenläufer von 40 bis 50 Jahren, der Wettkämpfe über zehn Kilometer bis Marathon läuft. Die einzelnen Punkte spielen natürlich, je höher das Alter ist, eine immer größere Rolle.

Mit abnehmendem Regenerationsvermögen trainieren

Die Abnahme des Regenerationsvermögens hat zahlreiche und sehr unterschiedliche Konsequenzen für das leistungsorientierte Training. Sie ist natürlich eng mit den Verletzungsrisiken verknüpft.

Mein Profi-Tipp

Dem Muskelabbau vorbeugen

Hormonell, aber auch durch einseitiges Training bedingt, baut im Alter die Muskulatur ab. Das betrifft insbesondere die schnellkräftige Muskulatur. Gleichzeitig nimmt der passive Fettanteil, der für den Wettkämpfer nur Ballast bedeutet, zu. Umso wichtiger ist es, gegen diesen Verlust von aktivem Körpergewebe vorzugehen. Die Muskulatur schützt Rücken, Wirbelsäule, Bandscheiben und verhindert muskuläre Ungleichgewichte. Sie hält zudem den Grundstoffwechsel höher.
- Führen Sie regelmäßig die im Step »Gymnastik« vorgestellten Kräftigungsübungen durch (Seite 270ff.)
- Trainieren Sie die Kraftausdauer nach Möglichkeit mit Radfahren, Skilanglauf und Berglaufen – zur Not auch auf dem Laufband mit Steigung –, im Winter kann das auch Crosslauf sein.
- Die Schnellkraft erhalten Sie sich mit Steigerungsläufen, moderatem Intervalltraining, Hügel- oder Treppensprints oder Sprung- und Hopserläufen am Berg.

- Die Zahl der Gesamtkilometer wird gegenüber früher weniger werden. Messen Sie Ihren Trainingsumfang daher mehr nach Wochenstunden als nach Kilometern.
- Was an Trainingseinheiten und Trainingsmitteln früher in einen Wochen- bis Zehn-Tages-Zyklus passte, muss auf zwei Wochen gestreckt werden.
- Die Trainingsintensität sollte niedriger angesetzt werden. Hartes Intervalltraining ist eine nicht mehr so sinnvolle Trainingsform für Senioren. Es reicht eine Einheit in der Woche und diese spätestens fünf Tage vor einem

STEP 10 Kinder-, Frauen- und Seniorenlaufen

Vorbild auch für Jüngere – vielfacher Altersklassenweltmeister Walter Koch aus Filderstadt (Interview Seite 258f.).

Zehn-Kilometer-Rennen. Tempoläufe im Bereich von 80 bis 90 Prozent der maximalen Herzfrequenz werden dagegen wichtiger.

▸ Das Training der kürzeren Unterdistanz wird reduziert, beispielsweise 400-Meter-Intervallläufe werden bei einem geplanten 10.000-Meter-Rennen immer weniger im 3.000- oder 5.000-Meter-Tempo durchgeführt. Das Training des eigentlichen Wettkampftempos wie fünfmal 1.000 Meter tritt in den Vordergrund.

▸ Die Belastungssteigerungen sollten graduell erfolgen. Auch ein routinierter Senior sollte sein Training nicht um mehr als 20 Prozent steigern. Ähnliches gilt natürlich für die Intensität.

▸ Die Zahl der im Jahr voll gelaufenen Wettkämpfe muss reduziert werden. Das gilt besonders vor einem Marathon. Man muss die Kräfte auf einen Saisonhöhepunkt noch mehr bündeln und wird auch nicht mehr so lange seine Form hochhalten können. Die Wettkampfsaison wird kürzer.

▸ Die Ruhephase vor einem Wettkampf muss verlängert werden – vor einem Marathon noch mehr als vor einem Zehn-Kilometer-Lauf.

▸ Ein Senior muss immer mehr und längere Regenerationsphasen nach Marathons oder am Saisonende einplanen, in denen nur die Grundlagenausdauer locker weitertrainiert wird. Zwischenjahre mit weniger Training sind sinnvoll, wenn man auch in zehn Jahren noch dabei sein möchte.

Beweglichkeit erhalten

Im Alter lässt die Beweglichkeit nach. Das liegt an natürlichen Prozessen, aber auch an mangelnden Dehnungs- und Lockerungsübungen – und es betrifft nicht nur die Beinmuskulatur, sondern auch den Oberkörper. Ein schlechter, unökonomischer Laufstil sowie Verletzungen können die Folge sein. Das Überspringen kleiner Hindernisse oder das Rückwärtslaufen wird ein Problem.

▸ Befolgen Sie die Dehnungs- und Lockerungsübungen aus dem Gymnastikprogramm im folgenden Kapitel.

▶ Machen Sie Koordinationsläufe zum festen Bestandteil des Trainings.
▶ Sorgen Sie auch als Senior für Bewegungsvielfalt, beispielsweise mit Ballspielen, Tanzen, Tai Chi oder Tennis.

Orthopädische Beschwerden vermeiden

Im Alter steigt das Risiko für degenerative Erkrankungen. Arthrose, Rheuma und Rückenbeschwerden können jede Läuferkarriere stoppen. Das Risiko für eine Osteoporose mit Ermüdungsbrüchen steigt hormonell bedingt insbesondere für Frauen an. Jahrzehnte leistungsorientierten Lauftrainings gehen nicht spurlos an Ihnen vorüber. Sie müssen als Wettkämpfer immer damit rechnen, dass irgendeine Struktur, auch wenn Sie vernünftig trainiert haben, verschleißen kann.
▶ Sorgen Sie für ein kontinuierliches, ganzjähriges Training der Grundlagenausdauer.
▶ Tragen Sie ausschließlich bestes Schuhmaterial, ggf. auch mit Einlagen.
▶ Integrieren Sie zur orthopädischen Entlastung verstärkt auch verwandte Ausdauersportarten wie Radfahren, Nordic Walking oder Skilanglauf in Ihr Training.
▶ Gymnastik mit Dehnungs- und Kräftigungsübungen verhindert muskuläre Ungleichgewichte und daraus resultierende Probleme wie beispielsweise Rückenbeschwerden.
▶ Laufen Sie sich immer langsam warm, das bringt nicht nur eine höhere Leistungsfähigkeit, sondern schmiert auch die Gelenke, fördert die Durchblutung der Muskeln und verhindert Verletzungen.
▶ Wenn etwas schmerzt, hören Sie auf Ihren Körper und nehmen Sie sich mehr Zeit. Verletzungen heilen nicht mehr so schnell aus wie in jungen Jahren. Versuchen Sie auf keinen Fall, die Warnsignale zu überhören und mit Schmerzmitteln betäubt durchzulaufen.

Mein Profi-Tipp

Die richtige Einstellung im Kopf

Es ist ganz wichtig zu akzeptieren, dass die Leistungsfähigkeit im Alter irgendwann nachlässt. Aber trauen Sie sich auch was zu, denn Altern vollzieht sich auch im Kopf.
▶ Akzeptieren Sie, dass Sie im Laufe der Jahre langsamer werden. Allein die Leistung des Vorjahres zu halten ist schon ein Erfolg.
▶ Setzen Sie sich realistische und erreichbare Ziele.
▶ Satteln Sie auf die nächstlängere Strecke um. Ein früherer 10.000-Meter-Läufer wird vielleicht im Alter über die Halbmarathon- oder Marathondistanz erfolgreicher sein.
▶ Wenn Sie noch Großes wie eine Bestzeit oder einen Altersklassensieg vorhaben, konzentrieren Sie sich auf nur noch wenige Höhepunkte im Jahr.
▶ Spielen Sie die Stärken eines alten Fuchses aus. Bei günstigen Bedingungen laufen Ihnen die Jungen davon, aber wenn es heiß ist oder die Strecke schwierig – beispielsweise bergig – ist, dann spielen Sie Ihre Erfahrung und Geduld aus, die der Nachwuchs noch nicht haben kann.
▶ Als erfahrener Läufer wird man sich nicht mehr so sklavisch an Trainingspläne halten und immer mehr nach Körpergefühl trainieren – denn der eigene Körper ist oft der beste Ratgeber.

STEP 10 — Kinder-, Frauen- und Seniorenlaufen

Interview

Senioren-Weltmeister
Walter Koch im Gespräch

Walter Koch aus Filderstadt, Jahrgang 1939, ist immer noch einer der erfolgreichsten Seniorenläufer Deutschlands. Anders als viele andere ist er ein Späteinsteiger, der seinen ersten Wettkampf erst mit 40 Jahren bestritt. Er ist vielfacher Altersklassenweltmeister und hält eine Reihe von deutschen Seniorenbestleistungen.

Ich erinnere mich mit Respekt, wie Koch mit 50 Jahren beim Stuttgarter Citylauf zu uns Jüngeren in die Eliteklasse meldete, statt den vorher gestarteten Volkslauf locker zu gewinnen. Er suchte den Vergleich mit den Besten, obwohl er dort keine Chance hatte zu gewinnen. Ich befragte Walter Koch zu seinem Training, als er 56 Jahre alt war:

Walter, wie bist du zum Sport gekommen?
»Leider habe ich früher, als ich jung war, keinen Sport ausgeübt. Ich war total unsportlich und steif. Sport gab es nur in der Schule und bei der Bundeswehr. Allerdings erinnere ich mich, dass ich bei Ausdauerläufen überhaupt keine Probleme hatte, während die Kameraden fix und fertig waren. Zum Laufen kam ich erst sehr spät, während eines Urlaubs auf einem Bauernhof im Schwarzwald. Der Gastgeber war selbst Marathonläufer, und der hat mich einfach mitgenommen. Das hat mir unheimlich gut getan. Alle Verspannungen verschwanden. Ich lief übergewichtig mit 88 Kilogramm um meinen Wohnort. Ich hatte zunächst auch keinen Trainingsplan. Der Erfolg kam auch nicht schnell. Leute mit kometenhaftem Aufstieg verschwinden oft genauso schnell. 1979 lief ich meinen ersten Wettkampf, einen Zehn-Kilometer-Volkslauf in Walheim, und brauchte rund 44 Minuten. Meinen ersten Marathon lief ich 1981 auf der Hornisgrinde im Schwarzwald. Es ist für mich noch heute ein unvergessenes Glück, ich schaffte einen Marathon in 2:49:19 und war nicht kaputt!«

Wie sieht dein Training aus?
»Ich bin verheiratet, habe zwei Kinder und bin voll berufstätig als Organisationsberater und Abteilungsleiter einer Wirtschaftsprüfungsgesellschaft. Wenn ich einen Marathon vorbereite, komme ich auf 130 bis 150 Kilometer in der Woche, darin sind Tempoeinheiten und ein Supersauerstofflauf über 32 Kilometer enthalten. Ich setze weniger auf Hightechtraining, sondern laufe mehr nach Gefühl. Aufzeichnungen führe ich nur über die Distanz mit der entsprechenden Zeit. Für Veteranen ist Trainingsanpassung entscheidend. Auch die Verletzungsgefahr

ist größer, daher betreibe ich ausgiebig Dehnungsgymnastik, vor großen Wettkämpfen gehe ich zur Massage. Einmal im Jahr lasse ich mich beim Sportarzt von Kopf bis Fuß untersuchen.«

Lebst du für andere mit deinen Erfolgen den Traum der ewigen Jugend vor?

»Laufen als Traum der ewigen Jugend möchte ich für andere nicht vorleben. Als Realist brauche ich nur in den Spiegel zu schauen. Laufen ist für mich keine Flucht vor dem Alter, sondern meist Erfrischung und Entspannung, was ich hoffe, bis ins hohe Alter ausüben zu können. Ich kann mich gut motivieren und auch einschätzen. Sicher gibt es fanatische Senioren, die auch etwas zu kompensieren haben. Mir macht Laufen schlicht und einfach Spaß! Ich glaube aber, dass im Alter der Trainingsehrgeiz nachlässt. Auch ich muss mich manchmal, wenn kein Wettkampfziel vorhanden ist, nach einem harten Arbeitstag, besonders bei Regen und Dunkelheit, zu einem Lauf überreden. Altern beginnt im Kopf und endet in den Beinen, aber durch die Bewegung der Beine wird bekanntermaßen der Alterungsprozess im Kopf hinausgeschoben.«

Für andere Läufer bist du ein Idol, hattest du selbst welche?

»Nach meiner Ansicht brauchen Ältere keine Idole, ich hatte selber keine. Die Zeiten von Baumann & Co. werden von mir niemals erreicht. Faire Athleten genießen bei mir eine besondere Beachtung und Bewunderung. Als Senior läuft man vielleicht langsamer und hat keinen Sponsorvertrag, läuft aber absolut frei. Ich bedaure manchmal die jungen Athleten mit ihren Vertragsverpflichtungen und frage mich, ob die glücklicher sind.

Wenn man im Seniorensport vorne läuft, ist es natürlich vorteilhafter, es winken doch manchmal Geld, Sachpreise und Ehrungen. 1991 gab die Stadt Filderstadt anlässlich meines Senioren-Europameistertitels einen Empfang mit Buffet für 70 Leute.«

Fördern Seniorenleistungssport und Preisgelder nicht auch Doping?

»Zum Seniorenleistungssport gehören auch Dopingkontrollen. Die Menschen werden insgesamt älter, daher werden zwangsläufig mehr bis ins hohe Alter Sport treiben wollen. Sie orientieren sich an den bisher aufgestellten Bestleistungen und werden versuchen, diese mit legalen und illegalen Mitteln zu unterbieten. Der Seniorensport müsste insgesamt mehr Anerkennung finden. Die Idee der Masters-Wertung z. B. in New York oder Boston finde ich gut. Warum sollen nicht die Ersten dieser Wertung Geld erhalten?«

Hast du eine besondere Ernährung?

»Ich achte auf bestimmte Dinge bei der Auswahl von Fleisch, Brot, Gemüse und Salat, für viel wichtiger halte ich genügend Schlaf bei weniger Alkohol und Kaffee. Dazu gehört eine Portion Ausgeglichenheit und Selbstbewusstsein.«

STEP 11

Gymnastik und Laufstil

Der Urmensch war zwar ein Läufer, aber er hat sich von Natur aus erheblich vielseitiger bewegt als wir heute. Er musste nicht nur gehen und laufen, sondern auch Lasten tragen, klettern, schwimmen, springen, werfen, kämpfen und hat bestimmt auch schon Freudentänze aufgeführt. Ganzkörpertraining war eine Notwendigkeit zum Überleben. Erweitern Sie Laufen mit Gymnastik, Koordinationstraining und anderen Sportarten.

STEP 11 Gymnastik und Laufstil

Ganzkörper**training** und **Feilen** am Stil

Laufen alleine, immer nur ein Bein vor das andere setzen, ist sehr einförmig. Über kurz oder lang entstehen durch solch monotones Training Verspannungen und muskuläre Ungleichgewichte, so genannte Dysbalancen.

Wer nur läuft, rennt in die Sackgasse: Der Körper wird zu einseitig belastet.

Dysbalancen vermeiden

Viele Muskeln bereiten aber auch und gerade dann Probleme, wenn sie kaum benutzt werden. Die meisten Menschen bekommen Rückenbeschwerden nicht, weil sie Sport betreiben, sondern weil sie nur im Büro oder hinter dem Lenkrad ihres Autos sitzen. Die Bein-, Hüftbeuger-, Rücken- und Nackenmuskeln neigen zu unangenehmen Verspannungen und Verkürzungen. Andere Muskeln dagegen werden vom Nichtstun schlapp.

Diese unterschiedliche Reaktion auf mangelnde Bewegungsreize liegt daran, dass die Muskeln in ihrer Faserzusammensetzung nicht gleich sind. Je nach Mischung der Fasertypen kann man zwei Grundtypen unterscheiden: mehr tonische und eher phasische Muskeln. Durch einseitig betriebene Tätigkeiten im Beruf, aber auch beim Sport sowie durch Fehlhaltungen können die tonischen Muskeln verkürzen. Die phasischen Muskeln neigen hingegen eher zum Abschwächen.

Ist nun ein Muskel verkürzt, sein Gegenspieler für eine Bewegung dagegen verkümmert, so kommt es zu einem Ungleichgewicht, einer Dysbalance, was beispielsweise den Laufstil verschlechtert oder im schlimmeren Falle zu schmerzhaften Problemen wie Rückenschmerzen führen kann.

Gymnastik ist also nicht identisch mit Dehnen, also Stretching, sondern es müssen unbedingt auch Kräftigungsübungen dazukommen.

Das Dehnen der seitlichen Gesäßmuskulatur kann ischiasartigen Beschwerden vorbeugen.

Dysbalancen vermeiden

Vorbeugung vor Rücken- und Ischiasbeschwerden

Nehmen wir als erstes Beispiel den Beckengürtel. Die verkürzten Hüftbeugermuskeln der Oberschenkelvorderseite und vor allem des Hüftlendenmuskels können Probleme bereiten. Letzterer setzt mit einem Ende vorne am Oberschenkelknochen an. Das andere Ende spaltet sich auf und setzt mit einem Ast innen am Becken und mit dem anderen Teil an der Wirbelsäule an. Dieser tonische Muskel ist durch Sitzen verkürzt. Er wird auch beim Laufen zum Anheben des Beins intensiv verwendet, auch das verspannt ihn. Wenn Sie ihn nicht dehnen, wird durch seine Verkürzung im Lauf der Zeit das Becken nach vorne kippen. Sie bekommen durch diese Positionsveränderung zunehmend ein Hohlkreuz, eine Lendenlordose. Durch diese Fehlstellung können auch Nerven eingeklemmt werden und Ischiasbeschwerden folgen. Dehnen der Hüftbeuger und eine kräftige Bauchmuskulatur hätten das Becken besser stabilisiert und in seiner Position verankert.

Vorbeugung vor Pseudoischias

Die Dehnung des Piriformis-Muskels im Hüft-Gesäß-Bereich ist ganz wichtig, um ischiasähnliche Beschwerden zu verhindern. Dieser kleine, fast horizontal verlaufende Muskel setzt am Kreuzbein und am Oberschenkelkopf an und ist an der Außenrotation und Abspreizung des Beines beteiligt. Wenn er verhärtet ist, kann er den unter ihm in Längsrichtung querenden Ischiasnerv teilweise abklemmen. Man spricht auch von Pseudoischias oder dem Piriformis-Syndrom. Die Folgen und Beschwerden sind ähnlich wie bei echtem Ischias (der von einer Irritation des Nervs im unteren Wirbelsäulenbereich verursacht wird): chronische Ausstrahlungsschmerzen im Bein, schlechte Koordination und natürlich schlechtere Leistungen.

Vorbeugung vor Nackenschmerzen

Ähnlich können Nackenbeschwerden entstehen. Die vordere Brustmuskulatur ist tonisch, also bei Nichtbenutzung verkürzend. Diese Verkürzungen ziehen die Schultern nach vorne. Die Muskulatur des oberen Rückens zwischen den Schulterblättern dagegen ist phasisch und neigt damit ohne Training eher zum Verkümmern. Der obere Rücken wölbt sich mehr und mehr. Durch diese Rückenwölbung hängt der Kopf nach vorne vor, was wir aber durch ein Krümmen der Halswirbelsäule, eine so genannte Halslordose, ausgleichen, um den Kopf wieder aufrecht zu tragen. Ähnlich wie beim Hohlkreuz können durch diese viel zu starke Krümmung Wirbelfortsätze oder verspannte Muskeln auf benachbarte Nerven drücken. Man bekommt so Nackenschmerzen.

Beim Laufstil sieht man bei fast allen Läufern als eine weitere Konsequenz der Rückenkrümmung, dass die Arme viel zu stark nach innen geführt werden, statt locker nach vorne zu pendeln. Dagegen hilft Dehnen der Brustmuskulatur und Stärkung des oberen Rückens!

STEP 11 Gymnastik und Laufstil

Dehnen, Kräftigen, Lockern

Ergänzen Sie daher Ihr Laufprogramm mit Gymnastikübungen, zur Kräftigung unterforderter und zur Dehnung verkürzter oder verspannter Muskeln. Ich habe mich selbst schon frühzeitig mit Gymnastik beschäftigt und es mit Erfolg in mein eigenes sowie in das Training der von mir betreuten Athleten eingebaut. Dass ich heute noch erfolgreich laufen kann, führe ich auch darauf zurück.

Beim Laufen trainieren Sie überwiegend Ihre Beine, aber die Bauchmuskeln beispielsweise nur wenig. Diese müssen daher durch separate Kräftigungsübungen gestärkt werden. Die im Training stark geforderten Beinmuskeln, etwa der Waden, sind dagegen verspannt und müssen durch Dehnungsübungen hinterher wieder gelockert werden.

Gute Gründe für Gymnastik

Ein sinnvolles Gymnastikprogramm besteht aus Dehnungsübungen für Bein-, Gesäß- und Brustmuskeln sowie Kraftübungen für die Bauch-, Rumpfmuskeln und die Muskeln des oberen Rückens. Eine starke Rumpfmuskulatur entlastet die Wirbelsäule beim Abfedern des beim Laufen aufzufangenden Körpergewichts. Gymnastik

Der Doppel-Olympiasieger im Marathonlauf Abebe Bikila (vorne) verblüffte 1964 in Tokio alle: Während die Konkurrenz total erschöpft dem Ziel entgegentaumelte, führte er unmittelbar nach dem Rennen demonstrativ ein Lockerungs- und Dehnungsprogramm vor. Er wirkte so frisch, dass man ihm die Behauptung abnahm, er hätte noch zwei Minuten schneller laufen können.

Dehnen, Kräftigen, Lockern

fördert darüber hinaus das Balancegefühl und hilft übrigens nicht nur gegen Verspannungen nach dem Sport, sondern auch nach langem Sitzen im Büro oder im Auto. Es gibt für Dehnungs- und Kräftigungsübungen viele gute Gründe:
▶ Verspannungen und Verhärtungen werden abgebaut.
▶ Die Durchblutung wird gefördert.
▶ Die Regeneration wird beschleunigt.
▶ Die Beweglichkeit wird verbessert.
▶ Der Laufstil wird optimiert.
▶ Die Verletzungsanfälligkeit wird verringert.
▶ Krämpfe im Training oder Wettkampf können gelöst werden.
▶ Fehlhaltungen werden beseitigt.
▶ Der Grundstoffwechsel wird durch Muskelzuwachs erhöht.

Beginnen Sie mit Gymnastik nicht erst, wenn die Wehwehchen kommen. Wer mit den nachfolgend gezeigten präventiven Grundübungen frühzeitig startet, wird vielleicht nie zum Orthopäden müssen.

Basis-Gymnastikprogramm

Die auf den folgenden Seiten dargestellten Dehnungs- und Kräftigungsübungen sollten Sie beherrschen. Sie sind von mir bewusst einfach gehalten, aber dennoch sehr effizient. Sie können sie überall, auch auf Reisen und ohne ein Fitnesscenter, durchführen. Für die meisten Übungen müssen Sie sich nicht hinlegen, Sie könnten sie daher sogar bei nassem Untergrund nach dem Dauerläufchen im Rahmen des Cool-downs durchführen. Die teilweise besseren Übungsvarianten auf dem Boden holen Sie später zu Hause auf dem Teppich nach.

Sie können Ihren persönlichen Bedarf mit dem Test zur Beweglichkeit und Kraft auf Seite 275ff. prüfen. Sie werden Ihre Schwachstellen aber auch bei den Gymnastikübungen selbst schnell herausfinden. Sollten Sie bei einer Übung starke Defizite feststellen, reagieren Sie nicht mit Ablehnung. Sie haben gerade eine wichtige Baustelle in Ihrem Fitnessprogramm gefunden! Lassen Sie sich nicht beirren, wenn es zunächst nicht so toll klappt. Steter Tropfen höhlt den Stein, und ein guter Athlet trainiert immer auch seine Schwächen! Gerade dort sind die Erfolge zu Beginn am größten. Mit geduldigem Bemühen erzielt man schon nach einigen Wochen regelmäßigen Dehnens gute Fortschritte.

Mein Profi-Tipp

Locker bleiben

Ergänzen Sie die Dehnungs- und Kräftigungsübungen auch durch simple Lockerungsübungen wie Schulter- und Armkreisen vorwärts und rückwärts. Das hilft beim verspannten Nacken- und Schulterbereich und verbessert die Armarbeit beim Laufen.

Der unvergessene Emil Zatopek lehnte Gymnastik ab, und so sah auch sein Laufstil aus. Er sagte, dass Rehe auch keine Gymnastik machen würden. Selbst ich als Zoologe habe noch nie Rehe Gymnastik machen sehen, dafür leben sie wohl zu versteckt. Aber vielleicht haben Sie eine Katze, einen Goldhamster oder Hund? Bestimmt haben Sie schon beobachtet, wie die sich nach dem Schlafen erst einmal genüsslich ausstrecken.

STEP 11 Gymnastik und Laufstil

Dehnungsprogramm

Es gibt verschiedene Techniken für Stretching. Wir wollen uns hier mit der einfachen, aber wirksamen Variante des statischen Dehnens beschäftigen. Sie sollten dabei langsam in die Dehnung hineingleiten und nur so weit stretchen, bis Sie ein deutliches, vielleicht sogar unangenehmes Ziehen, keinesfalls aber Schmerzen verspüren. Sie kontrollieren damit Ihr Training individuell. Spüren Sie nichts, sind Sie entweder nicht verspannt oder führen die Übung nicht richtig aus. Bei einigen Übungen für Gesäß-, Brustmuskeln oder Oberschenkelrückseite müssen Sie vielleicht selbst den Dehnungswinkel ein wenig variieren und nach der bei Ihnen verspannten Stelle suchen. Wir sind nicht alle gleich gebaut. Halten Sie diese gefundene Endposition, und dehnen Sie, ohne zu wippen, jeweils für 15 bis 20 Sekunden. Das Wippen löst nur eine reflektorische Anspannung der betroffenen Muskulatur aus. Man erreicht also genau das Gegenteil. Zudem kann der Muskel oder ein Gelenk verletzt werden.

Dehnen Sie nach jedem Training – Sie brauchen dafür rund zehn Minuten. Sie würden also so oft Ihr Stretchingprogramm in der Woche durchführen, wie Sie laufen.

Wann und wie oft dehnen?

Wiederholen Sie jede Übung zwei- bis dreimal für beide Seiten, bevor Sie zur nächsten übergehen. Dehnen Sie Ihre Problemstellen häufiger. Achten Sie immer auf eine saubere Durchführung, und atmen Sie dabei ruhig. Üben Sie, wenn die Muskulatur nach dem Laufen noch etwas warm ist. Wenn Sie kalt dehnen, gehen Sie ein höheres Verletzungsrisiko ein. Das Dehnen nach dem Laufen ist viel wichtiger als vorher, Sie müssen hinterher die beim Training verspannten Muskeln lockern. Sie können auch vor dem Laufen sanft dehnen, aber es kann ein langsames Warmlaufen nicht ersetzen! Nichts spricht natürlich dagegen, auch im sonstigen Tagesablauf zwischendurch Ihre Schwachstellen zu dehnen.

Wann nicht dehnen?

Mit Dehnen können Sie, wenn Sie es wie oben beschrieben durchführen, eigentlich nichts falsch machen. Aber es gibt Ausnahmen. Sie sollten niemals in bestehende Schmerzen hineindehnen, beispielsweise an Knie oder Achillessehne. Bei leichtem Muskelkater sollte man etwas vorsichtiger dehnen, bei starken Muskelschmerzen nach einem harten Wettkampf oder sogar Marathon am besten überhaupt nicht. Die Muskelfasern sind angeschlagen und werden gerade repariert. Hier wäre ein Wannenbad, ein leichter Spaziergang oder Schwimmen viel sinnvoller. Unmittelbar vor einem kurzen schnellen Rennen oder Training sollte man nicht exzessiv dehnen, denn die Muskelspannung sollte dafür nicht zu niedrig sein. Vor schnellen Einheiten oder Rennen empfiehlt es sich daher, nach leichtem Dehnen durch einige kurze Steigerungsläufe die Muskulatur noch einmal etwas vorzuspannen.

Dehnungsübungen

Übungen

Wadenmuskel und Achillessehne *(Musculus gastrocnemius)* Mit den Händen an einem Baum, einer Wand oder dergleichen abstützen, ein Bein gestreckt so weit nach hinten schieben, dass dabei die Ferse gerade noch flach auf dem Boden bleibt, die Fußspitze soll nach vorne zeigen, Körper gerade halten. Wichtig zur Vermeidung von Achillessehnenbeschwerden **1**.

Schollenmuskel und Achillessehne *(Musculus soleus)* Eine Variante der vorangehenden Übung – dehnt die Wade weiter unten und die Achillessehne etwas stärker: Mit den Händen festhalten, das zu dehnende Bein etwas nach hinten setzen und dabei leicht nach unten in die Hocke gehen, die Ferse bleibt flach aufgesetzt.

Oberschenkelrückseite *(Ischiocrurale Muskeln)* Ferse auf eine nicht zu hohe Auflage, etwa in Stuhlhöhe, setzen, Knie leicht beugen und den Oberkörper, um die Bandscheiben nicht zu belasten, mit geradem Rücken aus dem Becken nach vorne kippen. Der Fuß des Standbeins sollte nach vorne zeigen. Sie können die Hände auf dem Oberschenkel aufstützen. Das Standbein sollte fast senkrecht zum Boden stehen **2**. Wer einen Rundrücken buckelt, wird nichts spüren. Wer das Knie vollkommen streckt, wie es oft dargestellt wird, dehnt die Kniekehlen und Waden, aber nicht die Oberschenkelrückseite!

Varianten Durch leichtes Ändern des Kniewinkels können Sie untere oder weiter oben Richtung Gesäß liegende Anteile dieser für Läufer besonders wichtig zu dehnenden Muskulatur ansprechen. Sie können auch versuchen, den Oberkörper nicht nur über das Bein, sondern auch links oder rechts davon nach vorne zu beugen. Sie erreichen damit andere, mehr seitlich liegende Muskelstränge dieser so genannten ischiocruralen Gruppe. Verspannungen und Verhärtungen in dieser wichtigen Muskulatur können bis zum Muskelfaserriss oder zu einer Zerrung führen!

Variante ohne Auflage Wenn wie auf einer Wiese keine Auflage zur Verfügung steht, können Sie alternativ auch die Ferse in den Boden stemmen und im Prinzip die gleiche Übung durchführen. Ich empfehle aber, möglichst die erste Übung durchzuführen.

Oberschenkelvorderseite *(Musculus quadriceps femoris)* Im Stand ein Bein anwinkeln, am

STEP 11 Gymnastik und Laufstil

Übungen

Fußgelenk umfassen und zum Gesäß ziehen, das Bein nicht seitlich ziehen. Das Knie zeigt nach unten. Gerade stehen, gegebenenfalls mit der anderen Hand festen Halt suchen, dabei ein Hohlkreuz durch Anspannen von Gesäß- und Bauchmuskulatur vermeiden – Sie können dazu auch mit dem Standbein ganz leicht in die Hocke gehen. Eine verkürzte Muskulatur der Oberschenkelvorderseite führt zur Beckenkippung nach vorne und oft zu einer Entzündung des Ansatzes seiner Sehne unter der Kniescheibe, der Patella, und auch zu einem vermehrten Pressdruck auf den darunter liegenden Knorpel im Knie 3 .

Hüftbeuger- oder Hüftlendenmuskel *(Musculus iliopsoas)* Aus dem Stand in den Ausfallschritt gehen, das hintere Bein möglichst gestreckt ganz weit nach hinten schieben, dabei den Fuß nicht seitlich drehen. Das vordere Bein steht senkrecht zum Boden. Der Oberkörper ist aufrecht, nicht nach vorne gebeugt. Sie sollten aber ein Hohlkreuz durch das Anspannen der Gesäß- und Bauchmuskulatur vermeiden. Dieser Muskel ist durch Sitzen meist stark verkürzt, was zu Rückenbeschwerden führen kann 4 .

Oberschenkelinnenseite, Schenkelanzieher, Adduktoren Vorsichtig aus dem Stand auf festem Untergrund ganz weit in die Grätsche gleiten, Hohlkreuz durch Anspannen der Rumpfmuskulatur vermeiden, nach 20 Sekunden nach vorne vorbeugen, um andere Anteile dieser breiten Adduktorengruppe zu dehnen, möglichst mit den Händen abstützen, um den Rücken zu schonen. Wer mit den Händen nicht auf den Boden kommt, kann sich auf einer leichten Erhöhung, etwa einer Treppenstufe oder einem Holzstamm, abstützen 5 .

Hüft- und tiefe Gesäßmuskulatur Im Stand die Beine überkreuzen. Nun mit dem Körper einen

Dehnungsübungen

Übungen

möglichst weit geschwungenen Bogen zwischen Kopf und Füßen bilden, indem Sie das Becken des hinteren Beines seitlich rausbiegen. Dabei nicht vorbeugen, Kopf, Gesäß und Beine bleiben auf einer Ebene. Die Arme sollten zur Verstärkung der Übung den Bogen über dem Kopf fortsetzen 6 .

Variante im Sitzen Setzen Sie das rechte Bein angewinkelt über das linke gestreckte Bein. Drehen Sie den Oberkörper weit in die entgegengesetzte Richtung, stützen Sie sich mit der rechten Hand ab. Der Ellenbogen des linken Arms drückt das überkreuzte Bein nach links (Foto Seite 262).

Variante im Liegen – die effizienteste Übung. Sie liegen ausgestreckt auf dem Rücken, winkeln ein Bein an, ergreifen es am Fußgelenk und ziehen es seitlich zur gegenüberliegenden Schulter, das Knie sollte dabei im rechten Winkel und das andere Bein gestreckt bleiben, das Becken liegt flach auf dem Boden auf. Diese Übung dehnt vor allem auch den Piriformis-Muskel (Foto Seite 78).

Seitliche Gesäßmuskulatur und unterer Rücken Sie liegen auf dem Rücken, breiten die Arme aus und winkeln beide Beine an. Nun legen Sie die Beine seitlich ab und versuchen den oberen Rücken und die Schultern möglichst am Boden zu lassen, nach 20 Sekunden wechseln Sie mit den Beinen zur anderen Seite. Diese Mobilisationsübung lockert und dehnt Gesäß und Rücken.

Brustmuskulatur (v. a. Musculus pectoralis major) In der Ausgangsstellung stehen Sie mit beiden Beinen neben einem Baum, Mast oder Türrahmen. Nun lehnen Sie sich mit gewinkeltem Arm hinter diesen Widerstand, ohne ihn festzuhalten. Dann gehen Sie mit dem Bein derselben Seite einen Schritt nach vorne, schieben Schultern und Brust nach vorne. Sie spüren bei richtiger Ausführung die verkürzten Brustmuskeln. Sie können die Übung variieren und andere Teile der fächerförmigen Brustmuskulatur ansprechen, indem Sie den Arm in verschiedener Höhe anlehnen. Diese Übung verbessert die Armhaltung beim Laufen 7 .

Fußstrecker, Schienbeinvorderseite Ziehen Sie die Schuhe aus. Dehnen Sie die Vorderseiten des Unterschenkels, indem Sie barfuß im Stehen den Vorfußrücken und die Zehen nach hinten umgebeugt nach unten gegen den Boden drücken und in dieser Position halten. Trägt zur Verhütung von Schienbeinschmerzen bei.

STEP 11 Gymnastik und Laufstil

Kräftigungsprogramm

Sie setzen bei dem hier vorgestellten Programm nur Ihr Körpergewicht ein. Vorteil: Sie brauchen keine Geräte. Nachteil: Sie haben jetzt keine faule Ausrede mehr.

Anders als beim Dehnen können Sie zwar, müssen die Übungen aber nicht unmittelbar nach dem Lauf anschließen. Eine idealer Übungsort wäre natürlich ein Rasenplatz oder Matten in einer Halle bzw. im Fitnessstudio. Zur Not reicht auch ein Handtuch als Unterlage. Alternativ könnten Sie abends im Wohnzimmer vor dem Fernseher auf dem Teppich üben. Sie sollten sich vorher ein wenig aufwärmen und dabei zur Not auf der Stelle traben. Armkreisen oder auch einfache Koordinationsübungen wie Hampelmann oder Seilspringen könnten Sie dabei gleich mit einplanen.

So kräftigen Sie richtig

Um einen Kraftzuwachs zu erreichen, müssen Sie sich kurzzeitig intensiver anstrengen. Im Gegensatz zum Ausdauertraining gehen Sie dabei in den roten, anaeroben Bereich. Natürlich gibt es graduelle Abstufungen, je nachdem wie viel Gewicht Sie dabei auflegen und wie hoch die Wiederholungszahl ist.

Die Kräftigungsübungen sollten Sie wegen der höheren anaeroben Belastung nur jeden zweiten Tag durchführen, am besten an den lauffreien Zwischentagen oder nach lockeren Läufen. Machen Sie bei den Übungen mehrere Wiederholungen jeweils bis zur subjektiven Ermüdung der betreffenden Muskulatur, und wechseln Sie gegebenenfalls die Seiten. Dazwischen lockern Sie durch Ausschütteln oder leichtes Massieren die Muskulatur ein wenig.

Wiederholen Sie, wenn unterschiedlich schwierige Übungen angegeben sind, wie bei der seitlichen Rumpfmuskulatur oder den Liegestützen, lieber die einfache Variante öfter, als nur einmal die schwerere Version durchgeführt zu haben und dann ausgepumpt zu sein. Atmen Sie während der Übung locker weiter, halten Sie nicht die Luft an. Im Gegensatz zu den statischen Dehnungsübungen können Sie bei den meisten Kräftigungsübungen die Endstellung entweder halten oder alternativ auch dynamisch etwa im Sekundentakt wippen.

Kräftigung der Fußmuskulatur

Unser Wohlstandfuß wird im Alltag nicht mehr natürlich gefordert. Er muss viel aushalten, wird laufend getreten und muss unser Körpergewicht tragen, aber wir kümmern uns fast nie um ihn. Eingezwängt in nicht selten falsches Schuhwerk leistet der Fuß Schwerstarbeit. Bei einem Marathon muss er über die gesamte Distanz einige tausend Tonnen hochwuchten. Kein Wunder, wenn es Probleme gibt.

Lassen Sie sich nicht abschrecken: Topsportler sind natürlich auch top, was die Kraft angeht. So schaffte der Deutsche Rolf Heck 2.354 Liegestütze in einer halben Stunde. Das sind mehr als 78 Stück pro Minute! Die Tschechin Renata Hamplova schaffte in zehn Minuten 426 Liegestütze.

Kräftigungsübungen

Übungen

Bauchmuskulatur Sie winkeln in Rückenlage die Beine an und lassen sie entspannt. Nun heben Sie nur die Schultern von der Unterlage und halten die Position. Achten Sie darauf, dass – schonend für den Rücken – die Lendenwirbelsäule am Boden bleibt. Sie können die Arme auf die Brust legen oder mit den Händen den Nacken stützen **1**. Ziehen Sie den Oberkörper aber nicht am Kopf hoch. Machen Sie einige Wiederholungen jeweils bis zur Ermüdungsgrenze. Bauchmuskeltraining stabilisiert das Becken und trainiert auch das Zwerchfell, die wichtigste Atemmuskulatur. Ist es zu schwach, bekommen Sie leicht Seitenstechen.

Variante Sie können die Übung dynamisch durchführen: mit den Armen nach vorne gestreckt links, zwischen die Beine und rechts wippen. So trainieren Sie auch die seitlichen Bauchmuskeln. Heben Sie auch hier den unteren Rücken nicht an **2**.

Rückenmuskulatur I Aus dem »Vierfüßlerstand« heben Sie diagonal den linken Arm und das rechte Bein in die Waagerechte an. Halten Sie diese Position eine Weile bis zur Ermüdung. Sie sollten dabei das Becken nicht seitlich hochdrehen. Führen Sie einige Wiederholungen für beide Seiten durch. Schauen Sie bei der Übung nach unten, der Hinterkopf ist die Verlängerung der Wirbelsäule **3**.

Rückenmuskulatur II Sie liegen flach auf dem Bauch. Nun heben Sie diagonal den linken Arm und das rechte Bein nur leicht an. Sie können diese Position eine Weile bis zur Ermüdung halten oder dynamisch auf beiden Seiten abwechselnd hoch- und runterwippen. Versuchen Sie nicht, Arme und Beine so hoch wie möglich anzuheben. Sie kämen dabei in ein ungünstiges Hohlkreuz. Schauen Sie auch bei dieser Übung nach unten **4**.

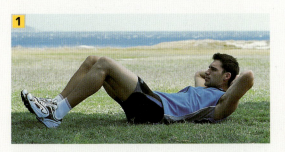

STEP 11 Gymnastik und Laufstil

Übungen

Seitliche Rumpfmuskulatur Legen Sie sich auf die Seite, und stützen Sie sich mit dem Unterarm flach auf dem Boden ab. Der Körper ist gestreckt wie ein Lineal. Nun heben Sie die Hüfte an und gehen in den Seitstütz. Halten Sie diese Position eine Weile. Wenn Sie noch nicht so kräftig sind, sollten Sie zur Vereinfachung das obere Bein vor dem Körper aufsetzen 5 . Dadurch nehmen Sie etwas Gewicht aus der Übung. Auch diese Kräftigung können Sie dynamisch bis zur Ermüdung durchführen, indem Sie das Becken im Sekundentakt anheben und wieder ablegen.

Bauch-, Rücken- und rückwärtige Oberschenkelmuskeln Diese fortgeschrittenere Kombinationsübung stärkt die Rumpfmuskulatur und die Rückseite der Oberschenkel. Aus Rückenlage winkeln Sie ein Bein an, das andere bleibt gestreckt. Die Arme liegen seitlich auf. Nun heben Sie das Becken und das nach oben gestreckte Bein in eine gerade Linie. Das Gewicht liegt nun auf den Schultern und dem angewinkelten Bein 6 . Sie können diese Position eine Weile halten oder die Übung auch dynamisch ausführen. Wenn Sie noch nicht so viel Kraft haben, können Sie beide Beine anwinkeln und das Gesäß vom Boden abheben, bis der Oberkörper in eine gerade Linie mit den Oberschenkeln kommt.

Oberkörper- und Armmuskulatur Zur Kräftigung der Vorder- und Rückseiten des Oberkörpers, Schulterbereichs und der Armmuskulatur können Sie Liegestütze in drei Varianten durchführen. Diese Übungen werden normalerweise dynamisch mit Wiederholungen bis zur Ermüdung ausgeführt. Männliche Leistungsläufer wollen

Kräftigungsübungen

Übungen

nicht unbedingt dicke Oberarme. Sie wären im Rennen nur unnötiger Ballast. Aber etwas Kraftausdauer braucht ein Läufer schon in den Armen.

Variante 1 Wenn Sie bereits viel Kraft haben, können Sie die normalen Liegestütze auf Fußspitzen und Händen trainieren. Halten Sie den Körper dabei gestreckt, und schauen Sie nach unten.

Variante 2 Noch nicht so kräftige Läufer, Ältere, Frauen oder Übergewichtige sollten sich zunächst an der einfacheren Übungsvariante versuchen, bei der man sich mit den Knien aufstützen darf (siehe das Foto auf Seite 279).

Variante 3 Um die andere Seite des Oberkörpers und der Armmuskulatur zu trainieren, können Sie rückwärtige Liegestütze durchführen. Dafür stützen Sie sich von einer festen Erhöhung – das kann zu Hause beispielsweise die Bettkante sein – auf den Händen ab und versuchen nun, den möglichst gestreckten Körper aus den Armen hoch- und runterzustemmen 7.

Oberer Rücken, Muskeln zwischen den Schultern Stellen Sie sich etwa eine Fußlänge entfernt von einer Wand auf, und lehnen Sie sich mit den Schultern dagegen. Je weiter Sie von der Wand wegstehen, desto schwerer wird die Übung. Heben Sie seitlich die Ellenbogen so weit an, bis sie etwa einen rechten Winkel zum Körper bilden. Nun stemmen Sie den gerade gestreckten Körper dynamisch mit den Ellenbogen von der Wand ab. Das ist für die meisten sehr anstrengend, weil die obere Rückenmuskulatur stark abgeschwächt ist. Wiederholen Sie bis zur Ermüdung. Sie sollten die Arme dabei nicht absinken lassen. Diese Übung wirkt gegen Rundrücken und verbessert die Armhaltung beim Laufen in Ergänzung zur Dehnung der Brustmuskulatur 8.

Fußheber, Schienbeinvorderseite Im Stehen führen Sie die Fußspitze unter einen Widerstand wie einen am Boden liegenden starken Ast. Zu Hause können Sie im Sitzen auch den Fuß unter den Teppich schieben. Nun heben Sie den Fuß dynamisch gegen den Widerstand an. Wiederholen Sie bis zur Ermüdung. Diese Übung ergänzt sich mit der Dehnung der Schienbeinvorderseite (siehe vorne) 9.

STEP 11 Gymnastik und Laufstil

Spätestens als ich in Kenia mein zierliches degeneriertes Wohlstandsfüßchen barfuß neben den Abdruck eines gleich großen einheimischen Läufers in den roten Staub setzte, war mir klar, dass ich diese Muskulatur und Stabilität nicht mehr erlangen kann. Dafür muss man von Kindesbeinen an ohne Schuhe trainieren. Dennoch können wir die Muskulatur und die Stabilität unserer Füße durch Kräftigungsgymnastik und gelegentliches, moderates Barfußlaufen auf einer gepflegten Wiese oder am Strand verbessern.

Ziehen Sie so oft wie möglich Ihre Schuhe aus, und lassen Sie die Zehen und Fußmuskeln frei spielen. Gehen Sie zu Hause auf Socken oder barfuß auf dem Teppichboden umher. Greifen Sie vor dem Fernseher mit den Zehen kleine Gegenstände, und heben Sie sie hoch. Lassen Sie Ihre Füße kreisen, strecken Sie sie, und ziehen Sie sie zusammen. Im Stehen können Sie sich auf die Zehen aufrichten und wieder auf die Fersen herunterlassen.

Das Gymnastikprogramm erweitern

Das auf den vorangehenden Seiten beschriebene und gezeigte Grundprogramm aus Dehnen und Kräftigen lässt sich, wenn Sie erfahrener sind, nach Ihren speziellen Anforderungen erweitern. Es gibt viele alternative Übungen, manchmal auch für Sie individuell bessere, die man aber vielleicht erst mit einem erfahrenen Trainer einstudieren muss.

Ich beobachte vielfach, dass Übungen von Läufern nur so ähnlich wie beschrieben, aber nicht wirklich richtig ausgeführt werden. Das geübte Auge des Trainers sieht alles. Sich dagegen selbst bei und in der Bewegung vorzustellen ist schwer. Vielleicht könnten Sie sich vor einem Spiegel kontrollieren? Natürlich lässt sich auch in einem professionell geführten Studio und mit einem Krankengymnasten ein gutes und individuelles, auf Ihre muskulären Defizite und orthopädischen Schwachstellen abgestimmtes Programm zusammenstellen.

Testen Sie Ihre Kraft und Beweglichkeit

Mit den im Folgenden vorgestellten fünf einfachen Tests können Sie Ihre Stärken und Schwächen bei Beweglichkeit und Kraft feststellen. Wichtig: Bei akuten Schmerzen und Rückenbeschwerden sollten Sie diese Tests nicht durchführen. Sollten Sie Schmerzen verspüren, brechen Sie sofort ab. Versuchen Sie nicht, irgendetwas zu erzwingen! Tragen Sie Ihren Testwert ehrlich ein, und vergleichen Sie ihn mit den Tabellenwerten. Diese gelten für Normalpersonen. Sie bekommen einen ersten Eindruck, was Sie durch das Gymnastikprogramm verbessern sollten. Sie können zum Vergleich die Tests in Abständen von einigen Wochen wiederholen.

Ergänzen Sie das Gymnastikprogramm durch Lockerungsübungen wie Arm- und Schulterkreisen vorwärts-rückwärts. Das hilft gegen Nackenverspannungen und verbessert den Laufstil.

Kraft- und Beweglichkeitstest

Testen Sie Ihre Kraft und Beweglichkeit

Test 1: Beweglichkeit – Rückseitige Bein- und Rückenmuskulatur

Rumpfbeugen

Die rückwärtigen Beinmuskeln und der Rücken sind durch im Sitzen ausgeübte Tätigkeiten meist stark verkürzt. Dies kann zu Rücken- und Ischiasbeschwerden und verkürztem Laufschritt führen.

Ausführung Nach kurzem Warmlaufen und Auflockern setzen Sie die Füße nebeneinander und beugen sich langsam, auf keinen Fall ruckartig nach vorne und versuchen, mit ausgestreckten Fingern und bei gestreckten Beinen so weit wie möglich nach unten zu reichen. Versuchen Sie nicht, durch Wippen weiter nach unten zu kommen. Schätzen oder messen Sie mit einem Metermaß den Abstand der Fingerspitzen zum Boden. Diese Übung ist auch eine gute Dehnung der Rückenmuskulatur. Dafür sollten aber die Hände rückenschonend auf dem Boden oder auf einer Erhöhung, beispielsweise einer Treppenstufe, aufgesetzt werden.

Auswertung Beweglichkeit Test 1

Was berührt den Boden? Wie groß ist der Abstand der Fingerspitzen vom Boden?

bis 25 Jahre	26 bis 45 Jahre	über 45 Jahre	Bewertung	Ihr Testwert
Faust oder Hand	mehrere Finger	eine Fingerspitze	gut	
Fingerspitze	bis 5 cm entfernt	bis 10 cm entfernt	mittel	
über 5 cm entfernt	über 10 cm entfernt	über 15 cm entfernt	nicht so toll!	

STEP 11 Gymnastik und Laufstil

Testen Sie Ihre Kraft und Beweglichkeit

Test 2: Beweglichkeit – Oberkörper und Schulterbereich

Handgeben

Nackenschmerzen im Alltag und beim Laufen ein schlechter Stil mit steifer Armarbeit sind die Konsequenzen aus einem steifen Oberkörper und Schulterbereich.

Ausführung Versuchen Sie, sich hinter dem Rücken die Hand zu geben. Testen Sie beide Seiten getrennt. Kontrollieren Sie gegebenenfalls im Spiegel. Sie werden vielleicht feststellen, dass Sie links und rechts verschiedene Ergebnisse haben.

Auswertung Beweglichkeit Test 2

Wie nahe kommen Ihre Hände hinten zusammen?

	Bewertung	linke Hand oben	rechte Hand oben
Sie können sich die Hand geben	gut		
Fingerspitzen berühren sich	mittel		
Fingerspitzen über 3 cm entfernt	nicht so toll!		

Kraft- und Beweglichkeitstest

Testen Sie Ihre Kraft und Beweglichkeit

Test 3: Beweglichkeit – Muskeln des Schultergürtels

Ausschultern

Die Schulter- und Brustmuskulatur ist bei den meisten Menschen sehr verspannt. Der Bewegungsradius ist deutlich eingeschränkt. Schulter-, Nacken-, Kopfschmerzen sowie eine unökonomische Armarbeit beim Laufen sind häufig die Folge.

Ausführung Mit anfangs weitem Griff halten Sie ein festes Seil oder einen Stock mit beiden Händen über dem Kopf. Nun führen Sie es mit durchgestreckten Armen nach hinten zum Gesäß. Versuchen Sie, immer enger zu greifen, bis Sie das »Ausschultern« gerade noch durchführen können. Messen Sie mit einem Metermaß die engste Griffweite, bei der Sie die Übung noch korrekt ausführen.

Auswertung Beweglichkeit Test 3

Was war Ihre engste Griffweite?

bis 25 Jahre	26 bis 45 Jahre	über 45 Jahre	Bewertung	Ihr Testwert
unter 75 cm	unter 95 cm	unter 115 cm	gut	
75 bis 100 cm	95 bis 115 cm	115 bis 135 cm	mittel	
über 100 cm	über 115 cm	über 135 cm	nicht so toll!	

STEP 11 Gymnastik und Laufstil

Testen Sie Ihre Kraft und Beweglichkeit

Test 4: Kraft – Bauchmuskulatur

Situps

Die Bauchmuskulatur gehört zu den Muskeln, die nicht verkürzen, sondern ohne Training zur Abschwächung neigen. Eine kräftige Bauch- und Rumpfmuskulatur sieht nicht nur sportlich aus, sondern hilft auch gegen Rückenbeschwerden. Eine stabile Rumpfmuskulatur vermindert den Aufprall beim Laufen und erhält eine ruhige Haltung des Oberkörpers.

Ausführung Achtung! Diese Übung ist kein gutes Trainingsprogramm, sondern nur ein Test für rückengesunde Personen. Die rückenschonende Übung zur Kräftigung der Bauchmuskulatur finden Sie im Gymnastikprogramm (Seite 271). Legen Sie sich mit angewinkelten Beinen auf den Rücken, und stemmen Sie die Fersen in den Boden. Verschränken Sie die Arme vor dem Körper. Heben Sie nun langsam, ohne dabei Schwung zu nehmen, den Oberkörper in die Sitzposition, legen Sie ihn wieder vorsichtig ab, und versuchen Sie den nächsten Situp nach einigen Sekunden. Die Füße sollten bei richtiger Ausführung am Boden bleiben. Zählen Sie, wie viele korrekte Wiederholungen Sie kontinuierlich durchführen können.

Auswertung Kraft Test 4

Wie viele korrekte Situps haben Sie hinbekommen?

bis 25 Jahre	26 bis 45 Jahre	über 45 Jahre	Bewertung	Ihr Testwert
mehr als 35	mehr als 27	mehr als 20	gut	
20 bis 35	15 bis 27	10 bis 20	mittel	
weniger als 20	weniger als 15	weniger als 10	nicht so toll!	

Kraft- und Beweglichkeitstest

Testen Sie Ihre Kraft und Beweglichkeit

Test 5: Kraft: Arm- und Oberkörpermuskulatur

Liegestütze

Männer haben in den Armen und im Schultergürtel normalerweise mehr Kraft als Frauen. Daher hat der Test eine Herren- und eine Damenvariante mit unterschiedlichen Auswertungstabellen. Näheres zu den Übungen finden Sie im Gymnastikprogramm (Seite 272/273).

Ausführung 5a Männer bis 60 Jahre: Hände neben den Schultern aufsetzen und mit den Armen den gerade gestreckten Körper vom Boden abstemmen. Beim Absenken sollte die Brust fast den Boden berühren. Wie viele Liegestütze schaffen Sie ohne Pause?

Ausführung 5b Männer über 60 Jahre und Frauen: Zur Erleichterung dürfen Sie sich mit den Knien abstützen. Ansonsten Ausführung wie oben.

Auswertung Kraft Test 5

Bei 5a: Wie viele kontinuierliche Liegestütze schaffen Sie?

bis 25 Jahre	26 bis 45 Jahre	über 45 Jahre	Bewertung	Ihr Testwert
über 35	über 30	über 25	gut	
20 bis 35	15 bis 30	10 bis 25	mittel	
unter 20	unter 15	unter 10	nicht so toll!	

Bei 5b: Wie viele kontinuierliche Liegestütze schaffen Sie?

bis 25 Jahre	26 bis 45 Jahre	über 45 Jahre	Bewertung	Ihr Testwert
über 30	über 25	über 18	gut	
15 bis 30	12 bis 25	6 bis 18	mittel	
unter 15	unter 12	unter 6	nicht so toll!	

STEP 11 Gymnastik und Laufstil

Den Laufstil optimieren

Am 12. August 1928 kamen zum ersten Internationalen Züricher Leichtathletiksportfest 3.000 Zuschauer, um für eine Viertelstunde den Läuferästheten Paavo Nurmi aus Finnland triumphieren zu sehen. Nurmi wurde zwischen 1924 und 1931 neunmal Olympiasieger und stellte zwanzig Weltrekorde auf. In der *Schweizer Fußball- und Athletikzeitung* begeisterte sich damals Fritz Klipstein: »Wesentlich war, dass die Zuschauer durch Nurmi den Begriff der Poesie des Laufens erläutert erhielten. Nurmi läuft nicht nur schneller, sondern auch schöner als alle anderen Läufer. Vielleicht ist er gerade deshalb schnell, weil er schön läuft.«

Eine andere Lauflegende, Emil Zatopek, vierfacher Olympiasieger und 18facher Weltrekordler, mag uns vom Gegenteil überzeugen. Kopfrollend, mit den Ellenbogen um sich schlagend und mit der Zunge aus dem Hals hängend, kämpfte sich die »tschechische Lokomotive«, wie man ihn wegen seines Laufstils nannte, von Erfolg zu Erfolg. Zatopek war sich seines schlechten Laufstils bewusst. Darauf angesprochen meinte er, es würde ihn zu viel Zeit kosten, seine Technik umzustellen. Die investiere er lieber in sein Training. Sicher war er der Konkurrenz damals durch seine extreme Trainingsmethodik und vielleicht auch mental überlegen. Er konnte sich sozusagen einen schlechten Laufstil leisten.

Die unvergessene »tschechische Lokomotive« Emil Zatopek, vierfacher Olympiasieger, war beim Laufstil nicht gerade ein Vorbild.

Laufstil optimieren – Arme

Mit den Armen laufen lernen

Während Sprinter und Mittelstreckenläufer am Laufstil feilen, vernachlässigen viele Langstreckenläufer und auch ihre Trainer insbesondere die Armarbeit sträflich. Beobachtet man Sprinter in der Zeitlupe, so führen sie die Arme mit Schwung nach vorne neben den Kopf. Sprinter setzen die Arme bewusst und kraftvoll ein und verfeinern beim Laufstil daher auch die Armarbeit. Mittelstreckler lernen, mit Armeinsatz im Spurt noch einen zusätzlichen Bewegungsimpuls nach vorne zu bringen und die Geschwindigkeit der müden Beine dadurch zu erhöhen oder wenigstens zu halten. Und Langstreckler? Sie haben zumeist dünne Oberärmchen und fuchteln damit mehr oder weniger seitlich oder vor dem Körper hin und her. Sie vergeuden bei dieser Fehlbewegung Energie, die man besser in den Vortrieb investieren sollte. Sicherlich brauchen Langstreckenläufer nicht die Muskelpakete der Sprinter, aber wohin die Arme schwingen, ist eben nicht egal.

Der richtige lockere Armschwung führt seitlich neben dem Rumpf nach vorne, nur leicht nach innen. Er sollte aber auf keinen Fall die Mittellinie des Körpers überschreiten. Ober- und Unterarm bilden in etwa einen rechten Winkel. Sie denken vielleicht: »Genauso mache ich es doch.« Wahrscheinlich haben Sie sich noch nie selbst laufen sehen! Sie werden sich wundern, fast alle Freizeit-, aber auch Elitelangstreckenläufer haben nach meinen Beobachtungen eine sehr unökonomische Armarbeit. Hier hilft nur eine Videolaufstilanalyse wirklich weiter. Sollten Sie dabei die Arme zu weit nach innen führen oder sogar mit den Schultern stark vor- und zurückpendeln, gibt es dafür sicherlich mehrere Ursachen.

Muskuläre Ursachen schlechter Armarbeit

Hinter schlechter Armarbeit stecken meist muskuläre Verspannungen und Ungleichgewichte: Im Schultergürtel sind die Brustmuskeln verkürzt und der obere Rücken, also die Muskeln zwischen den Schulterblättern, abgeschwächt. Die verspannten Brustmuskeln ziehen die Schultern nach vorne und damit die Arme nach innen. Und

> **Versuch**
>
> ### Kann man mit den Armen laufen?
>
> Natürlich kann man mit den Armen laufen oder zumindest die Bewegungsrichtung unterstützen. Versuchen Sie es doch einfach einmal selbst. Stellen Sie sich gerade hin, und nehmen Sie mit den Armen kräftig Schwung nach vorne, dann zur Seite oder nach hinten. Sie werden bemerken, dass Sie in die jeweilige Richtung das Gleichgewicht verlieren werden.

Die Britin Paula Radcliffe, Weltrekordlerin im Marathonlauf mit 2:15:25, besticht wie Emil Zatopek nicht gerade durch einen schönen Laufstil.

STEP 11 Gymnastik und Laufstil

Arm- und Oberkörperhaltung richtig (jeweils links) und falsch, siehe auch Seite 283ff.

die schwachen oberen Rückenmuskeln können nicht dagegenhalten. Verstärkt wird dieses muskuläre Ungleichgewicht durch unsere Alltagshaltung mit leichtem Rundrücken beim Sitzen. Je steifer man im Oberkörper ist, desto mehr ersetzt Vor- und Zurückpendeln der Schultern das lockere Armschwingen. Der Drehpunkt wandert vom Armgelenk in die Körperachse. Das ist unökonomisch und bedeutet unnötigen Kraftaufwand, da dieses Pendeln des Rumpfs immer wieder korrigiert werden muss. Die natürliche Gegenreaktion der Verdrehung des Oberkörpers ist ein X-Bein-artiges seitliches Ausscheren der Beine in die Gegenrichtung.

richtig – von vorne

Arme zu tief und zu breit

Arme zu weit nach innen

richtig – von der Seite

Schultern pendeln nach innen

Oberkörper pendelt

Die Armführung verbessern

Was ist genau zu tun? Die verspannten Brustmuskeln müssen gedehnt und die zu schwachen Muskeln des oberen Rückens gekräftigt werden. Das richtet den Oberkörper auf, und der Armschwung kann sich wieder nach vorne öffnen. Die Übungen finden Sie im Gymnastikteil (Seite 266ff.). Darüber hinaus helfen auch simple Lockerungsübungen wie Armkreisen vor- und rückwärts, die verspannten Schultern beweglicher zu machen. Sie müssen sich auch während eines Trainingslaufs

Mein Profi-Tipp

Hilfsmittel

Im Extremfall können Sie auch Hilfsmittel weiterbringen. Als ich selbst früher mit den Armen zu weit nach innen pendelte, drückte mir mein älterer Bruder Manfred einfach zwei lange Stöcke in die Hände und sagte: »Lauf mal damit!« Wenn ich nun die Arme zu weit nach innen geführt hätte, hätte ich mich selbst gepikst.

immer und immer wieder abrufen: Wo sollen die Arme hin? Nach vorne! Vielleicht laufen Sie schon seit vielen Jahren unbewusst in diesem Bewegungsmuster. Diese neuromuskulären Verschaltungen können Sie nur durch konsequentes Anders-Bewegen umprogrammieren. Visualisieren Sie im Kopf nach einer Laufstilanalyse Ihr eigenes Bewegungsmuster. Vergleichen Sie es mit einem idealen Sollmuster. Rufen Sie sich immer und immer wieder den richtigen Ablauf vor Augen, und korrigieren Sie entsprechend.

Spezielle Armführungsprobleme

Weitere Fehler bei der Armführung sind zu hoch angewinkelte oder zu tief hängende oder auch asymmetrisch geführte Arme. Hängen die Arme zu tief, was nicht selten bei Triathleten zu sehen ist, so kann schon eine kleine Fehlführung der Arme, beispielsweise nach innen, gemäß den Hebelgesetzen zu einer großen Unwucht führen. Eine breite Armhaltung ist im unwegsamen Gelände wie bei einem Crosslauf oder steil bergab zum Halten des Gleichgewichts natürlich richtig. Normalerweise sollten die Arme aber eng am Körper nach vorne vorbeigeführt werden. Eine zu weit geschnittene Laufbekleidung, die Jacke, die während des Trainings ausgezogen und um die Hüfte geknotet wird, zwingt den Läufer aber zu einer breiten Armführung. Die Unterarme werden zu weit oder zu hoch und nach innen geführt, und die Ellenbogen stehen nach außen ab.

Asymmetrische Armführung ist recht häufig und führt zu einem mehr oder weniger unruhigen und unökonomischen Laufstil. Der äthiopische Weltrekordler und Olympiasieger Haile

Eine Laufstilanalyse im Freien mit einer Videokamera von vorne, von hinten und von der Seite hilft, Fehlbewegungen und gymnastische Defizite aufzudecken.

STEP 11 Gymnastik und Laufstil

Gebreselasie, eigentlich ein guter Stilist, erklärt seine leichte Divergenz in der Armarbeit mit seiner Schultasche, die er früher unter den Arm geklemmt hatte. Solche Bewegungsmuster sitzen meist sehr tief.

Prüfen Sie sich doch selbst einfach mit dem Beweglichkeitstest 2 »Handgeben« (Seite 276). Fast immer hat man eine bessere, beweglichere und eine steifere Seite. Wir sind Rechts- oder Linkshänder, schieben vielleicht seit einiger Zeit einen Laufkinderwagen vor uns her oder tragen einen Walkman in einer Hand. Einseitige Arbeitshaltungen können ebenso wie frühere oder akute Verletzungen und daraus resultierende Schonhaltungen die Ursache sein. Arme und Beine sollten dabei nicht getrennt analysiert werden.

Oft ist eine asymmetrische Armhaltung mit einem Problem im Fuß- oder Beinbereich gekoppelt. Letztlich können anatomisch bedingte Fehlstellungen wie Beckenschiefstand, Beinlängendifferenz, Wirbelsäulenkrümmung und auch einseitige Nervenreizungen aus dem Rücken die Ursache sein. Hier hilft ein Krankengymnast oder sporterfahrener Orthopäde weiter.

Die Haltung der Hände

Eine Laufstilanalyse sollte auch die Hände nicht übersehen. Wer sich mit geballten Fäusten nach vorne kämpft, ist muskulär verkrampft (und meist auch psychisch angespannt). Machen Sie einen einfachen Test: Bilden Sie mit einer Hand eine Faust. Nun tasten Sie mit der anderen Hand die Muskeln von Unter-, Oberarm nach oben ab. Merken Sie, wie der Arm bis in die Schultern verkrampft ist? Das Gleiche passiert auch, wenn Sie beim Laufen einen Schlüssel oder Gewichte in der Hand klammern. Führen Sie die Hand ganz locker mit, Daumen auf der Oberseite, die Finger nur leicht in Richtung Handteller eingekrümmt. Stellen Sie sich vor, Sie hätten einen großen Tagfalter in der Hand; er soll nicht entkommen, aber auch nicht zerdrückt werden.

Körperhaltung und Bedeutung der Rumpfmuskulatur

Laufen Sie in aufrechter Haltung, der Oberkörper ist nur ganz leicht nach vorne geneigt. Starren Sie nicht vor sich auf den Boden, sondern tragen Sie den Kopf aufrecht. Der Kopf führt den Oberkörper. Wenn Sie sich zu sehr nach vorne neigen, behindern Sie auch die Atmung.

Ist die Rumpfmuskulatur zu schwach, fallen Läufer gegen Ende eines Wettkampfs stilistisch regelrecht in sich zusammen. Der Oberkörper beginnt zu wackeln, das Becken rutscht nach hinten, man sackt in eine Sitzhaltung und kippt verstärkt nach vorne. Die Instabilität führt wiederum zunehmend zu unkoordinierten Bewegungen der Arme und Beine. Eine gut ausgebildete und ausdauernde Rumpfmuskulatur hingegen bildet ein solides Widerlager, einen ruhenden Pol für die Arm- und

---

Wenn Läufer müde werden, führen sie zunehmend unkontrollierte Fehlbewegungen aus. Die Füße kippen stärker nach innen, und der Oberkörper beginnt zu wackeln.

Laufstil optimieren – Beine

Beinarbeit. Stellen Sie sich vor, Sie hätten ein Rennrad mit butterweichem nachgebendem Rahmen. Der Druck auf die Pedale und das Ziehen am Lenker würden verpuffen. Die Bedeutung der Kräftigung von Bauch-, Rücken- und seitlicher Rumpfmuskulatur kann daher nicht oft genug hervorgehoben werden. Sie ist auch von immenser Bedeutung für die Laufökonomie.

Der ökonomische Laufschritt

Beobachten wir erneut Radrennfahrer. Bei der langen Alpenetappe über 200 Kilometer treten die meisten eine recht hohe Frequenz. Jede kleine Umdrehung kostet nicht so viel Kraft, Anspannungs- und Entspannungsphasen wechseln in schnellen Zyklen ab. Beim kurzen Zeitfahren dagegen legen sie das dicke Blatt mit einer riesigen Übersetzung auf. Jede einzelne Umdrehung bringt weit nach vorne, kostet aber auch sehr viel mehr Kraft.

Übersetzt aufs Laufen bedeutet das: Versuchen Sie nicht, einen künstlich großen Schritt hinzulegen, es sei denn, Sie bereiten gerade einen Sprint oder einen 800-Meter-Lauf vor. Riesenschritte sind für Langstreckenläufer zu verletzungsanfällig und auch nicht sehr ökonomisch. Wenn Ihre Beinmuskulatur nicht verkürzt ist, können Sie beim Tempowechsel, etwa zwischen Jogging und Dauerlauf, wie bei einer Mehrgangschaltung zwischen verschiedenen Schrittlängen hin- und herwechseln. Erst beim sehr schnellen

Wie Sie Ihren Laufstil auch durch eine Laufschule verbessern können, sehen Sie am Ende dieses Kapitels (Seite 290ff.).

Um einen schönen Laufstil zu bekommen, hilft eine Videoanalyse, Laufschule und Gymnastik.

STEP 11 Gymnastik und Laufstil

Lauf und Sprint wird auch die Schrittfrequenz zusätzlich erhöht. Bergan nimmt die Schrittlänge ab, die Frequenz eher zu.

Natürlich haben große Läufer mit langen Beinen eine größere Schrittlänge als kleine. Beim 5.000-Meter-Lauf liegt die Schrittlänge durchschnittlich zwischen 1,5 und 1,6 Meter, beim Marathon unter 1,3 Meter.

Der Mittelstreckler übt durch spezielles Krafttraining für die Beine, durch schnelle Läufe und Hügelsprünge, die Kraft für einen großen raumgreifenden Schritt zu bekommen. Das sieht phantastisch aus. Die Bewegungsamplitude ist so ausladend, dass diese Gazellen sich beim Schwungholen, dem Anfersen, fast in den eigenen Hintern treten. Ein Einsteiger, aber auch ein Marathonläufer hat dagegen eher einen unspektakulären, schleichenden Tippelschritt und hebt die Beine nicht mehr als nötig. Der Körperschwerpunkt geht nur einige Zentimeter nach oben und unten.

Wie bei allen Gewohnheiten ist es auch beim Laufstil nur durch fleißiges Üben möglich, eingeschliffene Fehlhaltungen umzustellen.

Mein Profi-Tipp

Springen vermeiden

Wenn Sie mit einem eng angeschnallten Rucksack laufen, in den Sie eine Konservendose geben, merken Sie schnell, ob Sie eher springen – die Dose purzelt wild im Rucksack umher – oder schleichen.

Mit den Füßen richtig laufen

Die Fußarbeit hängt von vielen Faktoren, wie dem Untergrund, dem Geländeprofil, der Laufgeschwindigkeit, Ihrer Fußanatomie, Beinstellung, Muskelkraft, dem Ermüdungsgrad, Körpergewicht und den richtig gewählten Laufschuhen, ab. Auch hier hilft eine Videolaufstilanalyse weiter.

Die Fußspitzen sollten auf festem Untergrund wie Asphalt möglichst nach vorne zeigen. Werden sie nach außen gestellt, verschenken Sie einige Zentimeter. (Abgespreizte Füße können allerdings auch anatomisch durch die Stellung des Unterschenkels bedingt sein.) Die Spurbreite, also wie weit entfernt voneinander in der Querrichtung Sie die Füßen, aufsetzen, hängt auch von der Geschwindigkeit ab: Beim schnellen Laufen werden die Füße idealerweise auf einer Linie aufgesetzt. Sie schnüren wie ein Fuchs. Was das Abrollverhalten mit den Füßen anbelangt, werden in Fachkreisen seit einiger Zeit verschiedene Stile kontrovers diskutiert:

Der Ballen- oder Vorfußlauf

Der Ballen- oder Vorfußläufer landet bei jedem Schritt auf dem Vorfuß, von dem er auch wieder abdrückt. Das wirkt rein optisch leichter und eleganter. Es wird oft behauptet, der Ballenlauf wäre der natürliche Laufstil beim Barfußlaufen. Da wurde aber scheinbar nicht so genau hingeschaut. Denn

Laufstil optimieren – Füße

eigene Studien kenianischer Läufer, Filmanalysen von Buschmännern der Kalahari und barfuß laufenden Kindern am Strand belegen: Immer, wenn es gilt, eine längere Strecke im langsamen Tempo zurückzulegen, wird automatisch über den ganzen Fuß abgerollt. Beim Sprint und Mittelstreckenlauf hingegen ist der Vorfußlauf ganz normal. Den Ballenlauf für schnelle kurze Wettkämpfe kann man mit einer vorsichtigen Umstellung lernen. Ein zu schnelles Wechseln auf diesen Stil überlastet leicht die Wadenmuskulatur und Achillessehnen.

Fersen- oder Rückfußlauf

Beim Fersen- oder Rückfußlauf wird mit der Außenkante der Ferse zuerst aufgesetzt und dann über den ganzen Fuß abgerollt, bevor wieder über den Vorfuß abgedrückt wird. Es sollte natürlich nicht in einem stauchenden Stemmschritt mit weit nach vorne gestrecktem Bein gelandet werden. Beim Abrollen kann es allerdings im Fußgelenk zu einer Kippbewegung nach innen, der gelenkbelastenden Überpronation kommen. Diese lässt sich allerdings meistens durch einen guten Laufschuh ausgleichen. Dafür muss man also keineswegs auf den Vorfußlauf wechseln. Das würde ich nur in extremen Fällen mit einer vorsichtigen Umstellung empfehlen.

Fast alle Marathonläufer der Weltspitze laufen über die Ferse. Es gibt darunter noch einige Mittelfußläufer – zur Beschreibung dieses Stils siehe die Tabelle auf Seite 289 –, aber so gut wie keinen Ballenläufer.

Die Stilarten abwechseln

Die nachfolgende Tabelle gibt einen Überblick über Pro und Contra zu den verschiedenen Stilarten beim Abrollen. Das einseitige Anpreisen eines Laufstils beim Abrollen ist falsch. Am besten, am orthopädisch schonendsten und am natürlichsten ist es, wenn man alle Stilarten beherrscht und nach Bedarf einsetzt.

Wenn es darum geht, ökonomisch zu laufen, ist der Fersenlauf am besten. Wenn viel Kraft entfaltet werden muss, ist natürlich der Ballenlauf empfehlenswerter. Wer beim Marathon auf dem Ballen tänzelt, macht genauso einen Fehler wie jemand, der versucht, über die Fersen zu sprinten! Der Mittelfußlauf mit Landung auf der Außenkante im mittleren Fußdrittel steht gewissermaßen dazwischen und bildet einen guten Kompromiss.

Auf einer bergigen Trainingsrunde, was ich im Training einzubauen nur wärmstens empfehlen kann, wechselt man automatisch zwischen den Stilarten. Bergan wird auf dem Vorfuß gelaufen und runter über den ganzen Fuß abgerollt. Das bietet nicht nur unterschiedlich wirksame Trainingsreize, sondern verteilt die orthopädische Belastung optimal und birgt selbstverständlich ein geringeres Verletzungsrisiko, als nur stur eine Stilart zu laufen.

> Wer stark übergewichtig ist oder Achillessehnenbeschwerden hat, sollte den Vorfußlauf sein lassen.

STEP 11 Gymnastik und Laufstil

Es gibt nicht den einzigen »richtigen« Stil, mit dem Fuß abzurollen. Jeder hat Vor- und Nachteile. Es kommt darauf an, wie schnell Sie laufen und in welchem Gelände. Auch Fehlstellungen und das Körpergewicht sind zu berücksichtigen. Am besten, Sie variieren zwischen den drei Stilarten.

Übersicht Fersen-, Mittelfuß- und Ballenlauf

Fersenlauf

Beschreibung	Landung hinten über die Außenkante der Ferse, Abrollen über den ganzen Fuß und Abdruck mit dem Vorfuß.

Verwendung	Der typische Jogging- und Dauerlaufschritt, Langstrecke und Marathon.
Vorteile	Sehr ökonomisch. Lande- und Abdruckpunkt liegen rund 30 Zentimeter auseinander. Diese Strecke legt man beim Abrollen recht stabil zurück.
Nachteile	Orthopädische Belastung bei der Landung geht etwas mehr in die Knochen. Im schwierigen Gelände wie auf Wurzelwegen oder Geröll im Tritt sehr unsicher.
Empfehlung	Ideal zum Rollen auf ebenem Waldboden und Asphalt! Wenn Sie nicht extrem überpronieren, ist dieser Stil für Dauerlauf und Wettkämpfe von 10 Kilometer bis Marathon und länger zu empfehlen. Orthopädisch auch empfehlenswert für das Bergablaufen (dabei kleinere Schritte machen und im Knie abfedern).

Laufarten

Mittelfußlauf
Landung auf der Außenkante des ganzen Fußes, leichtes Abrollen und Abdruck mit dem Vorfuß.

Der Kompromiss – geeignet für Dauerlauf und Marathon.

Verteilt die orthopädische Belastung etwas gleichmäßiger.

Überlastung der Außenkante des Fußes.

Ein guter Kompromiss. Für leichte Überpronierer als Stil für Dauerlauf und Wettkämpfe von 10 Kilometer bis Marathon und länger zu empfehlen. Noch besser ist es allerdings, alle Stilarten abzuwechseln!

Ballenlauf
Landung und Abdruck auf dem Vorfuß.

Der typische Stil für Berglauf, Mittelstrecke und Sprint oder im unwegsamen Gelände.

Mehr Kraftentfaltung möglich. Vermeidet bei starker Kippbewegung des Fußes (Überpronation) das Einknicken nach innen, da nicht über den ganzen Fuß abgerollt wird.

Orthopädische Belastung geht mehr in den Muskel- und Sehnenapparat. Belastet bei Landung und Abdruck doppelt den Vorfußbereich: die Wadenmuskulatur und Achillessehnen. Da Lande- und Abdruckpunkt identisch sind, muss man bei jedem Schritt 30 Zentimeter weiter und dafür höher springen als beim Fersenlauf. Dadurch ist der Aufprall härter!

Optimal für Sprint und Mittelstrecke bis 5, teils auch 10 Kilometer und für Bergauflauf, allerdings bei allem sehr kraftraubend. (Daher ist bergan Abwechseln mit Fersenlauf zu empfehlen.) Gut auch im Gelände, bei Crossläufen, auf Geröll und Wurzelwegen. Nichts für Übergewichtige und Läufer mit Achillessehnenbeschwerden!

STEP 11 Gymnastik und Laufstil

Laufschule und Koordinationsläufe

Ein guter Laufstil setzt motorische und konditionelle Eigenschaften einer guten gymnastischen Ausbildung voraus. Dabei handelt es sich um Beweglichkeit und Kraft, aber auch um Kraftausdauer und koordinative Eigenschaften. Auch der Lockerung und Entspannung der Muskulatur kommt eine große Bedeutung zu. Wenn Sie immer nur im monotonen langsamen Schlappschritt vor sich hinschleichen, werden Sie keinen schönen, aber, noch wichtiger, auch keinen effizienten Laufstil haben. Sie werden Ihr Potenzial, Ihre Bestzeit nicht richtig ausschöpfen und verbessern.

Für Einsteiger ist es bestimmt nicht das erste Ziel, möglichst schön zu laufen, sondern vielleicht, gesund zu werden, Muskeln aufzubauen oder abzunehmen. Vielen fehlt natürlich auch zunächst die Kraft und Ausdauer für einen hohen Kniehub oder einen langen, raumgreifenden Schritt. Bevor man also eine gezielte intensive Schulung des Laufstils oder auch exzessiv mit Tempoläufen beginnt, ist es zuerst notwendig, die dafür erforderliche Stabilität des Bewegungsapparats zu erreichen. Wer dann wie in meinen Plänen vorgestellt in sein Grundlagentraining Tempoläufe, Intervalle, Fahrtspiel oder Geländeläufe integriert, wird spielerisch bald ein erweitertes und noch vielfältigeres Bewegungsspektrum aufweisen.

Steigerungsläufe (Seite 93) sind das einfachste Element einer Laufschule. Bei Übergewicht sollte man damit aber nur vorsichtig beginnen.

Ökonomischer und flexibler laufen

Spätestens, wenn Sie als fortgeschrittener Fitnessläufer an den ersten Wettkämpfen teilnehmen, sollten Sie sich zur Verbesserung Ihrer Koordination mit der Laufschule, auch Lauf-ABC genannt, beschäftigen. Für Leistungsläufer ist es ein Muss, aber auch Freizeitläufer profitieren davon. Durch häufiges Üben übertriebener, vom normalen Dauerlaufschritt stark abweichender Bewegungsmuster verbessern Sie
- Kraft und Kraftausdauer
- Schnelligkeit
- Geschicklichkeit
- Koordination
- Bewegungsfrequenz
- Schrittlänge
- Fußarbeit
- Körperhaltung
- muskuläre Dysbalancen.

Durch ein vielfältigeres Bewegungsmuster können Sie besser umschalten, beispielsweise Ihre Lauftechnik flexibel den Geländegebenheiten oder einer speziellen Wettkampfsituation wie Spurt oder Bergablaufen anpassen. Sie werden besser mit Ihren Reserven haushalten und nicht so schnell ermüden. Fehl- und Ausweichbewegungen, die seitwärts oder vertikal Energie verschleudern, werden weniger oder später auftreten. Sie bauen Hilfsmuskeln auf, die vielleicht in der Endphase eines Wettkampfs die ermüdeten Hauptmuskeln unterstützen können.

Laufschule

So läuft die Laufschule

Für Koordinationsläufe sollten Ihre Muskeln ausgeruht und locker sein. Am besten eignet sich ein Tag zwischen belastenden Einheiten. Sie können das Programm aber auch einem ruhigen kürzeren Jogging anschließen. Freizeitläufer könnten ein Lauf-ABC einmal pro Woche einplanen, Leistungsläufer auch öfter. Eine Schulung des Laufstils muss im Training selbstverständlich zusätzlich mit einem ergänzenden Gymnastikprogramm kombiniert werden.

Natürlich können Sie selbst die Intensität, die Übungen und die Zahl der Wiederholungen nach Gefühl Ihrem Trainingszustand anpassen. Steigerungen können Sie spielerisch fast immer in einen Dauerlauf einstreuen. Sprungläufe sind viel anstrengender und gehen schon in den anaeroben Bereich. Sie müssen daher umsichtiger eingeplant werden. Vor den Übungen sollten Sie sich auf jeden Fall zehn Minuten warm laufen und hinterher etwas austraben. Auf einem gepflegten Rasen oder am Strand können Sie das Programm zur gleichzeitigen Fußkräftigung auch barfuß durchführen. Zur Vermeidung von Achillessehnenbeschwerden sollten Sie es aber damit nicht übertreiben. Auch bei der Laufstilschulung gilt: Lassen Sie dem Körper Zeit, in jede neue Belastung hineinzuwachsen, und starten Sie mit kleinen Portionen, kürzeren Serien sowie weniger Wiederholungen.

Das Übungsprogramm

Je nach Leistungsvermögen, Tagesform und Trainingszustand können Sie Ihr Programm individuell zusammenstellen. Versuchen Sie aber, eine Vielfalt verschiedener Bewegungsformen zu integrieren. Die Laufschule kann zehn Minuten oder eine halbe Stunde dauern und macht übrigens auch Kindern großen Spaß. Aber überfordern Sie die Kleinen nicht. Niemand muss Gewaltleistungen erbringen, etwa die Weltrekordzeit über 100 Meter Rückwärtslaufen von Ferdie Ato Adoboe aus Ghana unterbieten: Er benötigte dafür 13,6 Sekunden. Nachfolgend habe ich Ihnen ein Programm einfach durchzuführender Koordinationsübungen zusammengestellt.

Ideal ist ein Stadion, wo Sie nach Gefühl oder nach den Markierungen eines Fußballfeldes über den ganzen oder halben Rasenplatz eine Übung durchführen und in den Pausen dazwischen wieder zurücktraben. Meist sind auch Stufen für Treppensprints vorhanden. Sprungläufe können Sie auch knochenschonend bergan an Böschungen oder Hügeln durchführen.

Anfersen ist eine leichte Koordinationsübung.

STEP 11 Gymnastik und Laufstil

Übungen

Die Übungen sind ungefähr nach dem Schwierigkeitsgrad aufgelistet. Kombinieren Sie wie beim Fahrtspiel nach Gefühl belastende und entlastende Übungen. Dazwischen streuen Sie immer ganz langsame Trab- oder Gehpausen. Starten Sie beispielsweise mit sanfteren Übungen wie Anfersen über 100 Meter, und steigern Sie die Belastung über den Hopserlauf zum anstrengenden Sprunglauf über nur noch 30 Meter. Zum Abschluss machen Sie einige Steigerungsläufe. Wiederholen Sie Sprünge bei jedem Übungszyklus so oft, bis die Ermüdung beginnt. Es bringt nichts, wenn Sie die schweren Übungen nicht mehr sauber ausführen können. Koordinationsläufe sind nicht der Zeitpunkt für ein Schwätzchen. Konzentrieren Sie sich auf eine korrekte Durchführung. Integrieren Sie aktiv die Arme. Achten Sie darauf, dass Sie diese nicht nach innen, sondern wirklich nach vorne in Laufrichtung schwingen. Gut wäre natürlich die Kontrolle durch einen Trainer.

Die Übungen

Anfersen Beim Laufen den Unterschenkel hinten hochschlagen, als ob man sich in das Gesäß treten wollte, Arme schwungvoll nach vorne mitführen. *Variation* Nur jeden zweiten oder dritten Schritt anfersen (Foto Seite 291).

Rückwärtslaufen Alles läuft mal umgekehrt, der Name ist Programm **1**.

Seitwärtslaufen Sie laufen seitwärts, dabei überkreuzen sich vorne die Beine **2**.

Laufschule

Übungen

Blumen pflücken Auf Kommando eines Mitläufers muss man jeweils mit der linken oder rechten Hand den Boden berühren.

Treppenlaufen Sie sprinten einen Treppensatz im Stadion hoch und traben wieder runter.

Stakkatolaufen Sie laufen mit kleinen, möglichst hochfrequenten Schritten.

Kniehebelauf Sie heben in schneller Frequenz die Knie bewusst vorne ganz hoch an, das ist recht anstrengend. Schwingen Sie mit den Armen kräftig nach vorne mit 3.

Hopserlauf vorwärts Sie versuchen, mit einem Bein abspringend mit ausgestrecktem Arm den Himmel zu greifen, die Knie werden ebenfalls hochgeschwungen 4.

Hopserlauf seitwärts Sie springen mit gespreizten Beinen seitwärts, führen ein Bein nach, schlagen an das andere an, ohne zu überkreuzen 5.

Einbeinhüpfen Sie hüpfen auf einem Bein und wechseln auf der Hälfte der Strecke.

Zweibeinsprünge Aus tiefer Hocke springen Sie mit beiden Beinen nach vorne – sehr anstrengend.

Sprunglauf Mit Anlauf und kräftigem Armeinsatz versuchen Sie einen Hoch-Weitsprung – sehr anstrengend. Sie können auch einen Zyklus jeweils nur auf Hoch- oder Weitsprung beschränken 6.

STEP 12

Den Laufspaß behalten

Für den einen ist Laufen Meditation und eine ganzheitliche Reise zu sich selbst. Für andere steht die Gewichtsabnahme oder die persönliche Bestzeit im Vordergrund. Damit Sie möglichst lebenslänglich beim Fitness- oder Wettkampflaufen den Spaß nicht verlieren, möchte ich in diesem Kapitel Hinweise zur Trainingsoptimierung und Regeneration, aber auch zur Vermeidung möglicher Probleme und Verletzungen geben.

STEP 12 Den Laufspaß behalten

Freude am Laufen ein Leben lang

Wer nur läuft, läuft in die Sackgasse. Denn Laufen alleine ist zu einseitig. Früher oder später entstehen muskuläre Ungleichgewichte, die zu Verletzungen führen können.

Fitnessläufer können einen Wochentriathlon mit Radfahren und Schwimmen neben dem Laufen durchführen.

Crosstraining

Gehen Sie doch mal fremd! Wer sein Herz und den Kreislauf in Schwung bringen oder abnehmen will, muss nicht nur laufen.

Gymnastik und Laufschule haben wir als Ergänzungs- oder Crosstraining bereits kennen gelernt. Verschiedene Ausdauersportarten im Wochenverlauf triathlonartig miteinander zu kombinieren ist abwechslungsreicher und orthopädisch nicht so einseitig belastend. Auch Leistungsläufer profitieren davon, an Zwischentagen oder nach einer langen Saison andere Sportarten in die Trainingsplanung zu integrieren. Bei Verletzungen wird einem dagegen oft nicht viel anderes übrig bleiben, als auf eine alternative Ausdauersportart umzusteigen. Und auch in der Schwangerschaft wird man zu Beginn vielleicht noch langsam joggen, später aber mit Nordic Walking oder Schwimmen besser beraten sein.

Nachfolgend möchte ich meine besten Trainingsalternativen vorstellen und vergleichen.

Crosstraining: Ausdauersportarten im Vergleich

Sportart	Kreislauftraining	Krafttraining	Koordinationstraining	Kalorienverbrauch	Verletzungsrisiko	Zeitaufwand	Materialaufwand
Jogging	+++	++	++	+++	++	+++	+++
Walking	+++	++	++	++	+++	++	+++
Nordic Walking	+++	+++	+++	+++	+++	++	++
Radfahren	+++	++	++	++	++	++	++
Aquajogging	+++	++	++	++	+++	++	+++
Schwimmen	+++	++	+++	++	+++	++	+++
Skilanglauf	+++	+++	+++	+++	++	++	++
Inlineskating	+++	++	+++	++	+	++	++
Rudern	+++	+++	++	+++	++	++	+

+++ = sehr günstig ++ = mittel + = nicht so günstig   (aus Steffny: Walking, Südwest Verlag 2004)

Trainingsalternativen

Radfahren

Ob mit dem Straßenrennrad, dem Trekking- oder Mountainbike, Radfahren ist auch für Profis eine sehr gute Alternative zum Laufen. Mit dem Rad können Sie bei gutem Trainingszustand viele Stunden im Grundlagenausdauerbereich fahren. Beim Laufen täten nach so langer Zeit die Knochen längst weh.

Allerdings erfordert diese Sportart für den gleichen Trainingseffekt und Kalorienverbrauch etwa doppelt so lange Übungszeiten, da man einen Teil der Zeit mit Inaktivität beim Rollen ohne zu Treten verbringt. Beachten Sie, dass beim Radfahren die Pulswerte im Vergleich zum Laufen um rund 15 Schläge niedriger liegen: Sie müssen den Schwerpunkt nicht wie beim Laufen hochbringen, sondern sitzen auf dem Sattel. Dabei benutzen Sie fast nur die Beinmuskulatur, die Arme tun nicht viel. Die Beine wären überfordert, wenn sie alleine den Puls so hoch wie beim Laufen treiben müssten. Im Wiegetritt am Berg erreichen Sie allerdings Pulswerte wie ein Läufer.

Wenn Sie Radfahren mit Laufen kombinieren, denken Sie daran, dass eine intensive Laufeinheit unmittelbar nach dem Radfahren schwerer fällt. Daher sollte umgekehrt kombiniert werden: zuerst der schnelle Lauf, dann, am nächsten Tag, die Radeinheit.

Ein Sommertraining mit einem Radfahrblock kann einen ähnlichen Kraftausdauerzuwachs bedeuten wie Berglaufen, den Sie danach mit Intervalltraining in Schnelligkeit fürs Laufen ummünzen können.

Skilanglauf

Was Radfahren im Sommer als Alternative für das Kraftausdauertraining bietet, kann im Winter durch den Sport auf zwei Brettern ersetzt werden. Ich halte Skilanglauf für eine der besten Ganzkörpersportarten überhaupt. Einsatz fast aller Muskeln und vielseitige Koordination sind dabei gefragt. Der Gesundheitswert steht außer Zweifel. Die Technik kann man in einem Kurs schnell erlernen und bald loslegen. Dabei ist Skating genauso geeignet wie die klassische Diagonaltechnik.

Ein spielerisches Höhentraining mit täglichem Skilanglauf sowie einigen Laufeinheiten kann auch im Rahmen eines Winterurlaubs durchgeführt werden. Die Pulswerte beim Skilanglauftraining liegen wegen des hohen Einsatzes der Körpermuskulatur ähnlich wie beim Laufen. Sie können beim Skilanglauf etwa dieselbe Trainingsdauer wie beim Laufen veranschlagen.

Nordic Walking

Nordic Walking ist die Sommerversion des Skilanglaufs in Diagonaltechnik, nur ohne Skier. Skilangläufer praktizieren es auch im Sommer, um ihre Armkraft zu erhalten. Diese bei uns noch junge Sportart ist hervorragend für

Moderates Radfahren ist eine gute Regenerationseinheit. Und für Bergläufer ist Radtraining prima für die Kraftausdauer. Fahren Sie aber nie ohne Helm!

STEP 12   Den Laufspaß behalten

Als Lauftrainer weiß ich, wie viele Einsteiger, insbesondere Übergewichtige oder Personen mit orthopädischen Problemen, zu Beginn mit Laufen überfordert sind. Daher haben wir als Erste in Deutschland Nordic Walking bereits seit 1998 in unseren Seminaren angeboten und uns Stöcke aus Finnland mitgebracht.

Läufer als Einstieg oder auch später als Ergänzungstraining geeignet.

Beim Nordic Walking werden mehr Muskeln im Rumpf und Oberkörper trainiert als beim normalen Walking oder Jogging. Daher ist es auch gut zum Muskelaufbau und Kalorienverbrauch zu empfehlen. Gleichzeitig werden der Rücken und die Knie entlastet. Besonderen Spaß macht Nordic Walking im leicht welligen Gelände. Auch Fortgeschrittene profitieren davon. Die Technik lässt sich bei einem erfahrenen Trainer sehr schnell erlernen. Auch beim Nordic Walking ist wie bei der Muttersportart Skilanglauf der Puls ähnlich hoch wie beim Laufen. Eine Stunde intensives Nordic Walking entspricht einer Stunde Jogging.

Laufen im Wasser – Aquajogging ist ein hervorragendes Alternativtraining bei Verletzungen.

Aquajogging und Schwimmen

Zugegeben, wenige Läufer sind Wasserratten. Dennoch hat das Training im feuchten Element Vorteile. Die orthopädischen Risiken sind sehr gering, da man vom Wasser getragen wird. Der Wasserdruck übt einen massageartigen Effekt auf die Muskulatur aus. Für den Fitnesseinstieg, als Crosstraining, aber insbesondere zur Rehabilitation nach Verletzungen ist Schwimmen und vor allem Aquajogging ideal. Sie laufen im Wasser, normalerweise ohne Bodenkontakt mit einer Auftriebshilfe gegen den Wasserwiderstand. Es gibt spezielle Westen oder Kunststoffgürtel, die den Kopf über Wasser halten, während Sie mit den Armen und Beinen eine Laufbewegung durchführen. Man kommt dabei ganz langsam voran. Das ist ein sehr schonendes, aber anstrengendes Kraftausdauertraining. Ich habe Aquajogging in Verletzungsphasen, aber auch als Zusatztraining gerne eingesetzt. Sie können es in Schwimmbädern, aber auch im Sommer in Seen ausüben. Die Pulswerte sind stark von der Wassertemperatur abhängig. Sie können Aquajogging als Dauerlauf oder auch intervallartig durchführen.

Schwimmen ist der Laufbewegung nicht sehr verwandt. Es ist aber ein gutes Ergänzungstraining für die vernachlässigte Rumpf- und Oberkörpermuskulatur. Wechseln Sie dabei möglichst die Stilarten. Streben Sie beim

Trainingsalternativen

Trainingsbeispiel für Ausdauerfitness-Crosstraining

1. Woche

Tag	Training
Mo	—
Di	Jogging 40 min (70–80 % maxHF)
Mi	—
Do	Schwimmen (versch. Stile, zusammenhängend mind. 30 min)
Fr	—
Sa	flotter DL 20–30 min (85 % maxHF), 15 bzw. 10 min Ein-/Auslaufen
So	2–3 Std. Radtour bei 65–70 % maxHF

2. Woche

Tag	Training
Mo	—
Di	Jogging 40 min (70–80 % maxHF)
Mi	—
Do	Spinning oder Rudermaschine mind. 30 min im Fitnesscenter
Fr	—
Sa	Fahrtspiel (70–90 % maxHF), 15 bzw. 10 min Ein-/Auslaufen
So	2–3 Std. Radtour bei 65–70 % maxHF

% maxHF = Prozent der maximalen Herzfrequenz   **DL** = Dauerlauf

Schwimmen oder Aquajogging mindestens eine halbe Stunde mit kontinuierlichem Training an.

Spielsportarten, Inlineskating und mehr

Es gibt natürlich noch viele weitere Möglichkeiten. Je nach Neigung könnten Sie auch Inlineskating, Rudern, Aerobic, Spielsportarten und sogar sportliches Tanzen als Crosstraining für Ausdauerfitness einsetzen. Auch eine Bergwanderung oder Bergbesteigung in sauerstoffarmer Höhenluft ist ein prima Fitnesstraining. Bei Spielsportarten sollte eine möglichst zusammenhängende kontinuierliche Belastung vorkommen. Je variabler Sie Ausdauersportarten mit Einsatz verschiedener Muskelgruppen durchführen, desto besser. Spielerisch schulen Sie bei Spielsportarten nicht nur Ihre Ausdauer, sondern auch Koordination und Reflexe. Bei Zweikämpfen und abrupten Drehbewegungen sind allerdings die Verletzungsrisiken höher.

Trainingsbeispiel für Crosstraining

Nichts spricht für einen Gesundheitssportler dagegen, beispielsweise im Sommer Radfahren und Schwimmen ins Laufprogramm zu integrieren. Im Winter könnten Sie statt Radfahren auch Skilanglauf oder Schlittschuhlaufen dazunehmen. Und im Hallenbad

Dieser Plan wäre auch als lebenslängliches Fitnesstraining geeignet. Crosstraining mit verschiedenen Sportarten ist auch ideal in der Regenerationsphase und zur Erhaltung der Grundlagenausdauer nach einem Marathon (siehe »Mein Profi-Tipp« Seite 115).

STEP 12 Den Laufspaß behalten

An ein Laufbandtraining muss man sich letztlich erst mal stilistisch gewöhnen. Nach einiger Übung läuft man aber nahezu wie im Freiland.

können Sie auch im Winter schwimmen. Radfahren könnten Sie abends und in der kalten Jahreszeit auch auf dem Ergometer zu Hause oder in einem Fitnesscenter. Spinning mit guter Anleitung ohne Hetzcharakter ist dort ebenso eine Alternative wie eine Rudermaschine. Laufen ist zeitlich nicht sehr aufwändig. Daher ist es auch an Arbeitstagen gut einzuplanen. Am Wochenende, wenn mehr Zeit zur Verfügung steht, sollten Sie die zeitintensiveren Radtouren oder winterlichen Skilanglaufeinheiten einplanen.

Laufbandtraining – die Alternative im Winter

Manchmal ist auch mir das Wetter einfach zu garstig. Man kommt abends nach Hause – draußen ist es kalt, vereist und dunkel. Jetzt noch laufen? Ein Laufband wäre eine Alternative.

Viele Weltklasseläufer nutzten Laufbänder im Winter, darunter die erfolgreichste deutsche Marathonläuferin Kathrin Dörre oder die vielfache frühere Weltrekordlerin Ingrid Kristiansen aus Norwegen. Ich selbst habe ein Gerät, das bis 16 Kilometer pro Stunde läuft. Das ist für einen Spitzenläufer nicht außerordentlich schnell. Es reicht mir aber aus, denn es lässt sich zusätzlich immerhin eine Steigung von bis zu zwölf Prozent einstellen und dadurch das Training intensivieren. Wenn ich mich also ordentlich auslasten möchte, stelle ich beispielsweise 16 Kilometer pro Stunde bei sechs bis acht Prozent Steigung ein, und da komme auch ich schon gut ins Schwitzen. Für einen flotten Tempodauerlauf reicht das allemal aus. Im Winter ist es ohnehin ratsam, mehr an der Grundlagenausdauer als am Tempo zu feilen. Die wirklich schnellen Läufe mache ich lieber im Freiland oder verlege sie im Winter in einen Wettkampf.

Sicherlich ist ein Laufband keine ganz billige Anschaffung. Für ein stabiles Gerät, dass motorgetrieben gleichmäßig läuft und mit dem auch mal ein schneller Lauf möglich ist, muss man schon einige tausend Euro hinlegen. Vielleicht können Sie aber bei einem Laufsportgeschäft oder im Fitnesscenter ein gebrauchtes Band günstiger erstehen? Eine Alternative ist natürlich ein Laufbandtraining im Fitnessstudio. Auch dabei fallen letztlich Kosten an, aber man könnte die übelsten Tage im Winter überbrücken oder zumindest in einer Kälteperiode neben dem Jogging draußen einen Tempolauf im Warmen durchführen.

Die Vorteile des Laufbandtrainings

▶ Sie sind unabhängiger vom Wetter, Eis, Schnee oder auch Gewitter.
▶ Ein Training ist auch abends, im Dunkeln ohne Stolpern und Taschenlampe möglich.
▶ Die Verletzungsgefahr durch Kälte, Glätte oder Unfälle ist verringert.
▶ Frauen können sicher trainieren.

Laufbandtraining

▸ Eltern haben kein Problem, ihre Sprösslinge zu beaufsichtigen.

▸ Wenn das Band einen veränderbaren Steigungswinkel besitzt, können Sie auch im Flachland Berg- oder Hügelläufe einplanen – und das ohne den stark beanspruchenden Bergablauf.

▸ Sie können sehr gut kontrolliert eine konstante Geschwindigkeit oder einen konstanten Puls einhalten und das gegebenenfalls mit einem leistungsdiagnostischen Conconi- oder Laktattest (siehe Seite 89ff.) kombinieren.

▸ Im Fitnesscenter können zwei unterschiedlich gute Läufer auf zwei Laufbändern bei verschiedenen Geschwindigkeiten nebeneinander laufen und sich dabei unterhalten.

▸ Sie könnten sich in absichtlich warm geheizten Räumen auf Tropenrennen vorbereiten und sich auf diese Weise vorzeitig an die veränderten Klimabedingungen anpassen.

Was gegen Laufbandtraining spricht

▸ Der hohe Anschaffungspreis für ein eigenes Gerät.

▸ Der relativ große Platzbedarf für ein eigenes Laufband.

▸ Die Vibrationen des zu Hause aufgestellten Geräts können eine störende Lärmquelle für Nachbarn sein.

▸ Eine mögliche Geruchsbelästigung: Laufbänder können bei Betrieb durch den entstehenden Abrieb und die Erwärmung »muffeln«.

▸ Die Schritte sind gleichförmiger als im natürlichen, leicht unebenen Gelän-

Beim Laufbandtraining im Studio können Sie mit langsameren und schnelleren Läufern gemeinsam trainieren.

STEP 12 Den Laufspaß behalten

de, was Koordination und Muskulatur nur sehr einseitig trainiert.
▶ Das Abroll- und Abdruckverhalten ist anders als beim Laufen draußen, wo Sie sich aktiv abdrücken müssen. Beim Laufband bewegt sich der Untergrund unter Ihnen weg.
▶ Der kühlende Fahrtwind fehlt. Sie schwitzen unangenehm und laufen sozusagen »im eigenen Saft«.
▶ Alleine zu Hause zu traben und an die Wand zu starren, kann recht langweilig sein.
▶ Das kurzweilige Naturerlebnis, aber auch der abhärtende »Kampf mit den Elementen« fehlt.
▶ Künstliches Licht kann Sonnenlicht nicht ersetzen. Draußen in der Sonne produziert Ihre Haut Vitamin D und auch Hormone zum Wohlfühlen.
▶ In muffiger Studio- oder Wohnungsluft haben Sie weniger Sauerstoff zur Verfügung.

Wägt man die Pros und Contras ab, so ist das Laufbandtraining in vielen Situationen sicherlich sehr geeignet. Es kann ein Training in der freien Natur ergänzen, aber nicht ersetzen. Wenn Sie beispielsweise im Winter am Wochenende bei Tageslicht sicher im Freien laufen können, sollten Sie nicht aufs Laufband steigen. Wenn es aber draußen eisglatt und dunkel ist, dann ist das Laufband die beste Wahl. Wenn Sie also das Geld für die Anschaffung übrig haben und einen Raum für das Training nutzen können oder gar ein Eigenheim besitzen, spricht nichts gegen ein eigenes Laufband.

Sehr platzsparend sind Laufbandmodelle, die man zusammenklappen und damit bequem wegrollen und verstauen kann.

Tipps für das Laufbandtraining

Gegen die Monotonie beim Laufbandtraining gibt es zwei Rezepte: Da wäre zunächst die »Walkmanmethode« für Genussläufer. Sie laufen mit Kopfhörer oder stellen die Stereoanlage laut und lenken sich ab. Vielleicht gibt es im Fernseher auch etwas Motivierendes im Sportkanal?

Wenn Sie als Wettkampfläufer dagegen hart gesotten sind, sich disziplinieren wollen und auch mentale Stärke trainieren möchten, dann bauen Sie nichts Zerstreuendes auf, obwohl Sie 90 Minuten und mehr runterspulen. Das hilft gegen den inneren Schweinehund, beispielsweise im Marathon jenseits der 30-Kilometer-Marke. Wer das ein paarmal durchgespielt hat, dem wird der Hammermann dort zumindest mental nichts anhaben können. Lächelnd sagen Sie sich: Wenn Topschwimmerinnen wie Franziska van Almsick beim Training die Monotonie, nämlich stundenlang den schwarzen Strich auf blauem Grund im Swimmingpool zu bestaunen, besiegen können, dann kann ich das auch auf dem Laufband.

Übermäßiges Schwitzen durch den fehlenden Fahrtwind können Sie vermindern, indem Sie sich einen großen Ventilator aufstellen. Und sollte Ihr Band in der Steigung nicht verstellbar sein, so können Sie Bretter unter die vorderen Stützen legen und dadurch doch noch einen Berglauf simulieren.

Wintertraining

So kommen Sie gut über den Winter

Die einen sehen den Kampf gegen die Elemente als Kontrast zum behaglich klimatisierten Büro und Wohnzimmer als Herausforderung, anderen ist das Laufen bei Schmuddelwetter ein Graus: Eis und Schnee, Glätte, Matsch und Kälte? Da können im Winter alle guten Vorsätze aufhören. Mit der richtigen Motivation und gut angezogen kann Winterlaufen aber auch ein schönes Naturerlebnis werden. Leistungsläufer müssen gerade in dieser Zeit

Info

Laufen bei Kälte

Natürlich gibt es auch seltene Fälle eines kälteinduzierten Asthmas, aber wer im Winter nicht zu schnell läuft, durch die Nase die Atemluft vorwärmt, gewöhnt sich auch an kalte Luft.

fleißig Kilometer sammeln, Fitnessjogger verhindern, dass sie Muskeln abbauen, und geben dem Winterspeck keine Chance.

▸ Mit guter Funktionsbekleidung wie Unterwäsche, T-Shirts und Tights aus Materialien wie Bodymesh oder Dry II von RONO oder Jacken und Westen mit wind- und wasserfesten Membranen wie Sympatex laufen Sie auch im Winter komfortabel weiter!

▸ Ziehen Sie nicht zu viel an, denn die Bewegung selbst macht warm. Anfangs ein bisschen zu frösteln, ist gerade richtig. Regulieren Sie die Temperatur mit dem Reißverschluss der Jacke, die auch hinten Lüftungsklappen haben sollte, oder ziehen Sie die Handschuhe aus.

▸ Laufen Sie bei Kälte wegen des Verletzungsrisikos nicht mit bloßen Beinen, lange Socken wärmen die Achillessehnen und Waden. Ziehen Sie lieber oben weniger an.

▸ Eine Schirmmütze dient beim Lauf neben Straßenverkehr als Blendschutz, schützt bei Schneetreiben die Augen und wärmt den Kopf. Über Kopf und Nacken verliert man 40 Prozent der Wärme!

▸ Stehen Sie nach dem Training nicht lange herum, ziehen Sie sich etwas Trockenes an.

▸ Laufen Sie bei starker Kälte betont langsam, wärmen und feuchten Sie die Luft durch Nasenatmung an.

▸ Suchen Sie sich für den abendlichen Lauf einen beleuchteten Park oder eine Allee, oder laufen Sie unter Straßenlaternen mit Gleichgesinnten in einer Gruppe. Das gilt insbesondere für Frauen.

▸ An kalten und windigen Wintertagen bietet ein Wald oder Park einen besseren Schutz vor kaltem Wind als die offene Feldflur.

▸ Starten Sie immer gegen den Wind, und lassen Sie sich von ihm zurücktreiben, damit verhindert man starkes Auskühlen in der Endphase.

Ist Laufen bei Kälte eine Gefahr für die Lungen? Was hätte ein Urmensch dazu wohl gesagt? Und haben Sie sich diese Frage schon mal beim Wintersport gestellt? Sicherlich nicht.

STEP 12 — Den Laufspaß behalten

Wer im Winter weitertrainiert, beginnt nicht jedes Frühjahr wieder bei null.

▶ Wärmen Sie sich im Winter noch sorgfältiger auf, und vergessen Sie hinterher zu Hause im Warmen die Dehnungsübungen nicht.

▶ Laufen Sie im Dunkeln umsichtig und vorausschauend, rechnen Sie immer mit unangeleinten Hunden, unbeleuchteten Radfahrern, mit Glatteis, schwer erkennbaren Bordsteinkanten und Schlaglöchern.

▶ Laufen Sie bei Dunkelheit gegen den Straßenverkehr, aber verlassen Sie sich nicht blind darauf, dass Sie trotz Reflektoren und heller Kleidung gesehen werden.

▶ Mit einer kleinen Handtaschenlampe kann man an dunklen Stellen besser sehen oder auf sich aufmerksam machen.

▶ Mit käuflichen Stirnlampen sehen Sie besser und werden selbst besser gesehen.

▶ Passen Sie Ihre Tempoläufe den Gegebenheiten an, auch wenn im Trainingsplan Intervalltraining steht: Unter null Grad oder auf Schnee ist das Verletzungsrisiko zu hoch – verschieben Sie die Einheit, laufen Sie langsamer oder stattdessen mehr Kilometer.

▶ Machen Sie im Dunkeln kein Tempotraining, ruhige Dauerläufe sind weniger riskant und im Winter ohnehin wichtiger.

▶ Verlagern Sie Tempoeinheiten in Cross- oder Volksläufe von so genannten Winterlaufserien.

▶ Ein Urlaubsaufenthalt oder ein Trainingslager im Süden sollte bei redu-

Gut gekleidet kann ein Winterläufchen ein tolles Naturerlebnis sein.

Sommertraining

ziertem Trainingsumfang dazu genutzt werden, vorsichtig schnellere Einheiten zu laufen.

▶ Bei ganz miesem Wetter können Sie im Studio auf dem Laufband oder Fahrradergometer trainieren.

▶ Schnelle Sprints, Koordination und Krafttraining sollten Sie im Winter bei einem Hallentraining einplanen und mit Spielsportarten für einen anderen Trainingsreiz sorgen.

▶ Sie planen einen Winterurlaub? Warum nicht einmal einen Skilanglaufurlaub kombiniert mit Höhentraining machen?

Laufen im Sommer

Sommer, Sonne, Schwüle, Hitze, das Ozon, die Pollen und die Zecken. Was tun? Jogging oder Siesta? Zu allem Überfluss macht die Bewegung selbst noch warm. Das ist im Hochsommer oder wenn Sie im Urlaub in tropischer Kulisse joggen oder sogar an Wettkämpfen teilnehmen oft ein Problem. Zur hohen Außentemperatur kann noch starke UV-Strahlung der Sonne, Ozon und Abgase, Pollen und für Lauftouristen die Stresskombination Jetlag, Essensumstellung, Höhe und Hitze hinzukommen.

Laufen bei Hitze

Bei starker Hitze, vor allem kombiniert mit Schwüle, sollten Sie einige Vorsichtsmaßnahmen beachten. Die Poren der Haut versuchen durch Verdunstung von Schweiß die Körpertemperatur zu senken. Die Bekleidung sollte daher luftig sein, und der Wasserverlust muss durch reichliches Trinken ausgeglichen werden. Mit dem Schweiß verliert man darüber hinaus auch Mineralstoffe. Bei trockener Hitze und im Bergland merkt man allerdings die Schweißverluste weniger als bei hoher Luftfeuchte.

▶ Reduzieren Sie die harntreibenden Getränke Kaffee, Schwarztee, Cola und Alkohol.

▶ Essen Sie fettarm, aber mineralstoffreich, d. h. reichlich Vollkornprodukte, Müsli, Obst, Trockenobst, Gemüse, Eintopf, Gemüsesuppe.

Im Sommer können einem schwüle Hitze, Ozon und Pollen den Spaß am Training verderben. Da ist es nicht immer leicht, beim Training die langen Läufe als Vorbereitung für den Herbstmarathon zu schaffen.

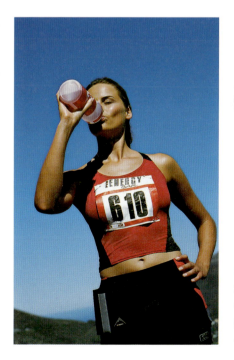

Bei Wärme sollten Sie bei allen Läufen von mehr als einer Stunde rechtzeitig trinken.

STEP 12 Den Laufspaß behalten

In speziellen Trinkgürteln können Sie Ihr Getränk mitnehmen. Außerdem spricht nichts dagegen, im Training an einem Kiosk eine kurze Trinkpause einzulegen.

▸ Salzen Sie die Speisen ruhig etwas mehr, das gleicht Schweißverluste aus, und zudem bindet Kochsalz Wasser im Körper.
▸ Starten Sie Ihr Training immer gut hydriert, d. h. trinken Sie bereits morgens vor dem Laufen reichlich: Obstsaftschorle mit Mineralwasser, Suppen, Gemüsesäfte und Brühe sowie Früchtetees.
▸ Meiden Sie direkte Sonneneinstrahlung und Ozon: Laufen Sie morgens und abends, bevorzugen Sie schattige Trainingsstrecken.
▸ Bei Laufbelastungen von über einer Stunde sollten Sie bei Hitze auch unterwegs trinken.
▸ Deponieren Sie Getränke an der Trainingsstrecke im Auto, oder nehmen Sie »Trinkgeld« mit.
▸ Tragen Sie helle Bekleidung aus schweißtransportierenden Funktionsfasern, luftige Trikots, kurze Hose, eine Kappe als Sonnenschutz.
▸ Schützen Sie nur die sonnenexponierten Hautstellen mit Sonnencreme, damit die Transpiration der übrigen Haut nicht behindert ist.
▸ Schmieren Sie mögliche Scheuerstellen unterm Arm, im Schritt und zwischen den Schenkeln mit Vaseline ein, denn Salzkristalle wirken wie Schmirgelpapier. Schützen Sie die Brustwarzen mit Pflaster.
▸ Trainieren Sie nach Puls! Passen Sie das Tempo beim Training und auch im Wettkampf den Bedingungen an, bei gleichem Lauftempo ist die Kreislaufbelastung bei Wärme erheblich höher.

▸ Wenn Sie im Winter zu einem Tropenrennen fahren, sollten Sie die Schweißporen zuvor in der Sauna oder durch absichtlich zu warme Kleidung, beispielsweise zwei Trainingsanzüge übereinander, trainieren.
▸ Denken Sie an den Jetlag, treffen Sie rechtzeitig ein, trainieren Sie vor Ort in kürzeren Einheiten.
▸ Laufen Sie sich vor einem Rennen nur kurz und langsam warm.
▸ Bringen Sie eine Plastikflasche zum Start mit, und schütten Sie Wasser über Kopf und Trikot.
▸ Trinken Sie während des Rennens von Anfang an Flüssigkeit, und kippen Sie sich immer wieder Wasser über Kopf und Körper.
▸ Laufen Sie in luftigen Schuhen mit Netzteil, oder bohren Sie sich selbst Löcher mit einem glühenden Nagel in die Schuhseiten, damit das in die Schuhe gelaufene Schweißwasser herauslaufen kann.
▸ Tragen Sie dünne Synthetiksocken, die keine Falten werfen.
▸ Suchen Sie während des Rennens Schattenpassagen, laufen Sie nicht im Pulk, sondern suchen Sie den kühlenden Wind.
▸ Bei einem frühen Start kann die kühlere erste Hälfte des Rennens taktisch bewusst etwas schneller gelaufen werden.
▸ Füllen Sie unmittelbar hinterher das Wasser- und Mineralstoffdefizit auf, meiden Sie Alkohol, der das Immunsystem schwächt und die Regenerationsfähigkeit senkt.

Laufen und Ozon

Ozonalarm, Sommersmog, Sportverbot? Sollten Sie an heißen Tagen das Ausdauertraining lieber lassen? Ozon ist ein farbloses Reizgas, das unter dem Einfluss von UV-Strahlung in Gegenwart von Stickoxiden entsteht. Mit den Auspuffgasen unserer Autos produzieren wir diese Stickoxide, aber auch toxisches Kohlenmonoxid, Ruß, Krebs erregende Kohlenwasserstoffe und andere Vorläufersubstanzen für Sommersmog.

An sonnigen Sommertagen werden mittags immer häufiger Ozonwerte von über 180 Mikrogramm pro Kubikmeter Luft erreicht. Das beeinträchtigt Atmung und Leistungsfähigkeit messbar. Rund 15 Prozent der Bevölkerung reagieren empfindlicher. Dazu kommt die Hitze, die für einen Teil der Symptome mitverantwortlich ist.

Sicherlich ist ein leistungsfähiger, ausdauertrainierter Mensch resistenter gegen Hitze und einige Umweltrisiken. Dennoch sollte man an Tagen mit hohen Ozonwerten morgens oder abends kürzer und langsamer laufen. In Stadtgebieten wird Ozon abends, wenn die Sonne untergeht und die UV-Strahlung entfällt, über Stickoxide teilweise wieder abgebaut. Reinluftgebieten fehlen diese Abgase weitgehend. Die Ozonwerte bleiben auch über Nacht hoch! Dafür sind aber Kohlenwasserstoffe, Ruß und Kohlenmonoxid weniger vorhanden.

Beim Ozon sind wir Opfer und Täter zugleich. Lassen Sie daher möglichst Ihr Auto stehen.

Cooldown – erfrischende Duschen im Ziel beim Honolulu Marathon auf Hawaii.

STEP 12 Den Laufspaß behalten

Essay

Zum **Nachahmen** wirklich zu **heiß!**

5. August 2003. In Freiburg nähert sich im Schatten die Quecksilbersäule der 40-Grad-Marke. Die Ozonwerte übersteigen mit 250 bei weitem die Vorwarnstufe von 180 Milligramm pro Kubikmeter Luft. Im Radio wird vor sportlicher Betätigung gewarnt!

Mittags um 13 Uhr steige ich auf mein Rennrad und fahre rund 110 Kilometer von Titisee nach Zürich. Am nächsten Tag folgt nachmittags bei größter Hitze ein 35-Kilometer-Lauf um den Greifensee. Es war noch wärmer, im Schatten versteht sich. Aber da war kein Schatten. Es war der heißeste Tag in diesem Rekordsommer. Ich wollte es einfach wissen. Mein persönlicher Grenzgang. Wie fühlt sich das an? Geht das, oder geht das nicht?

Mehr Freiheitsgrade

Ich hatte in meiner früheren Läuferkarriere einige Hitzeschlachten hinter mich gebracht. Irgendwie mag ich die Hitze. Und zum Glück gehöre ich nicht zu den 15 Prozent Menschen, die überempfindlich auf Ozon reagieren. Wenn andere beim Wettkampf schon vor dem Start stöhnten, sah ich gerade darin meine Chance und freute mich. Meist war ich dabei sehr erfolgreich, und noch im Juni 2003 wurde ich bei heißen Bedingungen Deutscher Marathonmeister in meiner Altersklasse der über 50-Jährigen. Nicht kneifen – natürlich muss es gehen –, und eine neue Körpererfahrung ist es obendrein.

Natürlich beobachte ich mich: Ist sonst mein Puls bei 3:50 Minuten pro Kilometer auf 160, so genügt bei 35 Grad dafür schon ein Tempo von 4:30 Minuten pro Kilometer. Natürlich war meine Radtour nach Zürich langsamer als sonst, und unterwegs trank ich mehr denn je, stoppte an jedem Dorfbrunnen und steckte den Kopf ins Wasser. Beim Lauf um den Greifensee kannte ich hinterher jedes Wasserloch.

Untrainierte können sich das nicht vorstellen. »Unmöglich! Verrückt! Bei diesem Wetter gehen Sie noch laufen?« Ja genau, ich kann noch trainieren, wo andere stöhnen und über Herz-Kreislauf-Probleme klagen. Ich genieße es: Je fitter man ist, desto mehr Freiheitsgrade hat man – auch bei Hitze und Schwüle. Man muss kein Marathon- oder sogar Weltklasseläufer sein, um auch an heißen Tagen weiter trainieren zu können. Vielleicht geht man an so einem Tag einfach schwimmen und trainiert den vernachlässigten Oberkörper ein wenig. Wie wäre es mit Aquajogging oder Radfahren, wobei der Fahrtwind ein wenig runterkühlt. Statt einer Stunde Jogging am Morgen nur 30 Minuten. Und statt Jogging könnte es auch Walking sein. Sehen Sie – es geht doch!

Sommertraining

Laufen mit Pollenallergie

Juckende Augen, Hustenanfälle, Niesattacken, Verengung der Bronchien, Atemnot: Das Immunsystem überreagiert auf Pollen. In Deutschland leiden über zehn Millionen Menschen darunter. Pollenallergien können auch mit 40 Jahren zum ersten Mal auftreten.

Aus einem Heuschnupfen kann sich ein chronisches Bronchialasthma entwickeln. Diese Atemwegsbeschwerden behindern das Laufen, aber noch schlimmer: Es können auch Blutkörperchen zerstört werden und sich Gelenke und Gefäße entzünden.

Als Pollenallergiker sehnt man sich Regen herbei, wo andere sich Sonnenschein wünschen. Es ist nicht einfach, bei Laune zu bleiben. Hier die wichtigsten Tipps, wie Sie das Beste daraus machen können:

▶ Hören Sie gegebenenfalls sofort auf zu rauchen.
▶ Klären Sie mit einem Hauttest, gegen was Sie allergisch sind.
▶ Studieren Sie Pollenflugkalender und regionale Internetwarndienste.
▶ Meiden Sie die Pollenflugzeiten jahres- und tageszeitlich.
▶ Laufen Sie bei Dauerregen oder danach, weil dann die Luft sauber ist.
▶ Ein Training in Innenräumen, Halle oder Fitnesscenter kann besser als ein Lauf im Freien sein.
▶ Meiden Sie Hauptverkehrsstraßen, denn die Kombination von Pollen und Rußpartikeln der Abgase verstärkt die Symptome noch.
▶ Planen Sie gezielt Trainingsaufenthalte oder Urlaube in pollenfreien Gebieten am Meer, in Wüsten und im Hochgebirge.
▶ Legen Sie Ihren Trainingsschwerpunkt auf das Winterhalbjahr, und planen Sie beispielsweise einen sehr frühen Marathon.
▶ Eine zeitweilige Linderung der Symptome können Sie mit Augentropfen, Nasensprays oder auch mit atemwegserweiternden Asthmasprays und Medikamenten wie Antihistaminika erreichen, die jedoch Nebenwirkungen haben können.
▶ Nehmen Sie Atemwegsspray oder in schlimmeren Fällen ein vom Arzt erhältliches Notset mit auf die Läufe.
▶ Nehmen Sie zur Sicherheit ein Mobiltelefon mit zum Laufen, und vermeiden Sie wegen möglicher Komplikationen lange einsame Laufstrecken – oder laufen Sie zu zweit.

Langfristig kann eine möglichst frühzeitig begonnene Desensibilisierung helfen, bei der man über Jahre hinweg den Körper an Allergene in niedriger und langsam steigender Dosierung gewöhnt.

Zeckenalarm – Waldlauf verboten?

Die Gefahr eines Zeckenbisses liegt darin, dass dabei Viren und Bakterien ins Blut übertragen werden können. Und diese wiederum sind Auslöser der Frühsommer-Meningo-Enzephalitis (FSME) und der Lyme-Borreliose,

Manchen Läufern bleibt nichts anderes übrig, als sich auf das Winterhalbjahr zu spezialisieren. Mit Beginn der Haselblüte ist für sie die Saison schon gelaufen.

STEP 12 Den Laufspaß behalten

Es stimmt nicht, dass Zecken oben auf den Bäumen sitzen und uns bombardieren. So zielgenau und schnell sind sie nicht. Richtig ist, dass Zecken im hohen Waldgras und Gestrüpp sitzen und mit weit gespreizten Vorderbeinen darauf lauern, etwas Schwitzendes und Warmes zu erwischen. Und da ist ihnen ein nacktes Joggerbein gerade recht.

beides schwere Erkrankungen, wenn sie unbehandelt bleiben.

2003 wurden bundesweit 270 Fälle der FSME, gegen die man sich impfen lassen kann, registriert. Die meisten Fälle kommen in Baden-Württemberg und Bayern, aber auch Hessen und Thüringen vor. Auch Österreich und die Schweiz sind Befallsgebiete. War früher die Gefährdung mehr auf warme Täler beschränkt, so findet man durch die heißeren Sommer Zecken auch immer weiter oben.

Trotz ihrer bohrend-saugenden Mundwerkzeuge haben Zecken aber immer noch einige Mühe, durch unsere feste Lederhaut an den von ihnen gesuchten roten Saft heranzukommen. Sie müssen erst einmal eine weichere Hautfalte finden. Es vergeht also eine Weile, bis sie sich wirklich festgesetzt haben. Genau das ist unsere Chance,

sie noch rechtzeitig vor einem Blutkontakt abzulesen. Es gelten also folgende Regeln:

▶ Laufen Sie in der warmen Jahreszeit nicht durch das Unterholz in Wäldern, laufen Sie nur auf Waldwegen, und meiden Sie Kontakt zum Gebüsch.

▶ Schützen Sie Ihre Beine beim Querfeldeinlaufen durch lange und eng anliegende Tights.

▶ Suchen Sie sich gegebenenfalls hinterher gründlich ab.

▶ Erwägen Sie unter Umständen eine Impfung gegen Zeckenenzephalitis.

Laufen und Hunde

Für nicht wenige sind Hunde die Motivation, sich aufzuraffen und sich draußen zu bewegen. Sie haben sich sozusagen einen »äußeren Schweinehund« zur Bekämpfung des inneren zugelegt und machen aus Jogging »Dogging«. Für andere Menschen aber trüben die abenteuerlichen Begegnungen der vierbeinigen Art das Laufvergnügen.

Der Jagdtrieb und die Joggerwade

Wollen Sie es nicht darauf ankommen lassen, ob ein fremder Hund – insbesondere ein großer Hund – mit Ihnen spielen oder doch an Ihre Wade will, so nehmen Sie einen Umweg oder gehen Sie ein Stück. Um das Gesicht zu wahren, könnten Sie ein paar Gymnastikübungen machen, bis die Gefahr vor-

Laufen mit Hund lenkt fremde Vierbeiner von der Wade ab.

Regenerieren, entspannen

bei ist. Möchten Sie gegenüber dem Hundchen, Herrchen oder Frauchen Entschlossenheit zeigen oder sind Sie verständlicherweise an einer Unterbrechung des Trainings nicht interessiert, so laufen Sie scheinbar unbekümmert weiter, beobachten aber aufmerksam den vierbeinigen Gefahrenherd. Fixieren Sie das Tier, und zeigen Sie keine Angst. Das klappt aber nur, wenn Sie selbst nicht ängstlich sind. Hunde sind hierarchische Wesen und merken, wer das Alpha-Tier ist!

Sollte Ihnen ein kleiner oder mittelgroßer Hund nachstellen, warten Sie nicht ab. Angriff ist die beste Verteidigung. Wirkungsvoll ist meist, dem Hund sofort entschlossen gegenüberzutreten, so dass er weiß, dass Sie keine leichte Beute sein werden. Schreien Sie ihn also entschlossen und richtig laut an. »Aus!« ist ein Befehl, den viele Hunde kennen. Bauen Sie sich groß und breit auf, so funktioniert das Imponiergehabe im Tierreich. Schon das plötzliche Öffnen und Ausbreiten der Trainingsjacke irritiert den Angreifer – ein Machtspielchen, um Zeit zu gewinnen, und vernünftige Besitzer sind auch bald zur Stelle.

Eine gewisse Sicherheit vor Hunden haben Sie auch, wenn Sie in einer Gruppe laufen. Und noch ein Tipp: Bei schlechtem Wetter, eben dann, »wenn man keinen Hund vor die Türe schickt«, läuft sich's auch was Hunde anbelangt am einsamsten. Da kann Ihnen kein Wadenbiss die Marathonpläne durchkreuzen.

> ### Laufen mit Hund
>
> Wer das Ausführen des Hausgenossen gleichzeitig mit seinem Laufprogramm erledigt, lenkt zwar andere Vierbeiner von den eigenen Waden ab, verliert aber erfahrungsgemäß unterwegs viel Zeit, weil der Hund unter seinen Artgenossen mit manchen will und mit anderen nicht soll. Das Training wird so eher zu einem Fahrtspiel.

Regenerieren und entspannen

Jedes Training ist nur so gut, wie es vor- und nachbereitet wird. Alle modernen Trainingsmethoden sind letztlich wirkungslos, wenn wir keine Rücksicht auf die notwendigen Regenerationszeiten nehmen. Eine uralte Naturregel lautet: Wer isst, muss auch verdauen. Wer sich beim Training fordert, muss hinterher ruhen und kann sich durch die richtigen Maßnahmen optimal und schneller erholen.

Entspannung dient nicht nur der Regeneration der beanspruchten Systeme, sondern sollte ganzheitlich auch den Kopf mit einbeziehen. Eine Massage ist gut für die Muskulatur, sie ist aber auch eine Wohltat für die Seele. Man unterscheidet zwischen aktiver Regeneration, beispielsweise Auslaufen, und passiver Regeneration wie Massage und Sauna.

Am gefährlichsten ist ein noch so kleiner Hund vor seiner eigenen Haustür. Vielleicht können Sie das bei der Auswahl Ihrer Laufstrecke berücksichtigen.

STEP 12 Den Laufspaß behalten

Dehnen zur Muskelpflege

Dehnungsübungen fördern die Durchblutung, verhindern Verhärtungen und beugen Verkürzungen der Muskulatur vor. Unmittelbar nach einem Training ausgeführt bauen sie Verspannungen ab und fördern die Regeneration der Muskeln. Sie haben mein ausführliches Dehnprogramm bereits kennen gelernt (Seite 266ff.). Machen Sie sich die dort vorgestellten Übungen zur Pflicht nach jeder Trainingseinheit.

Erholen mit Essen und Trinken

Nach dem Training sind Ihre Wasser-, Elektrolyt- und Energievorräte mehr oder weniger erschöpft. Auch der Blutzuckerspiegel und die Vorräte an freien Aminosäuren können unten sein. Trinken Sie daher nach dem Laufen möglichst bald eine Mischung aus Mineralwasser mit hohem Elektrolytgehalt und Fruchtsaft wie Apfelsaftschorle. Die Kohlenhydrate heben das Leberglykogen und den Blutzuckerspiegel an und stoppen den Abbau von Aminosäuren und Eiweißen. Das ist auch gut fürs Immunsystem. Meiden Sie alkoholische Getränke. Sie verlangsamen die Regeneration, wirken harntreibend und schwemmen dadurch auch Mineralien aus.

Der Hunger ist kurz nach der Belastung meist noch nicht sehr groß. Um dennoch rasch die Muskelglykogenspeicher aufzufüllen und eine Unter-

Nach dem Training braucht der Körper Flüssigkeit, leicht verdauliche Kohlenhydrate und Mineralstoffe.

Auslaufen als Sauerstoffdusche

Die Regeneration beginnt schon während des Trainings. Optimal, wenn Sie sich nicht nur langsam warm laufen, bevor das eigentliche Programm beginnt, sondern die Einheit auch mit einem sehr ruhigen *Cool-down*, also mit ein bis zwei Kilometern im Joggingtempo beenden. Diese aktive Erholung bewegt die Muskulatur bei guter Durchblutung nur sehr sanft. Wer sich nicht ausläuft, braucht sich über harte Waden und stärkeren Muskelkater nicht zu wundern. Stoffwechselendprodukte werden ausgeschwemmt, Laktat wird schneller abgebaut, und frische Nährstoffe sowie Sauerstoff werden schneller herbeitransportiert.

Regenerieren, entspannen

zuckerung zu vermeiden, sollten Sie in der ersten Stunde nach dem Training etwas Leichtverdauliches und Kohlenhydratreiches wie Bananen essen.

Wasser macht müde Muskeln munter

Pfarrer Kneipp hätte seine Freude gehabt. Die Marathonweltrekordlerin Paula Radcliffe berichtete, dass sie nach ihren Trainingsläufen die Beine in eiskaltes Wasser stellt. Und auch wir haben in St. Moritz beim Höhentraining gerne unsere Beine erst mal in den kalten See versenkt. Kaltes Abbrausen der Beine und Gehen in kaltem Wasser sind eine Wohltat für die Muskeln und bewirken hinterher eine Luxusdurchblutung.

Ein warmes Wannenbad wirkt entspannend auf Körper und Seele. Die Gefäße in der Muskulatur weiten sich, die Durchblutung wird gesteigert, während Sie vielleicht gemütlich in einem Buch schmökern. Bade- und Duftzusätze wie Fichtennadel, Rosmarin, Honig oder Heublumen können das Wohlbefinden steigern.

> **Mein Profi-Tipp**
>
> Heiße Bäder sollten Sie nicht am Abend vor einem Wettkampf anwenden, weil dadurch die Muskelspannung verringert wird; Sie fühlen sich ein wenig schlapp.

Sauna – finnisch oder römisch entspannen

Man kann in der Sauna herrlich Körper und Seele entspannen. Ob »finnisch«, also sehr heiß und trocken, oder »römisch«, d. h. mäßig heiß und feucht, Sie werden in jedem Fall viel schwitzen. Dabei werden neben Wasser viele Mineralstoffe, aber auch Umweltgifte ausgeschieden. Sie sollten das Defizit hinterher unbedingt und am besten mit Mineralwasser auffüllen. An die Saunagänge anschließende kalte Güsse fördern ebenfalls die Durchblutung und Elastizität der Muskeln.

Eine der besten ganzheitlichen Regenerationsmaßnahmen ist die aktive Bewegung im warmem Wasser eines Thermalbads.

Massage – streichelt Muskeln und Seele

Nach einer harten Belastung ist eine Massage eine Wohltat für die verspannten Muskeln. Durch Streichen, Kneten, Walken und Reiben wird die Durchblutung angeregt. Nach den harten Strapazen des Alltags und Trainings erfährt aber nicht nur der Körper eine Streicheleinheit und Zuwendung. Ein guter Masseur versteht auch, die Seele zu massieren. Viele Spitzensportler haben daher ein inniges Verhältnis zu ihrem Physiotherapeuten.

Sich fit schlafen

Ein Marathontraining kann man nicht ohne weiteres neben einem stressigen Arbeitsalltag durchziehen. Manche versuchen es, indem Sie sich die

STEP 12 Den Laufspaß behalten

Zeit vom Schlafen abzwacken. Man ist chronisch übermüdet. Der Marathon wird nicht gut gelaufen.

Wenn ich früher über 200 Kilometer in der Woche trainiert habe, dann klappte das Trainingspensum nur, wenn ich mich besser ernährt, mehr gedehnt und zwei Stunden mehr geschlafen habe. So trivial es klingt, aber man erholt sich wirklich im Schlaf. Über Nacht regenerieren sich alle Energiesysteme, Enzyme, Botenstoffe und mehr. Die Muskeln werden repariert. Viele professionelle Hochleistungssportler pflegen außerdem ein Mittagsschläfchen.

Achten Sie für einen maximal erholsamen Schlaf auf eine geeignete Matratze, schlafen Sie, wenn möglich, mit frischer Luft bei offenem Fenster.

Weniger kann mehr sein

Geben Sie dem Körper die nötige Pause, bevor er sie sich durch Verletzung oder Erkrankung nimmt. Sie erinnern sich an die Foster-Regel? Planen Sie nach voll gelaufenen Wettkämpfen für Regeneration mit leichtem Training mindestens die halbe Zahl an Tagen ein, wie die Strecke in Kilometern lang war (siehe auch Seite 68).

Sie sollten nur ruhig und ohne harte Einheiten – etwa mit Jogging oder Radfahren – weitertrainieren nach:
- **Fünf-Kilometer-Rennen** für die nächsten drei Tage
- **Zehn-Kilometer-Rennen** für knapp eine Woche
- **Halbmarathon** in den folgenden zwei Wochen
- **Marathon** rund drei bis vier Wochen.

Das simple, aber meist ignorierte Geheimnis der Trainingsqualität: Lieber weniger Intensität einplanen, die aber richtig »verdaut« wird, als zu viel, und der Körper schafft die Anpassung nicht. Das gilt besonders für Einsteiger und ältere Läufer. Und: Nur wer seine Grundlagenausdauer fleißig und geduldig verbessert, wird später auch mehr Tempo verkraften können. Je besser Ihre Grundlagenausdauer ist, desto schneller werden Sie sich wiederum von Rennen erholen.

Vergessen Sie aber auch nicht, wenn Sie Ihre Pläne mit Topläufern vergleichen, dass diese Ihnen auch von der genetischen Grundausstattung orthopädisch und physiologisch überlegen sind. Die Knochen von Spitzenläufern halten schlichtweg mehr aus.

Verletzungen vermeiden

Jogger haben fast zehnmal weniger Unfälle und Verletzungen als Fußballer. Viele dieser Verletzungen entspringen darüber hinaus der eigenen Unvernunft oder falschem Ehrgeiz. Wenn wir vorausschauend unser Training planen, können wir viele Jahre mit Spaß laufen und die verbreitetsten Trainingsfehler und Ursachen für Verletzungen vermeiden.

Schmerz als Körpersignal

Was will uns der Körper mit Schmerzen sagen? Ganz einfach: »Es ist etwas nicht in Ordnung!« Und was antwortet der Kopf? »Ich will's nicht hören!« Wir

Verletzungen vermeiden

greifen in den Medikamentenschrank und nehmen bei Sodbrennen einen Magensäurepuffer, bei Verstopfung Abführmittel, Kopf- oder Knieschmerzen betäuben wir mit Schmerztabletten. Abgesehen von den Nebenwirkungen, die Ursache für die Schmerzen wird in keinem Fall erforscht, geschweige denn beseitigt. Aber jetzt spüren wir nichts mehr, und es wird munter weitergesündigt oder weitergelaufen bis zum Magengeschwür oder der Knieoperation.

Die Schmerzursachen zu bekämpfen hieße, irgendetwas an uns selbst, an unserem Verhalten zu verändern. Das ist viel mühsamer. Aber es ist der bessere Weg, um im Leben und beim Laufen wirklich voranzukommen.

Training mit Körpergefühl

Steigern Sie die Intensität und den Umfang des Trainings niemals abrupt. Lassen Sie Ihrem Körper Zeit, sich an ein neues Belastungsniveau zu gewöhnen. Wenn Sie jahrzehntelang keinen Sport getrieben haben, erwarten Sie kein Wunder in zwei Wochen! Ein dauernd überforderter Körper kann sich nicht anpassen.

Sie können durch rechtzeitiges Spüren von und Reagieren auf die ersten Alarmsignale des Übertrainings, wie Verspannungen und Abgeschlagenheit oder, schlimmer, Schmerzen an der Knochenhaut am Schienbein, an der Achillessehne oder am Knie, langwierige Überlastungsschäden verhin-

Das Knie kann nur über Schmerz mitteilen, dass etwas schief läuft. Der Kopf sollte dem Knie eigentlich dankbar sein und an die Ursachenforschung gehen: Ist der Schuh falsch gewählt? Habe ich zu viel trainiert? Bin ich zu schnell gelaufen, oder habe ich die Gymnastik vernachlässigt?

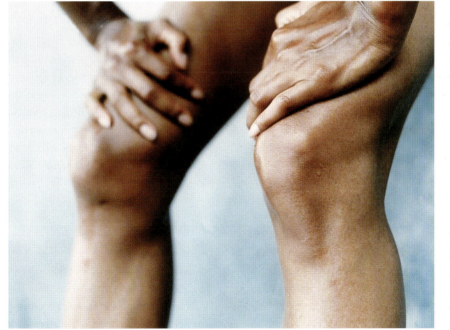

Wichtig – schon bei den ersten Anzeichen wie Knieschmerzen das Training sofort reduzieren.

STEP 12 Den Laufspaß behalten

dern. Reagieren Sie gleich am ersten Tag auf eine Verletzung, nicht erst nach Wochen, wenn die Schmerzen bereits chronisch geworden sind.

Training mit Köpfchen und richtiger Technik

Zu schnell zu laufen ist der wohl am häufigsten vorkommende Fehler und die häufigste Ursache für Verletzungen. 80 Prozent aller Läufer – vom Einsteiger bis zum Wettkampfläufer – rennen zu schnell und belasten damit den Bewegungsapparat unnötig hoch. Das gilt insbesondere für Übergewichtige. Sie betreiben Raubbau und nicht Aufbau und verlängern außerdem die notwendigen Erholungszeiten erheblich. Wie wir bei der Trainingslehre bereits kennen gelernt haben, ist der lockere, unverkrampfte ruhige Dauerlauf am effizientesten.

Die Rolle des richtig gewählten Schuhwerks zur Vermeidung orthopädischer Probleme wurde schon besprochen (Seite 38ff.). Fehlbelastungen können aber auch durch den Untergrund verursacht werden. Wenn Sie beispielsweise zu oft oder zu lange am Stück im Schnee, auf lockerem Sandboden, auf einem schiefen Strand, nur auf Asphalt, auf unebenen Wurzelpfaden oder bergab laufen, riskieren Sie Probleme mit den Gelenken oder der Achillessehne. Gelegentlich können Sie das ruhig tun, aber orthopädisch am besten ist ebener und fester Naturboden. Bergab knallen Sie bei jedem Schritt mit einem Vielfachen des Körpergewichts auf den Boden. Daher sollten Sie entsprechend langsamer, federnd im Knie und mit kleineren Schritten joggen.

Training mit Ein- und Auslaufphase

Jedes Training ist nur so gut, wie es vor- und nachbereitet wird. Dazu gehört Ein- und Auslaufen. Laufen Sie sich zu Beginn jedes Trainings also erst einmal einige Minuten warm, um den

Mein Profi-Tipp

Übertraining vermeiden

Wer es übertreibt, läuft nicht nur Gefahr, sich zu verletzen, sondern wird auch im Training nicht mehr vorankommen. Übertraining kann man an erhöhtem morgendlichen Ruhepuls aber schon frühzeitig feststellen. Weitere Kennzeichen sind Unlust, chronisch verspannte und schwere Beine und Erkrankungen. Letztlich merkt man es natürlich an nachlassenden Resultaten im Training und Wettkampf. Im Blutbild lässt sich Übertraining aus erhöhten Harnstoff- und Kreatinkinasewerten, dem CK-Wert, einem Muskelenzym, ablesen.

Um Übertraining zu vermeiden, ist es wichtig, die Regeneration ernst zu nehmen, also wirklich die regenerativen Läufe langsam zu laufen, sich gesund zu ernähren, genug zu schlafen, nicht zu schnell im Training zu steigern, sich realistische Ziele zu setzen und in der Wettkampfvorbereitung meine Pläne einschließlich der langsamen Läufe wirklich zu befolgen. Viele verstehen den Sinn der ruhigen Regenerationsläufe in den Trainingsplänen nicht und sind dann verletzt oder übertrainiert!

Sofortmaßnahmen bei Verletzungen

Stoffwechsel langsam anzukurbeln. Die Muskulatur ist anfangs weniger durchblutet und steif, daher bei sofortiger hoher Belastung verletzungsanfälliger. Einen Kaltstart mit Vollgas muten Sie dem Motor Ihres Autos auch nicht zu. Die Gelenke werden beim Einlaufen geschmiert, und die Erhöhung der Körpertemperatur beschleunigt die Stoffwechselreaktionen. Die Muskulatur wird leistungsfähiger. Eine Erhöhung der Muskeltemperatur von bei kalten Beinen 31 Grad auf die Optimaltemperatur von 38 Grad verdoppelt das Leistungsvermögen!

Genauso sollten Sie gegen Ende des Trainings das Tempo drosseln und auslaufen. Viele hauen am Schluss noch mal alles raus und bleiben dann erschöpft und übersäuert stehen. Stehen bleiben dann aber auch die Abfallprodukte des Muskelstoffwechsels, und am nächsten Tag sind Sie sehr verspannt. Wenn Sie eine Temposteigerung in den Lauf einbauen möchten, tun Sie das als Steigerungslauf, wenn Sie schon warm sind, und traben Sie hinterher in jedem Fall noch etwas aus.

Sofortmaßnahmen bei Verletzungen

Sollte trotz vorsichtigen Trainingsaufbaus, guten Schuhwerks und Gymnastik einmal etwas schief gegangen sein, und Sie spüren Schmerzen am Knie, an der Achillessehne oder Schienbeinknochenhaut oder Sie haben sich den Fuß verstaucht, so haben Sie eben einfach Pech gehabt. – Und sollten nun zunächst »PECH« anwenden:

»PECH« ist die Merkregel für die Sofortmaßnahmen bei Verletzungen: Dabei steht »P« für Pause, »E« für Eisbeutel, also für möglichst rasche Kühlung, die die Durchblutung fördert und den Schmerz lindert. »C« steht für Compression zur weiteren Verhinderung einer Schwellung und »H« für Hochlagern, ebenfalls zur Vermeidung von Schwellungen.

Sollte es etwas Schlimmeres sein, so gehen Sie zum Arzt, am besten zum sporterfahrenen Orthopäden. Ansonsten gilt: Kühlen Sie leichte Verletzungen immer nach dem Training, nicht vorher. Da kann Aufwärmen mit einem Heizkissen oder Infrarotstrahlung sinnvoller sein. Joggen Sie weniger und langsamer. Steigen Sie eventuell für eine Zeit auf Radfahren, Walking oder Aquajogging um. Trainieren Sie mit und nicht gegen Ihren Körper!

Läufertypische Verletzungen

Im Folgenden sollen für die beim Laufsport am häufigsten vorkommenden Verletzungen mögliche Ursachen genannt sowie lindernde Maßnahmen beschrieben werden. Bei der Auswahl des entlastenden Alternativtrainings beachten Sie bitte die simple Regel: Alles, was wehtut, ist falsch! Die Angaben bei den Maßnahmen können nur eine erste Orientierung sein.

Hüten Sie sich vor Übermotivations- oder »Straftraining«. Nach einem – ganz gleich ob guten oder schlechten – Training oder Wettkampf braucht der Körper immer erst mal eine Verschnaufpause. Versuchen Sie, dafür ein Gefühl zu entwickeln.

STEP 12 Den Laufspaß behalten

Achillessehnenbeschwerden

Ursachen Die Achillessehne ist die Verlängerung der Wadenmuskulatur, einer der wichtigsten Muskelgruppen beim Laufen. Beschwerden in der Achillessehne oder an deren Ansatz am Fersenbein können viele, auch kombinierte Ursachen haben, die ich nachfolgend als Fragenkatalog exemplarisch auch für andere Verletzungen auflisten möchte.

Fragen Sie sich:
▸ Zu flottes Training?
▸ Zu oft und zu lange trainiert?
▸ Das Training zu schnell gesteigert?
▸ Unebener Untergrund, Wurzelwege oder weicher Sandboden?
▸ Zu viel bergan gelaufen (was die Wadenmuskeln mehr beansprucht)?
▸ Einseitiges Vorfußlaufen?
▸ Mit Spikes auf der Kunststoffbahn trainiert?
▸ Dehnungsübungen vernachlässigt?
▸ Orthopädische Fehlstellung, etwa Überpronation?
▸ Im Alltag hohe Absätze (fördert die Verkürzung der Wadenmuskeln)?
▸ Gewicht zu hoch (die Waden müssen mehr hochwuchten)?
▸ Alte, ausgelatschte oder ganz falsche Trainingsschuhe?
▸ Scheuert die Fersenkappe an der Achillessehne?

Maßnahmen Dehnen, Dehnen und nochmals Dehnen der Waden- und Schollenmuskulatur. Trainingsintensität und -umfang verringern. Bergläufe, Vorfußlaufen, schnelles Training und unebenen Untergrund meiden, glatter Asphalt kann besser sein. Im akuten Zustand vor dem Training Wärme wie Infrarotbestrahlung oder warmes Wasser als Fußbad. Nach dem Laufen Eisbeutel auf die Sehne und Bein hochlagern. Kalt-warme Wechselbäder für den Fuß. Eine Quarkpackung auf die entzündete Stelle kann ebenfalls Linderung bringen. Vorübergehende Entlastung durch eine feste Fersenkeilerhöhung im Absatz des Trainingsschuhs. Die Schuhe überprüfen und wechseln. Umsteigen auf Schwimmen, Aquajogging oder Radfahren – Letzteres aber ohne Druck mit dem Vorfuß aufs Pedal.

Schienbein- und Knochenhautreizung

Ursachen Gerade zu Beginn spüren viele Einsteiger einen unangenehm

Bei akuten Problemen oder wenn die Schmerzen länger anhalten, sollten Sie zu einem sporterfahrenen Orthopäden gehen. Rücken-, Nackenbeschwerden und Pseudoischias habe ich bereits im vorangehenden Step auf Seite 262ff. ausführlich behandelt.

Mein Profi-Tipp

Richtig kühlen

Sie sollten Eiswürfel oder Kühlpacks im Gefrierschrank immer für alle Fälle bereithalten. Beginnen Sie mit dem Kühlen schon beim ersten Verdacht einer Überlastung. Kühlen Sie die gereizte Stelle mit dem Kühlpack oder mit Eiswürfeln in einem Wasserbeutel für zehn Minuten. Um Hauterfrierungen zu vermeiden, legen Sie zwischen Kältepacks und Haut immer einen feuchten Lappen. Vorsicht mit Kältesprays: Die sehr tiefen Temperaturen dieser Sprays können Hauterfrierungen hervorrufen! Oft hilft auch einfaches Abreiben mit normalem Eis oder ein Fußbad in Eiswasser.

Läufertypische Verletzungen

stechenden Schmerz an der Vorderseite und leicht seitlich am Schienbein. Das ist eine typische Überlastung, die durch Überforderung der Fußstreckermuskulatur vorne zustande kommt. Beim Laufen heben Sie ungewohnt den Vorfuß höher als sonst. Weitere Ursachen können ein Verdrehen von Schien- und Wadenbein infolge einer zu starken Einwärtskippung, der Überpronation der Füße sein sowie falsche oder zu alte Schuhe und Übergewicht.
Maßnahmen Pausieren, umsteigen auf Radfahren, Schwimmen und andere Ausdauersportarten. Eisbeutel auf die gereizten Stellen. Analyse des Fußabrollverhaltens. Eventuell neue Schuhe, Stärkung der Schienbeinmuskeln, indem Sie den Vorfuß unter einen Teppich bringen und diesen »hochlupfen«. Dehnen der Muskeln, indem Sie im Stand oder im Sitzen die Fußspitzen nach unten umbiegen, gegen den Boden drücken und halten. Siehe auch die Übungen auf Seite 269 und 273.

Kniebeschwerden

Ursachen Bei Kniebeschwerden können Sehnenansatz- oder Meniskusbeschwerden infrage kommen. Aber auch Entzündungen des Knorpels unter der Kniescheibe sind häufig. Typische Ursachen sind
▶ Fehlbewegungen im Fußbereich
▶ Fehlstellungen wie X- oder O-Beine
▶ Trainingsüberlastungen
▶ flottes Bergablaufen
▶ falsche oder ausgelatschte Schuhe

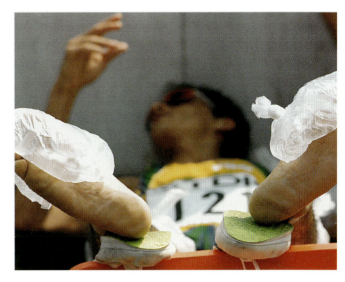

▶ verkürzte Oberschenkelmuskulatur
▶ Übergewicht.
Maßnahmen Das Training reduzieren, Umsteigen auf Radfahren, Schwimmen, Aquajogging und andere Ausdauersportarten. Nordic Walking kann bereits eine ausreichende Entlastung bedeuten. Analyse des Fußabrollverhaltens. Training auf ebenem Untergrund. Hochlagern bei Schwellung und Eisbeutel bei äußeren Beschwerden. Dehnen der Oberschenkelmuskulatur. Bei anhaltenden Symptomen zum Sportorthopäden gehen.

Verstauchung im Fußgelenk

Ursachen Unebener Untergrund, Bordsteinkanten oder Unachtsamkeit beim Training, überbewegliche Gelenke. Nach schmerzhaftem Umtreten des Fußes können die Bänder überdehnt, angerissen sein oder sogar abreißen

Wenn Sie mit Eiswürfeln kühlen, sollten Sie diese immer in einen Beutel mit Wasser geben, sonst kommt es schnell zu Erfrierungen.

STEP 12 Den Laufspaß behalten

und sich entzünden. Geht meist mit einem starken Bluterguss und Schwellung des Fußgelenks einher.

Maßnahmen Ziehen Sie Ihren Trainingsschuh nicht aus, um nachzusehen. Die Schwellung kann so heftig sein, dass Sie hinterher nicht mehr in den Schuh kommen. Lagern Sie den Fuß zu Hause so bald wie möglich hoch, und legen Sie mehrmals am Tag Eisbeutel auf die schmerzende Stelle. Eine weitere Schwellung verhindert auch eine Kompressionsbandage. Die Trainingspause hängt vom Grad der Bänderüberdehnung, An- oder Abriss ab und bedarf im Zweifelsfall einer Klärung mit Röntgenaufnahme beim sporterfahrenen Orthopäden. Hier wird manchmal zu schnell zur Operation geraten, alternativ ist die Stabilisierung des Fußgelenks mit einer Sprunggelenksschiene möglich. Radfahren kommt als Ausweichtraining am ehesten infrage. Sollten Sie zum Umknicken neigen, wählen Sie festere Schuhe mit höherem Schaft, und bevorzugen Sie flachen Untergrund.

Rückenbeschwerden, Ischias und Pseudoischias

Ursachen Schmerzhafte Reizung des Ischiasnervs im Rücken oder in Höhe der Gesäßmuskulatur durch anatomische Fehlstellungen, meist aber durch muskuläre Ungleichgewichte: Bewegungsmangel und einseitige Fehlhaltungen (Sitzen) bei der Arbeit und in der Freizeit führen zu verspannter und verkürzter Beinmuskulatur und Abschwächung der Bauchmuskeln. Es kann zu einer Beckenkippung mit Hohlkreuz kommen. Der Ischiasnerv kann aber auch im Gesäß durch den birnenförmigen Piriformis-Muskel mehr oder weniger abgeklemmt sein, was zu Verspannungen, Koordinationsstörungen, Taubheit sowie ausstrahlenden Schmerzen bis in den Fuß führen kann. Auch Beckenschiefstand und Beinlängendifferenzen kommen infrage.

Maßnahmen Einem Bewegungsmangel wird durch Laufen vorgebeugt. Ergänzen Sie Ihr Training unbedingt mit Kräftigungsübungen für die Rumpfmuskulatur, insbesondere für den Bauch, und dehnen Sie Hüftbeuger,

Radfahren ist für Läufer bei Verletzungen ein optimales Alternativtraining.

Läufertypische Verletzungen

Oberschenkelvorderseite, die rückwärtigen Bein- und die seitlichen Gesäßmuskeln (siehe das Gymnastikprogramm, Seite 262ff.). Achten Sie auf eine bessere Sitzhaltung. In schmerzhaften und hartnäckigen Fällen unbedingt zum Krankengymnasten und Orthopäden gehen.

Muskelkrämpfe, Muskelzerrung, Faserriss

Ursachen Überforderung des betroffenen Beinmuskels bei ausgedehntem und intensivem Training. Der Muskel ist an seine Leistungsgrenze gekommen, hinzu kommt Flüssigkeits- oder Mineralstoff-, vor allem Kochsalzmangel bei heißem Wetter oder bei schlechter Ernährung. Möglicherweise war der Muskel schon vorher verspannt, verkürzt oder verhärtet. Krämpfe in den Waden nachts im Bett sind ein Zeichen für Dehydration und Magnesiummangel. Bei schmerzhaften Zerrungen oder einem Muskelfaserriss sind die Muskelzellen selbst beschädigt worden.

Maßnahmen Beim akuten Krampf hilft nur die sofortige Dehnung des betroffenen Muskels. Zur Prävention dienen Stretchingübungen für die anfälligen Muskeln und Trinken. Bei Faserriss und Zerrung Eisbeutel auflegen, Kompressionsverband und Hochlagerung. Unter Umständen ist eine mehrwöchige Laufpause notwendig, steigen Sie auf Schwimmen, Radfahren um. Einnahme von entzündungshemmenden Mitteln in Abstimmung mit dem Arzt. Seien Sie vorsichtig mit Dehnungsübungen, nie in Schmerzen hineindehnen. Oft ist die verletzte Muskulatur zu schwach und muss im weiteren Training zur Vorbeugung gedehnt und gekräftigt werden.

Entzündung der Fußsehnenplatte – Plantarfasciitis

Ursachen Die hartnäckigen Schmerzen auf der Fußunterseite können durch Überlastung (zu intensives oder zu umfangreiches Training), durch Vorfußlaufen, aber auch durch Absinken des Fußgewölbes, Senk- und Plattfuß hervorgerufen werden.

Maßnahmen Fersenlauf statt Vorfußlaufen, Dehnen der Fußmuskulatur, Entlastung mit Radfahren, am besten mit Aquajogging, Einlagen mit Weichbettung, Friktionsmassagen, möglicherweise auch zeitweilige Ruhigstellung ohne Training.

Läufertypische Beschwerden

Es muss nicht gleich eine Verletzung sein. Auch andere Beschwerden können den Laufspaß trüben.

Seitenstechen

Seitenstiche können verschiedene Ursachen haben: Zu viel, falsch oder zu spät vor dem Training gegessen und

Zur Vorbeugung vor Krämpfen, Zerrungen und Faserrissen achten Sie im Alltag und beim Sport, insbesondere bei Hitze, auf frühzeitige und ausreichende Flüssigkeitsaufnahme. Essen Sie vollwertig und mineralstoffreich.

STEP 12 Den Laufspaß behalten

getrunken? Waren stark blähende Lebensmittel dabei? Mangels Bauchmuskeltraining kann es zur vorzeitigen Ermüdung der wichtigsten Atemmuskulatur, des Zwerchfells, kommen. Oder sind Sie zu schnell losgelaufen? Das Blut strömt von den Eingeweiden in die Beine. Dafür wird es ruckartig aus Milz, Leber und Darm gezogen. Wer schon länger läuft, bei dem ist der Körper an diese Blutumverteilung besser angepasst. Auch die Aufhängebänder des Darms im Eingeweideraum können durch die Erschütterungen beim Laufen gereizt sein. Daran gewöhnt sich der Körper ebenfalls.

Laufen Sie bei Schmerzen erst einmal langsamer. Außerdem hilft es, den Bauch an der schmerzenden Stelle zu pressen: Sie können sich nach vorne beugen und die schmerzende Bauchseite anspannen oder mit der Faust drücken und massieren. Sie sollten nur leicht verdauliche Nahrung vor dem Laufen essen, beispielsweise eine Banane eine Stunde vorher. Trinken Sie nicht zu viel! Stärken Sie das Zwerchfell mit Bauchmuskeltraining. An der Grenze ihrer Leistungsfähigkeit bekommen übrigens auch Spitzenläufer Seitenstiche.

Muskelkater

Muskelkater bekommen auch Profis bei neuartigen, für die Muskulatur ungewohnten Belastungen, beispielsweise beim Bergablauf oder beim zu schnellen Laufen. Starker Muskelkater ist ein Zeichen von zu hartem Training sowie ungenügender Vorbereitung. Leichter Muskelkater ist dagegen die unangenehm kribbelnde Begleiterscheinung eines natürlichen Anpassungsprozesses an eine neue Anforderung. Er tritt oft erst ein bis zwei Tage nach intensiven oder langen Trainingseinheiten auf.

Muskelkater kommt nicht von einer Übersäuerung der Muskeln, sondern daher, dass feinste Muskelfasern beschädigt wurden. Die Reparatur dieser so genannten Mikrotraumen und gleichzeitige Verbesserung der Faserstruktur erfordert einige Tage Zeit, in denen Sie zur aktiven Erholung betont langsam laufen, schwimmen oder Rad fahren sollten.

Blasen und blaue Zehennägel

Durch Reibung an Nähten von neuen Laufschuhen oder an der neuen Einlage im Schuh kann das Gewebe unter der Lederhaut gereizt werden. Es bildet sich eine Ansammlung von Gewebsflüssigkeit darunter, eine Blase. Werden Gefäße verletzt, entsteht eine Blutblase. Auch Socken, die Falten werfen, können Blasen verursachen. Laufen Sie daher nie in neuen Schuhen Wettkämpfe, und tragen Sie sie auch im Training erst einmal nur für kurze Abschnitte. Besorgen Sie sich elastische Synthetiksocken, die keine Falten werfen. Reiben Sie die Füße mit Vaseline ein, um die Reibungskräfte zwi-

---

Blasen können Sie ganz vorsichtig mit einer sterilen, ausgeglühten Nadel punktieren und die Flüssigkeit ausdrücken. Lassen Sie die obere Hautschicht zum Schutz dran. Vorher sollten Sie den Hautbezirk mit Alkohol desinfizieren und nachher steril abdecken. In schwereren Fällen gehen Sie zum Arzt.

Läufertypische Beschwerden

schen Haut und Gewebe zu verringern. Blaue Zehennägel kommen so gut wie immer von zu engen und zu kurzen Laufschuhen, aber auch durch Anstoßen beim Bergablaufen. Im Tagesverlauf und beim langen intensiven Laufen verlängert sich der Fuß durch Absinken des Fußlängsgewölbes, so dass auch eigentlich passende Schuhe zu eng werden können. Der Fuß schwillt zudem an heißen Tagen an.

Bei Fieber ins Bett

Ziemlich oft geschieht es, dass ein Läufer kurz vor dem Marathon eine Grippe mit Fieber bekommt. Das Immunsystem ist am Anschlag, man ist vielleicht schon leicht übertrainiert. Viele neigen dann dazu, auf kleiner Flamme weiterzulaufen. Das ist falsch!

Ich selbst kenne die Situation leider nur zu gut. Ich bekam einen Tag vor meinem Marathonlauf bei den Olympischen Spielen in Seoul 1988 eine asiatische Grippe mit 39,8 Grad Fieber. Mit einem fiebersenkenden Mittel hatte ich mich dann wieder gut gefühlt, aber ein Start hätte mein Todesurteil sein können! Das war's dann für mich gewesen mit den Olympischen Spielen. Natürlich ist die Gesundheit wichtiger, auch bei Olympia!

Wer Fieber hat, gehört grundsätzlich ins Bett! Wer dann noch läuft, riskiert eine Verschleppung der Keime. Das kann zu einer Herzmuskelentzündung oder im Wettkampf sogar zum Herzversagen führen. Bleiben Sie also, so schwer es fällt, vernünftig, und laufen Sie nicht. Verschieben Sie einen geplanten Wettkampf.

Wie lange es dauert, bis Sie das Training wieder aufnehmen können, hängt von der Schwere und Art der Grippe ab. Ihr Körper, insbesondere der (erhöhte) Ruhepuls, sagt es Ihnen auch, wenn Sie nur in sich reinhorchen. Grundsätzlich sollten Sie nach Abklingen des Fiebers noch einige Tage mit dem Training warten. Beginnen Sie dann nur ganz langsam, und laufen Sie kürzer. Versuchen Sie nicht, das Versäumte so schnell wie möglich nachzuholen. Man kann ein paar Tage oder Wochen im Training verlieren, aber schlimmer wäre es, seine Gesundheit zu ruinieren!

Bei einer schwachen Erkältung ohne Fieber kann man bei reduziertem Training langsam weiterlaufen.

Achillessehnenbeschwerden können auch durch Reibung am Schuh entstehen.

STEP 13

Ernährung für Läufer

Gesundheit kann man auch essen! Denn wer richtig fit werden will, muss sich nicht nur bewegen, sondern auch seine Ernährung optimieren. Das gilt noch mehr, wenn Sie Gewicht verlieren möchten.

STEP 13 Ernährung für Läufer

Ernährungsbasics und **Alltagskost**

Nicht nur Essen macht den Meister, sondern der Meister macht sich sein Essen! Aus meiner eigenen Erfahrung als Spitzensportler habe ich gelernt, dass man mit der üblichen Durchschnittskost zwar trainieren kann, aber wenn man seine Bestzeiten verbessern möchte, darf es schon ein bisschen besser sein.

Mangel im Überfluss

Ohne eine vollwertige Ernährung hätte ich meine Grenzgänge von 200 bis 300 Laufkilometern pro Woche überhaupt nicht geschafft. Wenn Sie beim Laufen, aber auch im Alltag mehr als 70 bis 80 Prozent erreichen möchten, müssen Sie Ihre Ernährung optimieren.

Ernährungswissenschaftler umschreiben unsere heutige Durchschnittskost mit einem »Mangel im Überfluss«. Trotz (über)reichlicher Kalorienzufuhr fehlt es oft an wichtigen Nahrungsbestandteilen.

Wir essen heute so viele Kalorien, als müssten wir noch wie in früheren Zeiten körperliche Schwerstarbeit verrichten. Wir nehmen zu viele tierische Fette zu uns, die vor allem aus wenig wertvollen gesättigten Fettsäuren bestehen und reichlich Cholesterin mitliefern. Auf den Tisch kommen zu viel Zusatzstoffe und tierisches Eiweiß mit reichlich Purinen, die bei Überangebot zur Gicht führen können. Dafür enthält unser Essen zu wenig an ungesättigten Fettsäuren, die vor allem in Pflanzenölen, Nüssen, Avocado und fetten Meeresfischen vorkommen.

Industriezucker und Alkohol sind lediglich zwei Beispiele für Nahrung, die so genannte leere Kalorien liefert, Nahrung, die fast nichts außer Energie – kaum Ballaststoffe, Mineralien und Vitamine – enthält. Auf diese Weise nehmen wir heute mit der Durchschnittskost zu wenig Vitamine, Mineralien und sekundäre Pflanzenstoffe auf, was mittel- und langfristig zu Mangelerkrankungen und geringerer Leistungsfähigkeit führt. Der zu geringe Ballaststoffanteil stark verarbeiteter Lebensmittel wie Weißmehl oder Schokolade führt u. a. zur Verstopfung und wird auch für bestimmte Darmerkrankungen bis hin zum Krebs mit verantwortlich gemacht.

Die Strafe für schlechte Ernährung über Jahre und Jahrzehnte kommt oft indirekt und zeitverzögert – Jahrzehnte später. Wir leiden früher oder später unter den körperlichen und psychischen Folgen wie

▶ Figurproblemen und Übergewicht
▶ Abgeschlagenheit und geringerer Leistungsfähigkeit
▶ geschwächter Immunabwehr und verschiedensten Mangelkrankheiten
▶ Erkrankungen bis hin zu Darmkrebs oder Fettleber
▶ Gefäßverkalkung und Herz-Kreislauf-Erkrankungen.

Kohlenhydrate

Essen für die Fitness

Fitness hört also nicht an der Kühlschranktür auf. Denn die richtige Ernährung hilft im Rahmen des Fitnessprogramms:
▸ Erkrankungen vorzubeugen
▸ effizienter abzunehmen
▸ die sportliche, aber auch die geistige Leistung und Stressbelastbarkeit gezielt zu erhöhen
▸ schneller zu regenerieren
▸ und natürlich weiterhin zu genießen.
Die Ernährung eines Ausdauersportlers gleicht von ihrer Zusammensetzung her der der körperlich aktiven Landbevölkerung von vor etwa hundert Jahren und könnte Vorbild für die Ernährung aller sein.

Kohlenhydrate – für Muskeln und Nerven

Kohlenhydrate werden von grünen Pflanzen bei der Fotosynthese aus Kohlendioxid und Wasser mit Hilfe von Sonnenlicht gebildet. Durch Verknüpfung von Einfachzuckern wie Traubenzucker (Glukose) und Fruchtzucker (Fruktose) entstehen Zweifachzucker (Saccharose) wie Rohrzucker oder Zuckerrübenzucker (unser Haushaltszucker), mittellange Oligosaccharide oder Mehrfachzucker und langkettige Moleküle wie Stärke, Glykogen und die teilweise unverdaulichen Faser- oder Ballaststoffe.

Kohlenhydrate dienen im Körper vorwiegend dem Energiestoffwechsel in der Muskulatur (siehe auch Seite 58ff.) und sind der Nährstoff für Gehirn und Nervenzellen.

Die Ernährung des Ausdauersportlers sollte dabei einen hohen Anteil an langkettigen, so genannten komplexen Kohlenhydraten, sowie weniger Ein- und Zweifachzucker enthalten. Ein wichtiger Grund für diese Empfehlung ist folgender Zusammenhang:

Süßigkeiten bestehen zu großen Teilen aus Einfach- und Zweifachzuckern. Diese gehen schnell ins Blut, der Blutzuckerspiegel schießt nach oben. Der Körper reguliert mit Insulin: Das Hormon befördert einen Teil des Zuckers aus dem Blut in die Leber – zur Auffüllung des Leberglykogens –, den Rest ins Fettgewebe. Damit sinkt der Blutzucker wieder ab. Schnell hat man

Wer im Büro den Heißhunger mit Süßigkeiten stillt, bringt den Blutzuckerspiegel zum Überschießen: Insulin wird freigesetzt. Das fördert die Speicherung und hemmt die Verbrennung von Fett. Man nascht sich dick! Außerdem erfolgt der nächste Heißhunger bald.

Zusammensetzung der Nahrung ...

... nach Kalorienanteilen der Hauptnährstoffe in Prozent

	Kohlenhydrate	Eiweiße	Fette	Alkohol
Durchschnittsbürger (IST)	35–40	10–15	40–45	12
Ausdauersportler (SOLL)	55–65	10–15	25–30	0–5

STEP 13 — Ernährung für Läufer

Das Glykogendepot ist bei durchschnittlichen Erwachsenen nur rund 400 Gramm schwer. Das kleinere Depot des Leberglykogens ist für den Blutzuckerspiegel verantwortlich. Es ernährt vor allem das Nervensystem und Gehirn. Der größere Anteil des Muskelglykogens steht für Sport zur Verfügung und kann durch Training und kohlenhydratreiche Ernährung bis auf das Doppelte vergrößert werden.

erneut Heißhunger, nascht wieder Süßes, und das Gleiche beginnt von vorne. Insulin ist daher ein regelrechtes Fett-Masthormon. Isst man stattdessen langkettige Kohlenhydrate als Zwischenmahlzeit, also einen Apfel oder Brot, so steigt der Blutzucker nur langsam und nicht so hoch an. Man verbraucht weniger Insulin, und es wird weniger Blutzucker in Form von Fett gespeichert.

Begrenzte Kohlenhydratspeicher

Die Kohlenhydratvorräte des Körpers werden in der Muskulatur und Leber als Muskel- und Leberglykogen gespeichert. Diese Depots sind aber begrenzt und müssen im Trainingsalltag des Ausdauersportlers über kohlenhydratreiche Nahrung ständig neu aufgefüllt werden. Unsere Durchschnittskost enthält aber nur unter 40 Prozent Kohlenhydrate. Bei einem Sportprogramm von zwei Stunden täglich würden die Glykogenspeicher damit innerhalb einiger Tage verarmen.

Daher muss beim engagierten Läufer der Kohlenhydratanteil der Nahrung auf 60 Prozent und mehr angehoben werden. Spitzenläufer schaffen sogar noch mehr. Durch besondere Ernährungsmaßnahmen und lange Läufe versuchen Marathonläufer, die begrenzten Kohlenhydratspeicher zu vergrößern. Kohlenhydrate sind das »Superbenzin« des Körpers. Man kann damit schneller laufen.

Ballaststoffe – nicht nur für den Darm gut

Ballaststoffe sind pflanzliche Faser- und Strukturstoffe, dazu gehören u. a. Pektine (Apfel), Zellulose oder Lignine (Holz). Sie sind für uns teilweise unverdaulich, lassen aber im Magen-Darm-Trakt den Speisebrei quellen, sättigen dadurch mehr und sorgen für einen geregelten Stuhlgang. Sie binden darüber hinaus Cholesterin, Schad- und Giftstoffe im Darm und wirken gegen Dickdarmkrebs und Gallensteine. Von ihnen sollten Sie täglich über 30 Gramm in Ihrer Kost haben. Isoliert zugeführte Fasern – etwa Kleie – behindern stark die Aufnahme von Kalzium, Magnesium, Eisen und Zink. Am besten verzehren Sie gemischt Vollkornprodukte, Obst und Gemüse. Diese natürlichen Ballaststoffquellen sind gleichzeitig in der Regel sehr gute Mineralstofflieferanten.

> **Info**
>
> **Gute Kohlenhydratquellen**
>
> Besonders wertvolle Kohlenhydratquellen, die gleichzeitig auch reichlich Vitamine, Mineralstoffe und Spurenelemente enthalten, sind
> - Frischobst, Trockenobst
> - Gemüse, Kartoffeln
> - Vollkornnudeln, -reis, -getreide, Vollkornbrot.

Fette – mehr als nur Energie

Ein Fettmolekül besteht aus einem Anteil Glyzerin und drei daran gebundenen Fettsäuren. Fettsäuren wiederum sind lange Kohlenstoffketten, die chemisch durch Einfach- oder Doppelbindungen miteinander verbunden sind. Je nach Zahl der in einer Fettsäure vorhandenen Doppelbindungen spricht man von »gesättigten Fettsäuren« (keine Doppelbindung), »einfach ungesättigten Fettsäuren« (eine Doppelbindung) und »mehrfach ungesättigten Fettsäuren« (mehrere Doppelbindungen). Fetthaltige Nahrungsmittel enthalten jeweils eine charakteristische Mischung von verschiedenen Fettsäuren.

Maßvoll und richtig gewählt

Unsere heutige Ernährung ist gekennzeichnet durch ein Zuviel an Fett und eine falsche Fettsäurezusammensetzung! Zu viel Fett bedeutet zu viel Energie, also Wachstum der Fettpolster: Fett ist mit neun Kilokalorien je Gramm ein sehr konzentrierter Energieträger. Das sind über doppelt so viele Kalorien wie in einem Gramm Eiweiß oder Kohlenhydrate. Stellen Sie sich jede Fettportion (etwa eine Butterportion) über doppelt so groß vor, um ihren Kaloriengehalt im Vergleich ungefähr zu erahnen. Überzählige Fettkalorien werden direkt in Fettpolster umgewandelt, während überzählige Eiweiß- oder Kohlenhydratkalorien vor dem »Ansetzen« erst in Fette umgewandelt werden müssen.

Was die Fettsäurezusammensetzung unserer Nahrung betrifft, wirkt vor allem ein zu hoher Anteil an gesättigten Fettsäuren nachteilig. Diese kommen überwiegend in tierischen Fettquellen wie Butter, Milch, Käse, Eis, Schokolade, Wurst, Fleisch, aber auch im pflanzlichen Kokosfett (Frittierfett) vor. Eine fettreiche Ernährung, vor allem mit den falschen Fetten, fördert die Entstehung von Arteriosklerose,

> **Info**
>
> Fettreiches Essen verzögert die Verdauung und damit beim Ausdauersportler nach Training oder Wettkampf die Regeneration der Glykogenspeicher.

Dickdarmkrebs, Fettsucht und Fettstoffwechselkrankheiten. Zur Zeit bestehen rund zwei Drittel der Fettkalorien aus den ungünstigen gesättigten Fettsäuren. Ernährungswissenschaftler fordern ein Verteilungsmuster von etwa je einem Drittel gesättigter, einfach und mehrfach ungesättigter Fettsäuren in der Nahrung.
Aber es gibt auch gute Argumente für Fette und Öle:
▶ Wir brauchen Fette zur Aufnahme der fettlöslichen Vitamine A, D, E und K im Darm.

Die Fette brauchen zur Erzeugung der gleichen Energiemenge mehr Sauerstoff als Kohlenhydrate. Der Vorrat ist aber größer. Fette sind damit eher Dieselkraftstoff für langes und langsames Laufen.

STEP 13 Ernährung für Läufer

Es versteht sich natürlich von selbst, dass auch ein Zuviel an guten Fetten dick macht! Eine Nusstüte von 170 Gramm, die man schnell mal am Abend vor dem Fernseher nascht, deckt mit 1.200 Kilokalorien bereits etwa den halben Tageskalorienbedarf eines Büromenschen!

▸ Zum Aufbau von Zellmembranen und Hormonen benötigen wir die mehrfach ungesättigten Fettsäuren als Bausteine.
▸ Fett ist Träger verschiedenster Geschmacksstoffe und Aromen.

Ungesättigte Fettsäuren bevorzugen

Zu den im Körper positiv wirkenden Fetten gehören die mehrfach ungesättigten Fettsäuren, wichtige Bausteine für Zellmembranen und Hormone, und die einfach ungesättigten Fettsäuren wie beispielsweise die Ölsäure, die u. a. eine cholesterinsenkende Wirkung hat.

Die mehrfach ungesättigten Fettsäuren müssen wir mit der Nahrung aufnehmen. Unser Körper kann sie nicht selbst herstellen. Man nennt sie daher auch essenzielle Fettsäuren. Sie werden nach der Stellung der Doppelbindungen im Molekül in Omega-3- und Omega-6-Fettsäuren untergliedert.

Neuere Forschungen zeigen, dass insbesondere die einfach ungesättigten Fettsäuren und die mehrfach ungesättigten Omega-3-Fettsäuren mit zum Schutz vor Herz-Kreislauf-Erkrankungen beitragen. Omega-3-Fettsäuren wirken zudem entzündungshemmend und stimulieren das Immunsystem. Essen Sie also in Maßen mehr Meeresfisch wie Makrele, Hering, Lachs, Sardinen, und bevorzugen Sie Raps- und Olivenöl für Salate und zum Braten.

Eiweiße – Bausteine unseres Körpers

Aus Eiweißen, fachsprachlich Proteinen, wird überwiegend Körpersubstanz aufgebaut. Zudem steuern Proteine biochemische Stoffwechsel- und Regulationsvorgänge, den Sauerstoff- und Nährstofftransport. Aus Proteinen bestehen Muskeln, Organe, Haut, Bindegewebe, Hormone, Blut, Immunkörper, Enzyme und viele andere

Übersicht Fette und Fettsäuren

Typ Untertyp	gesättigte Fettsäuren	ungesättigte Fettsäuren		
		einfach ungesättigt	mehrfach ungesättigt	
			Omega-3-Fettsäuren	Omega-6-Fettsäuren
Vorkommen	Wurst, Fleisch, Käse, Kuchen, Schokolade	Oliven(öl), Rapsöl, Nüsse	Meeresfisch, Rapsöl, Leinöl	Sonnenblumenöl, Distelöl, Nüsse
bei Zimmertemperatur	fest	flüssig	flüssig	flüssig

Eiweiße

Körperbestandteile. Sämtliche Eiweißstrukturen im Körper sind in einem ständigen Umbauprozess: Nach ungefähr sieben Wochen ist die Hälfte des Muskelproteins ausgetauscht, die Halbwertszeit von Leberenzymen beträgt nur rund zehn Stunden. Rote Blutkörperchen halten durchschnittlich drei Monate.

Die Proteinreserven im Körper, also »unverbaute« Eiweißbausteine, sind nicht sehr groß, daher sollte man täglich auf eine gute Eiweißversorgung achten. Im Ausdauersport liegt der tägliche Bedarf bei ungefähr 1,5 bis 2 Gramm Eiweiß pro Kilogramm Körpergewicht, was man leicht mit einer vollwertigen Ernährung erreicht.

Meeresfisch ist nicht nur eine hochwertige Eiweißquelle, sondern enthält auch Mineralien und gesunde Omega-3-Fettsäuren.

Einfach, aber hochwertig

Die Eiweiße des Menschen bestehen aus 20 Aminosäuren – in verschiedensten, spezifischen Kombinationen zusammengesetzt –, von denen wir acht mit der Nahrung aufnehmen müssen. Je größer der Gehalt an diesen essenziellen Eiweißbausteinen in einem Lebensmittel oder einer Lebensmittelkombination, desto höher ist dessen »biologische Wertigkeit« für unsere eigene Proteinversorgung. Eine sehr hohe biologische Wertigkeit erzielen beispielsweise Ei, Milch, Fleisch, Quark und Fisch. Aber auch pflanzliche Lebensmittel wie Amaranth, Vollkornreis und Hülsenfrüchte wie Sojaprodukte sind relativ wertvolle Proteinquellen.

Die höchste biologische Wertigkeit erzielen Sie aber durch die geschickte Kombination von eiweißhaltigen pflanzlichen mit tierischen Lebensmitteln, beispielsweise:
▶ Kartoffeln mit Ei
▶ Kartoffeln mit Milch, Käse und Quark
▶ Hafer- und andere Getreideflocken mit Milchprodukten (Müsli)
▶ Vollkornbrot oder Getreide mit Quark, Käse, Fisch und Fleisch
▶ Bohnen mit Fisch oder Fleisch (Chili con Carne)
▶ Bohnen mit Vollkorngetreide, Weizen oder Roggen
▶ Mais mit (getrockneten) Bohnen oder Milchprodukten.
Dabei sollte der pflanzliche Anteil in der Kombination jeweils den größeren Anteil darstellen.

Meist assoziieren wir bei Protein Fleisch, aber alle lebenden Zellen, auch in pflanzlicher Nahrung, enthalten Eiweiß.

STEP 13 Ernährung für Läufer

Die genannten Kombinationen bestehen weitgehendst aus einfachen und preiswerten Lebensmitteln. Viele waren das Power Food unserer körperlich aktiveren Vorväter und auch der afrikanischen Wunderläufer. In den kenianischen Nandi Hills, von wo die meisten der schwarzen Weltklasseläufer stammen, gibt es Mais mit Milchprodukten »Ugali mit Mala«, dazu Gemüse und Bohnen. Kunstfutter und Präparate zur Nahrungsmittelergänzung wie Eiweißpulver brauchen die Kenianer nicht. Die traditionellen Mahlzeiten der Bauern waren Getreidebreie, Hirse, Brot, Kartoffeln und Kohlgemüse. Selten gab es Fleisch. Man brauchte die Tiere als Milch- und Eierproduzenten.

Unsere Vorväter und die Kenianer sind durch gesunde Bauernkost fit geworden.

Info

Versorgungsengpässe für aktive Vegetarier und Veganer?

Es mag ketzerisch klingen, aber man kann in argentinischen Steakhäusern hervorragend vegetarisch essen. Bestellen Sie einfach nur Salatbuffet und Ofenkartoffeln. Leistungssport und eine fleischlose Eiweißversorgung mit hochwertigen tierisch-pflanzlichen Kombinationen ist für Ovo-Lakto-Vegetarier kein Problem. Sie essen noch Milchprodukte und Eier. Bei Veganern, die überhaupt keine tierischen Lebensmittel verzehren, können Engpässe bei der Eisenaufnahme, Vitamin B_{12}, Zink, Jod und Selen vorkommen. Auch bei der Proteinversorgung sollte auf hochwertige pflanzliche Eiweißquellen wie Soja, Hülsenfrüchte, Kartoffeln, Vollkornprodukte und Nüsse geachtet werden. Fitnesslaufen ist noch gut möglich, aber beim Leistungssport wird es für Veganer kritisch.

Vitamine – kleine Menge, große Wirkung

Vitamine sind in nur geringen Mengen benötigte, aber lebensnotwendige Bestandteile unserer Nahrung. Heute kann es insbesondere durch einseitige oder falsche Ernährung wie Fastfood, Süßigkeiten, Fertigessen, den Missbrauch von Abführmitteln, durch Diäten und bei hohem Alkoholkonsum zu einer Unterversorgung kommen. Die unspezifischen Symptome von Vitaminmangelerscheinungen reichen von Müdigkeit über Reizbarkeit bis zu Depressionen. In der Schwangerschaft, bei Rauchern, Stress und beim Leistungssport ist der Bedarf an Vitaminen erhöht. Da Sportler durch den erhöhten Kalorienbedarf aber eine größere Menge an Lebensmitteln verzehren, wird bei vollwertiger Ernährung dieser Mehrbedarf normalerweise ausgeglichen.

Wasserlösliche und fettlösliche Vitamine

Man unterteilt die Vitamine in wasserlösliche Vitamine (u. a. der Vitamin-B-Komplex, Vitamin C) und fettlösliche Vitamine (A, D, E und K). Die wasserlöslichen Vitamine können im Körper nur in geringem Maße gespeichert werden (Ausnahme: Vitamin B_{12}) und müssen daher ständig neu zugeführt werden. Bei Überdosierungen werden sie unmittelbar über den Urin ausgeschieden.

Vitamine, Mineralien

Vitamin-C-Verluste in Prozent und Zubereitung*

Lebensmittel	Kochen	Druckdämpfen	Dünsten
Kartoffeln in der Schale	16	15	2
Kartoffeln geschält	32	13	15
Blumenkohl	42	23	18
Weißkohl	52	28	28
Grüne Bohnen	43	31	20

*nach Elmadfa, Aign, Fritsche »GU Kompass-Nährwerte« 1997

Die fettlöslichen Vitamine dagegen können im Fettgewebe oder in der Leber gut gespeichert werden. Damit sind größere Schwankungen in der Zufuhr erlaubt, andererseits kommt es aber bei Überdosierungen auch eher zu toxischen Nebenwirkungen. Die durchschnittliche Reservekapazität an Vitaminen beim Erwachsenen beträgt zwischen 10 und 20 Tagen (Vitamin B_1/Thiamin) und vielen Monaten und bis zu Jahren (Vitamin A, Vitamin B_{12}).

Vermeiden von Vitaminverlusten

Der Vitamingehalt der Nahrung hängt wesentlich von der Frische und Behandlung der Lebensmittel ab:
▸ Verarbeiten Sie möglichst frische Lebensmittel oder Tiefkühlkost.
▸ Lagern Sie frische Lebensmittel vor Licht und Hitze geschützt.
▸ Schneiden, Zerkleinern möglichst kurz vor der Weiterverarbeitung.
▸ Kurzes Blanchieren inaktiviert vitaminzerstörende Enzyme, die sich auf der Oberfläche von Gemüse befinden können.
▸ Ausschwemmverluste wasserlöslicher Vitamine und Mineralien beim Kochen vermeiden Sie durch Dünsten und Mitverwendung des Kochwassers, Kartoffeln in der Schale kochen.
▸ Gemüse vitaminschonend zu garen bedeutet, es bissfest (und nicht matschig) zu dünsten.
▸ Fettlösliche Vitamine, wie z. B. Betakarotin aus Möhren, werden nur in Gegenwart von Fett aufgenommen, nicht aber aus rohen Möhren allein.
▸ Kurzes Wiedererhitzen ist besser als langes Warmhalten.

Mineralstoffe und Spurenelemente

Bei den Mineralstoffen unterscheidet man die Mengenelemente Kalium, Natrium, Phosphor, Magnesium, die der Körper täglich in größeren Mengen benötigt, und Spurenelemente wie Eisen, Jod, Fluor, Mangan, Kupfer, Zink und Selen, bei denen schon geringste Mengen wirken.
Mineralstoffe sind zum einen anorganische Bestandteile des Skeletts und der

Fast alle Vitamine sind hitze- oder lichtempfindlich. Allein beim Toasten von Brot gehen beispielsweise 40 bis 50 Prozent an Vitamin B_1 verloren. Dieses Vitamin ist an der Energiegewinnung aus Kohlenhydraten beteiligt und daher für Ausdauersportler besonders wichtig.

STEP 13 Ernährung für Läufer

Zähne. Sie beeinflussen zum anderen als gelöste Elektrolyte die Verteilung der Körperflüssigkeit extra- und intrazellulär sowie die physikalischen und biochemischen Eigenschaften der Körperflüssigkeiten und damit Nervenleitung, Muskelkontraktion und Pufferung von Säure-Basen-Schwankungen im Blut. Mineralstoffe sind aber auch wichtige Bestandteile von Enzymen.

Mineralienverluste durch Schwitzen

Beim Schwitzen verliert der Körper außer Wasser auch Mineralien und Spurenelemente, so genannte Elektrolyte. Genetisch bedingt gibt es Vielschwitzer, bei denen es nur so tropft und ökonomische Schwitzer, die immer nur einen dünnen Feuchtigkeitsfilm auf der Haut haben. Letztere sind für Hitzeläufe besser geeignet. Aber durch einen besseren Trainingszustand, Hitzeakklimatisation oder Sauna kann der Körper auch lernen, mit seinen Elektrolytvorräten ökonomischer umzugehen. Im Schweiß verliert man vor allem Kochsalz, in geringeren Mengen aber auch Magnesium, Kalium, Kalzium, Eisen, Kupfer und Zink (sowie Aminosäuren und Vitamine).

Mineralien für Läufer

Kochsalz (Natriumchlorid), nicht das viel beworbene Magnesium ist neben Wasser wichtig zur Vermeidung von Krämpfen im Rennen, und es fördert die Wasseraufnahme! Kalium ist u. a. notwendig zur Bildung des Glykogendepots. Magnesium ist ein wichtiger Enzymaktivator im Energiestoffwechsel – man nennt es auch die Zündkerze des Stoffwechsels. Kalzium bildet mit Phosphat die Knochensubstanz. Eisen ist Bestandteil des roten Blutfarbstoffs Hämoglobin und für den Sauerstofftransport wichtig. Kaffee, schwarzer Tee und Alkohol verschlechtern die Mineralstoffaufnahme.

Hohe Nährstoffdichte – wenig Zusatzstoffe

Wir können viele Kalorien essen und trotzdem wenig Vitamine und Mineralien aufnehmen. Die Qualität der Lebensmittel wird daher besser nach ihrer Nährstoffdichte bewertet. Sie gibt an, wie viel an Vitaminen, Mineralstoffen und Spurenelementen wir pro Kalorie aufnehmen. Sehr deutlich ist ein einfaches Alltagsbeispiel: Beim Frühstück verzehren Sie entweder – ganz konventionell – 100 Kilokalorien mit einem Weißbrötchen mit Honig und Butter oder – vollwertig – 100 Kilokalorien mit Weizenvollkornbrot, Magerquark und Tomate. Bei gleicher Kalorienzahl verzehren Sie beim Vollkornbrot mit Tomate 3- bis 20-mal mehr gesunde Inhaltsstoffe (Tabelle rechts). Möglichst viele wertvolle Inhaltsstoffe bekommen wir auch ab, wenn wir Lebensmittel und Speisen verzehren, die so wenig wie möglich industriell auf-

---

Vollwertig naschen: Von Trockenfeigen können Sie im Vergleich zu Vollmilchschokolade bei gleicher Kalorienzahl doppelt so viel essen. Sie haben zehnmal weniger Fettanteil, aber doppelt so viele Kohlenhydrate, Eisen und Kalzium. Der Ballaststoffanteil ist sogar 41-mal höher, von Kalium und Magnesium ist viermal so viel drin.

bereitet sind. Haferflocken sind besser als hochverarbeitete Cornflakes, die im Nachhinein künstlich mit Vitaminen und Zusatzstoffen aufgepäppelt werden. Lesen Sie doch einfach mal Zutatenliste und Etiketten!

Getränke – so stimmt die Wasserbilanz

Der Mensch besteht zu rund 60 Prozent aus Wasser. Von den täglich im Schnitt aufgenommenen 2,5 Liter Flüssigkeit stammen 1,3 Liter von Getränken, 0,9 Liter aus der Nahrung und 0,3 Liter vom so genannten Oxidationswasser, das bei der Energiegewinnung aus Kohlenhydraten und Fetten frei wird.

Starke Wasser- und Elektrolytverluste entstehen nicht nur beim Schwitzen, sondern auch durch Abführtabletten, harntreibend wirkende koffeinhaltige sowie alkoholische Getränke. Empfehlenswerte Getränke für Läufer sind:
- elektrolytreiche Mineralwässer
- Fruchtsaftschorle
- Obstsäfte (und nicht »Nektar« oder »Fruchtsaftgetränk«)
- Gemüsesäfte
- Gemüsebrühe (Reformhaus)
- Früchte- und Kräutertees
- fettarme Milch (1,5-prozentig).

Von diesen Getränken können Sie gerne »einen über den Durst« trinken.
Über Nacht verlieren Sie viel Flüssigkeit durch Atmen, Schwitzen und Ausscheidung. Vor allem an heißen Tagen beginnen viele Sportler ihr Training unbewusst mit einem Wasserdefizit. Schon morgens nach dem Aufstehen sollten Sie ein großes Glas Saftschorle oder Mineralwasser trinken.

Wer viel Bier und Kaffee trinkt, trocknet innerlich regelrecht aus. Diese Entwässerung oder Dehydration führt zur Leistungseinbuße im Alltag und beim Sport. Auch die geistige Leistung und Konzentrationsfähigkeit leidet darunter.

Nährstoffdichte: Belegte Brote im Vergleich

Nährstoffe	Vollkornbrot, Magerquark, Tomate (insgesamt 100 kcal)	Weißbrötchen, Butter, Honig (insgesamt 100 kcal)	Faktor Tomatenbrot besser als Honig-Weißbrot
Fette (% der kcal)	5	30	6
Protein (% der kcal)	30	7	4,3
Kohlenhydrate (% der kcal)	65	64	1
Ballaststoffe (g)	3,3	0,5	6,2
Vitamin A (mg)	74	24	3
Vitamin B_1 (µg)	476	24	20
Kalium (mg)	254	27,5	9,2
Kalzium (mg)	49	5	9
Magnesium (mg)	26	6	4
Eisen (mg)	1,0	0,3	3,2

STEP 13 Ernährung für Läufer

Sekundäre Pflanzenstoffe – Naturmedizin

»*An apple a day keeps the doctor away!*« So lautet die amerikanische Redensart, dass ein Apfel am Tag den Arztbesuch erspart. Es darf auch ein bisschen mehr sein. »*Take five*« lautet der neue Slogan, mit dem auch die Deutsche Gesellschaft für Ernährung die Menschen zu mehr Obst und Gemüsekonsum auffordert. Fünf frische Portionen Obst und Gemüse über den ganzen Tag verteilt versorgen uns nicht nur mit genügend Vitaminen, Mineralstoffen, Spurenelementen und Ballaststoffen, sondern auch mit Sekundären Pflanzenstoffen, bioaktiven Substanzen, die erst in den letzten Jahrzehnten mehr ins Blickfeld der Wissenschaft und öffentlichen Diskussion gekommen sind.

Schon Hippokrates wusste: Eure Nahrung sollen eure Heilpflanzen und eure Heilpflanzen eure Nahrung sein.

Bio-aktiv

Sie geben Chilis die Schärfe, Grapefruits den bitteren Geschmack, und Rosmarinduft lässt einem nicht nur das Wasser im Mund zusammenlaufen, sondern die enthaltene Carnosolsäure ist ein potentes Antioxidans, das gegen Krebs und Viren wirkt. Durch die pharmakologischen Wirkungen verschwimmen bei den Sekundären Pflanzenstoffen die Grenzen zwischen Ernährung und Medizin. Man schätzt die Zahl der Sekundären Pflanzenstoffe auf 60- bis 100.000. Und noch sind längst nicht alle Pflanzen untersucht. Die Wirkmechanismen, die Interaktionen und der Stoffwechsel der Sekundären Pflanzenstoffe sind heute noch gar nicht oder nur teilweise geklärt.
Die Grundbotschaft ist und bleibt ganz einfach: Essen Sie viel Obst und Gemüse! Der Apfel oder Brokkoli ist eben viel mehr als die Summe der uns derzeit bekannten Einzelbestandteile.
Unbestritten ist die Wirkung der Sekundären Pflanzenstoffe in der Prävention von Krebs, Herz- und Kreislauferkrankungen, von Entzündungen sowie bei der Stärkung des Immunsystems.

Powerfood für Läufer

Die Empfehlungen in der Tabelle auf Seite 338 stellen meine ganz persönliche Auswahl für Ausdauersportler dar – diese Lebensmittel kommen in meiner Läuferküche besonders oft vor.

Wenn Sie sich so abwechslungsreich ernähren, brauchen Sie bestimmt keine Ergänzungsmittel oder Eiweißpräparate. Sie essen alles, was ein Ausdauersportler an Kohlenhydraten, Eiweißen, richtigen Fetten, Mineralstoffen und Spurenelementen benötigt. Auch an Ballaststoffen und den wichtigen Sekundären Pflanzenstoffen werden Sie keinen Mangel haben.

Meine subjektive Auswahl begründet sich natürlich primär aus meinem Geschmack, eigenen Erfahrungen sowie Experimenten als Spitzensportler und Trainer. Als Wissenschaftler bin ich darüber hinaus natürlich auch von Lehrbüchern beeinflusst. Wenn Sie sich selbst Ihre Lebensmittel auswählen, so lassen Sie sich immer von einer Portion Skepsis gepaart mit gesundem Menschenverstand leiten.

Ganz wichtigen Einfluss auf meine Ernährung hatte aber auch die Beobachtung und das Studium der Lebensweise körperlich aktiver Menschen, beispielsweise Bauern der Dritten Welt. Wo holen sie die Power für die tagtägliche harte Ackerarbeit her? Zur Erinnerung: Die Wunderläufer Kenias und Äthiopiens sind meist Bauernkinder, die nicht mit der Fastfoodindustrie und deren Werbegetrommel aufgewachsen sind. Das Essen der Hochlandkenianer ist *Ugali mit Mala* – Vollkorngetreidebrei mit Sauermilch und Gemüse, nur selten auch mit Fleisch. Vielleicht ist gerade die intakte einfache Bauernkost einer der Schlüssel zum Erfolg?

Ernährungsempfehlungen

Essen Sie …
▶ frische Produkte und diese möglichst aus der Region, möglichst wenig verarbeitet und naturbelassen
▶ Lebensmittel mit einer hohen Nährstoffdichte
▶ mehrfach täglich frisches Obst, Gemüse, Rohkostsalate
▶ fettärmer, bevorzugen Sie pflanzliche Öle und Fette. (Stellen Sie sich Fettportionen über doppelt so groß wie andere Essensportionen vor, um den Kalorieneintrag zu erahnen.)
▶ bevorzugt Gedünstetes und Gedämpftes anstelle von Gebratenem und Frittiertem
▶ kohlenhydratreicher, aber weniger Industriezucker und mehr komplexe Kohlenhydrate in Form von stärkehaltigen Lebensmitteln
▶ bevorzugt Vollkornprodukte
▶ ein Frühstück mit Obstsaftschorle und Kohlenhydraten
▶ tierisches Eiweiß in Maßen – Fleisch nur als Beilage
▶ wenigstens ein- bis zweimal in der Woche Meeresfisch
▶ hochwertige tierisch-pflanzliche Eiweißkombinationen
▶ möglichst abwechslungsreich.

Trinken Sie …
▶ reichlich!! – mindestens 1,5 Liter zusätzlich
▶ Mineralwasser, Obstsaft, Gemüsesäfte und -brühe, Früchtetees, Suppen
▶ wenig Kaffee, Schwarztee, Alkohol.

Ernährung hat nicht nur mit Vitaminen und Kalorien zu tun, sondern auch mit Genuss. Vollwertige Ernährung ist weder fade noch kompliziert oder teuer. Vollwertige Rezepte von Olympiakoch und Weltklasseläufer Charly Doll finden Sie auch im Ernährungsbuch »Perfektes Lauftraining – das Ernährungsprogramm«.

STEP 13 Ernährung für Läufer

Meine Lebensmittel-Favoriten

Gruppe	Lebensmittel	Warum es so gut ist ...
Fleisch	Wild	Magere tierische Eiweißquelle, Vitamin-B-reich, gute Zink- und Eisenquelle.
Fisch	Meeresfische	Lachs, Makrele, Hering, Sardine und Co. sind beste mineralstoffreiche tierische Eiweißlieferanten und enthalten wertvolle Omega-3-Fettsäuren.
Eier	Frühstücksei	Eine sehr gute Eiweißquelle.
Milch und Milchprodukte	fettarme Milch	Fettarme Milch (1,5 Prozent Fettgehalt) ist allen Unkenrufen zum Trotz immer noch das beste Fitnessgetränk, eiweiß- und kalziumreich, und wie fettarmer Joghurt, Buttermilch oder Kefir ideal fürs Müsli.
	Käse	Ein meist fetter, aber protein-, chrom- und kalziumreicher Belag auf einer dickeren Scheibe frischem Vollkornbrot, leckere Beigabe zum Glas Rotwein für Laufgourmets.
	Magerquark	Fettarmer Brotaufstrich unter Honig, Fruchtmarmelade oder Tomaten, idealer Butter- oder Margarineersatz. Mit Pellkartoffeln eine preiswerte und einfache vollwertige Mahlzeit mit einer optimalen Eiweißkombination.
Gemüse	Pellkartoffeln	Wegen ihrer höheren Vitamin- und Mineralgehalte besser als die allseits beliebten Nudeln, wichtige Kohlenhydrat-, Kalium- und Vitamin-C-Quelle.
	Brokkoli	Alle Kohlgemüse sind bedeutende Vitamin-, Mineral- und Ballaststoffquellen und enthalten wichtige Sekundäre Pflanzenstoffe.
	Tomaten	Im Salat und in Saucen oder auch in Form von Tomatensaft eine wichtige Kaliumquelle sowie Lieferant des Sekundären Pflanzenstoffs Lycopin.
	Hülsenfrüchte	Sojaprodukte, Bohnen, Erbsen und Linsen sind gute pflanzliche Eiweiß- und Eisenquellen, enthalten viele Ballaststoffe und sind reich an Sekundären Pflanzenstoffen.
	Keimlinge	Natürliche Vitaminbomben für Salate, Sandwichs und für die Wok-Küche, leicht auf der Fensterbank zu ziehen.
	Knoblauch	Gibt der mediterranen Läuferküche nicht nur geschmacklich Pfiff. Für die meisten seiner positiven Eigenschaften ist der Sekundäre Pflanzenstoff Allicin verantwortlich.
Obst	Banane	Leicht verdaulicher natürlicher Kohlenhydrat-Powerriegel; kaliumreich, hebt den Serotoninspiegel, ideal als Zwischenmahlzeit vor und nach Training und Wettkampf.
	Apfel	Ballaststoffreicher, kalorienarmer Vitamin- und Kohlenhydratspender.
	Trockenfrüchte	Getrocknete Feigen, Pflaumen, Datteln, Rosinen und Co. sind ein natürliches, leicht transportierbares Powerkonzentrat an Kohlenhydraten, Vitaminen und Mineralien. Gemischt mit Nüssen schon lange bei Bergwanderern geschätzt.
Getränke	Fruchtsaft	Im Idealfall frisch gepresst oder als Direktsaft. Achtung: Fruchtsaft nicht mit »Nektar« oder »Fruchtsaftgetränk« verwechseln – Letztere sind mit Zuckerwasser und Zusatzstoffen verdünnte Säfte. Ein 0,25-Liter-Glas Orangensaft deckt bereits nahezu den Tagesbedarf an Vitamin C! Die kaliumreiche Apfelsaftschorle ist ein einfaches und billiges Sportlergetränk.

	Gemüsesaft	Ein Top-Getränk für Läufer! Es ist ein vollwertiges Lebensmittel mit wenig Kalorien, aber sehr hoher Nährstoffdichte (Vitamine, Mineralstoffe, Spurenelemente, Sekundäre Pflanzenstoffe). Legen Sie schnellstens Ihre Vorurteile ab!
	Gemüsebrühe	Nach einem schweißtreibenden Lauf im Winter ideal zum Auffüllen der Wasser- und Elektrolytspeicher (hier v. a. Natriumchlorid). Brühe aus dem Reformhaus oder dem Bioladen der aus dem Supermarkt vorziehen!
	Mineralwasser	Auf hohen Magnesiumgehalt achten (über 100 Milligramm pro Liter), ein hoher Hydrogencarbonatgehalt wirkt als Puffer gegen Säuren.
	Wein	Auch ich höre gerne, dass Rotwein gut für das Herz-Kreislauf-System ist, bin mir aber bewusst, dass Laufen alleine schon dafür ausreichen würde. Ein Glas Wein ist die ideale Abrundung eines leckeren Essens, wenn die Flasche Mineralwasser daneben steht. Eine Bestzeit oder der Marathoneinstand darf mit Champagner stilvoll gefeiert werden!
	Kaffee	Eigentlich schlecht für den Magen, ungünstig für die Wasserbilanz und ein Mineralstoffräuber, daher nur bis zu drei Tassen am Tag und mindestens die gleiche Menge Mineralwasser dazu trinken.
Getreide	Vollkorn	Vollkornbrot oder ungeschälter Reis enthalten bei gleicher Kalorienzahl durchschnittlich dreimal so viele Ballaststoffe, Vitamine, Mineralien und Spurenelemente wie Weißmehlprodukte oder polierter Reis.
	Müsli	Mit Obst und Milchprodukten angerührt ist eigentlich alles drin, was ein Läufer braucht.
	Hirse	Aus der Mode gekommenes magnesium- und eisenreiches Getreide, eine alternative Beilage statt Nudeln und Kartoffeln.
Öle	Olivenöl	Unverzichtbarer Bestandteil der mediterranen Küche, mit hohem Gehalt an einfach ungesättigter Ölsäure; auch in der kaltgepressten Form mittelstark erhitzbar und damit zum sanften Braten geeignet.
	Rapsöl	Oft in einfachen so genannten »Pflanzenölen« oder »Speiseölen« undeklariert versteckt; neben Meeresfisch eine wichtige pflanzliche Quelle für essenzielle ungesättigte Fettsäuren.
Snacks	Laugengebäck	Zwar nicht aus Vollkornmehl, aber ein fettarmer fast überall erhältlicher Kohlenhydratsnack für zwischendurch. Je nach Geschmack und Elektrolytbedarf können Sie die Salzkristalle abwischen oder dranlassen.
	Obstkuchen	Mein Favorit ist Zwetschgenkuchen (ohne Sahne), alle Vorteile von Obst versammeln sich da auf einem leckeren (kohlenhydratreichen und fettarmen) Hefeteig.
	Popcorn	Nichts anderes als durch Hitzebehandlung explodierter Mais, also aus Vollkorn. Aus käuflichem »Popcorn-Mais« im Topf auf dem Herd leicht selbst herzustellen, dann kalorienarm und ballaststoffreich. Fertig gekauftes Popcorn ist entweder zu süß oder zu salzig, oft auch zu fett.
	Nüsse	Liefern wertvolle essenzielle Fettsäuren, sind mineral-, ballaststoff- und vitaminreich, aber eine Kalorienbombe! Daher nur in Maßen verzehren und nichts für Bewegungsmuffel.

STEP 14

Wettkampf-ernährung

Eine gesunde vollwertige Ernährung im Trainingsalltag ist eine wichtige Voraussetzung für optimale sportliche Leistungsfähigkeit. Unmittelbar vor, während oder nach dem Training oder insbesondere beim Wettkampf isst ein Läufer anders.

STEP 14 Wettkampfernährung

Essen vor, bei und nach dem Laufen

Was für den Trainingsalltag eines Laufsportlers empfehlenswert und gut ist, gilt nicht unbedingt vor oder während eines Wettkampfs. Vollkornbrot etwa weicht dem Weißbrot, und im Rennen ist Zucker erlaubt.

Die Ernährung vor dem Wettkampf

Manchen schlägt der Wettkampfstress auf den Magen. Unter Adrenalin reagiert er dann vielleicht anders als gewohnt. Viele Läufer haben eigene Rezepte, die sie im Idealfall schon vor unwichtigeren Wettkämpfen ausprobiert haben, als damit ausgerechnet vor dem ersten Marathon zu experimentieren. Testen Sie einfach vorher, was Sie vertragen. Spezielle Verfahren vor dem Marathon können das Leistungsvermögen noch verbessern. Auch sie werden im Folgenden vorgestellt.

Schnelle Kohlenhydrate vor dem Rennen

Die letzte leichte und kohlenhydratreiche Mahlzeit zur Auffüllung der Glykogenspeicher sollte spätestens zwei, besser drei Stunden vor intensiven Läufen eingenommen werden. Sie nehmen dann noch etwas Superbenzin im Magen in das Rennen mit. Geeignet, weil schnell verdaulich, kohlenhydratreich und wenig belastend, sind:

▸ Banane
▸ zarte Haferflocken oder Grießbrei
▸ Weißbrot dünn mit Magerquark und Honig bestrichen
▸ weißer Reis (wird von asiatischen Sportlern bevorzugt)
▸ Kartoffelpüree aus zerstampften Kartoffeln
▸ Zwieback bei sehr magenempfindlichen Personen.

Ausnahmsweise ist hier sogar Weißbrot angebracht. Während bei der Alltagskost Vollkornprodukte wertvoller sind, belasten und verzögern die darin enthaltenen Ballaststoffe vor einem harten Training oder Wettkampf unnötig die Verdauung.

Trinken Sie Fruchtsaftschorle über den ganzen Tag, aber nicht zu viel auf einmal unmittelbar vor dem Wettkampf, um Seitenstechen zu vermeiden. Bei kühlem Wetter reicht ein halber Liter in den letzten zwei Stunden vor dem Lauf.

Nüchtern laufen?

Gelegentlich wird das Nüchternlaufen regelrecht als Wunderwaffe zum Abnehmen, aber auch in der heißen

Zur richtigen Ernährung gehört auch richtiges Trinken: Vor einem Morgenlauf beispielsweise immer erst reichlich Wasser oder Fruchtsaftschorle trinken, denn über Nacht ist Ihr Körper ziemlich ausgetrocknet. Und mit dehydrierten Zellen loszulaufen kann zu Schäden in der Muskulatur führen.

Phase der Marathonvorbereitung angepriesen. Ohne Frühstück wird im Training morgens losgelaufen, um den Fettstoffwechsel wegen des dann auftretenden Kohlenhydratmangels verstärkt anzukurbeln. Über Nacht ist aber nur der Leber-, nicht der Muskelglykogenspiegel abgesunken.

Nüchternläufe sind dadurch nicht ganz ohne: Ohne Frühstück bleibt der Blutzuckerspiegel niedrig. Sinkt er dann während des Nüchternlaufs endgültig in den Keller, beginnt Ihr Körper, Eiweiß (Aminosäurereserven, Bluteiweiße, Muskulatur und Immunkörper) abzubauen und in Glukose umzuwandeln (Glukoneogenese). Das ist für Leistung und Gesundheit natürlich ein Flop. Die abgebauten Aminosäuren fehlen hinterher beispielsweise für die Regeneration und den Aufbau von Immunkörpern, die Infektanfälligkeit ist dadurch erhöht. Übrigens schaltet der Körper auch bei einem Marathon im Verlauf des Rennens gegen Ende, auf die Energiegewinnung über den Weg der Glukoneogenese um.

Nüchternläufe nach vorheriger Entleerung des Muskelglykogens werden von Spitzenläufern, allerdings erst in einem sehr fortgeschrittenen Trainingsstadium, zur Leistungssteigerung praktiziert. Sie sind aber nicht ohne Risiko und für Einsteiger weniger zu empfehlen (siehe auch der folgende Essay mit meinen eigenen Erfahrungen). Nüchtern laufen zum Abnehmen kann Ernährungsfehler keinesfalls ausgleichen.

Ein kohlenhydratreiches Frühstück, das nicht nur gesund, sondern auch optisch attraktiv ist.

Carboloading, Saltin- oder Schwedendiät

Die Kohlenhydratvorräte in Leber und Muskulatur müssen in den letzten Tagen vor einem Marathon, aber auch vor einer längeren Radtour oder einem Triathlon unbedingt aufgefüllt werden. Man nennt das auch »Kohlenhydratmast«, »Carboloading« oder »Superkompensation«. Es gibt dazu drei verschiedene Varianten.

Bei der ersten Variante erhöht man in den letzten drei bis vier Tagen vor dem Marathon den Anteil der Kohlenhydrate auf über 70 Prozent, indem man vor allem die Fette in der Nahrung reduziert. Das zweite Verfahren setzt davor, mittwochs, einen kurzen,

STEP 14 Wettkampfernährung

Essay

Nüchternläufe – nur mit Vorsicht durchzuführen

Das nachfolgende Beispiel aus meinem Trainingstagebuch zeigt, wie sich Training und Ernährungsmaßnahmen – manchmal nicht ganz ohne Risiko – im fortgeschrittenen Training in den letzten 14 Tagen vor einem Marathonlauf ergänzen können:

»8.10.1989: Geplant ist ein 40-Kilometer-Lauf als Crescendo mit schneller werdenden Zehn-Kilometer-Abschnitten in 38, 35, 32 Minuten. Habe seit gestern Morgen nach dem Dauerlauf keine Kohlenhydrate mehr zu mir genommen.
Ohne festes Frühstück (nur mit Tee, Mineralwasser) gegen 12 Uhr nach kurzem Warmlaufen ziemlich locker gleich in 3:45er-Tempo losgelaufen (musste mich da sogar noch bremsen). Die ersten zehn Kilometer in 36:30 zurückgelegt. Dann ohne Problem auf 3:20er-Tempo gesteigert. Nach fünf Kilometern Seitenstiche bekommen, obwohl ich muskulär ziemlich locker war! Die Atmung war flach, wurde schneller und tat weh. Schmerzen begannen beim Solarplexus und zogen mehr und mehr zur Leber hinüber. Musste Tempo auf 3:45er-Schnitt reduzieren. Seitenstechen wurde weniger, verschwand aber auch nach kurzer Stretchingpause nicht. Statt des nicht mehr möglichen letzten Zehn-Kilometer-Abschnitts in 32 Minuten nur noch im 3:50er-Tempo weitergelaufen – die letzten 15 Kilometer deutlich auf Fett gelaufen. Die Stiche irritieren aber doch sehr! Wenn das im Rennen vorkommt …!
Kam die Treppen im Haus nur noch mühsam hoch. Dann sofort Kohlenhydrate (Bananen, Apfelsaftschorle) zu mir genommen, später gedünstetes Seelachsfilet mit Brokkoli und Pellkartoffeln gegessen. Die Stiche hielten noch vier Tage an, störten aber nicht mehr beim Laufbandtest am 11.10.1989.
Ursache war wohl die schlagartige Entleerung des Glykogenspeichers gewesen, die zu einer schnelleren, hastigen Atmung bei gleichem Tempo geführt hatte. Die Atemmuskulatur (Zwerchfell) war überfordert gewesen und hatte dabei regelrecht ›Muskelkater‹ bekommen!«

»15.10.89: Beim langen Dauerlauf nochmals die biochemische Keule geschwungen. Da die dreimal 5.000 Meter gestern intensiv und orthopädisch belastend waren, kommt jetzt der Fettstoffwechsel wieder an die Reihe. Diesmal ähnlich wie letzten Sonntag, aber konsequenter!
Nach dem Tempotraining gestern keine Kohlenhydrate mehr gegessen. Stattdessen: Salat aus Tofu, Ei, Gurke, Oliven, Kräutern, Zitronensaft, Joghurt und Käse, dazu Putenfleisch, fettarme Milch und Mineralwasser. Zum Frühstück nur Mineralwasser und Schwarztee. Die Glykogen-

speicher mussten nach gestern ohnehin schon ziemlich leer gewesen sein. Schon von Beginn an »fett« gefühlt, also unkoordiniert, kraftlos, mit schnellerer Atmung – irgendwie einfach fertig. Das Tempo diesmal vorsichtiger von 4:05 auf 3:35 gesteigert. Wohl fast alles auf Fett gelaufen. Diesmal sonst kein Problem. Danach sofort Bananen, Orangensaft, Mineralwasser und Gemüseeintopf.«

»Vor dem Frankfurt Marathon ab Donnerstag den Kohlenhydratanteil stark erhöht: Kartoffeln, Tomaten, gedünstetes Gemüse (Brokkoli, Möhren, Zucchini), Obst, Bananen, Müsli, Honigbrot. Statt zur fetten Nudelparty zu gehen, abends auf dem Hotelzimmer im Topf mit dem Tauchsieder Pellkartoffeln mit Möhren gekocht, dazu Mineralwasser und ein kleines Bierchen getrunken. Morgens zweieinhalb Stunden vor dem Start zwei Brötchen mit dünn Butter und Honig, eine Banane, ein Glas Orangensaft, eine Tasse Kaffee und bis eine halbe Stunde vor dem Start viel Mineralwasser getrunken, bis es unten wieder rauslief. Kurz vor dem Start wegen der überraschenden Wärme zum Vorkühlen eine Flasche Wasser über den Kopf gekippt!«

»22.10.: Frankfurt-Marathon-Sieg in 2:13:51 bei Hitze, Olympianorm geschafft.«

Nach Nüchternläufen: leere Kohlenhydratspeicher werden u. a. mit viel Gemüse aufgefüllt.

STEP 14 Wettkampfernährung

> ### Fett-Eiweiß-Diät
>
> **Ernährungs-und Trainingsplan für einen Leistungsläufer (Leistungsstand: Marathon in 3:15 Stunden); letzte Woche vor dem Wettkampf**
>
> **Sonntag** 25 Kilometer Dauerlauf, der das Muskelglykogendepot ziemlich entleert.
> In den Tagen danach werden bei leichtem Jogging gesunde, aber kohlenhydratarme Lebensmittel verzehrt, z. B. Hähnchen, Käse, Eier, Fisch, Avocado, Gurken, Tofu. Es kommt wegen der Entleerung der Kohlenhydratspeicher und des darin gebundenen Wassers zu einer Gewichtsabnahme von etwa zwei Kilogramm.
>
> **Mittwoch** Eine letzte schnelle Einheit, die den Rest des Glykogens verheizen soll, z. B. 3 x 1.500 Meter im geplanten Marathontempo. Von Mittwochabend an wird wie beim ersten und zweiten Verfahren nur noch wenig gejoggt und viele Kohlenhydrate in Form von Reis, Brot, Bananen und anderem Obst, Gemüse, nicht zu fetter Pizza, Nudeln und Kartoffeln ohne fette Saucen gefuttert. Dabei nimmt man wieder ein paar Pfund zu, denn beim Aufbau des Depots speichert man nicht nur Kohlenhydrate, sondern lagert auch die etwa dreifache Menge Wasser ein. Es muss also reichlich getrunken werden!

Der Name Saltindiät geht auf den Schweden Saltin zurück, der über die Optimierung der Kohlenhydratvorräte geforscht hat.

aber nicht zu harten flotten Lauf, der die Glykogendepots noch einmal leeren soll, was hinterher eine bessere Auffüllung zur Folge haben soll.

Das dritte und radikalste Verfahren besitzt zumindest im Lehrbuch die größte Wirksamkeit: Man setzt vor den flotten Lauf der zweiten Diätvariante drei möglichst kohlenhydratfreie »Fett-Eiweiß-Tage«, die in der rabiatesten Form zusätzlich mit einem erschöpfenden längeren Lauf eingeleitet werden (siehe der Kasten oben).

Während das erste Verfahren uneingeschränkt zu empfehlen ist, gilt das nur bedingt für die dritte Extremform. Es bedarf eines Ochsenmagens, die Fett-Eiweiß-Tage am Wochenanfang schadlos zu überstehen. Auch die Psyche wird einer harten Probe unterzogen, denn der Tempolauf am Mittwoch kann ein Frusterlebnis werden. Man ist total platt und kann sich nicht mehr vorstellen, in ein paar Tagen einen Marathon zu laufen.

Wer genügend lange Läufe im Training zuvor absolviert hat, wird auch mit dem dritten Verfahren nur noch geringe Zuwächse beim Glykogendepot erreichen. Die Risiken, dass Darm, Muskulatur oder der Kopf nicht mehr mitspielen, können sogar überwiegen. Ich habe selbst beides ausprobiert und – da ich einen Ochsenmagen besitze – mit Erfolg. Unterschiede habe ich nicht feststellen können. Ein solches Verfahren kann aber auf keinen Fall eine ausreichende Zahl langer Läufe ersetzen!

Pastaparty

Der Mythos Nudelparty gehört zum festen Ritual eines Marathons: Am Nachmittag oder Abend vor einem Marathon kommen die Läufer zu einer gemeinsamen Pastaparty zusammen. Die Glykogendepots sollen noch einmal tüchtig aufgefüllt werden.

Die Nudelparty kam historisch eigentlich nur deswegen zustande, weil es Nudelfirmen gab, die die Nudelpartys

Ernährung vor dem Wettkampf

sponserten. Außerdem ist es logistisch einfach und preiswert, Tausende von Läufern mit Nudeln abzufüttern.

Pasta und auch Pizza sind aber nur dann gute Kohlenhydratträger, wenn Saucen und Auflagen nicht zu fett und zu viel sind, was aber leider meist der Fall ist. Der Kohlenhydratanteil einer Salamipizza beträgt beispielsweise nur 35 Prozent. Ein Pizza-Baguette aus der Tiefkühltruhe enthielt bei Untersuchungen sogar nur 26 Prozent Kohlenhydrate, aber 65 Prozent Fett!

Wer seine eigene Pastaparty veranstalten möchte:
▸ nimmt statt Eiernudeln Hartweizengrießnudeln
▸ vermeidet fette Saucen und Beilagen, nimmt nur ein wenig Olivenöl – kocht Tomatensauce mit Kräutern
▸ und trinkt reichlich dazu.

Power-Carboloading

Ich selbst habe anders gegessen. Vergleicht man in der folgenden Tabelle (Seite 348) den Kohlenhydratanteil gängiger Kohlenhydratquellen, zeigt sich erneut, dass Mutter Natur mit Obst, Trockenfrüchten, Kartoffeln und Gemüse längst die perfekte Ausdauer-Powernahrung entwickelt hat.

In dieser Tabelle werden die Inhaltsstoffe verglichen, die für eine optimale Auffüllung des Glykogendepots von Bedeutung sind: Kohlenhydratanteil und Kalium, daneben auch die für Ausdauersportler so wichtigen Stoffe Magnesium, Vitamin B_1 und Vitamin C.

Berücksichtigt man alle Werte, empfehle ich das Power-Carboloading-Gericht »Kartoffeln mit Möhren in einer Sauce aus frischen Tomaten mit Champignons«. Dazu gibt es Bananen und Honigmelone mit Apfelmus und Rosinen zum Nachtisch. Pilze liefern zudem Chrom, das ebenfalls für die Glykogenbildung wichtig ist. Sie könnten alternativ auch etwas Käse über das Gericht streuen.

Charly Doll aus Hinterzarten, Olympiakoch, Weltklasse-Berg- und Ultraläufer sowie Mitautor unseres Ernährungsbuches »Perfektes Lauftraining – Das Ernährungsprogramm« (Südwest, 2. Auflage 2004) hat dazu eine Rezeptur geschrieben. Sie finden es auf der

Trinken Sie zur Nudelparty reichlich, denn die Glykogendepots werden mit Wasser gespeichert, das beim Laufen als Stoffwechselwasser wieder zur Verfügung steht.

Besser als Pasta: Power-Carboloading beim München Marathon.

STEP 14 Wettkampfernährung

Nudeln, auch aus Vollkorn, sind als stark verarbeitete und im Kochwasser ausgelaugte Lebensmittel in jeder Hinsicht unterlegen! Tomaten und Möhren enthalten zwar weniger Kohlenhydrate, sind aber Mineral- und Vitaminbomben!

hinteren Umschlagklappe. In dem genannten Buch werden noch jede Menge weitere vollwertige Rezepte für die Läuferküche vorgestellt.

Essen und Trinken während des Laufs

Bei langen Trainingseinheiten oder Wettkämpfen von über einer Stunde kann Trinken vor allem bei warmem Wetter schon während des Laufens wichtig sein. Das gilt erst recht, wenn Sie Marathon laufen.

Bei Wassermangel riskieren Sie einen frühzeitigen Leistungseinbruch, sogar Krämpfe. Machen Sie sich zur Regel, bei Läufen über längere Distanzen bereits an der ersten Verpflegungsstation Wasser oder ein Elektrolytgetränk zu sich zu nehmen. Trinken Sie lieber frühzeitig in kleinen Portionen, als später den großen Durst zu löschen, wenn es bereits zu spät ist. Bereits zwei Prozent Wasserverlust führt zu deutlichen Leistungseinbußen.

Eliteläufer trinken ausschließlich. Wer aber länger unterwegs ist, sollte frühzeitig, d. h. bereits in der ersten Hälfte,

Power-Carboloading – die besten Kohlenhydratquellen

Angaben bezogen auf 100 kcal – hervorgehoben sind die 6 besten Quellen je Nährstoff

Lebensmittel	KH-Gehalt % Kalorien	Kalium mg	Magnesium mg	Vitamin B_1 mg	Vitamin C mg
Apfelmus	98	145	13	0,02	3
Rosinen	95	798	42	0,12	1
Dattel	94	234	19	0,01	1
Banane	92	382	39	0,06	12
Honigmelone	91	604	18	0,11	59
Reis poliert	90	30	18	0,02	0
Feige	88	347	29	0,05	1
Kartoffel	85	587	29	0,16	24
Naturreis	85	44	46	0,12	0
Nudel (eifrei)	83	45	19	0,02	0
Semmel	82	48	11	0,04	0
Roggenvollkornbrot	80	151	36	0,09	4
Zwieback	79	43	5	–	0
Vollkornnudel	75	48	16	0.09	0
Möhre	74	1.035	61	0,25	25
Tomate	59	1.382	80	0,34	143
Champignons	–	2.533	79	0,61	24

© Steffny, Praman, Doll: Perfektes Lauftraining – Das Ernährungsprogramm, Südwest Verlag 2004.

Ernährung nach dem Lauf

Bananenstücke oder Brot knabbern. Sie können natürlich auch die angebotenen Elektrolytgetränke des Veranstalters nutzen oder selbst gemischte Energiedrinks in Trinkgurten mitnehmen (siehe Kasten auf Seite 350). Bei rechtzeitiger Aufnahme stehen die Kohlenhydrate der Muskulatur später im Rennen noch zur Verfügung. Essen und Trinken aus Bechern sollten Sie zuvor im Training in langen Läufen oder bei Vorbereitungsrennen üben. Das ist nämlich gar nicht so einfach.

Getränke und Essen nach dem Lauf

Nach einem Rennen oder anstrengenden Training verspürt man wegen der Erschöpfung erst kaum Hunger, sollte aber möglichst bald den Durst stillen und etwas Kohlenhydrate aufnehmen.

Wasser und schnelle Energie

Zu empfehlen sind Fruchtsaftschorle, Mineralwasser und Banane, die man sich zum Training und Wettkampf mitnehmen kann. Die Veranstalter bieten außerdem im Ziel oft Elektrolytgetränke an. Vielleicht steht Ihnen der Durst hinterher nach einem kühlen Bier. Bedenken Sie aber, dass es schädlich ist, den Schweißverlust unmittelbar nach dem Lauf mit alkoholischen Getränken auszugleichen. Alkohol senkt die Testosteronspiegel, die für die Regeneration so wichtig sind.

Kohlenhydrate und hochwertige Proteine

Die Glykogendepots lassen sich in der ersten Stunde nach einem Training am schnellsten auffüllen. Nach einem Marathon ist zwar ein Teil der Muskelzellen lädiert und speichert weniger Glykogen. Die Kohlenhydrataufnahme ist aber dennoch wichtig, um einen weiteren Eiweiß- und Immunkörperabbau durch Glukoneogenese bei Kohlenhydratmangel zu verhindern.

Am Abend sollte eine fettarme Mahlzeit mit hochwertigen Proteinen auf dem Tisch stehen. Sie brauchen bestimmt kein teures Eiweiß- oder Aminosäurenpulver. Wie wäre es mit gedünstetem Fischfilet, Pellkartoffeln und gedünstetem Gemüse? Eine noch einfachere Kohlenhydrat- und Eiweißversorgung erhalten Sie mit der Kombination Kartoffel plus Ei oder Magerquark. Klar, wenn Sie eine Bestzeit oder Ihren Marathoneinstand zu feiern haben, können Sie das mit einem Glas Sekt, Wein oder Bier nun gerne tun.

Nahrungsergänzungsmittel

Ist unsere Ernährung nicht mehr komplett? Stellen einige Jahrzehnte Lebensmittelforschung Jahrmillionen an Evolution von Ernährungsweisen infrage? Die einen vertreten die Natur als Apotheke, reisen ins Trainingslager mit Körnermühle und Keimlingsgerät.

Nach einem Wettkampf sollten Sie in den folgenden Tagen neben viel Ruhe weiter auf eine besonders gesunde und vollwertige Ernährung achten, die neben viel Gemüse und Obst auch Eiweiß aus Milchprodukten, Fisch, Ei und auch magerem Fleisch enthält.

STEP 14 Wettkampfernährung

Die anderen glauben, auf Nummer sicher gehen zu müssen, und haben eine bunte Palette von Mineralstoffen, Spurenelementen, Vitaminen, Aminosäuren, Kreatin und mehr dabei.

Was bringen die kleinen Helferlein vom harmlosen Multivitaminpräparat bis zum blutbildenden Hormon Erythropoetin EPO und »Gorillasaft« im Fitness- und Leistungssport wirklich?

Geschichten am Rande

Ein Wettkampfgetränk für den Außenminister

Beim New York City Marathon 1999, als der von mir betreute Außenminister Joschka Fischer auf der ewig langen Geraden der First Avenue um Kilometer 30 einen Hänger hatte, habe ich ihm meinen Cola-Energiedrink eingeflößt. 20 Minuten später ging es ihm wieder besser, und er beendete das Rennen noch in guten 3:54 Stunden.

Hier die genaue Rezeptur: 50 bis maximal 70 Gramm Haushaltszucker auf 1 Liter gut geschütteltes Mineralwasser mit möglichst hohem Mineral- und Hydrogencarbonatgehalt mischen. 1 gehäuften Esslöffel Speisestärke zugeben. Für den Geschmack und den Kaliumgehalt 100 Milliliter Orangensaft zumischen – nicht mehr, denn zu viel Fruchtsäuren verhindern die Wasseraufnahme. Wichtig ist eine Prise Kochsalz, ca. 1,5 Gramm pro Liter, bzw. bis es etwas salzig schmeckt. Achtung: Speisestärke ist nicht wasserlöslich, das Getränk muss im Rennen also aufgeschüttelt werden.

Für die Flaschen ab Kilometer 25 mischt man den beschriebenen Mix 1:1 mit Colagetränk. Das putscht dann im Rennen nach 15 bis 20 Minuten noch mal ein wenig auf. Bitte beides – ebenso wie auch eigene Kreationen – zuvor bei einem Trainingslauf oder einem unwichtigen Wettkampf austesten. Unter Stress reagiert jeder Magen anders.

Viel Erfolg!

Gute Ernährung kommt vor Substitution

Vitamin- und Mineralstoffgaben nutzen immer nur dann, wenn wirklich ein Mangel vorhanden ist. Je schlechter die Grundernährung, desto eher wird eine Substitution tatsächlich etwas bringen. Besser wäre es aber, die Ernährung zu optimieren.

Ein durchschnittlicher Mann (1,76 m groß, 74 kg schwer) hat bei leichter Bürotätigkeit einen täglichen Kalorienbedarf von etwa 2.500 Kilokalorien. Wenn er drei- bis viermal in der Woche etwa eine Stunde joggt, kommen rund 3.000 Kilokalorien in der Woche hinzu. Das ist mit 430 Kilokalorien täglich nur knapp 20 Prozent mehr als ohne Sport. Entsprechend ist es bei vollwertiger Ernährung für Freizeitsportler gar kein Problem, mit der erhöhten Kalorienaufnahme auch den gestiegenen Vitamin- und Mineralstoffbedarf zu decken.

Darüber hinaus werden die Vitamine und Mineralien aus natürlichen Lebensmitteln durch gleichzeitig vorhandene, aber schwer herzustellende Cofaktoren in der Regel effizienter aufgenommen. Substanzen wie Carnitin produziert der Körper und nimmt sie mit Milch und Fleisch auf. Ein Versorgungsengpass kommt im Normalfall wie bei den meisten Mittelchen gar nicht vor.

Eine Gabe über den Bedarf hinaus geht außerdem in die Toilette und/oder belastet den Stoffwechsel und natürlich den Geldbeutel.

Vermeintliche Argumente für Nahrungsergänzung

▶ Die Böden bei uns sind ausgelaugt und die Lebensmittel spätestens durch Lagerung und Zubereitung entwertet.
▶ Es ist als Leistungssportler kaum möglich, bei einer normalen Ernährung die vermehrt notwendigen essenziellen Nährstoffe aufzunehmen.
▶ Beim Sport reicht es nicht, nur einen Mangel auszugleichen, sondern zur optimalen Funktion sind viel höhere Dosierungen anzusetzen.
▶ Ohne Substitution entstehen im Körper beim Sport hochreaktive Zwischenprodukte (Radikale), welche von Zellschäden über langsamere Regeneration bis hin zu Krebs und vorzeitigem Altern führen.
▶ Nahrungsergänzungsmittel sind kein Doping und damit kein Problem.

Die Realität

▶ Viele Effekte der Substitution beruhen auf reinen Plazeboeffekten, wie in vielen gründlich durchgeführten Studien aufgezeigt werden konnte.
▶ Das von der Pharmaindustrie immer wieder angeführte Argument der ausgelaugten Böden greift nicht, denn nie war das Obst- und Gemüseangebot internationaler als heute. Eine Schweizer Studie von 2004 verglich die Ackerböden von vor 50 Jahren mit heute und fand keinen Unterschied!
▶ Die unabhängigen Empfehlungen der Deutschen Gesellschaft für Ernährung enthalten bereits Sicherheitsaufschläge, die Verluste bei der Lagerung, Zubereitung und Aufnahme von Lebensmitteln berücksichtigen.
▶ Der Körper verlernt bei Substitution eine effiziente Eigenproduktion und Aufnahme, man wird abhängig.
▶ Supplemente gaukeln nur eine Scheinvollständigkeit vor, denn in natürlichen Lebensmitteln ist eine bei weitem noch nicht verstandene Vielfalt von Sekundären Pflanzenstoffen enthalten. Die Kenntnis über die Wechselwirkungen der Stoffe untereinander ist erst in den Kinderschuhen.
▶ Es können bei hohen Dosierungen einzelner, isolierter Substanzen und insbesondere bei Polymedikationen (»Cocktails«) durch Wechselwirkungen schädigende Nebenwirkungen bis hin zu Todesfällen auftreten.
▶ Der Körper schützt sich bei sorgfältigem Trainingsaufbau durch eigene sich mitentwickelnde Enzymsysteme effizient vor Radikalen.
▶ Wer mit Substitution (Softdoping) oder gar Doping beginnt, gibt sich selbst auf, sagt: »Ich selbst kann das nicht mehr«.
▶ Nach einer im Auftrag des IOC durchgeführten, 2002 veröffentlichten Studie hätte die Einnahme von 634 in 13 Ländern untersuchten Nahrungsergänzungsmitteln (z. B. Kreatin) bei 15 Prozent zu einem positiven Dopingtest geführt. Es wurden undeklarierte Substanzen wie Testosteron und Nandrolon gefunden. Auch in Deutschland waren zwölf Prozent verunreinigt.

> Wer Angst vor Magnesiummangel hat, soll ein magnesiumreiches Mineralwasser mit Fruchtsaft trinken. Das ist billiger und natürlicher. Gute Wässer haben über 100 Milligramm Magnesium pro Liter, man findet Wässer mit über 300 Milligramm (der Tagesbedarf liegt bei 300 bis 400 Milligramm Magnesium).

STEP 14 Wettkampfernährung

Kleines Abc der Hilfsmittelchen

Substanz	Versprochene Wirkung	Kommentar
Aminosäuren (AS)	Bausteine für Muskelaufbau, Förderung der Regeneration, Alternative zu Anabolika, Verhinderung von Muskelabbau, Anregung körpereigener Wachstumshormone	Zu hoch dosiert (über 6 Gramm täglich) belasten Aminosäuren die Nieren, führen zu Magen-Darm-Problemen und Durchfall. Überschüssige Aminosäuren werden in Fett umgebaut. Verzweigtkettige AS (Leucin, Isoleucin, Valin) können Muskelabbau verhindern, sie sind aber auch besonders in Käse und Fleisch enthalten. Glutamin fördert die Muskel- und Glykogenbildung, es findet sich aber billiger im Milch-, Weizen- und Sojaeiweiß. Bei vollwertiger Ernährung mit Fleisch, Fisch, Milchprodukten, Eier und Hülsenfrüchten kommt eine Unterversorgung mit AS normalerweise nicht vor.
Bienenpollen	Steigerung der Leistungsfähigkeit und Regeneration	Als natürliches Wundermittel gepriesen, enthält Bienenpollen Vitamine, Aminosäuren und Mineralien. Aber in seriösen Untersuchungen konnte kein leistungssteigernder Effekt auf die Ausdauer oder Regeneration nachgewiesen werden. Dazu kommt das Risiko einer allergischen Wirkung. Investieren Sie das Geld besser in ein paar neue Laufschuhe.
L-Carnitin	Steigerung der Fettverbrennung und der Ausdauerleistung, Unterstützung von Gewichtsabnahme (Fettverbrennung)	Carnitin wird vom Körper selbst produziert und zudem über tierische Nahrungsmittel wie (Lamm-)Fleisch, Fisch und Milch aufgenommen. Es schleust Fettsäuren in die Mitochondrien. Ein Mangel kommt, wenn überhaupt, höchstens bei Veganern vor. Es konnte nicht nachgewiesen werden, dass L-Carnitin der Engpass im Fettstoffwechsel sein soll. Überdosierungen führen zu Durchfall und Wasserverlust über den Schweiß. Sparen Sie das Geld!
Chrom	Stimulierung des Fettabbaus, Förderung des Glykogenaufbaus und der Aminosäureeinlagerung in die Muskeln	Ein Muskelaufbau konnte nicht nachgewiesen werden. Zwar ist Chrom wichtiger Cofaktor im Kohlenhydratstoffwechsel, aber bei vollwertiger Ernährung (mit Käse, Pilzen, Fisch, Vollkornprodukten u. a.) ist kein Mangel vorhanden.
CLA – Konjugierte Linolsäure	antikanzerogene Wirkung, Fettabbau, Stressabbau	CLA kann den Muskelabbau bremsen und Körperfett reduzieren. 1 Gramm pro Tag wird empfohlen, was jedoch durch den Verzehr von Milchprodukten wie Käse, Joghurt, Butter, aber auch von Fleisch, Mais- und Leinöl gut erreicht wird.

Nahrungsergänzungsmittel

Substanz	Versprochene Wirkung	Kommentar
Elektrolytgetränke	Verhinderung von Krämpfen, Leistungsverbesserung	Kohlenhydratdrinks mit Mineralien können zum Mitnehmen praktisch sein und werden während vieler Wettkämpfe angeboten. Sie sind ganz unterschiedlich, oft sehr unvollständig, zusammengesetzt, und die Inhaltsstoffe sind meist zu hoch dosiert, was zu Durchfall führen kann. Achten Sie darauf, dass der Kohlenhydratgehalt 7 Prozent nicht übersteigt und dass auch Kochsalz/Natriumchlorid enthalten ist (1 Gramm/Liter). Eine Fruchtsaftschorle ist von der Nährstoffzusammensetzung her oft besser.
Koffein, Guarana	Förderung der Fettverbrennung, Aufputschmittel	Getränke wie Kaffee, Tee und Cola, Schokolade oder das Aufputschmittel Guarana enthalten Koffein. Eine Tasse Kaffee enthält 100 bis 150 Milligramm, Tee 20 bis 50 Milligramm und Cola 35 bis 55 Milligramm Koffein. Es stimuliert Nervensystem und Adrenalinfreisetzung: um 200 Milligramm wirkt es eher positiv stimulierend, ab 400 Milligramm wird man eher nervös. Fettsäuren werden durch Koffein mobilisiert, aber nur bei Bewegung auch vermehrt verheizt. Für Langstreckler hebt Koffein die Stimmung und macht wach. Daher werden Colabeimischungen im Wettkampfgetränk in der zweiten Hälfte eines Marathons eingesetzt. Als Alltagsgetränk ist Koffeinhaltiges nur in Maßen empfehlenswert. Koffein wirkt harntreibend, was einen Wasser- und Mineralverlust bedeutet.
Kreatin	Steigerung der Schnellkraft und Maximalkraft, Förderung des Muskelaufbaus, Beschleunigung der Erholung bei intensivem Training	Kreatin kann der Körper selbst synthetisieren und nimmt es zudem aus Fisch und Fleisch auf. Es dient zum Aufbau von ATP und den kurzzeitigen Kreatinphosphatspeichern, die für Sprinter und Kraftsportler entscheidend sind. Hier kann eine Substitution etwas bringen. Im Ausdauersport ist sie wenig sinnvoll. Kreatinsubstitution kann zu Nierenschäden, Muskelverhärtungen und somit zu gesteigerter Verletzungsanfälligkeit führen. Durch künstliche Zufuhr geht die körpereigene Produktion für Wochen zurück. Langfristige gesundheitliche Nebenwirkungen sind noch nicht geklärt. Ob es auf die Dopingliste soll, ist heftig umstritten.

STEP 14 Wettkampfernährung

Kleines Abc der Hilfsmittelchen

Substanz	Versprochene Wirkung	Kommentar
Magnesium	Verhinderung von Krämpfen	Ein weit verbreitetes pharmazeutisches Märchen, Hauptursache für Krämpfe ist nicht ein Magnesiummangel, sondern sind Wasser- und Kochsalzmangel (Schweißverluste sowie Wettkampfgetränke ohne Kochsalz), mangelnde Dehnungsübungen und schlichtweg die Leistungsgrenze der Muskulatur. Magnesiumgaben kurz vor oder während des Sports werden nicht mehr aufgenommen und führen zu Durchfall. Nächtliche Wadenkrämpfe sind ein Indiz für tatsächlichen Magnesiummangel. Magnesium wird bei einer vollwertigen Ernährung in ausreichender Menge aufgenommen.
Powerriegel	Energielieferant	Die süßen Riegel können aus ernährungsphysiologischer Sicht Studentenfutter, Trockenfrüchte oder Bananen nicht ersetzen, sind aber sehr praktisch zum Mitnehmen.
Protein	Kraft- und Muskelaufbau	Eiweiß ist für Ausdauersportler weniger interessant als für Kraftsportler. Bei höherem Eiweißkonsum sind die Kalzium- und Phosphatausscheidung und der Flüssigkeitsbedarf erhöht, langfristig aber auch das Gicht- und Rheumarisiko. Überschüssiges Eiweiß setzt als Fett an. Proteinmangel kommt bei vollwertiger Mischkost nicht vor. Wer unbedingt substituieren möchte, kann auf preiswerte Molke aus dem Lebensmittelgeschäft zurückgreifen.
Soda-Loading, Natriumbicarbonat	Verbesserung der anaeroben Ausdauer	Backsoda (Natriumbicarbonat) ist ein alkalisches Salz, das auch im Körper vorkommt. Es wirkt als Puffer und kann somit überschüssige Säure ausgleichen. Bei hochintensiven Mittelstreckenläufen entstehen hohe Milchsäurewerte, die in Experimenten durch Soda-Loading tatsächlich vermindert wurden, was zu einer Leistungsverbesserung führte. Dazu wurden zwei Stunden vor dem Wettkampf 20 bis 25 Gramm Soda verabreicht. Nebenwirkungen sind Übelkeit und Durchfall, bei Überdosierung auch Muskelkrämpfe. Marathonläufern bringt es keinen Vorteil. Soda-Loading wird als Vorstufe zum Doping diskutiert.

Substanz	Versprochene Wirkung	Kommentar
Taurin	Verstärkte Flüssigkeits- und Glykogeneinlagerung im Muskel	Bisher wurde nur im Tierversuch eine Verbesserung der Ausdauerleistungsfähigkeit, eine Verringerung der Stresshormone und die vermehrte Ausschüttung von Wachstumshormonen nachgewiesen, nicht aber beim Menschen. Taurin kommt natürlicherweise in Milchprodukten vor.
Vitamin Q10 – Ubichinon	Herzwundermittel, Energie-Vitamin, Zellenergie für mehr Vitalität	Coenzym Q10 ist wichtig für den Energiestoffwechsel und als Antioxidans. Es ist kein echtes Vitamin: Der Körper kann Q10 aus den Aminosäuren Tyrosin und Phenylalanin selbst herstellen. Es ist zudem in Lebensmitteln (Fleisch, Leber, Fisch, Eier) weit verbreitet. Die bisherigen Untersuchungen können noch nicht als ausreichende Basis für die Empfehlung einer Substitution angesehen werden. Sparen Sie das Geld!

Im Vorfeld des Dopingsumpfs

Nahrungsergänzungsmittel unterliegen im Gegensatz zu Arzneimitteln keiner staatlichen Kontrolle. Es gibt keine Melde- oder Registrierpflicht. Die Hersteller müssen weder Wirksamkeit noch Unbedenklichkeit nachweisen. Doch können Kreatin und koffeinhaltiges Guarana als Einstiegsdrogen zum Doping gelten.

Wissenschaftliche Empfehlungen, Praxiserfahrungen

Der Ernährungsbericht der Deutschen Gesellschaft für Ernährung im Auftrag des Bundesgesundheitsministeriums kam zu dem Ergebnis, dass im Breitensport auf Nahrungsergänzung jeglicher Art, insbesondere auf Mineralstoffe, verzichtet werden kann.

Und auch aus eigener, nun schon über 40-jähriger Wettkampferfahrung kann ich sagen: Erfolge sind im Ausdauersport mit vernünftigem Essen ohne Präparate sogar bis in die Weltspitze möglich. Eine zusätzliche moderate Versorgung mit Eisen kann bei Frauen, bei Vegetariern oder beim Höhentraining angebracht sein.

Nichts spricht gegen die gelegentliche Einnahme eines Multivitaminpräparats in niedriger Dosierung etwa in Höhe des Tagesbedarfs, gegen den Verzehr eines Sportriegels oder Isodrinks. Aber die wahre Leistungsfähigkeit kommt noch immer von Talent, Motivation und Trainingsfleiß.

Mit pseudowissenschaftlichen Studien wird Sportlern immer wieder ein Mangel an bestimmten Stoffen einzureden versucht. Seien Sie kritisch, es ist vor allem ein Geschäft mit der Angst.

STEP 15

Auslaufen

Hier erfahren Sie etwas über den Lebenslauf und die sportlichen Erfolge des Autors und bekommen eine Kurzinformation zu seinen Laufseminaren. Weiterführende Literatur zu den verschiedenen in diesem Buch behandelten Themen schließt sich an, ebenso wie Verweise ins Internet. Nutzen Sie das umfangreiche Stichwortregister, wenn Sie in diesem Buch gezielt nach bestimmten Begriffen suchen wollen.

STEP 15 Auslaufen

Portrait
Herbert Steffny

▸ geboren 1953 in Trier
▸ Diplom-Biologe an der Uni Freiburg (Grundlagenforschung zum Naturschutz und Naturschutzgutachter)
▸ seit 1986 Geschäftsführer der Herbert Steffny Run Fit Fun GmbH, Titisee
▸ seit 1989 Lauf- und Ausdauerfitness-Seminare, Manager-Fitness-Seminare, Fitnessvorträge, Personal-Trainer (u. a. Marathontrainer von Außenminister Joschka Fischer)
▸ Laufexperte und TV-Kommentator beim Köln-, Mainz- sowie beim Frankfurt-Marathon
▸ Sportjournalist und Kolumnist für Zeitungen und Zeitschriften
▸ Bestsellerautor: Lauf-, Marathon-, Walking- und Ernährungsbücher
▸ 16facher Deutscher Meister über 10.000 Meter, 25 Kilometer, Marathon, Berg- und Crosslauf
▸ Marathon-Weltcup-, EM-, WM- und Olympiateilnehmer

Persönliche Bestzeiten

1.000 Meter	2:29	Minuten	(1984)
1.500 Meter	3:49	Minuten	(1987)
3.000 Meter	8:05	Minuten	(1986)
5.000 Meter	13:46	Minuten	(1986)
10.000 Meter	28:31	Minuten	(1987)
10 Meilen	46:33	Minuten	(1985)
Halbmarathon	1:03:35	Stunden	(1987)
25 Kilometer	1:14:33	Stunden	(1986)
Marathon	2:11:17	Stunden	(1986)

Sportliche Erfolge chronologisch

▸ **Jugendklasse**
1971 mit 17 Deutscher Jugendhallenrekord (8:39,8) und Westdeutscher Meister über 3.000 Meter, Deutscher Jugend-Vizemeister im Crosslauf Langstrecke
▸ **Hauptklasse**
1982 mit 28 Jahren Wiedereinstieg in den Laufsport, zunächst aus Fitness- und Gesundheitsgründen
1984 3. Platz New York City Marathon (die bisher beste deutsche Männerplatzierung)
1985 bis heute gültige Deutsche Bestleistung über 10 Meilen in Borgholzhausen (46:33)
1985 Frankfurt-Marathon-Sieger
1986 Bronzemedaille im Marathonlauf Europameisterschaft Stuttgart
1989 Frankfurt-Marathon-Sieger
1989 München-Marathon-Sieger mit Streckenrekord (2:11:30)
1991 Sieger Pittsburgh Marathon USA
1991 Frankfurt-Marathon-Sieger
▸ **Mastersklasse (über 40 Jahre)**
1995 Masters-Sieger beim Minneapolis–St.Paul Marathon (2:18:35); Deutscher Rekord der Mastersklasse im Halbmarathon (1:05:40)
1996 Masters-Sieger beim 100. Jubiläumsmarathon Boston
▸ **2003** »Come-back« in der Altersklasse der über 50-Jährigen mit drei Deutschen Meistertiteln im Crosslauf, Marathon und im 10-Kilometer-Straßenlauf in neuem Deutschen Rekord für über 50-Jährige (32:31)

Laufseminare

Herbert Steffnys Laufseminare

Run Fit Fun Laufseminare

Sollten Sie mit diesem Buch Lust auf mehr bekommen haben, so besuchen Sie doch einfach eines unserer *Run Fit Fun Laufseminare* für Einsteiger und Fortgeschrittene, die wir seit 1989 veranstalten. *Run Fit Fun* heißt: laufen, fit sein und Spaß dabei haben.

Alle wichtigen Themen rund um Laufen und Fitness werden dabei umfassend in Theorie und Praxis abgehandelt. Dazu gehören fachkundige, aber für Laien verständliche Vorträge, Workshops, individuelle Beratungen und Messungen und natürlich Lauftreffs in Gruppen, vom Einsteiger bis zum Marathonläufer. Ganz wichtig ist uns dabei eine lockere, freundliche und familiäre Atmosphäre.

Unser *Run Fit Fun Team* vermittelt nur Wissen aus erster Hand. Unsere Trainer und Referenten sind nicht nur selbst erfolgreiche Sportler – Deutsche Meister, Gewinner internationaler Wettbewerbe bis hin zum Olympiasieger –, sondern haben zusätzlich eine fundierte berufliche Qualifikation. Wir bieten Kompaktseminare an Wochenenden, ganze Wochen sowie weltweite Laufreisen wie etwa zum New-York- oder Hawaii-Marathon an. Herbert Steffny ist bei allen Seminaren selbstverständlich Hauptreferent und Seminarleiter.

Intensiv-Seminar »Laufen – Genießen – Entspannen«

Mit Laufen und vollwertiger Gourmetküche zu mehr Fitness und Lebensfreude

Sind Läufer Asketen, die nur Wasser, Körner und Brot zu sich nehmen, oder doch Genießer? Besuchen Sie unser Topseminar für Laufgourmets im herrlichen Naturpark Südschwarzwald, in Hinterzarten beim Titisee im Seminarhotel Sonnenhof.

Hier erarbeitet unser Team mit Ihnen Ihr ganz persönliches Trainings-, Ernährungs- und Entspannungsprogramm vom Laufeinstieg bis hin zum Marathon. Wir helfen Ihnen in lockerer Atmosphäre auf dem Weg zum Gourmetläufer.

Ausführliche Infos über unsere Veranstaltungen unter www.herbertsteffny.de

Seminarinhalte

▸ Ernährungstheorie und -praxis: Kulinarischer Kochspaß mit Olympiakoch Charly Doll.
▸ Fordern ohne Überforderung! Lernen Sie richtig Walking, Nordic Walking und Laufen.
▸ Sinnvoll Kalorien verbrennen beim Walk- und Lauftreff in einsteigergerechten Gruppen.
▸ Trainingslehre und Trainingsplanung: vom richtigen Einstieg bis zum Marathon.
▸ Motivationsvortrag mit Olympiasieger Georg Thoma.
▸ Rückengymnastik, Videolaufstilanalyse, professionelle Trainingssteuerung mit Herzfrequenz- und Laktatmessung.
▸ Medizinische Checks und Beratung durch erfahrene Sportmediziner.
▸ Entspannung im urigen finnischen Polarkiefern-Saunahüttendorf.

STEP 15 Auslaufen

Weiterführende Literatur

van Aaken, Ernst *Programmiert für hundert Lebensjahre.* Pohl, Celle 1978

Bässler et al. *Vitaminlexikon.* Urban & Fischer, München, Jena, 3. Auflage 2002

Biesalski, Hans Konrad *Ernährungsmedizin.* Thieme, Stuttgart, New York 1995

Biesalski, Hans Konrad; Grimm, Peter *Taschenatlas der Ernährung.* Thieme, Stuttgart, New York 1999

Boeckh-Behrens, Wend-Uwe *Fit durchs Leben.* Gondrom, Bindlach 1988

Butz, Katharina *Muskelpillen.* Rowohlt, Reinbek 2001

Cooper, Kenneth H. *Aerobics.* Bantam Books, New York 1968

Dahms, Claus *Laufen.* Die Werkstatt, Göttingen 2001

Dahms, Claus; Hertling, Wolfgang *Der Marathon Guide.* Die Werkstatt, Göttingen 2001

Deutsche Gesellschaft für Ernährung (DGE) *Referenzwerte für die Nährstoffzufuhr.* Umschau/Braus, Frankfurt 2000

Dickhut, Hans Herrmann *Einführung in die Sport- und Leistungsmedizin.* Verlag Karl Hoffmann, Schorndorf 2000

Elmadfa, Ibrahim et al. *Nährwerte.* Gräfe und Unzer, München 1997

Feil, Dr. Wolfgang; Wessinghage, Dr. Thomas *Ernährung und Training.* WESSP Verlag, Nürnberg 2002

Fischer, Joschka *Mein langer Lauf zu mir selbst.* Kiepenheuer & Witsch, Köln 2001

Fixx, James F. *Das komplette Buch vom Laufen.* Fischer Verlag, Frankfurt 1983

Glover, Bob *The Runner's Handbook.* Penguin Books, New York 1996

Grimm, Hans-Ulrich; Zittlau, Jörg *Vitaminschock.* Droemer, München 2002

Grosser, Manfred; Starischka, Stephan *Konditionstraining.* BLV, München 1998

Hollmann, Wildor; Hettinger, Theodor *Sportmedizin.* Schattauer, Stuttgart 2000

Huesmann, Gregor *Schwarzbuch Wundermittel.* Hirzel, Stuttgart 2000

Kamper, Erich; Soucek, Herbert *Olympische Heroen.* Spiridon, Erkrath 1991

Kasper, Heinrich *Ernährungsmedizin und Diätetik.* Urban & Fischer, München, Jena 2000

Kirchner, Gerhard; Rohm, Anette; Wittemann, Günter *Seniorensport – Theorie und Praxis.* Meyer & Meyer, Aachen 1998

Kutzner, Michael *Die Fitnessformel.* Kaufhold Verlag, Baden-Baden 2003

Mallmann, Walter *Olympischer Marathon.* Sport und Medien Verlag, Mainz 1993

Morris, Desmond *Geheimnisse des langen Lebens.* Future, Aventis Magazin, 2003

Neumann Georg, Hottenrott Kuno *Das große Buch vom Laufen.* Meyer & Meyer, Aachen 2002

Niemann, David C. *Fitness and Sports Medicine.* Bull Publishing Company, Palo Alto 1990

Noakes, Tim *Lore of Running.* Leisure Press, Champaign, Illinois 2003

Spring Hans et al. *Dehn- und Kräftigungsgymnastik.* Thieme, Stuttgart, New York 1988

Steffny, Herbert *Walking.* Südwest, München, 5. Auflage 2004

Steffny, Herbert; Pramann, Uli *Perfektes Lauftraining.* Südwest, München, 19. Auflage 2004

Steffny, Herbert; Pramann, Uli *Perfektes Marathontraining.* Südwest, München, 6. Auflage 2005

Steffny, Herbert; Pramann Uli; Doll, Charly *Perfektes Lauftraining – Das Ernährungsprogramm.* Südwest, München, 3. Auflage 2005

Steffny, Manfred *Marathontraining.* Schmidt, Mainz 2003

Steffny, Manfred *Lauf-Lexikon.* Spiridon, Erkrath 2004

Williams, Melvin H. *Ernährung, Fitness und Sport.* Ullstein Mosby, Berlin 1997

Williams, Melvin H. *The Ergogenics Edge.* Human Kinetics, Champain 1998

Weiterführende Informationen, Register

Internetadressen

www.herbertsteffny.de Homepage des Autors, Seminare, Laufreisen, Ratgeber

www.lauftreff.de Umfangreiches Internetforum zum Thema Laufen

www.laufreport.de Online-Laufmagazin

www.leichtathletik.de Adressen und Termine zu nationalen Volksläufen und Marathons

www.aims-association.org Adressen internationaler Marathons

www.interair.de Laufreisen international

www.hawaii-holiday-service.de Honolulu-Marathon-Reise

www.rono-innovations.de hochwertige Laufbekleidung

www.ultrasports.de Trainings- und Wettkampfernährung

Register

Aaken, Dr. Ernst van 11, 243
Abdruckphase 41
Abrollen 224, 286, 319
Achillessehne 267, 318
Adaptation 65
Adduktoren dehnen 268
Adenosintriphosphat (ATP) 58, **59**
aerobe Ausdauer 76, 164
aerobe Energiegewinnung 59
aerobe Langzeitanpassung 226
aerobe Leistungsfähigkeit 54
Aerobic 299
aktive Erholung 176, 311, 312, 322
Alkohol 312, 326, 349
Alter, beim Lauftraining 30, 129
altersgemäßes Training 81
Alterungsprozesse 251
Ambrosy, Sonja 241
Amenorrhoe 246
Aminosäuren (AS) 58, 312, 331, 352
anaerobe Ausdauer 76
anaerobe Glykolyse 59
anaerobe Schwelle 83, 88, 89, 90, 91
Anfersen 186, 291, **292**
Ankommen, als Ziel 133, 148
Anorexie 247, 248
Anpassung, des Körpers 57, 60
Anpassungsprozess 65

Antioxidanzien 336
Apfelsaftschorle 338
Aquajogging 49, 296, **298**, 321
Arbeitsumsatz 24
Armarbeit **281**
Armführung, breite 283
Armhaltung verbessern 269, 273
Armmuskulatur kräftigen 272
Armmuskulatur testen 279
Arteriosklerose 251, 329
Arthrose 23, 251
ärztliche Untersuchung 30
Asthma 29, 303, 309
Atemmuskulatur, ermüdete 322
Atemmuskulatur, trainieren 271
Atmung, beim Training **83**
Aufsetzen 286
Ausdauer 24, **74**, 76
Ausdauerfitness 20
Ausdauersport 21, 240, 257
– Übersicht 296
Ausdauertyp 58, 81
Auslaufen 312, 316
Ausschultern, als Test 277

Baby Jogger 49
Backsoda 354
Ballaststoffe 327
Ballenlauf 286, 287, **289**
Bambinilauf 243
Banane 338, 348
Bänderüberdehnung 319
Barfußlaufen 43, 286
Bauchmuskulatur kräftigen 271, 272

Bauchmuskulatur testen 278
Baumann, Dieter 13, 241
Beckengürtel 263
Beckenkippung 268
Beckenschiefstand 320
Beckenstabilisierung 271
Beinlängendifferenz 42, 320
Beinmuskel, verkürzter 320
Beinmuskeln, rückwärtige, testen 275
Bekele, Keninisa 223
Belastung, Variation 79
Belastungs-Elektrokardiogramm 30
Belastungspuls 86
Belastungsreize 74
Belastungssteigerung **79**, 256, 315
Belastungswechsel **81**, 115
Bergablaufen 224, 316
Berglauf **96**, 169, 223, 289
Bergsteigen, Energieverbrauch 22
Bergwandern 299
Beschwerden, läufertypische 321
Beweglichkeit **77**, 256, 290
Beweglichkeitstests 275
Bienenpollen 352
Bikila, Abebe 264
biologische Unterschiede 244
biologische Wertigkeit 331
Biomesh 45
Birir, Matthew 16
Blutarmut, relative 55
Blutdruckwerte, Risikoprofil 28

STEP 15 Auslaufen

Blutgefäße 29
Blutzuckerspiegel 312
Body Mass Index (BMI) 29, **106**
Boitano, Mary Etta 241
Bréal, Michel 160
Bremsläufer 173
Brustmuskeln testen 277
Brustmuskeln, verkürzte 281
Brustmuskulatur dehnen 269
Bublitz, Kai 241
Budd, Zola 223
Bulimie 248

Carboloading 343, **347**
Carnitin 352
Checkliste, vor dem Rennen 134
Checkup 30
Cholesterin 26, 328
Cholesterinwerte, Risikoprofil 28
Chrom 352
Chumba, Peter 16
Citratzyklus 61
CK-Wert 316
CLA (konjugierte Linolsäure) 352
Coenzym Q10 355
Cola-Energiedrink 350, 353
Comrades Marathon 230, 232
Conconi-Test 89
Cooldown 312
Coolmax 45
Cooper, Dr. Kenneth 11, 117
Coopertest **117**, 242
Coubertin, Baron de 160
Crescendo-Lauf **95**, 168
Crossfahrtspiel 166
Crosslauf 139, 166, **222**, 289
Crosstraining 115, 296, **299**

Darm 29, 328
Dauerlauf **92**, 96
 – Energieverbrauch 22
 – für Kinder 240
 – Schritt 288, 289
 – zum Marathontraining 186
Dauerleistungsgrenze 90
Deflektionspunkt 89
Dehnen 77, **266**
 – Übungen 113, 264, **267**
Dehydration 321

Desensibilisierung 309
Deutscher Leichtathletikverband 132
Diabetes 26
Diem, Carl 11
Doll, Charly 228, 347
Doping 355
Dörre, Kathrin 300
Dreier-Schnitt 98
Dry II 45
Durchblutung 55, 57, 313
dynamische Ausdauer 76
dynamische Ausführung 270
Dysbalancen 262

Einbeinhüpfen 293
einfach ungesättigte
 Fettsäuren 329
Einfachzucker 327
Einlagen, für Laufschuhe 42, 321
Einlaufen 316
Einsteiger, Marathontraining 187
Einstieg, richtiger 107
Einstiegsdroge 355
Eisbeutel 317
Eisen 246, 334, 355
Eiweiß 58, 61, 130, **330**
 – im Ausdauersport 331
Elektrolyte 332, 335
Elektrolytgetränke 353
Energiequellen 58
Energiereserven 64
Energiestoffwechsel 57, **62**, 327
Energieverbrauch, Übersicht 22
 – beim Marathon 63, **64**
Entspannung 311
Ergänzungstraining 298
Erhaltungsjogging 164
Erholung, aktive 176
Erholungsphase 65
Erholungspuls 86
Ermüdungsphase 65
Ernährung
 – beim Wettkampftraining 130
 – empfohlene 337, **338**
 – Folgen schlechter 326
 – für Ausdauersportler 327
 – nach dem Marathon 176
 – vor dem Wettkampf 342

Erste Hilfe, bei Verletzungen 317
Essen, fettreiches 329
Essen, nach dem Training 312
Essen, während des
 Laufens 348
essenzielle Eiweißbausteine 331
essenzielle Fettsäuren 330

Fahrtspiel **95**, 115, 231, 241, 311
 – im Wintertraining 166
Faserriss 321
fast twitch fibers 56
Fehlanpassung 227
Fehlbelastungen 316
Fehlstellungen 284, 320
Fersenlauf 287, **288**
Fettabbau 61
Fette, Übersicht 330
Fett-Eiweiß-Diät 346
Fettgewebe, bei Frauen 245
Fettkalorien 329
fettlösliche Vitamine 329, 332
Fettreserven 58, 64
Fettsäuren 326, 329, **330**
Fettstoffwechsel 62, 93, 96, 343
 – aktivieren 24
 – im Ultralauf 231
Fieber 323
Finisher 161
*Fischer, Joschka 21, **32**, 148, 184, 350*
Fitness 20
Fitnesslaufen 114
Fitnesstraining 102
Fitnesszuwachs, Schema 103
Flaschengurte 49
Flüssigkeitsverlust 335
Foster, Jack 68
Foster-Regel **68**, 314
Frankfurt-Hoechst-Marathon 162
Frauenanteil, bei Rennen
 161, 244
Frauenlaufen 11, **243**, 249
Freiburger Nachtlauf 243
Fruchtzucker 327
FT-Muskelfasern **56**, 58, 94, 244
Fußarbeit 286
Fußfehlstellungen 40

Fußgelenk, verstauchtes 319
Fußgewölbe, absinkendes 321, 323
Fußgymnastik 274
Fußheber kräftigen 273
Fußmuskulatur kräftigen 270
Fußsehnenplatten-
entzündung 321
Fußstrecker dehnen 269
Fußstreckmuskulatur 319

Ganzkörpersportarten 297
Gebreselasie, Haile 283, 284
Gehpausen 113
Gelenke 29, 245
Gemüse 333, 336
Gemüsesaft 339
genetische Veranlagung 191
Gesäßmuskulatur dehnen 268, 269
gesättigte Fettsäuren 326, 329
Gesundheit, durch Marathon 163
Gesundheitstraining 102, 104
Getränke, empfohlene 335
Glückshormone 25
Glukoneogenese 61, 343
Glukose 327
Glykogen 58, **59**, 327
Glykogendepot 62, 346
Glykolyse, anaerobe 59
Goretex 47
GPS-Uhr **49**, 97
Grenzpuls 89
Grippe 323
Grundlagenausdauer 66, 76, **164**, 314
 – trainieren 231
Grundumsatz 24
Guarana 353
Gymnastik 264, 265, 290

Halbmarathon **148**, 168
 – zur Marathon-
 vorbereitung 187
Halslordose 263
Hämatokritwert 56
Hammermann 63, 176
Hände, beim Laufen 284

Handgeben, als Test 276
HDL-Cholesterin 26
Hermens, Jos 13
Herz, beim Ausdauersportler 22
Herzfrequenz 84, 88, 233
Herzfrequenzmesser **47**, 85, 130, 150
Herz-Kreislauf-Erkrankungen 25, **27**, 330
Herzvolumen 55, 238, 245
Hilfsmuskeln 290
Hilfspräparate 352
Hitze 305
Hochrechnen, von Zeiten 136
Höhenhäuser 225
Höhentraining **225**, 297
 – zur Marathon-
 vorbereitung 169
Hopserlauf 293
Hosse, Otto 12
Hüftbeugermuskel 263, 268
Hüftlendenmuskel dehnen 268
Hüftmuskulatur dehnen 268
Hügelläufe 95
Hunde 48, 310
Hundert-Kilometer-Lauf 233
Hundert-Meilen-Lauf 229
hydrophile Fasern 45
hydrophobe Fasern 45
Hypoxietraining 225

Icebug Laufschuh 43
Immunsystem 24, 29, 330
Individualität, beim Training 81
Industriezucker 326
Inlineskating 296, 299
Insulin 327
Intensität 67, 137, 185, 228
Intervalltraining 55, **94**, 96, 241
Ischias 263, 320
ischiocrurale Muskeln 267
Isoleucin 352

Jedermannslauf 126, 132
Joggen, langsames 105
Jogging **92**, 96, 296
 – Energieverbrauch 22
 – für Einsteiger 112, 113
 – Schritt 288

Kalium 334
Kalorien 326
Kalorienverbrauch **22**, 114, 298
Kälte 303
Kalzium 334
Kapillarisierung **55**, 226
Kartoffel 347, 348
Keino, Kipchoge 16, 225
Kinder trainieren 238, 240
Kinderwagen 49
Kleidung **44**, 46
Knick-Senk-Fuß 42
Kniebeschwerden 319
Kniehebelauf 293
Knochenhautreizung 318
Koch, Walter 256, **258**
Kochsalz 334, 354
Koffein 353
Kohlenhydrataufnahme 349
Kohlenhydratdrinks 353
Kohlenhydrate 58, **59**, 130, 312, **327**
 – vor dem Marathon 172
 – vor dem Rennen 342
Kohlenhydratlieferanten 328
Kohlenhydratmast 343
Kohlenhydratstoffwechsel 93, 96
Kokosfett 329
Kolehmainen, Hannes 150
Kompensationsphase 65
komplexe Superkompensation 69, **70**
Kondition 74
Kontrollwettkämpfe 97
Koordination 78, 290, 297
Körpergefühl 82, 92, 257, 315
Körperhaltung 282, **284**
körperliche Anpassung 60
 – beim Höhentraining 226
 – durch Marathon 163
Kouros, Yiannis 231
Kraft **75**, 290
Kraftausdauer 255, 290
Kraftausdauertraining 77, 298
 – für Ultralauf 230
Kräftigungsübungen 262, 265, **270**
Krafttests **278**
Krämpfe, nächtliche 321, 354

STEP 15 Auslaufen

Kreatin 353
Kreatinphosphat 58
Kristiansen, Ingrid 223, 300
Kühlen, von Verletzungen 318
Kurzzeitausdauer 76

Laktat 59, 60, **90,** 312
Lakto-Ovo-Vegetarier 332
Landephase 41
Landschaftsläufe 229
langer Lauf 148, 170, 187
Langzeitanpassung 57, 60
Langzeitausdauer 76
Lauf-Abc 290
Laufband 224, 249, **300**
Laufeinsteiger 102
Laufen
– altersbedingte Veränderungen 255
– bei Hitze 305
– bei Kälte 303
– für Allergiker 309
– ganzheitliche Wirkung 24
– langsames 104
– zu schnelles 83
– Wirkung auf den Körper 29
Laufgemeinschaft 11
Laufschritt, ökonomischer 285
Laufschuhe **38ff.,** 130
– Anprobe 40
– bei Fußfehlstellungen 40
– Einlagen 42
– für Bergtraining 224
– für verschiedene Gelände 42
– Gewicht 39
– Kauf 43
– mit Netzteil 306
– waschen 47
Laufschule 290
Laufstil 130, 232
Laufstilanalyse 281
Laufstrecken vermessen 97
Lauftagebuch **50**
Lauftreff 107, 249
L-Carnitin 352
Lebensmittel 331, 334
Leberglykogenvorrat 64, 328
Leistungseinbruch 62, 176
Leistungserhalt, im Alter 253
Leistungsfähigkeit, bei Kindern 239
Leistungsfähigkeit, von Frauen 244
Leistungssport 191
Leistungssteigerung, Schema 75
Lendenlordose 263
Leucin 352
Liegestütze 272, 279
Lipidtröpfchen 61
Lipolyse 61
Lockerungsübungen 265
long slow distance (LSD) 92, 231
Lopes, Carlos 223
Loroupe, Tegla 225
Louis, Spiridon 160

Magersucht 247
Magnesium 321, 334, 354
Makrozyklen 81
Mangelerscheinungen 326, 332
Marathon de Sable 231
Marathon
– Durchschnittstempo 162
– Einsteigertraining 187
– Energieverbrauch 63, **64**
– erster 181
– Frauenanteil 161
– Frühjahrstraining 168
– für Frauen 243
– für Kinder 243
– Fußarbeit 287
– Generalprobe 170
– mental vorbereiten 169, 176
– Profitraining 191
– richtig starten 174
– Schritt 288, 289
– Sommertraining 169
– Tipps zur Organisation 171
– Training für schnellere Läufer 188
– Trainingsperiodisierung 81
– Trainingsumfang 186
– Trainingszyklen 164
– Ursprünge 160
– Voraussetzungen 181
– vorbereiten 96, **163ff.**
– Weltklasse 191
– weltweit 161
– Zielzeiten ausrechnen 182, **183**
– Zwischenzeiten 192, 193
Massage 77, 313
Masters 254
maximale Anpassungsfähigkeit 81
maximale Herzfrequenz 88
maximale Sauerstoffaufnahme **54,** 226
– bei Frauen 55, 245
– bei Kindern 238
– im Alter 251
maximaler Steady State 90
Maximalkraft 77
Maximalpuls **87,** 92, 93, 114, 135, 150
Meeresfisch 330
mehrfach ungesättigte Fettsäuren 329
Mehrfachzucker 327
mehrgleisige Trainingssteuerung 92
Meniskusbeschwerden 319
Menstruation, ausbleibende 246
mentale Einstellung 7, 176, 257
mentale Vorbereitung **169,** 191
– Schema 179
Mesozyklen 81
Mikrofaserjacken 46
Mikrotrauma 322
Mikrozyklen 81
Milch, fettarme 338
Milchsäure 59, 91, 92, 354
Mineralstoffe **328,** 333, 350
Mineralwasser 339
Mitochondrien 57, 226
Mittelfußlauf 287, **289**
Mittelzeitausdauer 76
mittlere Belastung 83
Molke 354
Monatszyklus 245
Monotonie, beim Training 302
Mortalität, Übersicht 25
Musculus gastrocnemius 267
Musculus iliopsoas 268
Musculus pectoralis major 269
Musculus quadriceps femoris 267
Musculus soleus 267

Register

Muskelabbau, im Alter 255
Muskelaufbau 298
Muskelfasern 322
Muskelfasertypen **56,** 58, 262
Muskelglykogen 64, 328
Muskelkater 322
Muskelkrampf 321
Muskelmasse, abnehmende 251
Muskeln, tonische &
 phasische 262
Muskeln, Wirkung des Laufens 29
Muskelprotein 331
Muskeltemperatur 317
Muskelzellen, Reparatur 69
Muskelzerrung 321
muskuläres Ungleichgewicht
 262, 320
Myoglobin 226

Nachbardistanzen
 hochrechnen 136
nächtliche Krämpfe 321, 354
Nackenschmerzen 263, 276
Nagelschuhe 42
Nahrung, Zusammensetzung 327
Nahrungsergänzung 349, **351**
Natriumbicarbonat 354
Naturboden 316
Nett, Toni 136
New York City Marathon 218
Ngugi, John 223
Nordic Walking 247, 296, **297**
 – Energieverbrauch 22
Nüchternlaufen 343, 344
Nudelparty 346
Nurmi, Paavo 280

Oberkörperhaltung 282
Oberkörper kräftigen 272
Oberkörpermuskeln testen 279
Oberschenkel dehnen 267, 268
Oberschenkel kräftigen 272
Obst 336
Olivenöl 330
Olympische Spiele 243
Omega-Fettsäuren 330
Orthopäden, sporterfahrene 317
orthopädische Belastung 287
 – bei Schrittarten 288, 289

– beim Höhentraining 228
orthopädisches Risiko 102, 257
Osteoporose 23
OwnZones 89
Ozonwerte 307

Partnerlaufen 249
passive Regeneration 311
Pastaparty 346
Paul, Wesley 241
Pause, bei Verletzungen 116, 317
PECH 317
Pektine 328
Pelotten 42
Phasen, beim Training 65
phasische Muskeln 262, 263
Phenylalanin 355
Piriformis-Muskel 263, 269, 320
Pizzolato, Orlando 219
Plantarfasciitis 321
Plattfuß 321
Plazeboeffekt 226, 351
Pollenallergie 309
Power-Carboloading 347
Power Nordic Walking 22
Powerriegel 354
Powerwalking 22
Profitraining 191
progressive Belastungssteige-
 rung 79
Proteine 61, 330, 349, 354
 – nach dem Wettkampf 349
Pseudoischias 263, 320
Pubertät 239
Pulsmessung 135, 224
 – von Hand 84

Quarkpackung 318

Racewalking 22
Radcliffe, Paula 281, 313
Radcomputer 97
Radfahren 105, 115, 164, 247,
 296, **297**
 – zur Marathon-
 vorbereitung 169
Radikale 351
Rapsöl 330
Rauchen 28

Reflektoren 38, 47
Regeneration **66,** 80, 92, 256
 – beim Wettkampftraining 130
 – nach einem Wettkampf
 68, 314
Regenerationszeiten,
 Übersicht 67
Regenjacken 46
Rehabilitationstraining 298
Reihenfolge, beim Training 116
Reiz 67
Reizschwelle **79**
Rennsteiglauf 224, 230
Renntaktik 131
Rennvorbereitung 134
Risikoprofil 27, 28
RONO 303
Rosa, Dr. Gabriele 13
Röthlin, Viktor 13, 225
Rotwein 339
Rücken, oberen, kräftigen 273
Rücken, unteren, dehnen 269
Rückenbeschwerden 320
Rückenmuskulatur kräftigen
 271, 272
Rückenmuskulatur testen 275
Rückenwölbung 263
Rückfußlauf 287
Rückwärtslaufen 291, 292
Rudern 296, 299
Ruhepuls 71, **84,** 226, 323
Rumpfbeugen 275
Rumpfmuskulatur 272, 284
Rundrücken 273

Saltindiät 171, **343**
Sauerstoffaufnahme, maximale
 54, 226
 – bei Frauen 245
 – bei Kindern 238
 – im Alter 251
Sauerstoffschuld 60
Sauna 313
Scheinanämie 55
Schenkelanzieher dehnen 268
Scheuerstellen 306
Schienbeinreizung 318
Schienbeinvorderseite
 dehnen 269

STEP 15 Auslaufen

Schienbeinvorderseite kräftigen 273
Schirmmütze 303
Schlaf 172, 313
Schmerzen 314, 317, 320
Schnelligkeit **77**
Schnellkraft 21, 255
Schnupperläufe 132
Schokolade 326
Schollenmuskel dehnen 267
Schritt 285
Schrittrhythmus 83
Schulsport 240
Schultermuskulatur testen 277
Schultern kräftigen 273
Schwächen erkennen 131
Schwächen trainieren 265
Schwangerschaft 246
Schwedendiät 343
Schweizer Waffenläufe 11
Schwellentraining 93
Schwellung 317
Schwimmen 105, 115, 247, 296, **298**
Schwitzen 44, **305,** 333
Seitenstechen 321
Seitwärtslaufen 292
Sekundäre Pflanzenstoffe 336
Selbstwertgefühl stärken 25
Seniorenlaufen 250
Senkfuß 321
Sex, vor dem Marathon 172
Shahanga, Gidamis 219
Shorter, Frank 11
Sicherheit, beim Laufen 249
Simone, Chico 252
Singh, Fauja 252, 254
Situp 278
Skelett, bei Frauen 245
Skelett, Wirkung des Laufens 29
Skilanglauf 296, **297**
slow twitch fibers 56
Snacks, empfohlene 339
Socken 46
Soda-Loading 354
Softdoping 351
Softsensor 45
Sommersmog 307

Sommertraining 297, 305
Sonntag, Werner 229
Spezialisierung, beim Sport 82
Spikes 42
Spinning 300
Sport-BHs 46
Spöttel, Michael 219
Sprint, Schritt 289
Sprintertypen 58, 81, 183
Sprunglauf 291, 293
Stakkatolaufen 293
Standphase 41
Starten 135, 174
statische Ausdauer 76
statisches Dehnen 266
Steffny, Manfred 136
Stehertypen 183
Steigerung 79, 116
Steigerungsläufe 93
Stilarten, wechselnde 287
Stirnlampe 304
ST-Muskelfasern **56,** 58, 127, 238
Stoppuhr 48, 130
Stresshormone abbauen 25
Stretching 266
Stundenlauf 90
Substitution 350
Superkompensation 65, 343
– komplexe 69, **70**
Super-Sauerstofflauf 92
Supination 41
Süßigkeiten 327
Swiss Alpine Marathon 224, 229
Sympatex-Windmaster 47, 303

T*actel 45*
Take five 336
Talent 127
Tanzen 299
Taurin 355
Tempo
– beim 100-km-Lauf 232
– beim Volkslauf 135
– gleichmäßiges 131, 193
Tempodauerlauf 93, 96, **114,** 168, 231
– Energieverbrauch 22

– zur Marathonvorbereitung 166
Tempoläufe, für Halbmarathon 150
Tempotraining 94
Tergat, Paul 162, 223
Test, für Ausdauer 117
Testlauf, für Marathon 168
Testrennen 97, 136, 148
Tests, für Kraft und Beweglichkeit 274
Thungwane, Josiah 230
tierische Fette 326
Timex Garmin 49
Tippelschritt 286
Todesursachen, Übersicht 25
tonische Muskeln 262, 263
Tough Guy Race 222
Training **78**
– altersgemäßes 81
– auf dem Laufband 300
– für 100-km-Lauf 233
– für den Wettkampf 129
– für Senioren 254
– im Sommer 305
– im Winter 302
– in der Pubertät 241
– variables 92
– wettkampfspezifisches 82
Trainingsalter 254
Trainingsalternativen 296
Trainingsaufbau, für Einsteiger 111
Trainingsaufwand 102
Trainingsausfall 116
Trainingsfehler, Übersicht 99
Trainingsfleiß 163
Trainingsformen 92, 96
Trainingsgestaltung 116
Trainingsperiodisierung 81
Trainingsphasen 81
Trainingsplan
– anpassen 185
– aufstellen 112
– für 10 km 137
– für Marathoneinsteiger 181
– für Wintertraining 167
– zur Bronzemedaille 192
Trainingspläne, schnellere 188

Register

Trainingsprinzipien 78, 116
Trainingsprogramm, Schema 111
Trainingspuls 86
Trainingsregeln 68
Trainingsreiz **64,** 69, 79, 80, 79
Trainingssteuerung
– mehrgleisige 92
– über den Atem 83
– über Herzfrequenz 84, 88
– über Leistungsdiagnostik 89
Trainingstempo
– beim Halbmarathon 148
– für Marathon 186
– für 10 km 139
– überprüfen 98
Trainingsumfang
– für Halbmarathon 148
– für Marathon 186
– für Senioren 255
– für 10 km 138
Trainingsunterbrechungen 182
Trainingsziele 96, 111
Trainingszonen 89
Trainingszyklen,
für Marathon 164
Trans-Europa-Lauf 231
Traubenzucker 327
Treppenlauf 224, 252, **293**
Trimmtrab 12
Trinken 56, 150, 306, **335,** 337
– beim Marathon 174, 176
– beim Wettkampf 348
– nach dem Training 312
Trinkgurte 49
Turmläufe 224
Two Oceans Marathon 230
Tyrosin 355

Überforderung 66
Übergewicht 26, 28, 106, 316
Überlastung 321
Überpronation 41, 287,
288, 319
Übersäuerung 59, 227
Übertraining 65, **71,** 315
– vermeiden 71, 316
Ubichinon 355
Übungen, zur Laufschule 292
Ultrabergrennen 224

Ultralauf **229,** 230, 233
Umknicken 320
ungesättigte Fettsäuren
326, **330**
Unterforderung 66
Untergewicht 247

Valin 352
variables Training 92
Variation, der Belastung 79
Vaseline 306
Veganer 332
Veith, Manuela 241
Veränderungen, altersbedingte
255
Verletzungen 257, 314, **317**
Verpflegungsstation 174, 348
Verpflegungsstrategie 232
Verstauchung,
im Fußgelenk 319
Videoanalyse 281, 286
Vielfalt, der Bewegungen 290
Vierer-Schnitt 98
Vierfüßlerstand 271
Vierundzwanzig-Stunden-
Lauf 229
Vitalkapazität 55
Vitamin Q10 355
Vitamine **332,** 350
Vitaminverlust, durch
Zubereitung 333
Volkslauf 126, 132
– zur Marathon-
vorbereitung 166
Vollkornprodukte 328, 334
vorbeugende Gymnastik 265
Vorbeugung, von
Krankheiten 336
Vorfußlauf 286, 318, 321
VO$_2$max **54**
– beim Höhentraining 226, 227

Wadenmuskel dehnen 267
Wagner, Volker 13
Waitz, Grete 223, 244
Waldläufe 222
Walking 247, 296
– als Ausdauersport 105
– Energieverbrauch 22

– für Einsteiger 112
Wannenbad 77, 313
Warmlaufen 77, 92, 113, 257, 316
Wasseraufnahme 334
wasserdichte Jacken 47
wasserlösliche Vitamine 332
Wassermangel 354
Wassertraining 49
Wechselbäder 318
Weißmehl 326
Wettkampferfahrung 187
Wettkampflauf, Energie-
verbrauch 22
Wettkampfschuhe 42
wettkampfspezifisches
Training 82
Wettkampftasche 134
Wettkampftempo 186, 256
Wettkampfvorbereitung 179
Wiederholung, von
Trainingsreizen 80
Wiederholungslauf **93**
Wimmer, Robert 231
Windschutz, in der Gruppe 175
Winterlaufserien 304
Wintertraining 164, 167, 303
Wirkung, des Laufens **24,** 29
Wochenziel 50
Wolde, Mamo 225

Y*ukon Arctic Ultra 231*

Z*atopek, Emil 12,* 94,
130, 280
Zeckenbiss 309
Zehennägel, blaue 323
Zehn-Kilometer-Wettkampf 70,
136, 137, 138
– Umrechnen auf Halb-
marathon 148
Zeiten hochrechnen 136
Zellmembranen 330
Zellulose 328
Zielzeiten, für ersten Marathon
182, **183**
Zugläufer 173
Zweibeinsprünge 293
Zweifachzucker 327
Zwerchfell 271, 322

STEP 15 Auslaufen

Hinweis

Das vorliegende Buch ist sorgfältig erarbeitet worden. Dennoch erfolgen alle Angaben ohne Gewähr. Weder Autor noch Verlag können für eventuelle Nachteile oder Schäden, die aus den im Buch gegebenen Hinweisen resultieren, eine Haftung übernehmen.

Bildnachweis

AKG, Berlin: 12; Archiv Herbert Steffny: 15, 39, 41, 44, 50, 94, 98, 107, 128, 139, 150, 162, 170, 173, 175, 177, 182, 188, 190, 219, 223, 228, 243, 256, 304, 307, 347; Birkenholz Alescha, München: 36/37; Bongarts, Hamburg: 35; Corbis, Düsseldorf: 158/159, 248 (Reuters), 264 (Bettman), 356/357 (Tim McGuire); dpa, Frankfurt: 230 (Sportreport/Stefan Thomas), 232 (Sportreport/Pierre Verdy), 250 (Sportreport/Stefan Thomas), 280 (N.N.), 319 (Sportreport); Focus, Hamburg: 11; gettyimages, München: U1 (Aldo Torelli), 8/9 (James Darell); Jump, Hamburg: 48 (Annette Falck), 66 (Lars Matzen), 166 (Chris McLennan), 294/295, 298 (Martina Sandkühler), 310, 323 (Kristiane Vey), 320 (Kai Stuht); Mauritius, Mittenwald: 30 (phototake), 247 (age), 315 (stock4B); picture-alliance, Frankfurt: 220/221 (ASA/D.P.P.I.); Sailer Victor, USA: 218; Scotiabank Toronto Waterfront Marathon staff: 254; Sportimage, Hamburg: 226 (Action Image/Chris Cole); Südwest Verlag Archiv: 82, 85 (Gerhard Heidorn), 331 (Martina Urban), 340/341 (Michael Brauner), 343 (Rolf Seiffe), 345 (Dirk Albrecht); Superbild, Grünwald/München: 91 (Alex/Phanie); Zefa, Düsseldorf: 26 (A. Green), 301 (lizenzfrei)

Impressum

© 2004 by Südwest Verlag, einem Unternehmen der Verlagsgruppe Random House GmbH, 81673 München

Projektleitung	Susanne Kirstein
Redaktion	Claudia Schmidt
Bildredaktion	Sabine Kestler
Umschlag und Layout	v|Büro – Jan-Dirk Hansen, München
Projektrealisation, Grafik, Satz	v|Büro – Jan-Dirk Hansen, München
Reproduktion	Artilitho, Trento
Druck und Bindung	Alcione, Trento

Printed in Italy

Gedruckt auf chlor- und säurearmem Papier

ISBN-10: 3-517-06728-8
ISBN-13: 978-3-517-06728-5

817 2635 4453